ムリなく住めるエコ住宅

自然力を上手に活かす

with sun,rain,winds,plants

はじめに

Introduction

この地球に、自然力を活かさない家などありません。
何よりもまず、大地に信頼を寄せて、
その上に、人は家は建ててきました。
時に大地は、地震で裂けたり、火山が噴火したりします。
台風やハリケーンによる烈風や豪雨に見舞われたりもします。
人は、その結果に学んでは、また大地に家を建ててきました。

太陽は、この地表に光と熱を与えてくれています。
人は、それを取り入れたり、拒んだりしながら、
家を建て、そうして住みこなしてきました。
そよ風は心地よく、嵐は険しいものがあります。
日本の家では、涼風の通り道をつくり、
一方、烈風から建物を守るため、屋根に破風を設けました。
つまり、自然力を活かす家とは、
自然とコミュニケーションしながら、
人にとって、よりよい状態をつくることなのですね。

この本は、昔から人々が住まいの知恵としてきたものを、
科学の目を加えて見つめ直したり、
新しい工夫を加えてシステムと呼べるものにしたり、
現代生活に活かせるよう考えだされた知恵と工夫を集めました。
大事なことは、それを使いこなし、住みこなすことです。
そこで実際に住んでいる人を訪ね、エコ住宅に住むことの楽しさや、
いいこと尽くしでなく具合の悪いことなども、率直に聞き出しました。
この本で勉強すると、自然流に、あまり無理しないで、
気張ることなくエコ住宅に住むことができます。

Cover Illustration
Ayumi Ohashi
Art Direction
Toshiyuki Matsudaira
Design
Toshiyuki Matsudaira
Yoshitaka Sato
Kenichiro Tada

ムリなく住めるエコ住宅

自然力を上手に活かす

with sun,rain,winds,plants

Contents

1

太陽からの熱と光。

2

雨水を溜める。

ムリなく住めるエコ住宅

自然力を上手に活かす

with sun,rain,winds,plants

自然力をつかむ。

雨に潤おう田畑の作物や山の樹々、冬の陽溜まりの暖かさ、夏の風の涼しさ、私たちの暮らしは、自然エネルギーを享受して成り立っています。田園でも都会でも、その土地が持つ自然力の質を見極め、上手に活かす。それが家づくりの第一歩です。

文 小池一三（OMソーラー協会）
絵 大橋歩

4

緑の効用。

ヨットは、帆に風を受け、風をコントロールするだけで、水面を滑走し、太平洋の大海原さえも走破します。

糊のよくきいた浴衣が心地いいのは、肌と浴衣地との間にすき間をつくり、大きく開いた袂《たもと》から風が入り、対流が起こるからです。

深い霧のなかに響き渡るバッグパイプは、スコットランド西部の湿潤な気候のものです。ギターやカスタネットの乾いた音色は、スペイン・アンダルシア地方の、カフェ・カンタンテと呼ばれる酒場のものです。これらの楽器は、その土地の自然と照応しています。

昔の茅葺《かやぶ》きの屋根が夏に涼しかったのは、茅葺きが、空気の層をたくさん持った屋根の造りだったからです。空気の層は、それ自体断熱の役割を果たしてくれます。最近の断熱材として用いられるグラスウールも、空気そのもののような材料です。そう考えると、茅葺きの家は、屋根に関しては高断熱の家だったのです。そして茅葺きの屋根は、雨が降るとその水分を一定に蓄え、晴れるとそれを蒸発させることで、屋根から部屋への熱の流入を遮ってくれました。

断熱といえば、雪国では、雪そのものが断熱材の役割を担ってきました。空気をいっぱいに含んだ雪は、いわば冬の季節にだけ訪れる自然断熱材です。多雪地域の住まいを想像すると、ふつう雪は難儀なものと考えられがちですが、雪が少ないと寒い家になるといわれます。ぼたん雪がしんしんと降る夜は、案外暖かいのです。

コンクリート・ブロック一個作るのに要するエネルギーは、乾燥地域で建築材料として用いられる日干し煉瓦の約三百倍だといわれています。乾燥地域に住む人は、照りつける太陽の下で、知恵を働かせ、土を建築材料に高めました。日干し煉瓦は、土と太陽の結晶といえるでしょう。また土の上に極彩色のペルシャ絨毯を敷いて生活することを、その地の人たちは無上の喜びとしました。つまり、建築材料の選択も、自然力を活かす家づくりの要件の一つです。

この国には、たくさんの雨が降ります。雨が多いということは、樹木がよく育つということでもあります。乾燥地域に住む人が日干し煉瓦の家を編み出したように、この国では、自然力を活かした最も現実的にして実際的な家が、木の家でした。

木の育った時間だけ家が生き続ければ、その間に木は育ってくれます。木を伐ったら、また木を植えます。植えられた木は育つ過程で、地球温暖化の原因の一つとされる、二酸化炭素を吸収してくれます。建っている木の家は、二酸化炭素を固着化してくれています。自然力は、人工的につくりだされたものではなく、その土地にもともとあるものです。そのポテンシャルをつかむこと、それが自然力を上手に活かす家づくりの、第一のポイントです。

3

風力発電の可能性。

5

ゴミを土に還す。

6

台所から始まる水循環。

1. 太陽からの熱と光。

自転する地球と同じシステム

日なたぼっこが好きな猫。屋根の上でのんびりお昼寝。うちの坪庭をトイレときめているにくき猫も、お昼寝の恰好はなかなかかわいい。

うちの犬も日なたぼっこが大好き。おかげで冬に毛がぬける。困ったものです。

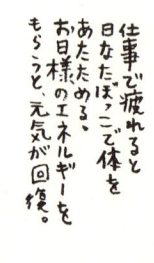

仕事で疲れると日なたぼっこで体をあたためる。お日様のエネルギーをもらうと、元気が回復。

夏のラップランドは意外と暑い、という話をご存じでしょうか？ ラップランドといえば、そのほとんどが北極圏、スカンジナビア半島の最北端に位置します。荒涼とした原野にオーロラが出現する幻想的な冬に対し、夏は太陽の沈まない白夜の日が続きます。

フィンランドのウツスヨキ村では、五月十六日に昇った太陽は七月二十八日まで沈みません。冬は逆に、十一月二十五日に沈んだ太陽は一月十八日まで昇りません。夏に太陽が沈まない、ということは大地が太陽によって暖め続けられていることを意味します。

だから夏のラップランドは、二十七℃を超える暑さに見舞われ、太陽が沈まないので夜中も暑いのです。その上、蚊の大群が発生し、その中にとびきり大きな蚊がいて、それに刺されると一か月は腫れが引きません。夏の北海道や上高地などの涼しさを期待していると見事に裏切られます。一方、太陽が大地を照らさない日が続く冬は、たいがい重たい雲で覆われていますが、晴れた日には放射冷却によって、地熱は宇宙空間にぐんぐんと吸い取られます。

太陽は、地球から一億五千万㎞も離れていますが、太陽が顔を見せるのと見せないのとでは、地表の温度は大きく異なります。自転する地球は、太陽から光と熱を受け、夜は漆黒の宇宙空間に熱を放射しています。もし、地球が自転していなければ、太陽にだけ顔を向けている側は灼熱の星となり、宇宙にだけ顔を向けている側は酷寒の星となるでしょう。このことは、ラップランドの現実が如実に示しているところです。

地球には酷寒と酷暑の地域があるとはいえ、太陽の力により、表面温度の平均が約十五℃に保たれています。こんなに恵まれた星は、今のところ地球のほかには見当たりません。

この本で取り上げているOMソーラーは、自転する地球と同じように、日中太陽熱を屋根で受熱し、それを建物に蓄熱して夜間になると放出する、熱循環システムの技術です。

自然は、晴れた日ばかりではありません。雨や雪の日が続くと蓄えた熱は失われてしまいます。生活の場である住まいでは、年平均で「暖かい」といわれても困ってしまいます。その時寒いこと自体が問題だからです。そのような日には補助暖房を用いればいいのです。太陽だけでやろうとすると、現在の技術ではコストが高くなり、無理が生じます。大事なことは太陽の力を出来る限り引き出そうという気持です。

石油や石炭を燃やすと汚れがでます。自動車を動かすと排気ガスがでます。OMソーラーの原理そのものは、空気と熱を動かす送気用のファンを除けば（これを太陽電池で動かすというやり方もあります）、自転する地球と同じだから汚れを発生させません。そこがこのシステムの美しいところです。

熱海の家ではOMソーラーで、
夏はお湯がたっぷり使えました。
庭仕事の後で 夫はザブザブシャワーを
あびる。「キモチイイ!!」

お風呂はシャワーのお湯を
湯ぶねに入れて。
「ホーントイイキモチ!!」

OMソーラーのだいたいのしくみ。
お日様のエネルギーは
もっともっと使わなくっちゃ。
冬はお日様暖房。
夏は温水たっぷり
温水貯蔵タンク
↑床暖房なのです。

2. 雨水を溜める。

いざという時の備えにも

地球は、水の惑星といわれています。地表には十三億八千九百万km³もの水があります。海は、そのうち九十七%を占めています。この地表の水を太陽エネルギーが暖め、蒸発した水は、やがて大気の上昇運動によって上空へと運ばれます。蒸発した水は凝縮して雲になり、雨となって地表に戻ってきます。地表に降りそそぐ雨量は、平均すると年間一〇〇〇㎜といわれています。これは、海面と地面からの平均蒸発量ときれいに比例します。

雨の日の犬の散歩。やっぱり嫌です。
けれど…
ダルマーは古いTシャツを着せられるので雨の日は大嫌い。

さて、日本に降る雨は、主として夏のモンスーンと、冬のモンスーンによる雨だといわれています。雨を降らせる前線は、冬から夏にかけて北上し、夏から冬にかけて南下します。冬の前線が北上する時、日本では梅雨になります。また夏の前線が南下する時、日本では秋の長雨にな

数年前の雨不足の時。松山に住む友達は、裏の庭も街の木々もすっかり枯れ葉になって気持がめげると電話してきました。

ります。全体としてみると、熱帯で誕生した気団の移動によって南から浸入する雨が多く、季節的にも偏っていて、しかも集中的に降ります。

　昔の民家の屋根に、シンプルな急勾配の切妻屋根が多いのは、雨に対応したデザインだから、といわれています。それでも地域差はあり、盆地に囲まれた真っ直ぐな雨筋の京都の屋根はむくり屋根が多く、横なぐりの強い雨に見舞われる地域では、そのぶん屋根の勾配はきつくなります。それはちょうど、蛇の目傘とこうもり傘の違いみたいなものといえば、お分かりいただけると思います。

　最近、軒の出の浅い家が増えてきました。軒の出は、夏の太陽入射を防ぎ、冬にそれを取り込む役割と共に、雨から建物を保護する役割を担っています。それは建物の寿命にもかかわる話で、このあたりも、自然力を活かすという上で見逃したくないポイントです。

　さて、雨水利用を考える場合、それぞれの地域の降雨の特徴をつかむ必要があります。そのために、ＯＭソーラーでは雨水利用をシミュレーションするコンピュータ・プログラム（詳細は37Ｐ）を作りました。全国八四〇地点の降雨量のデータが整備されています。ひとまず作ってみたものの、これを適用するとなるとむずかしいのです。データと現実はなかなか一致してくれません。というのは、降雨量は年による変動が著しいからです。

　計画的になどと気張らず、降った雨はタンクに溜めておいて、トイレの洗浄水や洗車、樹木への水やりなどに余さず利用する、といったラフな気持で取り組むことです。そうした普段の行いが、いざという時に大きな威力を果たしてくれます。

「蛇口をひねりさえすれば、手にいれることが出来た水。毎日何気なく使っていた水道の水がいくら蛇口をひねっても出てこない。その時、命の水を確保しているという、心のゆとりが大きかった」。これは、記憶に新しい阪神・淡路大震災に遭遇した井上侃《つよし》さんの述懐です。

雨水をためて利用する。
とゆから直接容器に。たまったのを庭にまいたりして使う。
とゆからタンクに。そこからトイレなどにまわす。
地下にうめたタンクにためて、そこからトイレなどにまわす。

雨水はためておいて庭木等の水やりに使うとよいのだそうです。

3・

用途に沿った利用を風力発電の可能性。

洗たくものを手洗いしていた時代を知っている私は、こんな便利なものはなしでは生活出来ないと思っている。

自然力は、その土地にあるものなので、遠くに運んで利用するのは不向きです。太陽エネルギーは、大規模な発電所を設けるより、個々の家の屋根を利用するのが最も現実的です。また自然力は、用途に沿った利用を進めることが重要です。

風力発電を取り上げてみます。北欧の国、デンマークは風力利用を熱心に進めている国として知られています。この国の電力消費量の約十四%が風力発電でまかなわれています。ダム問題で揺れている日本の水力発電量が一・九%であることと比較すると、その奮闘ぶりに拍手を送りたくなります。デンマークの田舎を回って気づくことは、小さな起伏の緑の丘が、まるで海原のように広がっていることであり、そこにまんべんなく風が渡っていることであり、その風を受けて回っている、風力発電の風車の姿です。

日本の南西諸島に浮かぶ種子島は、空からみると真っ平の島に見えますが、この島には二八三mの山があります。ところがデンマークは、いちばん高い山でも一七三mしかありません。いわば丘しかないというのがデンマークです。大きな山がないということは、風がよく渡るということです。おまけに人口は全部で五百万人にすぎません。風力発電は高い音が出ます。デンマークでは、風車一台あたり八十m離しなさいという規制がありますが、人口が少ないので難なく設置することができます。

技術的には、一台で数百世帯の電力をまかなえる風力発電も出てきましたが、人口が密集していて、平坦な土地が少ない日本で設置するのは容易ではありません。では風力発電は、密集地では駄目かといえば、これが結構やれるのです。たとえば街灯に利用するという案です。現在全

掃除機は犬の毛も、こまかいほこりもとってくれます。ホーキとは違うのです。すばらしい。

コンビニで買う弁当、チン（電子レンジ）してあたためてくれる。便利。

夏は冷えたビールがおいしい。
冷蔵庫はありがたい。
電気のおかげでいい暮らしが
出来ていますが、自然の力を
利用する発電を考えていきたいと
思うのです。

国の公園に設置されている街灯の数だけで二百万基あります。これを、百ワットに満たない、音の小さな風車を回せば、電気を引かない自立型街灯を設けることができます。ハイウェイの休憩所の街灯やトイレの換気扇に利用することもできます。人家から離れた場所まで、わざわざ送電線を引かなくて済みます。このように、用途を考えさえすれば、自然エネルギーはかなり活かせます。エネルギーを供給する側の発想ではなく、使う側の発想、最終用途の側（エンド・ユース・アプローチ）から考えると、自然エネルギー利用はまだまだ大きな余地が残されています。

住宅のエネルギー消費の約七十%（暖房・冷房・給湯）は低レベルな熱エネルギーによって占められています。暖房は二十℃そこそこあればいいエネルギーです。この低レベルなエネルギーに、高度な電気エネルギーを使うのはもったいなく、太陽で相当まかなえます。要は、活かしどころを考えることに尽きます。

そう考えると、通風で涼を取るという伝統的な日本の家屋は、実に賢いやり方でした。毎秒一mの風は、体感温度を一℃降下させてくれます。風の道が、しっかり設計計画されているかどうかは、今でもいい家かどうかを判定する大きなポイントです。

電灯は
昼と変らない
生活を約束して
くれているけど、
ありがた味を
忘れている今頃
です。
電気について考えなくっちゃ。

電力をたくさん使うビルや
集合住宅にも、こんな風力発電設置が
出来たら、いいな。

自然のエネルギーの利用を
もっとちゃんと考えていかないと、
地球環境は悪くなる一方だそうです。

4・

緑の効用。

夏は防暑・採涼、冬は防風に

東京世田谷粕谷に、今も武蔵野の面影を残す公園があります。今から百年近く前、ここに徳富蘆花《ろか》という作家が住んでいました。『不如帰《ほととぎす》』や『思出の記』の作者として知られる明治の小説家です。そんなわけでこの公園は、彼を記念して蘆花公園恒春園と名付けられています。

蘆花は国木田独歩に与えた書の中で、武蔵野は「夏は涼しい」「冬枯れも好い。若葉は実に美しい。早起きして水のような空気を吸って居ると、林の奥に睡さうな日が出る。花を欺く木々の若葉からぽたりぽたり露が滴れる。夏秋の虫の音も好い」と書いています。彼は「美的百姓」と称して雑木林に囲まれた家に住み、人通りが少ないことをいいことに「風呂の中から天の川を仰」ぎ「雨が降ると海水帽をかぶったり、傘をさしたりして」、まるで赤児のような日々を過ごしました。この時、蘆花は四十歳でした。

蘆花の屋敷を覆った落葉樹は、目隠しの役割を果たしてくれただけでなく、夏の日差しを遮り、涼を呼び込んでくれました。若葉も紅葉も鮮やかで、しかも一本一本の樹木はそれぞれに個性的でした。同じ新芽でも「淡褐、淡緑、淡紅、淡紫、嫩黄《どんこう》など和らかな色の」違いが認められる、と蘆花は書いています。彼は天衣無縫に過ごしながら、実は冷静な木の観察者でもありました。緑の効用は、蘆花がそうしたように、まず木を愛でることから始めたいと思います。最近発行されている色帖を手に、葉っぱの色の違いを調べるのも一興で、蘆花のような達人になれなくても、そんな楽しみを伴いながら植樹計画を立てられたら幸せです。

それにしても、夏に落葉樹の大きな樹冠の下にいると、どうしてあんなに涼しいと感じることができるのでしょう。この涼しさは、日差しが樹冠によって遮られているだけでなく、日陰になった地面の保水効果と、小さな葉の重なり、一葉ではなく、

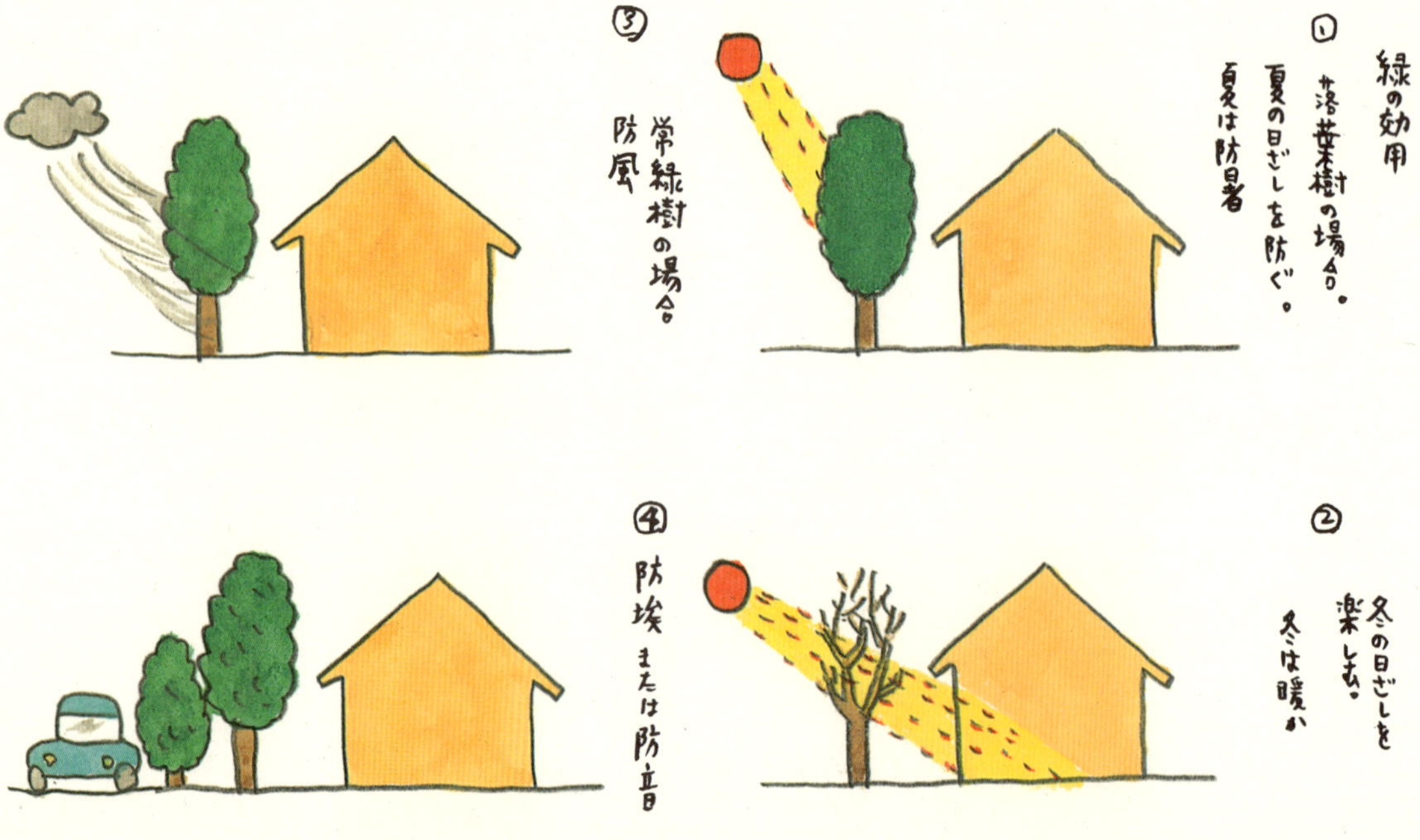
緑の効用
①
落葉樹の場合。
夏の日ざしを防ぐ。
夏は防暑
②
冬の日ざしを楽しむ。
冬は暖か
③
常緑樹の場合
防風
④
防埃 または防音

幾葉もの重なり（ここが重要）がもたらす蒸散作用によります。

夏の間、西壁の受ける日射量は南壁よりも多く、外壁表面温度は五十℃にも達します。この焼け込んだ西壁の熱が徐々に伝わって、うだるような室内の暑さをよぶのです。蔦《つた》や糸瓜《へちま》などの緑のスクリーンを設けると、その蒸散作用によって、外壁の温度は外気温とほぼ等しい状態に保つことができます。

緑の効用は、夏の防暑・採涼だけでなく、冬の季節風を遮る上でも大きな役割を果たしてくれます。島根県出雲に行くと、築地の松があります。家を取り囲むように植えられた屋敷林です。日本海からの強い風を防ぐにはヤワな樹木では耐えられません。そんなわけで、しっかり土の中に根を張る松が選ばれました。出雲は地盤が軟弱ですので、家を囲んで松を植え、その根を張らせれば地盤を固めることになり、二重三重の効用がありました。結果、それが出雲地方の美しい景観を形づくることになりました。

昔、私が小さい時、家がかくれる程の高い木の生け垣のお家がありまして、そこは車の音もほこりもほとんど入ってこなかったので、うらやましかったものでした。

ま夏になると、ベランダがおうちのうちの兎は、鉢植えの観葉植物の葉影でねそべる。

緑の多いところでは、夏涼しいのです。空気もきれいになるのです。気持も元気になるのです。

5.

ゴミを土に還す。

「地上資源」の再利用

東京では生ゴミ堆肥をつくっても利用出来ない……。
でも今のままゴミ焼却炉まかせでよいのかな、
コレ!
マンションでも生ゴミ処理機で生ゴミ分解は出来るそうです。
でもねぇ電気を使うのよねぇ。
電気消費量を少なくするハンドル付きのもある。

フランス語でゴミ箱はプベルといいます。プベルを考案したのは、フランス・セーヌ県の知事だったプベルさんでした。つまりゴミ箱は、彼の名前にちなんで命名されたのです。十九世紀になってからのことで、それほど古い話ではありません。それまでゴミは、堆肥や家畜の飼料に用いられ、それ以外のゴミは埋められたり、焼かれたりして、ほとんど自然に還されていました。

産業革命以後、生産が急速に拡大するに連れてゴミも増大し、街路に打ち捨てられ、放置され、衛生上見逃せない状態に陥りました。そこでプベルさんがゴミ箱を考案し、行政がその収集を引き受けることになったのです。

今では家庭用ゴミは、ちゃんと分別しさえすれば、もう一度原材料になったり、エネルギー源として利用されたりして、リサイクルする仕組みがつくられてきています。ゴミは有効な資源でもあるのです。日本は地下資源の乏しい国ですが、戦後の高度経済成長の結果、世界有数の「地上資源」保有国になりました。たとえば地上に出たアルミ製品の再利用に要するエネルギーは、バージンのそれと比べると一九〇分の一で済みます。これを有効に使わない手はありません。これからは、金にあかせて地下資源を海外から買い漁る一方のやり方は、通用しなくなりますし……。

家庭で再利用できるゴミは、何といっても生ゴミです。生ゴミは悪臭を放つため嫌われていますが、上手く利用すれば、これが楽しい存在へと変わります。生ゴミを土に埋めておくと、いつの間にか生ゴミが消えてしまった経験をお持ちでしょうか？　これは土の中に棲息している微生物の活動によります。微生物が土の中に棲息している星は、今のところ地球しか存在は認められていません。探査機バイキングによって、火星にも土のような物質があることが分かりました。しかしそれは地球の土とは異なります。土とはいえない砂のようなものです。
　したがって、土が失われる砂漠化の進行は、地球が地球でなくなることを意味しています。現在砂漠化は、毎年平均六万㎢の割合で進行し続けています。この面積は、何と日本の六分の一にあたる面積です。そしてそのほとんどは、人為的な理由による砂漠化の進行です。

　生きた土を、ささやかではあるけれど取り戻すために、コンポストを設ける人が増えています。コンポストは、生ゴミを使って生きた土を家庭で培養するための肥料をつくる装置です。手間が掛かりますが、やりだしたらこれが結構おもしろいのです。家庭用菜園やガーデニングをよりよく進めるためには、欠かせない道具でもあります。最近では、コンポストの仕組みや種類も増えています。大いに楽しみながら、ゴミを土に還しましょう。

①
コンポストで生ゴミ堆肥がつくれたら

②庭の花も野菜も
きっと元気に育つと思う。

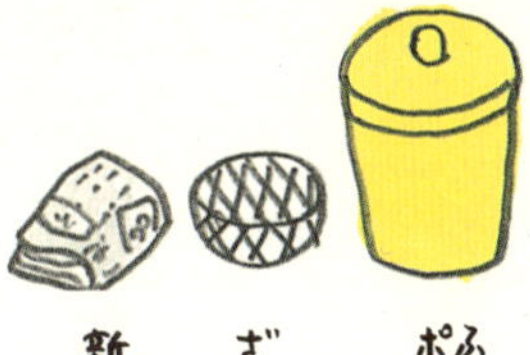
ゴミを土にかえす。
コンポストで堆肥づくり
まず
発酵生ゴミをつくる。
用意するもの
ふたつきポリバケツ
ざる
新聞紙

①バケツの中にざるを入れ、新聞紙をしく。
②水を切った生ゴミを入れる。
③米ぬかをふりかける。
④②③をくりかえしいっぱいになったら
⑤ふたをして熟成させる。夏は3、4日、冬は2週間。
⑥下にたまった水分は液肥となる。
⑥′1000倍にうすめて使う。

6.

自分が汚した水は自分できれいに

台所から始まる水循環。

最近の日本人は、飲む水には神経質なまでに気を遣うのに、台所やトイレ、お風呂で使った水については、案外無頓着だといわれています。水道の蛇口をひねれば水がでます。この水は、もとは地球を循環している水です。地球は巨大な水循環システムを持った星なのです。人は、その水をもらって生活しています。

人が利用する淡水は、地球全体の水の三%しかありません。しかもその多くは氷として閉じ込められていたり、地下水であったりして、利用しやすい河川水はごく微量です。水問題の研究者である中西準子さんの本（『水の環境戦略』岩波新書）によると、河川水は淡水のうち〇・〇〇四%の一・三兆トンに過ぎず、これを人口五十億人で割ると一人当り約二五〇トンしかなく、この量は生活用にだけ使ったとしても三年しかもたない量だそうです。ゾッとする話ですが、にもかかわらず今も水を使えているのは、何故でしょうか？

川の水は、二十六日に一回（一年に約十四回）の割合で入れ替わりま

台所の水道の水の使い方
①うちの場合、
ザーザー流しながら皿洗い。
もったいないもったいない。

②ベルリンに長く住んでいたNさんは
水がもったいないと、サーッとゆすぐだけ。
ちょっと洗い足りないこともある。

③若いMちゃんは、
まず洗剤で洗って
それから水で流す。
正しいので、うちは見習うことにした。
Mちゃん若いけど偉い！

す。その一部が台所やお風呂などに用いられ、主として海に戻されます。海の水は、太陽エネルギーによって暖められ、蒸発し、それは雲になり、雨となって地上に降り注ぎます。川が枯渇することなく、絶えず上流から流れてくるのは、このように太陽と海による巨大な水循環システムに依っているからです。

　太陽は、約十万ルクスの明るさで地球を照らしています。どれだけの数の電灯を並べたところで、到底太陽にはかないません。同じように、いかに大きな海水淡水化プラントを稼動させても、自然の水循環には及びません。

　人間が汚した排水が河川と海を汚染し、汚染した水の循環が、ますます環境を悪化させ、「水資源開発」という名の水資源の枯渇による生態系の破壊は、止まるところを知りません。まるで天に唾しているような人間の所業です。

　私たちは、『レ・ミゼラブル』の主人公ジャン・バルジャンが、暴動で傷ついた青年弁護士マリユスを背負って、パリの下水道を走り回った姿に憧れを持ち続け、下水道が敷かれることを文明の象徴のように思い込んできました。パリの最初の下水道は一三七〇年、足利義満の時代です。それを今も模範とする日本の河川法が公布されたのは、今から一〇五年前。ダムを造り、川をコンクリートで固めて直線化し、川に水を戻さない流域下水道方式が何かと問われています。

　水問題は、自分が汚した水は、自分できれいにして地球に還す、ということが基本です。しかし気持ちはあっても、個人では如何ともしがたい問題と考えられてきました。台所で使った汚水を、きれいな水にして元の川に還せないものか……。しかし現在では、個人でやれる下水道システム（117P参照）が相当の水準にまで達しており、各地でその実践が繰り広げられています。

「どうすればいいので」1
お米を研いだ水を流すのはいけないと聞いたんだけど、どうも腑に落ちないのです。もっと他にもっとひどく汚しているものがあると思うから。

「どうすればいいので」2
洗剤を使わないで汚れを落とすスポンジやふきんが出ています。たしかにちゃんと落ちる。でもふきんについた汚れは石けんで洗うのです。

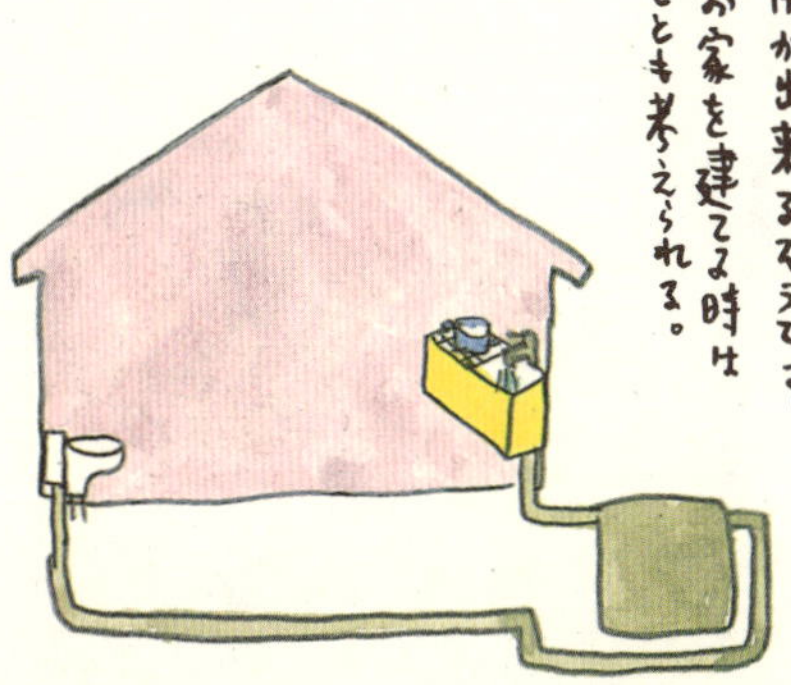

台所の水もきれいにして再使用が出来るそうです。新しくお家を建てる時はこんなことも考えられる。

太陽熱で空気を暖める OMソーラー

地球に降り注ぐ太陽熱を床暖房に活用する、OMソーラー。自然のエネルギーだから、天気に左右されることもしばしば。でも、太陽のある日は室内全体をほんのりと暖めてくれます。太陽の力を身近に感じる、OMソーラーのシステムをご紹介します。

室内空気循環口
ガラスなし集熱面
集熱空気層
外気取り入れ口
軒先や小屋裏から、新鮮な外気を取り込む。
床吹き出し口
蓄熱コンクリートに熱を伝えた空気は、ゆっくりとした速度で室内に流れ込む。

冬、暖めた空気で床暖房

Winter

冬、外気温がマイナスでも天気が良ければ屋根面は太陽の熱を受けて、高温になります。こうして屋根に集まった熱を室内の暖房に活用するのがＯＭソーラーです。その仕組みは、取り付けが簡単にできるような装置とは異なります。ＯＭソーラーは、パッシブソーラーシステムで暖房するのです。

パッシブソーラーとは、機械力に頼るのではなく、屋根や開口部、床などの建物の部位や構造全体、あるいは空間の形状など、建物そのものによって太陽熱をコントロールする方法です。つまり、建築と一体になった仕組みというわけです。例えばＯＭソーラーの家は屋根が集熱装置を兼ね、床下の土間コンクリートは蓄熱装置を兼ねているのです。

では、どうやって太陽熱を室内の暖房に使うのでしょう。左の図を見ながら、熱の流れを順番に追っていきましょう。

屋根面が太陽熱を受けて温まったら、集熱のスタートです。同時に、軒下の外気取り入れ口からは新鮮な空気を取り込みます。空気は屋根面の熱を吸収しながら棟に設けられた棟ダクトに昇っていきます。快晴であれば、このとき棟ダクトに到達した空気は約60℃にも達します。

さて棟ダクトの次は、熱と空気をコントロールするハンドリングボックスに向かいます。ここが唯一ＯＭソーラーでメカニックな部分。といっても換気扇のような小型ファンが回っているという程度です。このファンによって、空気は立ち下がりダクトへ送り込まれて床下へ行きます。

床下の土間コンクリートに到着した空気は熱をコンクリートに蓄えながら、窓際に設けた床吹き出し口からゆっくりと流れ出します。そして夕方、室温の低下とともに、昼間、コンクリートに蓄えられた熱が放熱をはじめ、床を暖めるのです。

ちょっと知りたいこんなこと#1

曇りがちの日でも、OMソーラーは有効?

OMソーラーは、太陽熱を受けとめる屋根を持ち、温熱環境を含めた建物の設計がしっかりと計画されていれば、降り注ぐ太陽の恵みを活かすことができるシステム。たとえ曇りがちの日であっても、ベース室温（夜間の室温）の底上げ、暖房負荷にならない換気など、乏しい太陽エネルギーを上手に使い、室内環境を少しでも気持ちよくするために、有効な運転を行ないます。

OMの効果は入居してすぐに実感できる?

ストーブや室温を高くする温風暖房に馴れた人の場合、高温で暖めないOMの床暖房の快適さを感じるまで少し時間がかかるようです。また、工事のタイミングによっては、初めての冬、蓄熱コンクリートが温まるまでに時間がかかります。一般的な暖房を使い始めるより早めの時期に、OMソーラーを運転させるのがコツです。

冬のOMソーラー

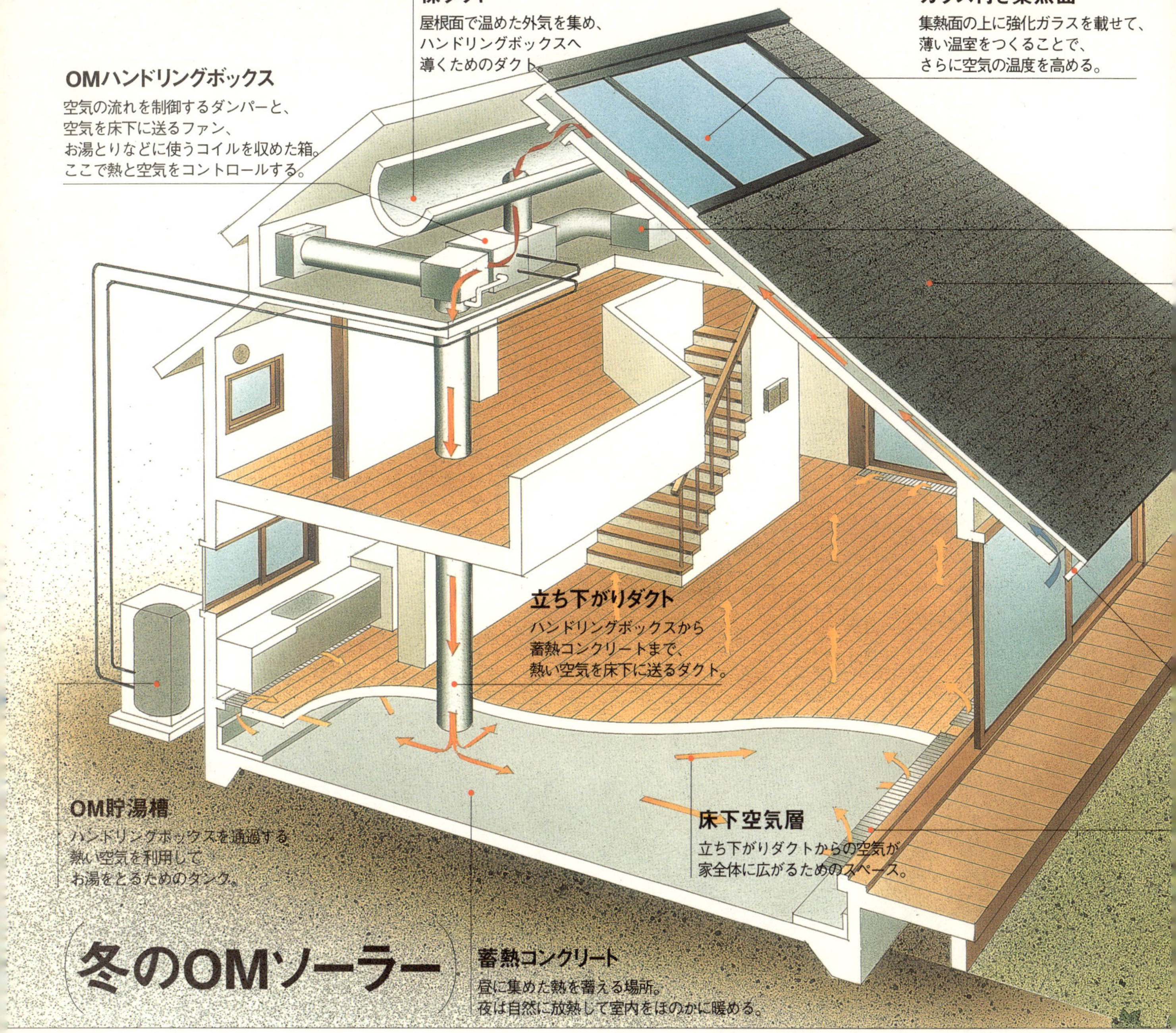
棟ダクト
屋根面で温めた外気を集め、
ハンドリングボックスへ
導くためのダクト。
ガラス付き集熱面
集熱面の上に強化ガラスを載せて、
薄い温室をつくることで、
さらに空気の温度を高める。
OMハンドリングボックス
空気の流れを制御するダンパーと、
空気を床下に送るファン、
お湯とりなどに使うコイルを収めた箱。
ここで熱と空気をコントロールする。
立ち下がりダクト
ハンドリングボックスから
蓄熱コンクリートまで、
熱い空気を床下に送るダクト。
OM貯湯槽
ハンドリングボックスを通過する
熱い空気を利用して
お湯をとるためのタンク。
床下空気層
立ち下がりダクトからの空気が
家全体に広がるためのスペース。
蓄熱コンクリート
昼に集めた熱を蓄える場所。
夜は自然に放熱して室内をほのかに暖める。

熱と空気をコントロールするハンドリングボックス

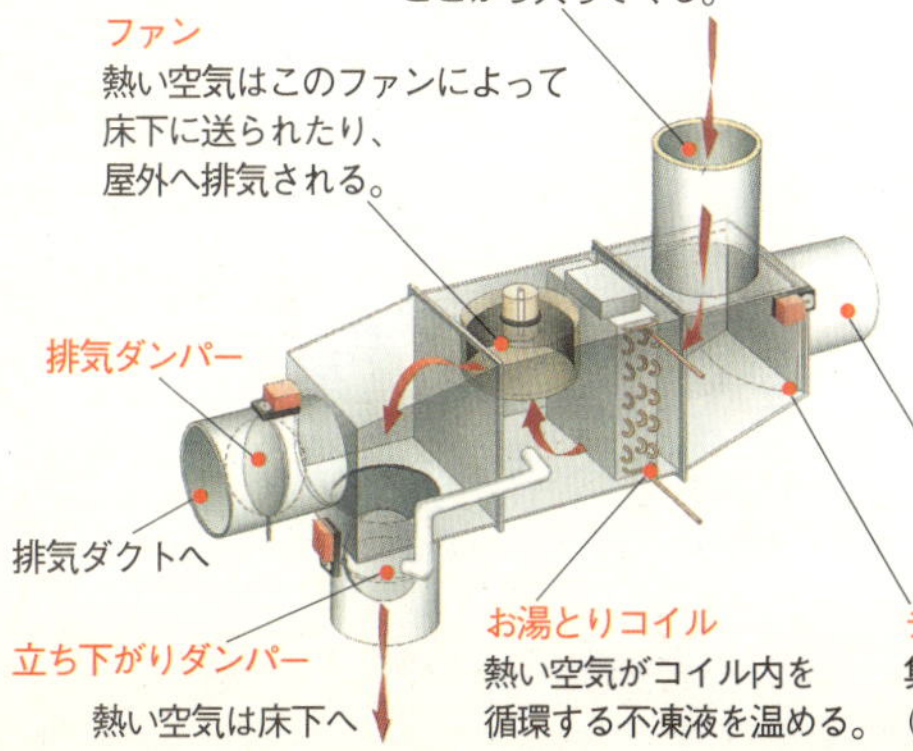
屋根からの熱い空気は
ここから入ってくる。
ファン
熱い空気はこのファンによって
床下に送られたり、
屋外へ排気される。
排気ダンパー
排気ダクトへ
立ち下がりダンパー
熱い空気は床下へ
お湯とりコイル
熱い空気がコイル内を
循環する不凍液を温める。
チャッキーダンパー
集熱時はこのダンパーが開く。
(上図はダンパーが開いた集熱時)
室内空気循環口へ

自分で調整したいユーザー向け、MS型

MS型専用のOM制御盤を使って、自分で棟温と風量を調整し、集熱(換気)をコントロールできる。寸法420W×420H×1255Lmm。

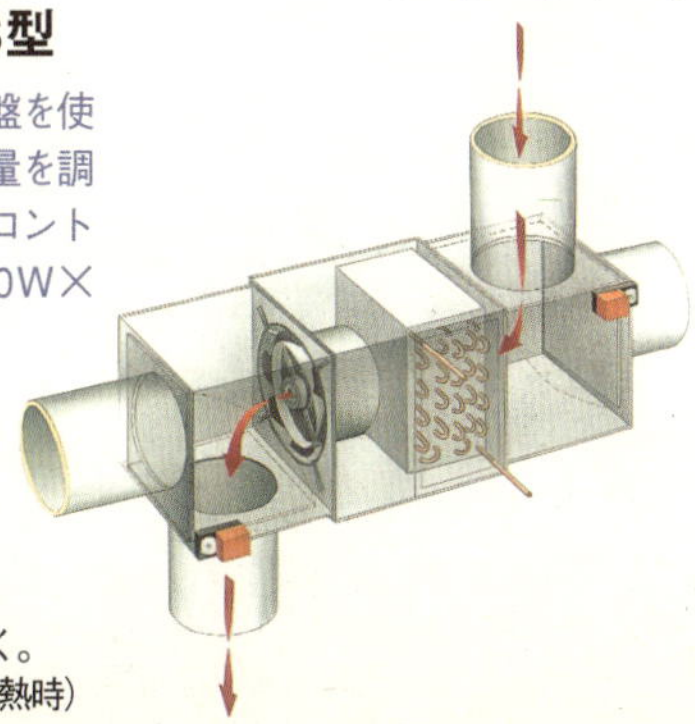

設定室温によって自動運転する、T型

室温より10℃棟温度が上回ると運転をはじめる。季節と集熱のモード選択と設定室温によって、集熱・お湯とり・排気を半自動切替する。寸法448W×448H×1202Lmm。

家の空気がきれい

Ventilation

「OMソーラーの最大の特徴は、暖房しながら、換気をしていること」

これは、OMソーラーを考案した建築家・奥村昭雄さんの言葉です。

室内環境としての空気の質と温熱環境は、人の健康に大きく影響します。換気をできる限り心がけた方がよいというのは、室内の空気が淀んでいると、温度や湿気がこもり、カビやダニ、木の腐蝕菌が繁殖しやすくなるからです。人の健康とともに、家の耐久性のためにも、一定の新鮮な空気を取り入れること、空気を清浄に保つことは、住まいづくりを考える上で、重要な要素となります。

OMソーラーが暖房しながら換気しているというのは、その仕組みからもわかるように、集熱すると同時に、外の空気が絶えず室内に送り込まれているからです。

実際、OMソーラーの住まい手から、「旅行で留守をしていたのに、家の中がむっとしていなかった」という声も聞かれます。また、別荘などの日常生活の場ではない住宅にも、OMソーラーは積極的に取り入れられています。それは、窓を閉め切っていても、OMソーラーが運転していれば新鮮な空気が取り込まれているから——。つまり、OMソーラーの家は、呼吸する家とも言えるのです。

外の空気がいつも室内に入ってくるというと「ホコリも一緒に入ってくるのでは？」との疑問が浮かびます。OMソーラーは、家の中の空気をいつも動かしていますが、その動く速さは、屋根の集熱空気層の中でも、床下でも、室内でも、秒速数㎝~数10㎝です。人間は自分の体温がつくる秒速15㎝ほどの上昇気流の中で生きているので、OMソーラーの空気の動きは、〝微風状態〟といえます。

だから、人間がじっとしているときにホコリをまきあげたりしないように、OMソーラーもホコリを運び込みにくい仕掛けなのです。

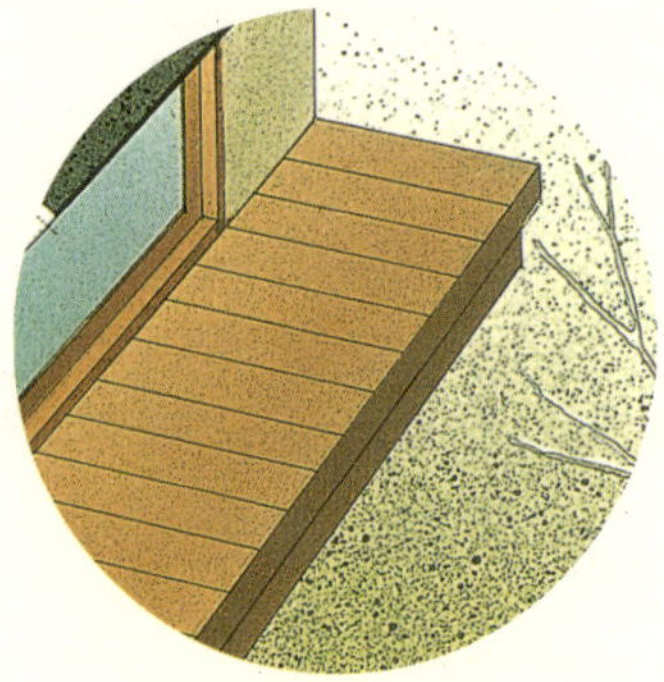

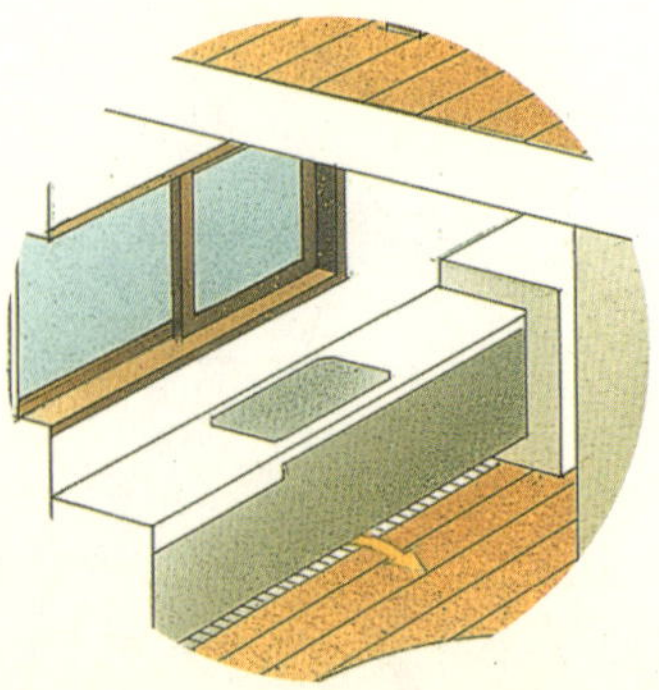

ちょっと知りたい
こんなこと#2

カビやダニの繁殖を防ぐ？

OMソーラーで年中部屋が暖かいと、カビやダニなどが繁殖しやすいと思う人もいるのでは？　OMソーラーは、冬の昼は集熱・外気取り込み、夏の夜は涼風取り込みをして床下空間をこまめに換気するので、ジメジメとした環境ではありません。また、OMソーラーの家は「基礎断熱工法」を用いています。この工法は、床下コンクリートと土台下に立ち上がる基礎を含めて断熱することで、寒い冬でも結露を防ぎます。そして床下コンクリートは、地面からの湿気が家の中に侵入することを防ぎます。湿気の侵入を防ぐことは、カビやダニの発生を防ぐとともに、木の腐蝕を抑えるのです。

乾燥した空気が入ってくる？

冬の外気は湿度が低く、暖房した室内においては、一般の家でも乾燥気味となります。OMソーラーの家の場合、乾燥した外気を取り込んで集熱換気するので、家の中が乾燥気味の方向へ向かいます。とはいっても、一般の家と比べて、何倍も乾燥するというわけではありません。乾燥の対策としては、仕上げ材に調湿作用のある土壁や木など自然素材を多用することが挙げられます。住んでからは、加湿器を使う、洗濯物を干す、植物を置くなどして蒸気を出させることです。OMソーラーの住み手たちもあれこれ工夫をしているようです(P106参照)。ただし、過度の加湿は、結露やカビの発生原因になりますので、注意が必要です。

わが家にぴったりの暖房方法を選ぶ。

自然は毎日太陽の恵みを与えてはくれません。晴天の日もあれば、雨の日もあります。曇り空や雨など、天気がよくない時には、機械を活用して暖房を行ないます。機械による暖房には、エアコン・ストーブ・こたつなどの一般的な暖房器具のほか、OMソーラーの仕組みを活かした、温風式や床暖房方式などがあります。

室内を直接暖める暖房

一般的な暖房器具を使用し、室内を直接暖房する。室内の温度の立ち上がりは早く、暖房を切ると室内の温度低下も比較的早い。室内の空気を直接暖めるため、暖気は高いところに溜まる傾向がある。

〈機種例〉

●エアコン——温風を直接室内に吹き出す暖房方式。暖房時の吹き出し温度が比較的低い。吹き出した空気で床面のホコリを舞い上げる。ヒートポンプで冷房兼用で、手軽な製品価格。

●ストーブ——石油焚きや薪焚きなどのストーブ。火を見たり感じたりすることや比較的高温のストーブ表面の輻射によって、暖房感が高い。暖房容量が大きめ、輻射を伴うことから、暖房の立ち上がりは早い。

温風式床暖房

ハンドリングボックスを利用する暖房方式。床下空間を温風で加温し、主に床暖房を行なう。足元から暖めることから快適性が高く、室内上下の温度ムラは比較的小さい。ただし、床下空間の蓄熱コンクリートも温める分、立ち上がりが遅い。間欠暖房ではランニングコストが多めにかかる。暖房時間が長い場合に向く。

〈機種例〉

●加温ボックス——主に床下空間を加温する。ハンドリングボックスで室内空気を循環させながら、暖房ボイラーの温水により、床下空間へ送る空気を加温する。床吹き出し口から吹き出した温風は室内を流れ、ハンドリングボックスへ戻る。

●デュアルコイル（T型）——加温具合は加温ボックスに同じ。ただし、暖房ボイラーからデュアルコイルまでの高さに制限がある。

●ファンコンベクター ——床下設置と床上設置の2種類がある。どちらも暖房ボイラーの温水を利用する。風量など暖房能力別のバリエーションが豊富。床面を広く暖めたい場合に向く。空気の流れは、ハンドリングボックスによる室内循環運転も利用できる（図1）。

室内直接暖房＋温風式床暖房

ハンドリングボックスを利用する暖房方式。複数の暖房用温水コイルで、室内と床下空間を同時に加温する。床吹き出し口に設ける暖房コイルの数や位置により、暖房の具合や立ち上がりの速さを調整できる。快適性、暖房立ち上がりの速さ、ほどほどのランニングコストなど、地域や住まい方とバランスのよい暖房計画が可能。

〈機種例〉

●加温ボックス＋床吹き出し口コイル——暖房能力別に3つの床吹き出し口コイルがある。床吹き出し口コイルの設置場所は、暖房時間帯に生活する空間、暖房を早めに立ち上げたい空間、冷気が垂れ込む大きな窓・吹抜け・階段など。暖房ボイラーのポンプ能力に応じ、床吹き出し口コイルの数に制限がある（図2）。

●デュアルコイル＋床吹き出し口コイル ——加温具合は、“加温ボックス＋床吹出口コイル”に同じ。暖房ボイラーからデュアルコイルまでの高さ制限がある（図3）。

図1

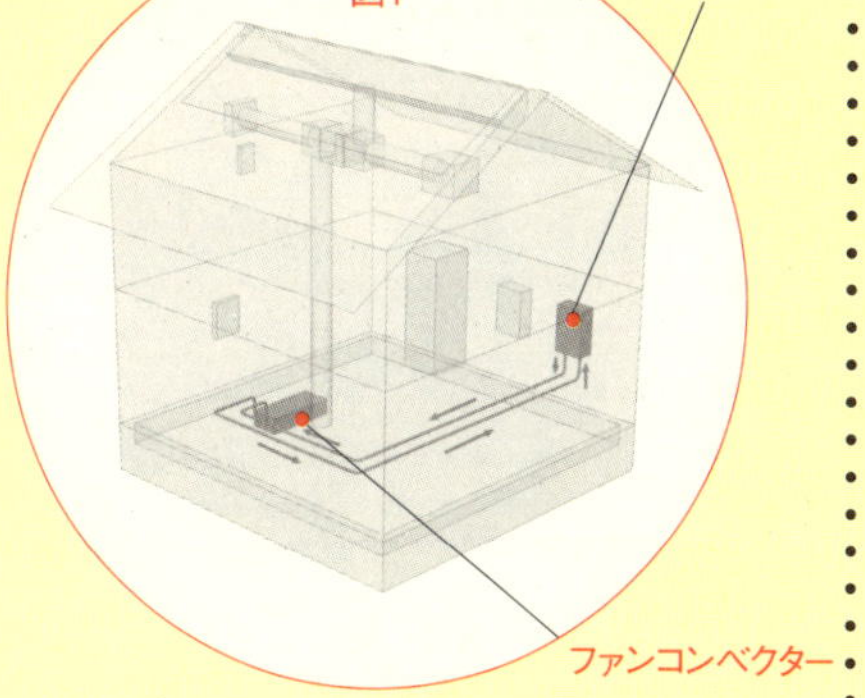

図2

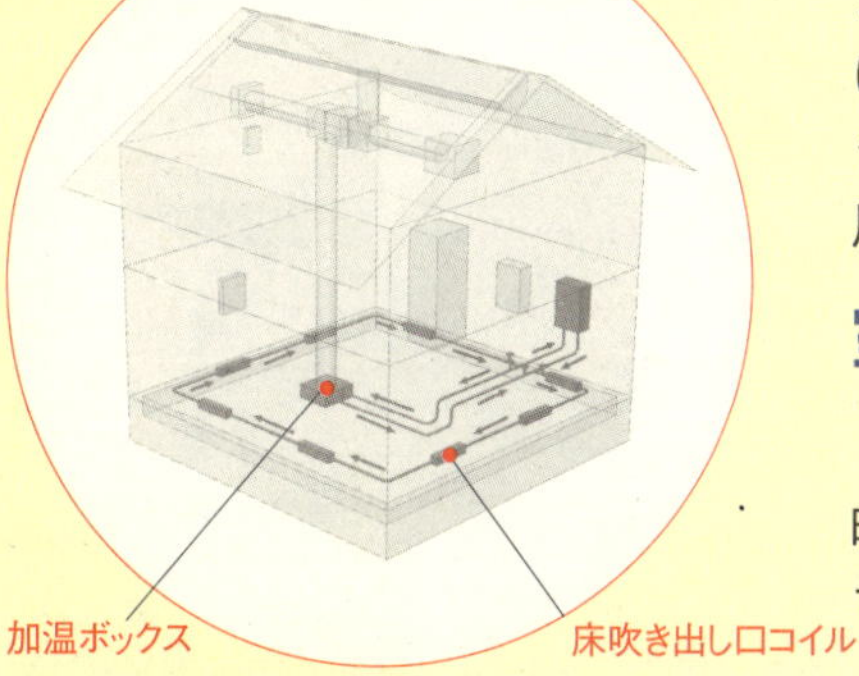

図3

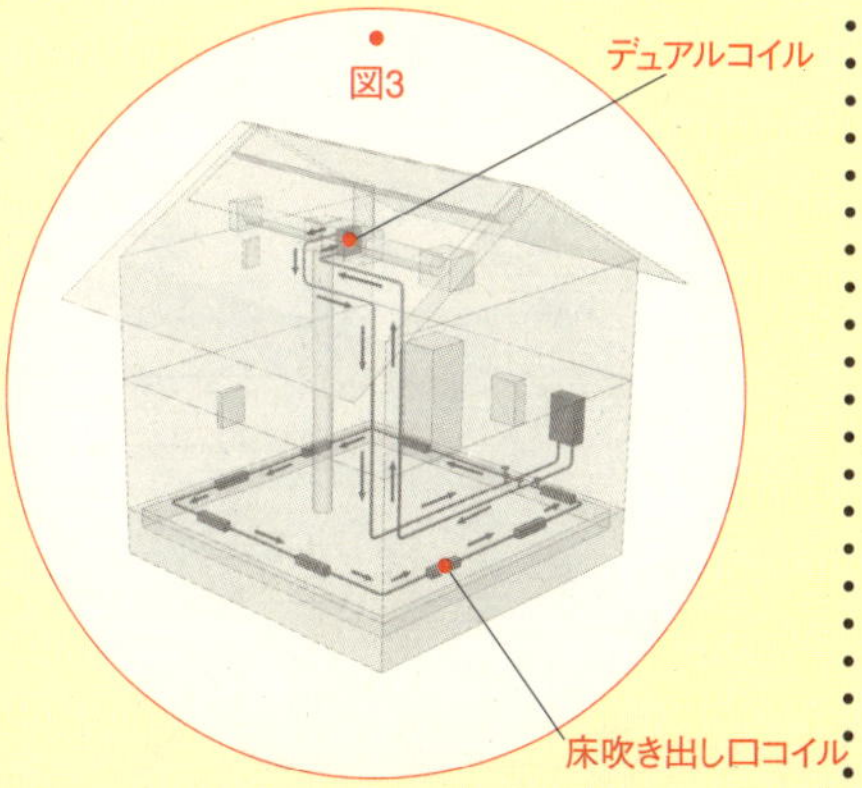

太陽の熱で、お湯をとる

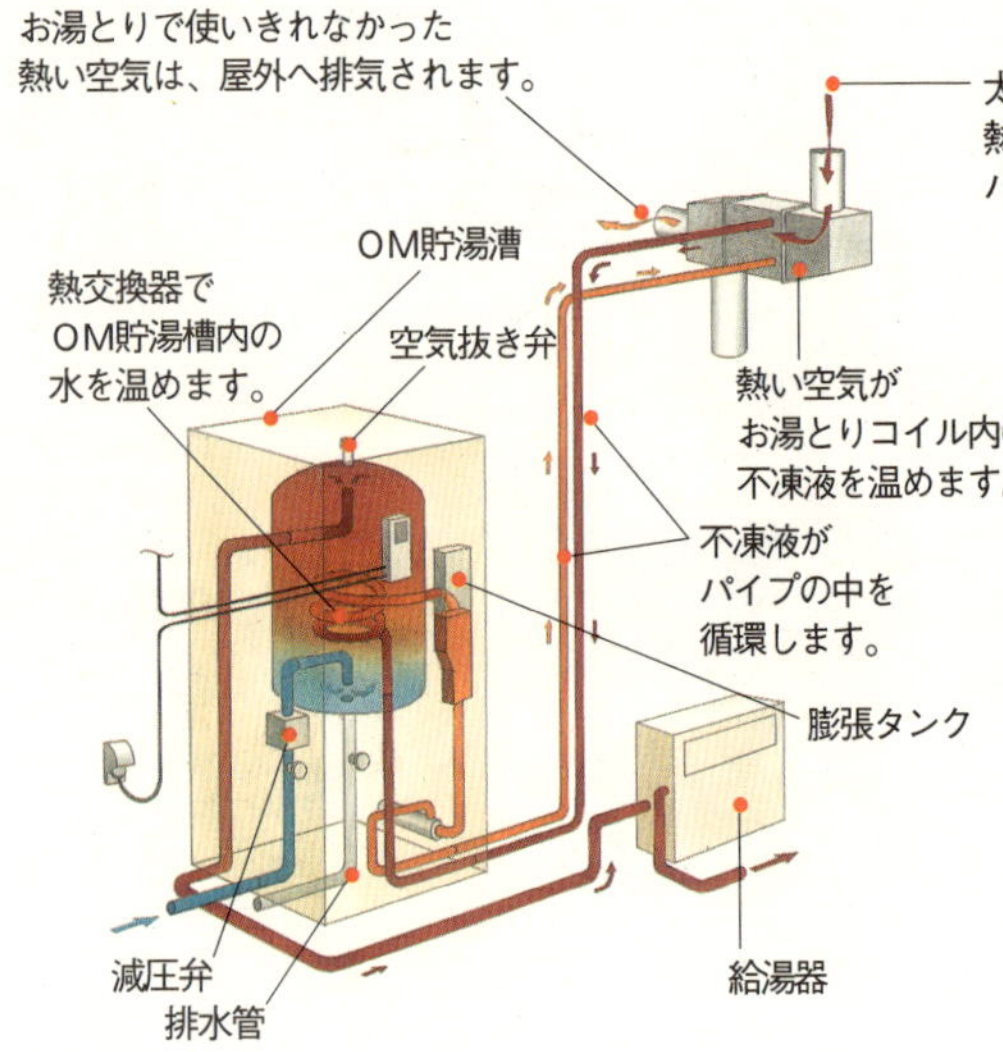
お湯とりで使いきれなかった
熱い空気は、屋外へ排気されます。
太陽熱で暖められた
熱い空気が、
ハンドリングボックスへ
ОＭ貯湯槽
熱交換器で
ОＭ貯湯槽内の
水を温めます。
空気抜き弁
熱い空気が
お湯とりコイル内の
不凍液を温めます。
不凍液が
パイプの中を
循環します。
膨張タンク
減圧弁
排水管
給湯器

夜空に放熱して、涼しい空気を取り込む

夜間放射冷却で
屋根全体が冷えます。

夏 の夜は、涼風を取り込む

Summer

ＯＭソーラーが働くのは冬ばかりではありません。夏の夜、室内より外が涼しいときは「涼風取り込み」をします。夜、晴れているほど放射冷却*され、外気温や屋根面温度が低下するので、より涼しい空気が取り込めます。ただし、夕方から夜の早いうちは、温まっている屋根やダクトが冷めるのを待つことになります。

涼風取り込みの効果がどれくらいなのかというと、それは夜の外気温の下がり具合によって変わってきます。涼風取り込み自体は、エアコンや大きな窓を開ける通風に比べて効き具合が小さいものですが、窓を閉めている時の採涼と換気として有効に働くのです。

夏の昼は照りつける太陽の熱を利用して「お湯とり」ができます。屋根の熱は、冬の場合と同じようにハンドリングボックスへ送られます。ハンドリングボックスに組み込まれている「お湯とりコイル（熱交換コイル）」の中には不凍液が流れています。太陽熱によって、この不凍液を温めて「ＯＭ貯湯槽」へ循環させ、貯湯槽の水を温めるという仕組みです。お湯とりは夏に限らず、春から秋にかけて可能です。

お湯とりに余った熱は排気ダクトを通り、排気口から外へ追い出されます。これが「屋根排気」です。屋根面の下を強制排気すると、排熱された量に比例して、室内に流入する日射熱が低減されるのです。

ＯＭソーラーの夏の仕組みはエアコンのように効くものではありません。これに加えて、簾を掛けたり、緑陰をつくったり、積極的な通風を行なうなど、暑さを遮り、涼しさを取り込む工夫を重ね合わせることが、ＯＭソーラーの住まいにふさわしい夏の暮らし方です。

＊放射冷却
夜間、宇宙空間に向けて熱エネルギーが放出されることで、地表面や屋根表面が冷やされる現象。

ちょっと知りたい
こんなこと＃3

どのくらいお湯がとれる？

地域差がありますが、春から秋にかけて30～50℃のお湯が1日に約300 ℓ とれます。雨が降るなどして、貯湯槽内の水の温度が低い時には、給湯ボイラーを追い焚きします。この場合も水温はある程度温かくなっているので、お風呂を沸かす際の燃焼エネルギーは少なくて済みます。例えば、15℃の水から40℃のお湯に沸かすのと、35℃のぬるま湯から沸かすのとでは、必要なエネルギーは5000kcal以上の差が出ます。
また、夜や朝は肌寒く暖房が欲しいけれど、日中は気温が上昇して暖かいという日があります。こんな日は、暖房しながらお湯とりも可能です。太陽の熱を暖房すべてに使うか、お湯をとった残りの熱で暖房するか、季節や暮らし方によって調整できます。

ケーススタディ

OMソーラーの家ができるまで。

太陽熱を利用するOMソーラーの家づくりには、
OMならではのいくつかの手法があります。
たとえば、その土地の気象や敷地の特徴を読みとること、
プランづくりとシステムの設計を同時に検討すること、
さらにプランがどの程度有効なのかをコンピュータで予測することなどです。
福島県の住宅を例に、実際の家づくりのスタートから完成までを追います。

P.25 → P.40

気象を読む

日照と風向き、気象データから地域特有の微気候を分析して、プランに盛り込む。

福島県の会津高田町に暮らす山浦さん一家が、OMソーラーの家を建てたのは7年前のこと。OMソーラーと出会った当初は、その効果について半信半疑だったといいます。

公共施設の設備設計の仕事をしている山浦さんですが、「空気（外気）を利用する暖房」システムは、聞いたこともない常識外のものでした。そこで、厳しい目をもってモデルハウスの見学会に参加しました。

まず注目したのは、空気の流れる速度について。目に見えない空気の流れは意外にも緩やかで、秒速5㎝程度です。これを知った山浦さんは、その利用価値に関心を寄せるようになりました。

気象概要（福島県会津若松）

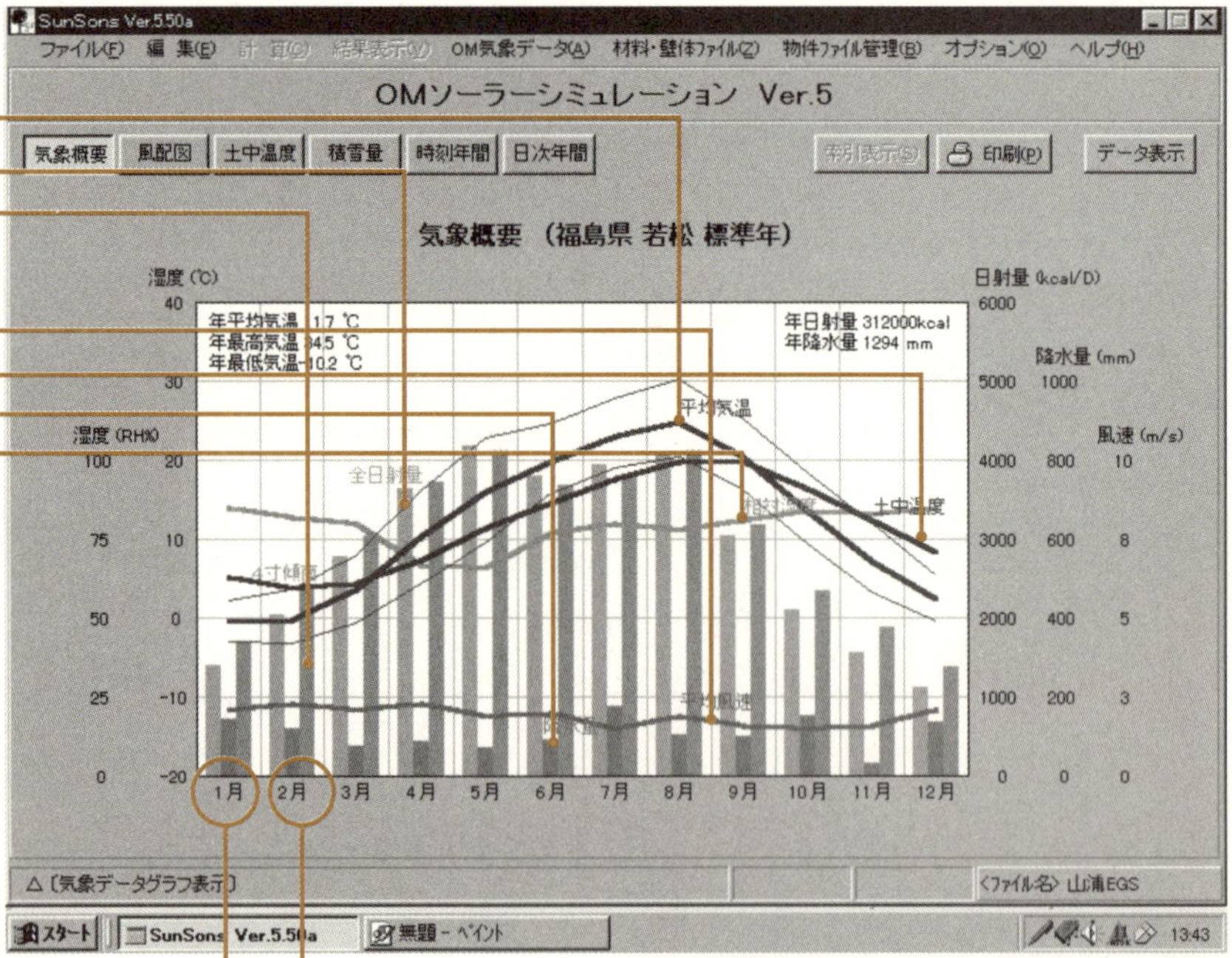
平均気温（℃）
全日射量（kcal/㎡・D）
4寸傾南（kcal/㎡・D）
南に4寸傾斜している面に受ける日射量。
平均風速（m/sec）
土中温度（℃）
降水量（㎜）
相対湿度（%）
SunSons Ver.5.50a
ファイル(F) 編集(E) 計算(C) 結果表示(V) OM気象データ(A) 材料・壁体ファイル(Z) 物件ファイル管理(B) オプション(O) ヘルプ(H)
OMソーラーシミュレーション Ver.5
気象概要 風配図 土中温度 積雪量 時刻年間 日次年間
印刷(P) データ表示
気象概要 （福島県 若松 標準年）
温度（℃）
湿度（RH%）
日射量（kcal/D）
降水量（mm）
風速（m/s）
年日射量 312000kcal
年降水量 1294 mm
平均気温
全日射量
4寸傾南
相対湿度
土中温度
平均風速
1月 2月 3月 4月 5月 6月 7月 8月 9月 10月 11月 12月
△〔気象データグラフ表示〕
〈ファイル名〉山浦EGS
スタート
SunSons Ver.5.50a
無題 - ペイント
13:43

11月〜1月は日照に恵まれない。OMソーラーだけで暖を採るのは厳しい。積雪量を見ると1月〜2月の会津若松は40㎝を超える積雪がある。

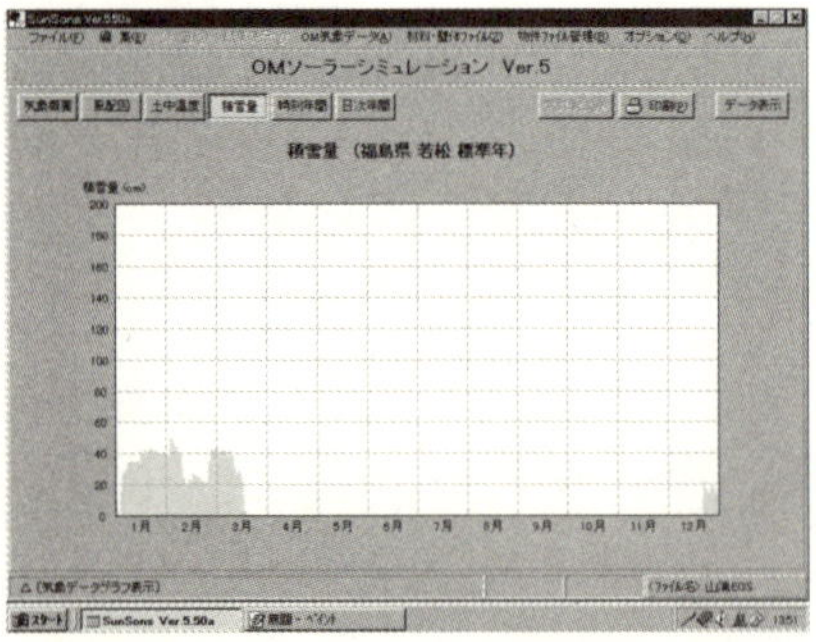
OMソーラーシミュレーション Ver.5
積雪量 （福島県 若松 標準年）

2月から日照時間が長くなり、日射量も増加。1年を通じて考えるとOMソーラーの効果が期待できる。

会津盆地の最南西にある会津高田町は、盆地のいちばん高いところに位置します。日本海気候の影響を受けて冬寒く、夏は暑いのが特徴です。とくに冬の日照が悪く、山浦さんが当初、OMの効果を危ぶんだ理由はそこにもあったのです。

早速、山浦さんは会津若松の測候所から気象データを収集することに。そして「風配図」を作成しました。

山浦さんは職業柄、気象を読みとる作業を自ら積極的に行なっていましたが、OMでは同様の作業について全国840地点（およそ20㎞ごと)で観測される「アメダス気象データ」をもとに独自開発したコンピュータプログラムで行なっています。気温や雨量、日照、風向・風速などの年間データをもとに、「気象の年変化」や、風向・風速が一目でわかります。

それによると確かに冬は日照に優れず、夜間に冷え込むため、春先まで暖房が必要です。ところが、春からの日照が太平洋側の気候地域よりも高くなる傾向にあり、1年を通じて見ればOMソーラーを効果的に利用できることがわかりました。

プランづくりの初めに、地域の気候をどれだけ読みとれるかがOMの家づくりでは重要なポイント。読みとった特性を活かすことからプランづくりが始まるからです。また、地域の町並みや家の構え、農業の暦、天気予知のことわざなどからも「地域の微気候」を読みとることができます。

山浦さんの家の場合、会津高田にアメダス観測点がないため、もっとも近い会津若松の観測データを利用。同じ会津盆地といっても気候条件には微妙な違いがあり、その微気候を会津高田町の『町誌』から探りました。たとえば会津若松の風配図では、冬は西風が吹き、春先は北西から西北西の風、夏になると北西からの弱い風に。

しかし会津高田町の古い家並みは敷地の西と北側に防風林が見られ、北西からの風を意識した構えです。町誌にも「11月より4月までは北西の風が雪と寒さをもたらす」とあり、会津若松の風とのわずかな違いまで読みとることができました。

こうして地域の気候特性を正しくつかむことは、そこに暮らす家族にふさわしい家をつくるために欠かせない作業です。

自然と共生する住まいを目指すOMならではの手法であり、プランづくりの面白さでもあります。

風配図（福島県会津若松）

春先は北西〜西北西の風が吹く

冬は西風

夏は北西からの弱い風

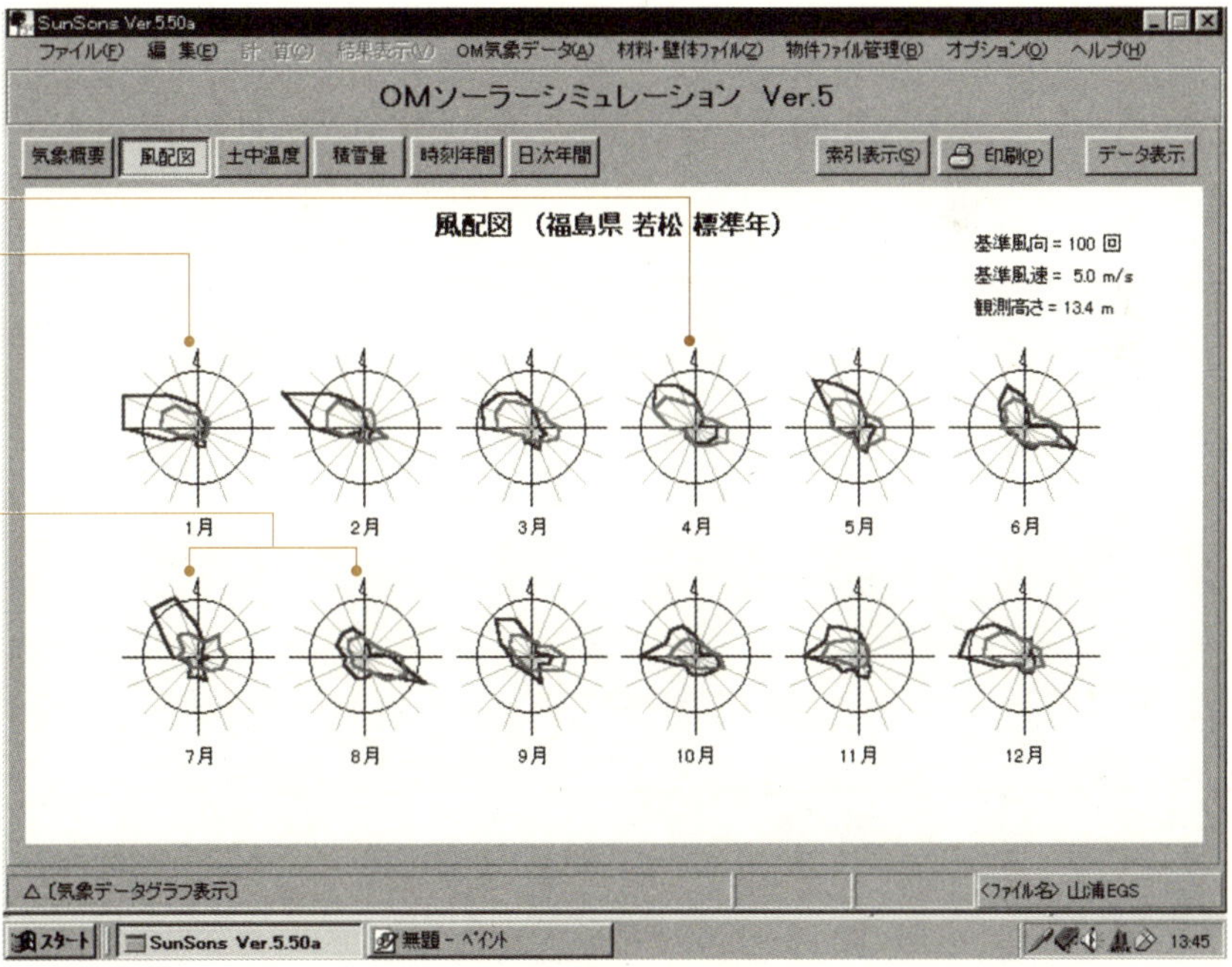

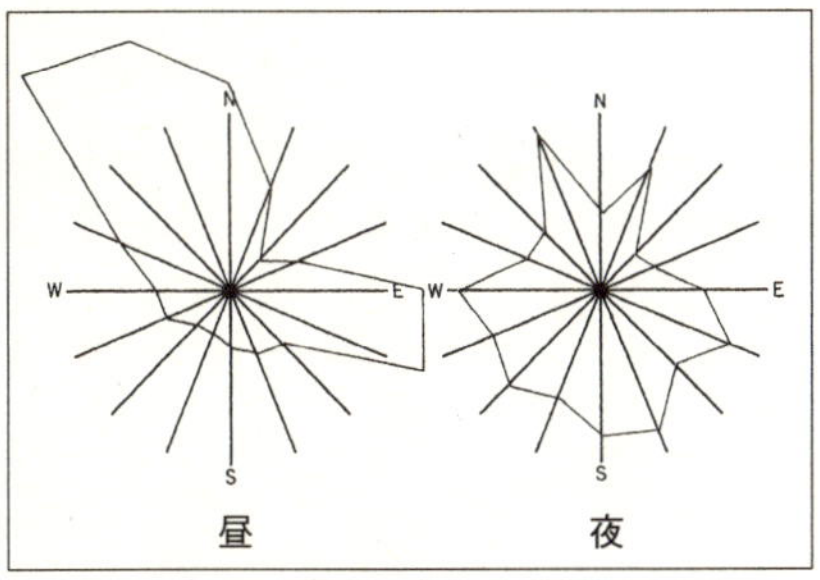

昼と夜の風向き

山浦さんが調べた1990年〜1992年3年間の7月〜8月の会津若松の風向き。

風配図の見方

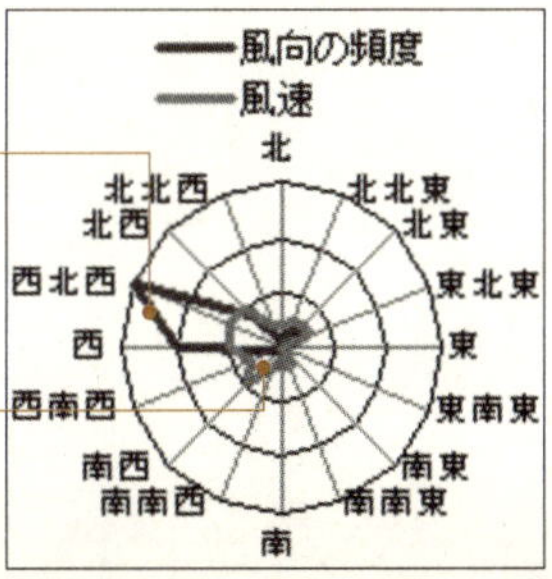

風向の頻度。1時間ごとに測った風向の頻度の1か月間の累計。どの方向から何回、風が吹いたかがわかる。中心から端までの長さを100回とする。

風速。風向別の平均風速。中心から端までの長さを秒速5mとする。

敷地を読む

地形や町の歴史を調べる。旧来の家の構えにならう。敷地の魅力を見つける作業。

アメリカの有名な建築家フランク・ロイド・ライトは、「先ず土地を見よ。土地がすべてを教えてくれる」という言葉を残しています。その土地がどういう土地であるか、正しく読みとることによって、おのずと建てるべき家の姿が見えてくるというわけです。

では、どのようにして土地を読むのでしょうか。土地と一言でいっても、敷地そのもののこともあれば、もう少し広げて敷地のある隣近所だったり、村や町、地域や地方を指す場合もあります。これを土地の単位として見ていくと、単位ごとにさまざまな特徴が見えてきます。

たとえば村や町という単位。北海道から沖縄まで日本にはた

上／山浦さんの敷地を調べる設計者の村松篤さん。周辺環境を写真に納める。中／山浦さんの敷地から見える会津高田町の町並み。下／南に小さな山々が連なる緑豊かな環境。

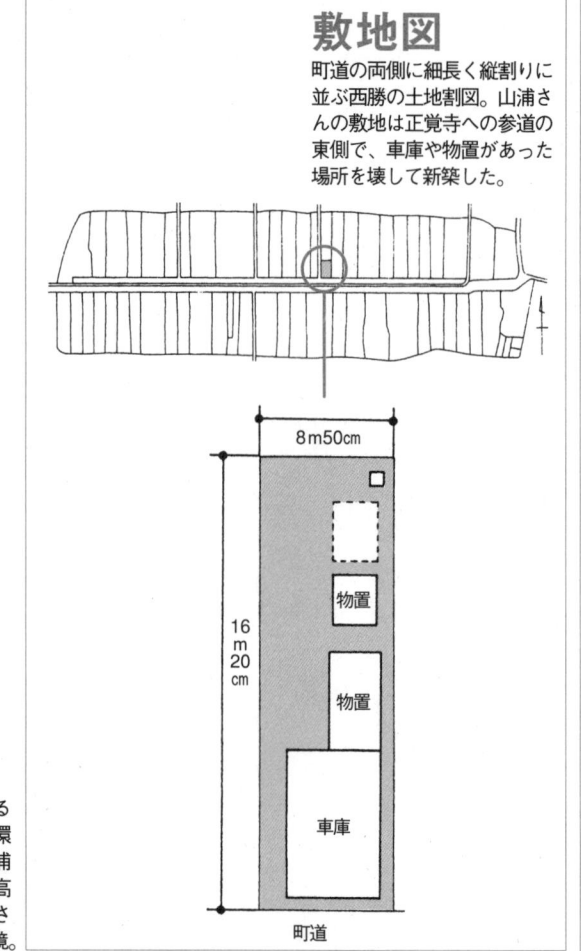

敷地図

町道の両側に細長く縦割りに並ぶ西勝の土地割図。山浦さんの敷地は正覚寺への参道の東側で、車庫や物置があった場所を壊して新築した。

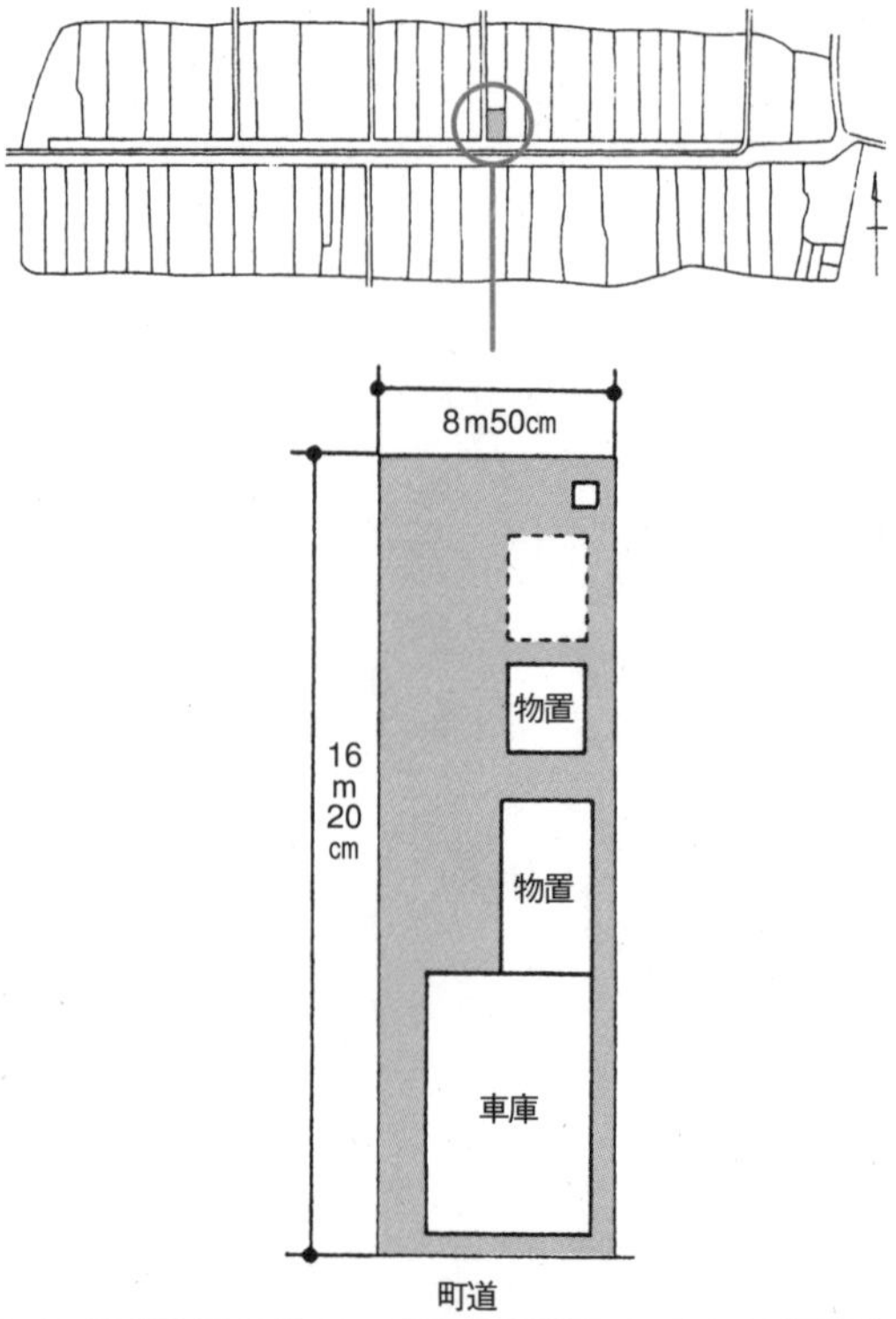
8m50cm
16m20cm
物置
物置
車庫
町道

くさんの村や町がありますが、それぞれに気象や地形、歴史や産業の発展は異なり、そのことが村や町の顔を、つまり固有の特徴をつくってきました。

また近隣という単位からは、冠婚葬祭や日々の近所づきあいだけでなく、家並みの形成という要素も見えてきます。かつては家の向きがそろい、軒の連なった美しい家並みが日本各地にあり、価値観の共有も見られました。

住まいの理想は、その土地に生えるように建っていることともいわれます。その土地だけがもつ魅力「地味」を読みとることが、近隣や町並み、周辺環境への調和につながります。

山浦さんの家の場合も、次のように敷地のもつ地味を読みとりました。

山浦さんの住む会津高田町は、阿賀野川の支流、宮川が流れるのどかな田園地帯。健やかに美しい風景は、「高い田や低い田や植うるたからのたのしき」と地元、伊佐須美神社の御田植祭の歌にも詠まれています。遠景に小さな山々を背負い、磐梯山も望めます。

敷地のある西勝《さいかち》は、道に沿って間口の狭い細長い地割が続いていて、旧道沿いの町屋を思わせるところ。西勝は古くは「西《さい》河市《かち》」といい、文字通り市が立った地域なのです。往時は道の中央を堀が通り、市はその両側に立ったそうで、昔日の繁昌を語るお蔵が、いまも周辺に見られます。

また「はかまごし」という独特の屋根をもつ、養蚕の行なわれた民家や、手漉き和紙づくりの作業場だった建物などもあって、地域の成り立ちや暮らしの名残が西勝らしい表情を見せています。

山浦さんの敷地も、やはり町道から南北に細長く伸びた土地。敷地脇には細い参道（村の共有路）がありますが、利用する人も少なく山浦さんの庭のよう。向かいや隣家のお蔵、柿の木、立派な松の木は、慣れ親しんだ風景です。

そして何より、敷地に建つ車庫の屋根に上がると、磐梯山が見えるのです。それは、この土地に暮らす人にとってはかけがえのない喜びです。

どんな土地に暮らしていても、自分に元気を与えてくれる「自然」は必ずあるもの。敷地の周辺をよく見て地味を発見し、プランづくりに重ねながら、自然とつながりのある家をつくりたいものです。

周辺環境

2階レベルからは北東に磐梯山を望むことができる。北に正覚寺。参道は村の共有路となっている。参道の西側、桜のある家は山浦家の旧宅。

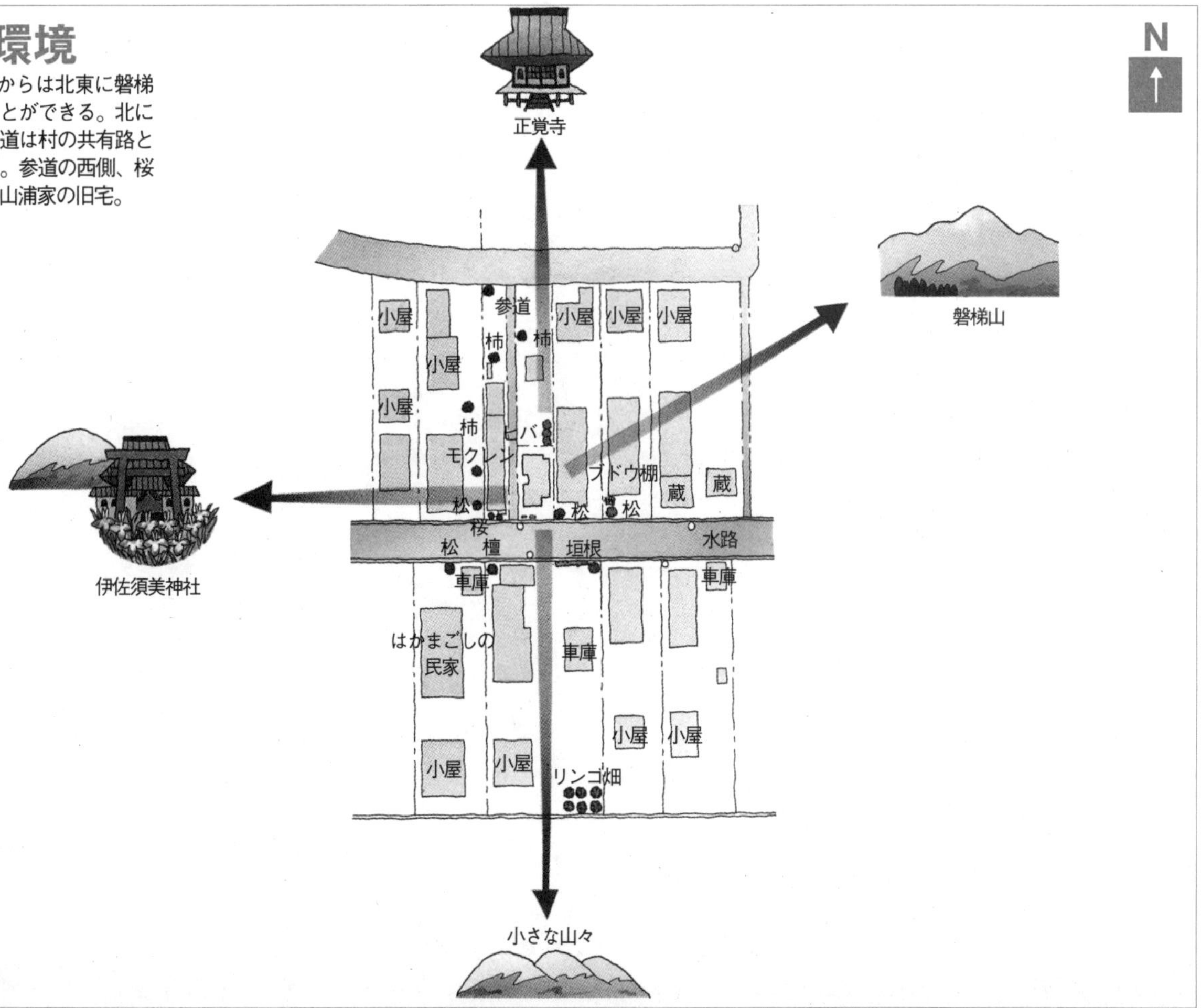

暮らしを読む①

設計の前に、家族の日常生活をチェック、具体的な要望を一つひとつ整理する。

気象の特性や敷地の地味を読みとったら、次は家族の暮らし方に目を向けます。日常の暮らしぶりを振り返り、プランへの足がかりとします。OMでは「設計カード」に、家族に必要なこと、新たな暮らしに加えたいことを具体的に書いてもらい、何を優先するかを決めて新しい家への思いを形にしていきます。山浦さんも暮らしの中で気付いたさまざまなことをメモに書き出しました（右下）。このメモ書きをもとに要望を整理すると、次のようなプランの形が見えてきました。

①いまの家は冬が寒いので、新しい家は何より暖かい家に。

②間仕切りの少ない広々とした空間がほしい。家族が個室にこもるのではなく、団らんを重視。リビングのテーブルでみんなが好き勝手なことをできるといい。

③リビングに暖炉を設け、火のある暮らしをしたい。

④収納を上手に、部屋をすっきりしたい。

⑤しばらくは子供部屋は大部屋ひとつで。

⑥リビングを2階にしたい。

なかでも「2階にリビングを」というのは家族の強い希望でした。というのも、ある日、奥さんが車庫の屋根に上がったところ、南側の眺めが実に素晴らしいことを発見。家と車庫との間から、その向こうに広がるリンゴ畑が見え、さらに後ろには名もない山がのんびりと稜線を描いています。この地味を活かすためにリビングを2階にしようというわけです。

プラン時の家族構成

- 母親68歳
- 夫38歳
- 妻38歳
- 長女14歳
- 長男10歳
- 次男７歳
- 犬１匹

山浦さんの要望メモ書き

各部屋の雰囲気と暮らし方について

①朝食時／母親が一番に朝食をとり、その後バタバタと子供と共に朝食をとり、子供は学校へ。毎日、朝食時にドリップでコーヒーを飲む。メニューは、ごはん十みそ汁が多い。朝食後、天気が良ければ布団を干したり、洗濯、部屋の片付け、掃除。ダイニング・コーナーでアイロン掛け、家計簿、ミシン掛け等軽作業など。

②昼食時／母親と妻で昼食をとることが多い（昼は他の家族はいない）。

③夕食時／だいたい母親と子供で先にとり、あとから夫婦でというパターン（月～金曜日）が多い。手早く後片付けをして、休みたいので掃除のしやすいステンレス・カウンター・トップを希望。

④その他、食事関連／日曜の朝はゆっくり、気兼ねなく朝食をとりたい。わが家のすぐ脇にある参道を通る人に内部をのぞかれるのはいや。生ゴミは裏にコンポストを置いて、そこで処理する。また漬物、野菜のストックは床暖房になればどこか他に設ける必要がある。大勢の来客がしょっちゅうあるというわけではない。月1～2回妹夫婦が若松から泊りにくる程度。年1回、お盆の時に親戚が集まって呑んだり食べたりということはある。今、電子レンジを食卓側に向けて使っており、牛乳を温めたりの使い勝手がいい、子供達も使いやすい。天気の良い日曜日には、時々、お昼を隣の空き地でとったりしている。外メシは非常に気分がよい。2階にデッキがあれば、テーブルと椅子を持ち込んで同様の使い方ができる。なおかつ2階のデッキであれば、プライバシーも保てそう。南側にデッキをとることにより、夏の1階の直射日光を遮る効果も得られる。ダイニングとリビングは完全分離ではなく、一体化したい。特別な来客はほとんどないので、部屋を広く使えることを優先したい。日常の生活を重視。

⑤洗濯／現在、朝に家族分をまとめて洗っている。夜、風呂に入るときに着替えるので、風呂と洗濯スペースは近くに。

⑥玄関／雨のための傘立て。冬の防寒具は外出したあと、雪が付いて濡れているので、それを掛けておくスペースを。

⑦予備室／3組ほどの布団収納。

⑧小屋裏／納戸がわりに使用したい。天気の良い日には、ここにきて星を見ながらビールを一杯やれれば最高。天窓をつけられるか。天窓があれば風も通る。

⑨その他／リビング・ダイニングから子供が帰ってきたことがわかるようにしたい。

設計プラン1

DATA

1F	61.99㎡（18.75坪）
2F	74.36㎡（22.49坪）
ロフト	33.32㎡（10.08坪）
車庫	21.48㎡（6.49坪）
延床面積	191.15㎡（57.82坪）

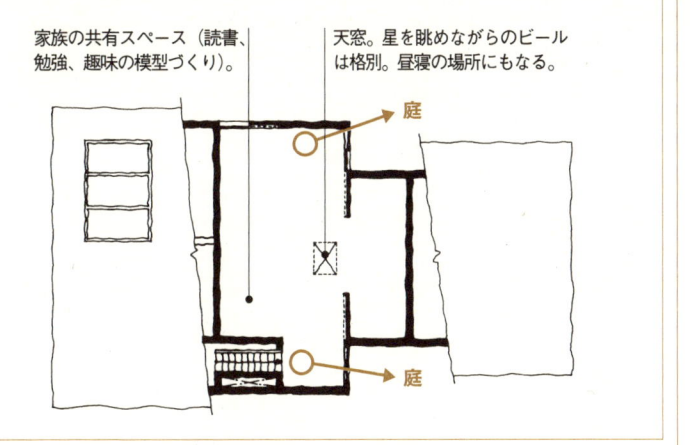

山浦さんの意見

1回目のプランは、車庫まで入れると57.82坪という大きなものになりました。山浦さんの要望をできる限り活かし、設計者からの提案もいくつか盛り込んだ結果です。山浦さんは、このプランがどの程度の予算を必要とするかは、職業柄おおよそわかりました。予算を考え、限りある条件の中でプランをまとめていくために、山浦さんが設計者に伝えた意見は次の4点です。

①家のボリュームを40坪前後に抑えたい。

②リビングをできるだけ明るく広くしたい。そのためには和室の位置を変更しても構わない。

③ロフトは家族共有スペースではなく、将来間仕切り可能な子供室に。

④2階に窓で囲わない外扱いのテラスがほしい。

この意見と合わせて、「大まかなレイアウトの参考に」とのコメントが付いた山浦さんのプラン案も設計者へ出されました。そのプラン案は、大切にしたい要素がシンプルにまとめられていて、改めて家族にとって必要なことが検討されたものでした。

→N

ロフト

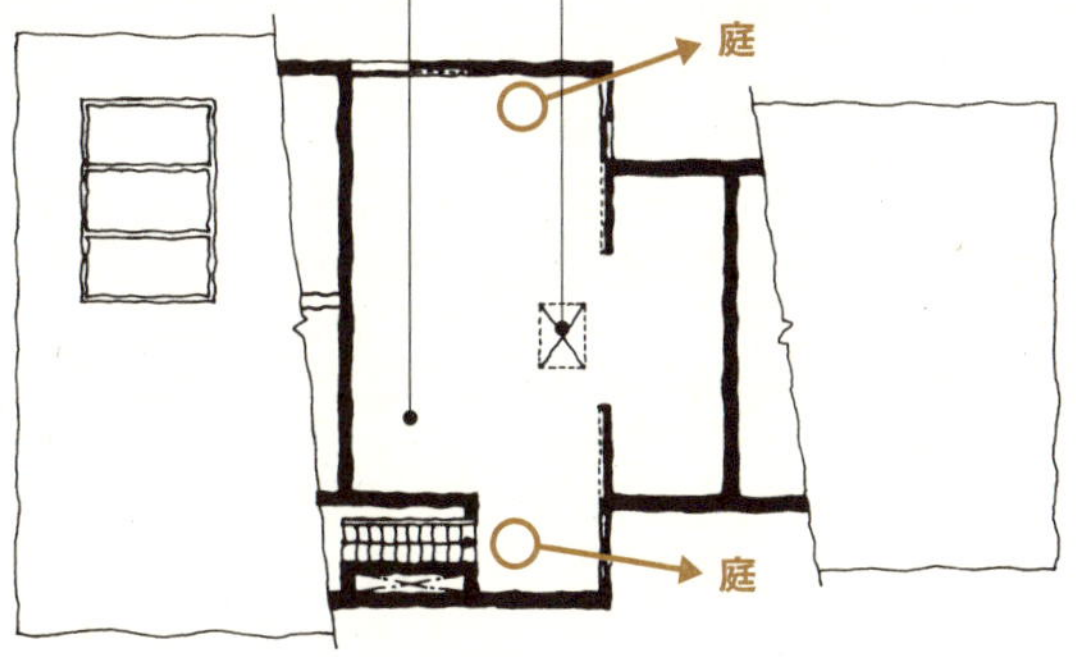

家族の共有スペース（読書、勉強、趣味の模型づくり）。
天窓。星を眺めながらのビールは格別。昼寝の場所にもなる。
庭
庭

2F

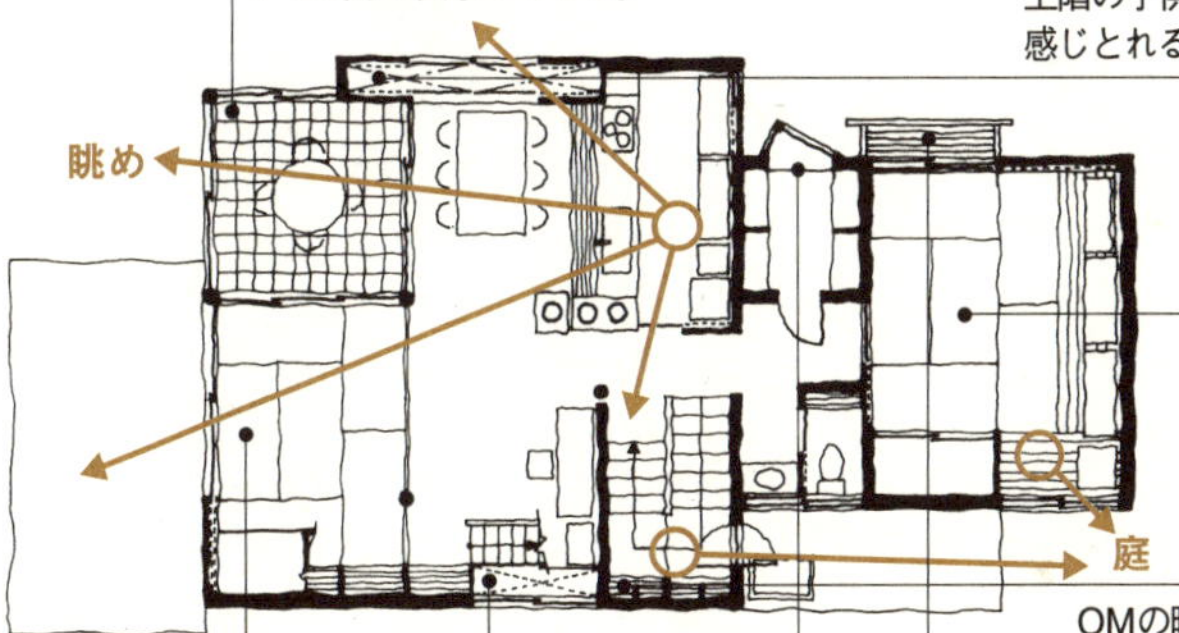

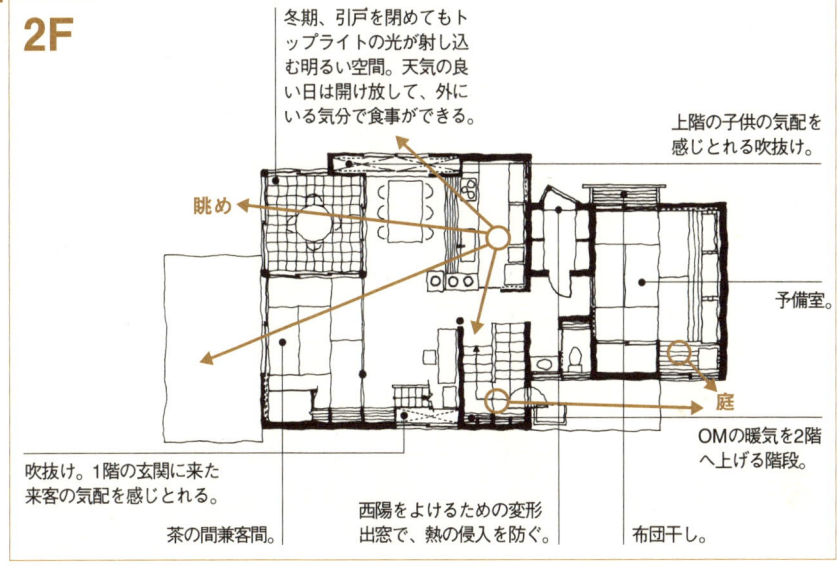

冬期、引戸を閉めてもトップライトの光が射し込む明るい空間。天気の良い日は開け放して、外にいる気分で食事ができる。

上階の子供の気配を感じとれる吹抜け。

眺め
予備室。

庭
OMの暖気を2階へ上げる階段。

吹抜け。1階の玄関に来た来客の気配を感じとれる。

茶の間兼客間。

西陽をよけるための変形出窓で、熱の侵入を防ぐ。

布団干し。

1F

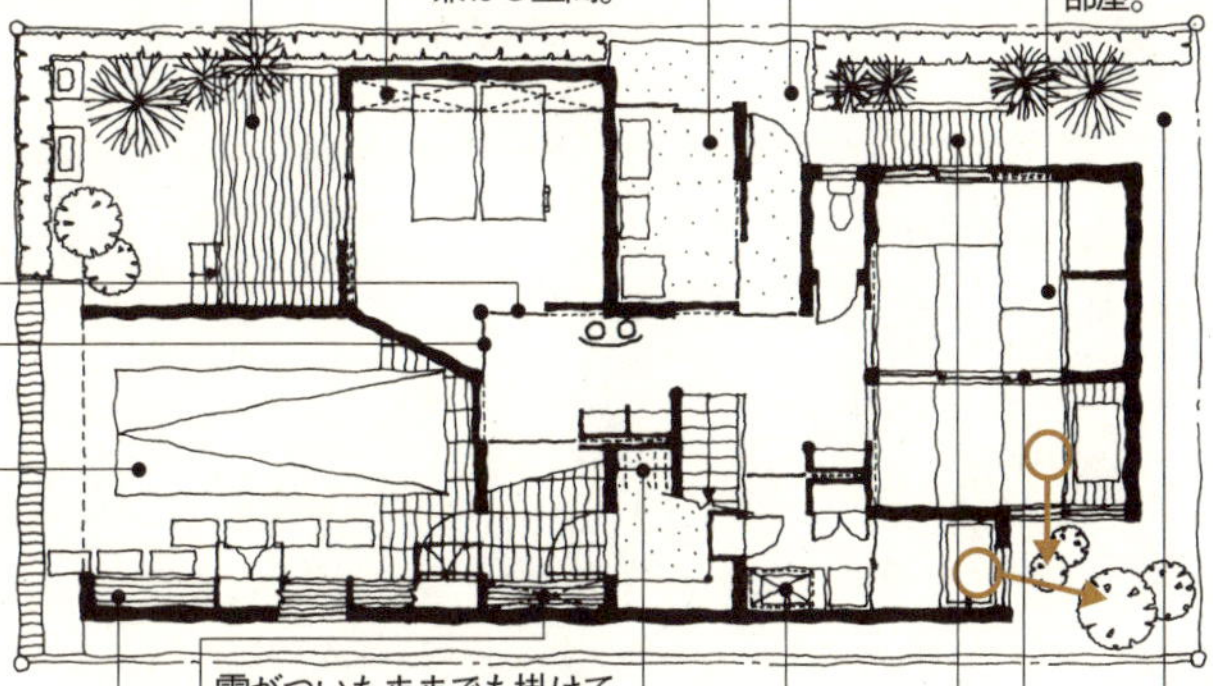

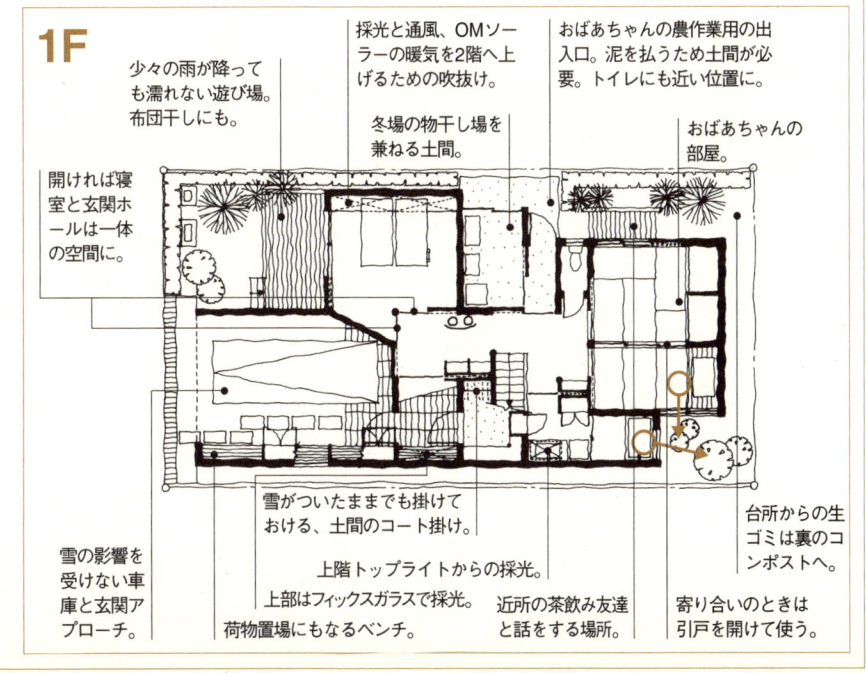

少々の雨が降っても濡れない遊び場。布団干しにも。

採光と通風、OMソーラーの暖気を2階へ上げるための吹抜け。

おばあちゃんの農作業用の出入口。泥を払うため土間が必要。トイレにも近い位置に。

冬場の物干し場を兼ねる土間。

おばあちゃんの部屋。

開ければ寝室と玄関ホールは一体の空間に。

雪がついたままでも掛けておける、土間のコート掛け。

台所からの生ゴミは裏のコンポストへ。

雪の影響を受けない車庫と玄関アプローチ。

上階トップライトからの採光。

上部はフィックスガラスで採光。

荷物置場にもなるベンチ。

近所の茶飲み友達と話をする場所。

寄り合いのときは引戸を開けて使う。

暮らしを読む ②

たくさんの要望のなかから、何がいちばん大切なのかを決める。そしてこまごました暮らしの便宜。

1：希望通り2階につくられた、勾配天井の、のびやかなリビング・ダイニング。
2：2階和室。左の障子の向こうはバルコニー。
3：ダイニングの南東側には山浦さん待望のバルコニーが続き、外での食事ができる。南側の遠方の山々が見える。
4：見通しのいい台所。
5：南側の玄関から見た山浦邸。ボリュームを感じさせる外観には、旧道沿いに残る「はかまごしの民家」に似た存在感がある。

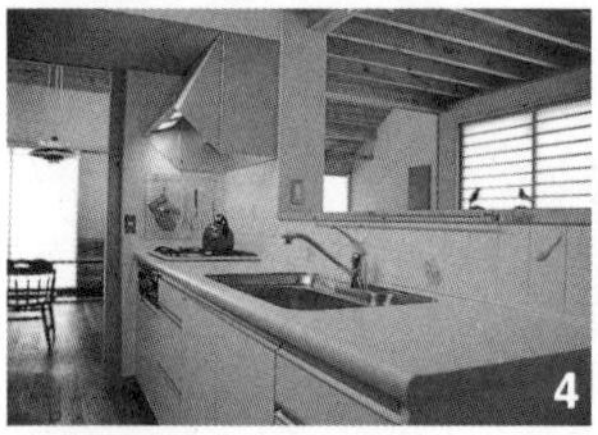

1回目のプラン後、山浦さんから出された意見やプラン案を参考にしてできあがったのが、この2回目のプランです。全体のボリュームも45・88坪まで抑えられました。

新しいプランで変わったのは、建物と一体化していた車庫が外されたこと。かわりに2階バルコニーの下を駐車スペースにして、乗降時の雪の影響を避けています。ロフトを子供室にして、夫婦の寝室は1階に、予備室（客間）は2階の奥にしたことが、大きな変更点です。また、おばあちゃんが農作業への出入りに利用する裏玄関を、ボイラー室と兼ねるようにしました。手前には6台ある自転車を置けて、しかも2階の西側バルコニーが雪を除けてくれます。

全体的には、廊下を必要最小限にしぼって、床面積の縮小をはかりながら、まとまりのあるプランができました。特に2階は間仕切りが少なく、バルコニーとダイニング、リビング、キッチン、西側バルコニーは、それぞれに機能しながらも連帯感があり、山浦さんの希望通りの広がりをもった空間になりました。こうした大空間をつくっても冬を暖かく過ごせるのは、建物をまるごと暖房するOMソーラーだからできることです。

山浦さんの場合は、このプランで決定しましたが、2回目で決まるのは早い方です。山浦さん一家のように、どのように住みたいか、何を大切にしたいかが明快にあると、設計者もポイントがつかみやすく、スムーズに展開します。

設計プラン2

DATA

1F	56.18㎡（16.99坪）
2F	59.49㎡（17.99坪）
ロフト	36.06㎡（10.90坪）
車庫	なし
延床面積	151.73㎡（45.88坪）

設計　村松篤設計事務所
〒432-8002　静岡県浜松市富塚町1933-1
佐鳴湖パークタウンサウス517
TEL053-478-0538　FAX053-478-0492
E-mail: m-arb@mail.wbs.ne.jp
http://www.wbs.ne.jp/bt/muramatsu/

ロフト

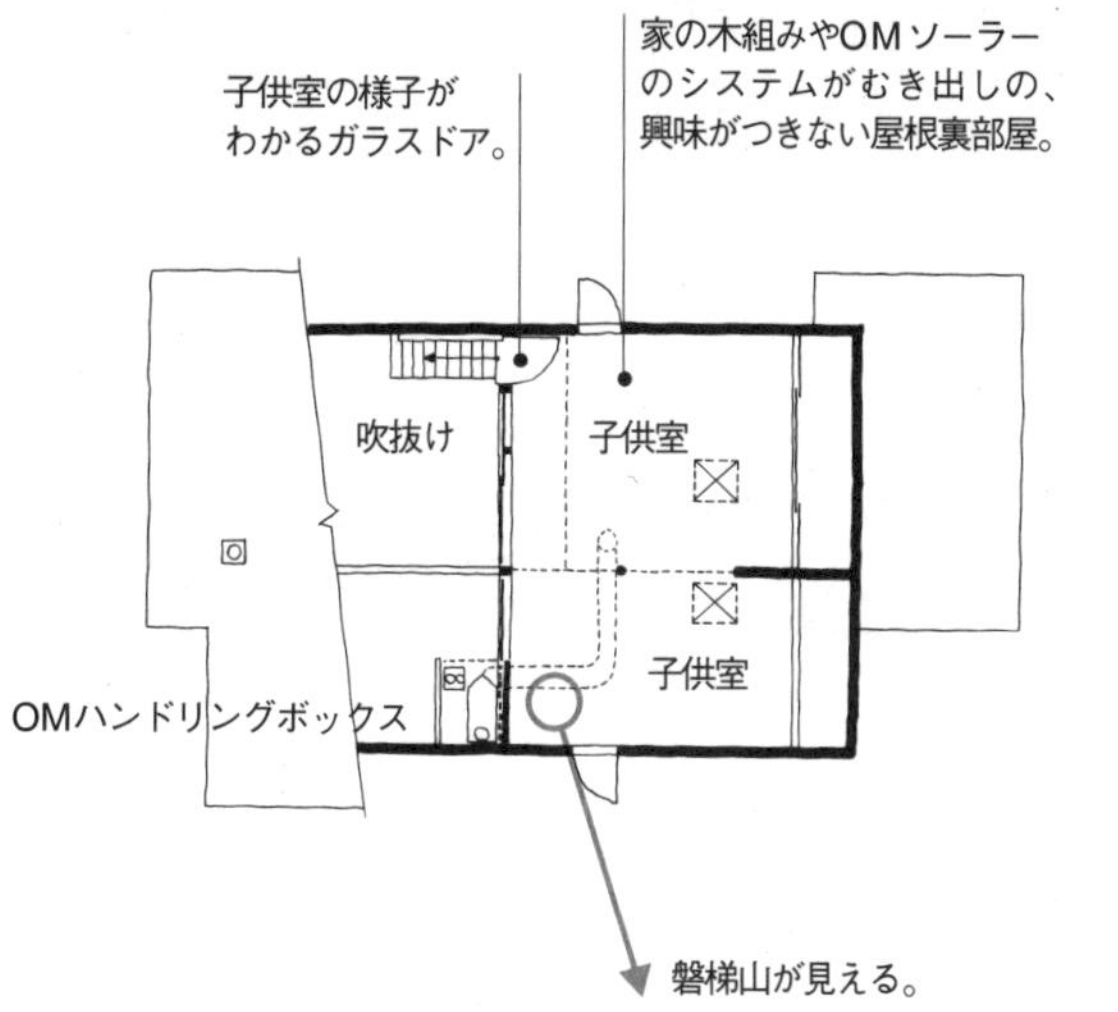

子供室の様子がわかるガラスドア。
家の木組みやOMソーラーのシステムがむき出しの、興味がつきない屋根裏部屋。
吹抜け
子供室
子供室
OMハンドリングボックス
磐梯山が見える。

→N

2F

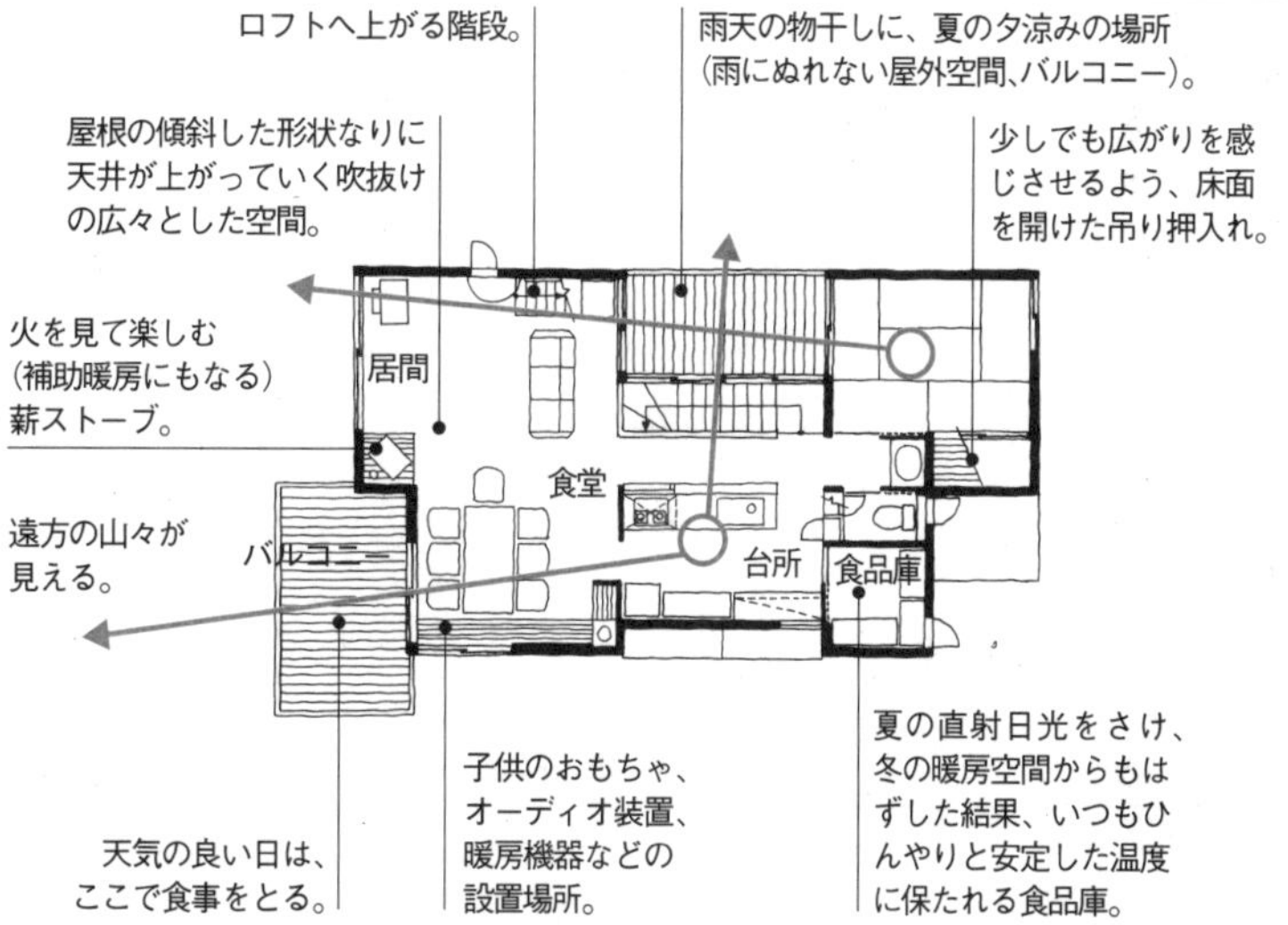

ロフトへ上がる階段。
雨天の物干しに、夏の夕涼みの場所（雨にぬれない屋外空間、バルコニー）。
屋根の傾斜した形状なりに天井が上がっていく吹抜けの広々とした空間。
少しでも広がりを感じさせるよう、床面を開けた吊り押入れ。
火を見て楽しむ（補助暖房にもなる）薪ストーブ。
居間
食堂
遠方の山々が見える。
バルコニー
台所
食品庫
天気の良い日は、ここで食事をとる。
子供のおもちゃ、オーディオ装置、暖房機器などの設置場所。
夏の直射日光をさけ、冬の暖房空間からもはずした結果、いつもひんやりと安定した温度に保たれる食品庫。

1F

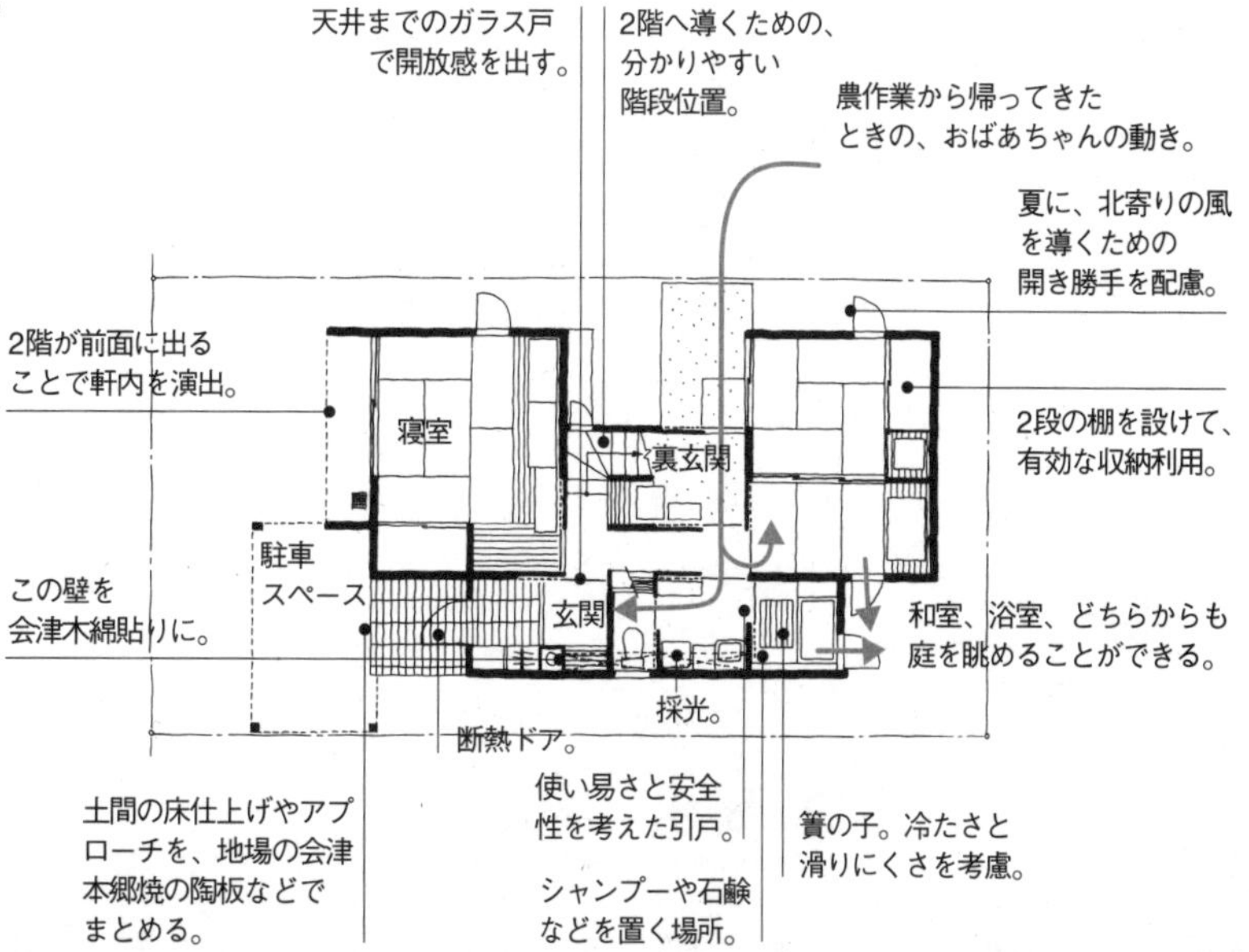

天井までのガラス戸で開放感を出す。
2階へ導くための、分かりやすい階段位置。
農作業から帰ってきたときの、おばあちゃんの動き。
夏に、北寄りの風を導くための開き勝手を配慮。
2階が前面に出ることで軒内を演出。
寝室
裏玄関
2段の棚を設けて、有効な収納利用。
駐車スペース
この壁を会津木綿貼りに。
玄関
和室、浴室、どちらからも庭を眺めることができる。
採光。
断熱ドア。
土間の床仕上げやアプローチを、地場の会津本郷焼の陶板などでまとめる。
使い易さと安全性を考えた引戸。
簀の子。冷たさと滑りにくさを考慮。
シャンプーや石鹸などを置く場所。

村松篤　略歴●1959年静岡県生まれ。静岡県立浜松工業高等学校建築科卒業。1996年村松篤設計事務所設立。これまでに手がけた住宅●木造200棟、鉄骨造1棟。（OMソーラー導入5棟）

村松さん（左）と打ち合わせ中の山浦夫妻。

通風と採光を考える

家全体の空気の流れをつくる。同時に採光を得るためのディテールをつめる。

一般の住宅は、各部屋ごとに暖房する個別暖房が主であるのに対して、家全体をまるごと暖房するのがOMソーラーの考え方。山浦さんの家の2階リビングのように、間仕切りが少なく、天井も吹抜けの大きな空間は、普通の家ならば温熱をロスします。ところがOMでは逆に、この大空間が家全体を暖めるのに有効なのです。

太陽によって暖まった空気を、家中に循環させるOMのシステムにかなっているわけです。それぞれの家に合う空気や温熱の流れをつくっていくのも、設計を考える上での大切な要素です。

山浦さんの家の空気は、階段から2階へ、吹抜けを通ってロフトの天窓へ流れるというつくりです。1階奥のおばあちゃんの部屋には夏の風通しをよくするために地窓を設けています。地窓は北寄りの風を招くように開き勝手を配慮しました。床面近くを涼しい風が吹き抜けます。

また、野菜や漬物を保存する場所も、通風の確保が必要です。山浦さんの場合、事前に暮らし方のメモが設計者に出されていたので、2階の夏の直射日光や冬の暖房を避けた場所に食品庫ができました。

通風と合わせて工夫するのが採光です。玄関の飾り棚から洗面台までの上部は、天窓にして明かりを採り入れました。2階リビングも南側のバルコニー、西側バルコニーと階段室の開口を大きくし、希望通りの「明るいリビング」になりました。障子の開閉によって、陽射しを調節することもできます。

ロフト

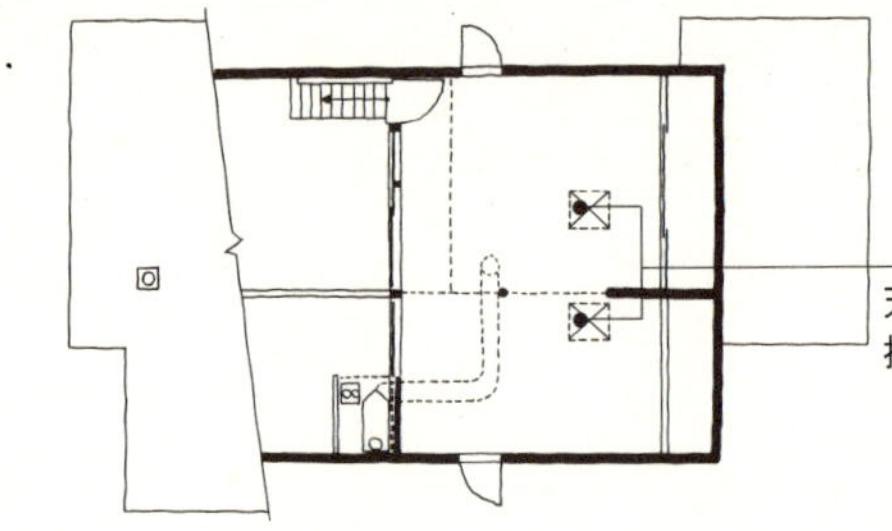

天窓からの採光。

→N

2F

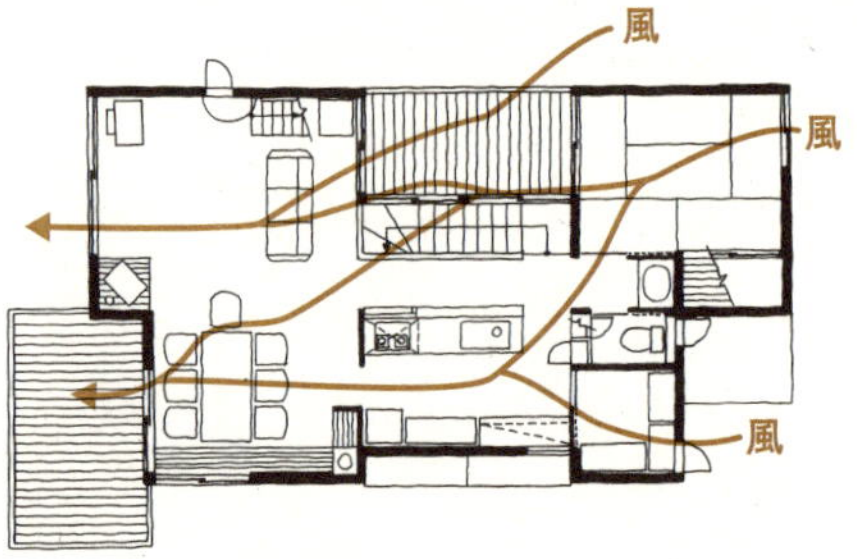

1F

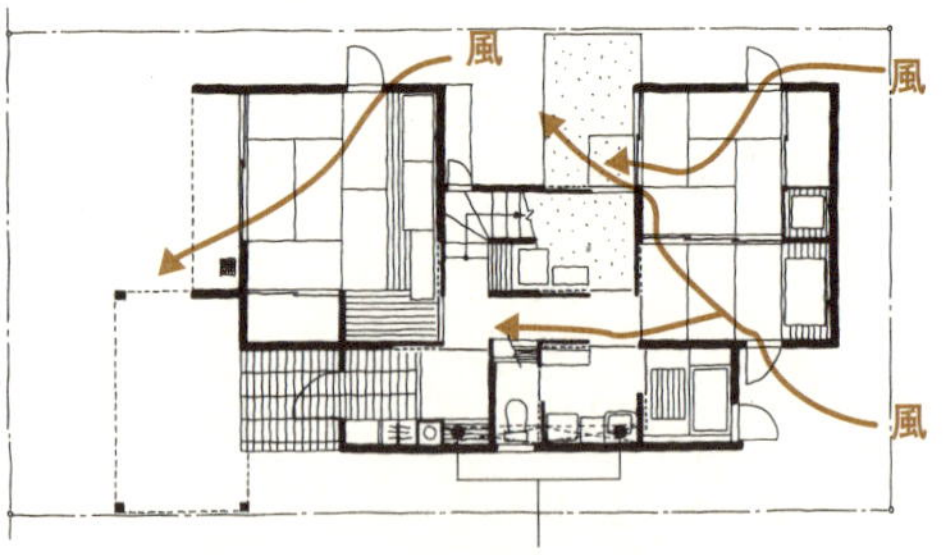

上部は天窓。
昼は採光に、夜間は断熱に役立つ障子戸。

正面はロフトへの階段。障子を開け放すと、2階の南の窓から入った風がロフトの天窓へと抜けていく。階段の右に見えているのが西側バルコニー。ロフト入口のガラスドアは、居間の明かり採り。子供たちの気配もうかがえる。

素材を探す

地元ならではの材料を見つける。わが家らしさを醸し出す素材の魅力。

山浦さんの家の明るく開放感のある大きな窓には、障子が取り付けられました。透光率が高く、断熱性にも優れた障子は、冬に閉め切っていても室内が明るく、窓からの寒気の流入を防いで、暖かさも逃がしません。障子のもつ風合いは、木と塗り壁という自然素材を使った内装によく合い、室内にやすらぎが感じられます。この障子のように、暮らしの中の目に映るところに、気に入ったものがあると、それだけでくつろいだり楽しい気分になったりするものです。「せっかく会津でつくるのだから、会津でしかできないものにしたいですね」。設計者のこの一言から、山浦さん夫妻の「素材探し」が始まりました。

分厚いカタログの中から、タイルや壁紙などを選ぶのは、確かに手早い方法です。しかし、せっかくの新しいわが家なのですから、自分の足で歩いて、仕上げの素材をあれこれ探してみるのもいいものです。その分、居心地や家への愛着も高まりますし、何より家づくりの素敵な思い出になります。

会社の昼休みを利用して、情報収集に励んだという山浦さん。「おかげで、地場産業に目覚めちゃった」とか。集めた素材はというと、会津本郷焼の陶板に、風合いや色合いの美しい会津木綿……。この素材をどう使おうかと、設計者や工務店の人たちとあれこれ悩むのもまた一興。山浦さんの見つけた会津らしさが、生き生きとわが家を引き立ててくれるはずです。

1

2

3

4

5

1：玄関に明るさと華やかさを添えているのは、飾り棚の壁に貼った300年の伝統をもつ「会津木綿」。旧知の織元を訪ねて選んだ。
2：玄関の敷石に用いたのは、近くにある「会津本郷焼」の窯元でみつけた陶板。本来は窯焼きの際に、茶碗を置く台だとか。用済みになって山のように積まれた中から子供たちと一緒に探し出した。
3：洗面所のカウンターは、実家にあったケヤキを活かしたもの。サンダーがけや塗装は山浦さん自ら行なった。

4：地元ならではの素材を探して東奔西走の山浦夫妻。本郷焼の工場にて。
5：会津木綿の織元を訪ねる。

性能を予測する

それぞれの暮らし方によって快適さは異なるもの。家の性能を予測して、快適さを確認。

OMソーラーでは、工事着工前に、家の性能や実際の住み心地を検証する「OMコンピュータ・シミュレーション」を行なっています。

シミュレーションは、建物が太陽から受ける熱量や、建物内に蓄える熱量、それを利用した室内の温熱環境を予測するもので、室内の温度やお湯とりの温度、湯量などの具体的な数値がわかり、季節ごとの住み心地まで予想できます。

山浦さんの家もプラン決定後に、設計者は3回にわたってシミュレーションを行ない、プランとOMのシステムがどれだけ有効に働いているか、画面の数値やグラフなどで検証しました。

山浦さんは、大きな窓のあるのびやかな空間を希望し、夏も冷房を用いずに涼しく過ごしたいと考えていました。会津高田の冬を考えれば、大きな窓は開口部から熱を逃がすウィークポイントです。しかし盆地特有の暑い夏に、暑さを和らげる風を呼び込んでくれるのも窓。

決定したプランには、大きな窓があり、夏に窓を開け放す暮

冬

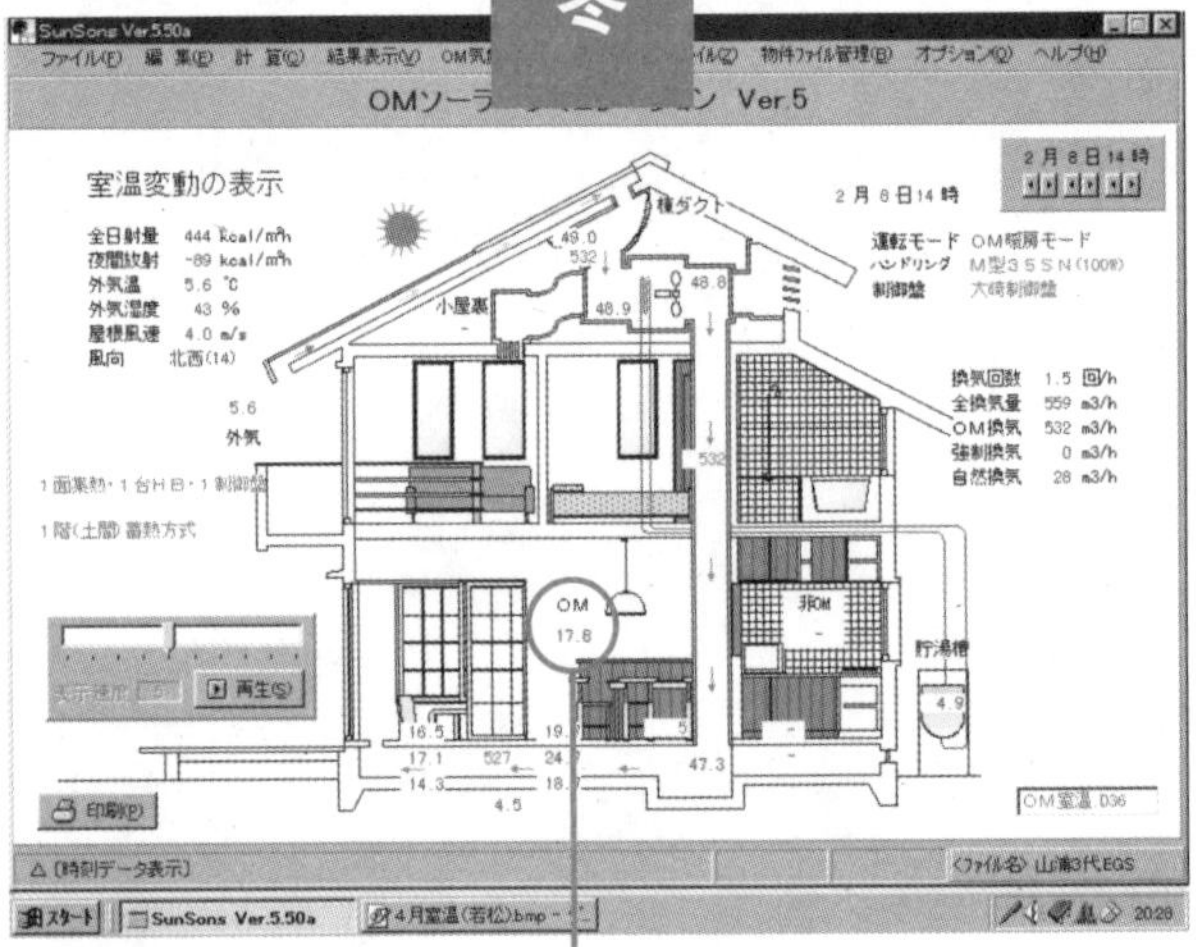

日中は太陽の熱を取り込む

冬の昼、2月上旬、晴天の午後2時の場合、外気温5.6℃。昼は、OMソーラーの効果と直射日光の取り込みによって室温は17.8℃まで上がっている。

夏

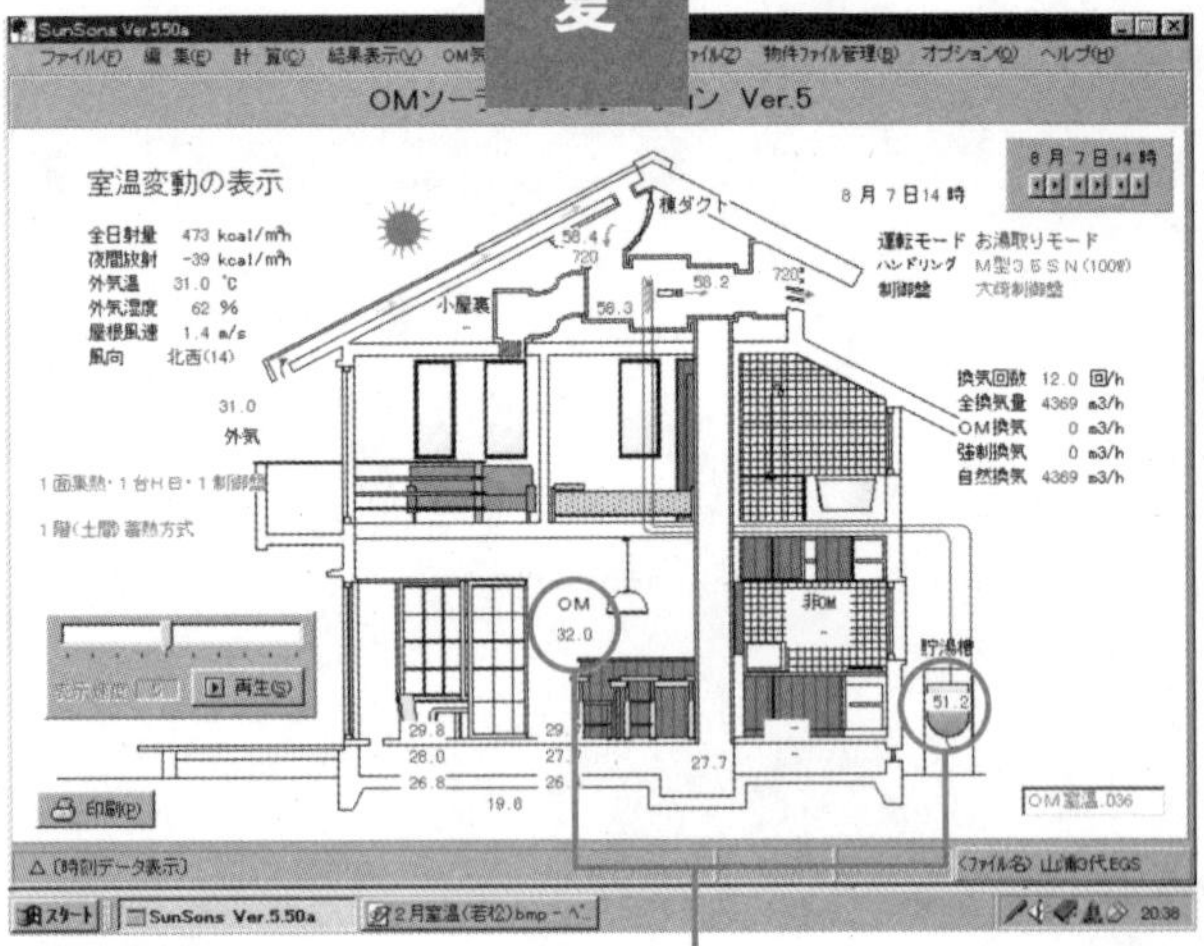

風通しと日射遮蔽で涼しく

夏の昼、8月上旬、晴天の午後2時の場合、外気温31℃。室温は32℃。お湯とりモードで貯湯槽のお湯の温度は51.2℃。風通しをよくして簾などで日射を遮蔽する。

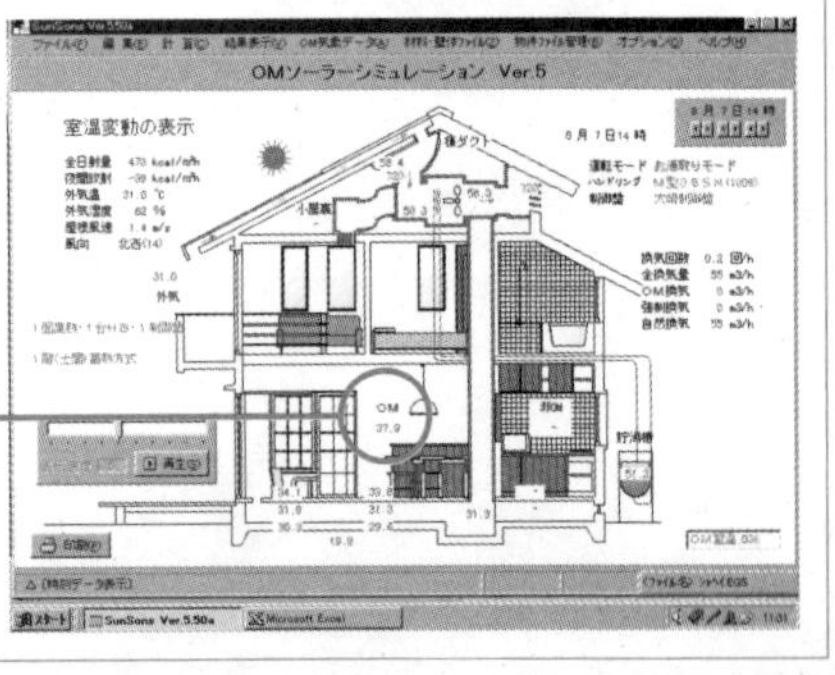

上と同じ日時に、窓を閉じて通風を妨げ、日射遮蔽もしない場合の室温は37.9℃。

らし方を優先したものでした。同時に考えられた冬の対策は、窓の内側に両面張りの障子や断熱材を入れた襖を設けるというもの。建具の多層化によって熱の逃げを防ぐのです。

暖房に使う灯油の消費量をシミュレーションしたところ、山浦さんの家のプランは、同じ地域の一般的な住宅に比べて、消費量は約3分の1。一般的な住宅の場合、暖房は使用する部屋のみの個室暖房が多く、暖房をしない部屋もありますが、OMソーラーは家全体を間接的に暖めています。それでも消費量が少ない理由は、家の断熱、気密、蓄熱に関係します。断熱と気密を高めた住宅でも、1日の室温の変化には幅ができますが、OMの家は集熱とともに蓄熱を行なっているため、室温の変化がかなり緩やか。灯油の消費量も少なくて済むというわけです。

一般的な家づくりで施主が工事着工前に手に入れられるのは、図面や仕上げ表、設備一覧くらいで、このように家の性能を予測することは難しいものです。自分の暮らしの「快適」を確認できるのも、「快適を科学する」OMならではといえます。

OMコンピュータ・シミュレーション

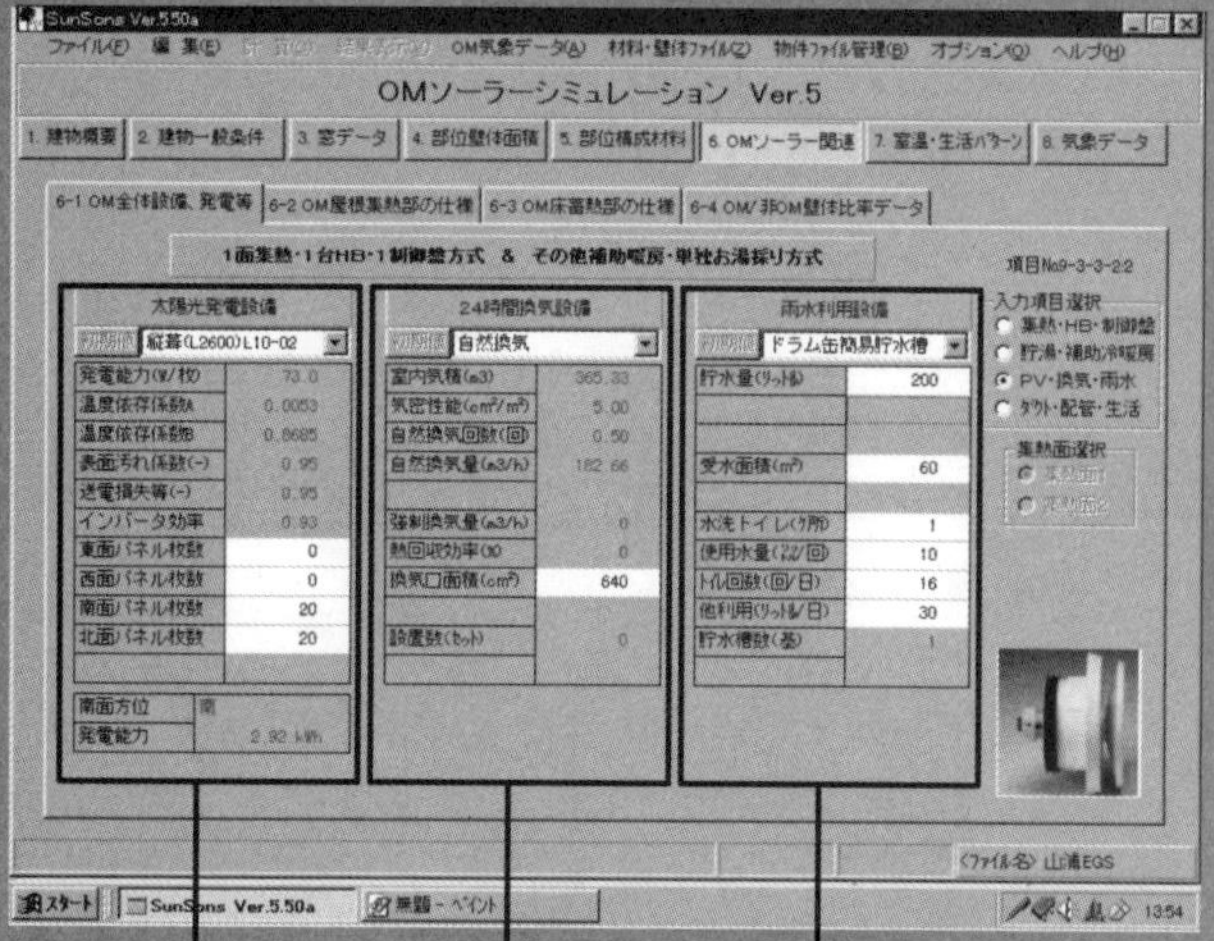

太陽光発電設備

どの方角に何枚ぐらいのパネルを設置すると、どのくらい発電するかがわかる。

雨水利用設備

トイレに雨水を利用した場合、家族何人で何回利用できるのか、雨水だけで充分な月と不足する月がわかるなど、雨水を有効に活用できるタンクの容量がわかる。

24時間換気設備

設計する上で、換気は重要な要素である。ここでは、室内の換気量の数値を知ることができる。一般的に、1時間に室内の空気の半分以上が入れ替わることが必要といわれる。

プラン案から、それによって得られる建物の温熱環境をコンピュータ・シミュレーションを使って具体的な数値で算出できます。その結果をもとに、集熱屋根面の勾配や集熱パネルの枚数、断熱性などを確認しながら、つくり手と住まい手が一緒になって、温熱環境を含めた設計プランの検討を重ねていきます。

このシミュレーションは、OMが独自に開発したもので、窓の寸法や仕様、壁面積、断熱・気密性などとともに、家族の生活パターンを入力し、以下の内容を検討することができます。

●集熱屋根面の集熱の能力、そのときの空気温度。

●お湯採りの温度。

●室温、床表面、蓄熱コンクリートの温度。

●熱を逃がさないための断熱性能が適当か。

●求める温度によって補助暖房がどのくらい必要か。

また、この他に●太陽光発電システムを導入した場合の発電量●室内換気量●雨水利用の可能性なども、このシミュレーションを使って算出することができます。上の画面は、その入力画面の例です。

春

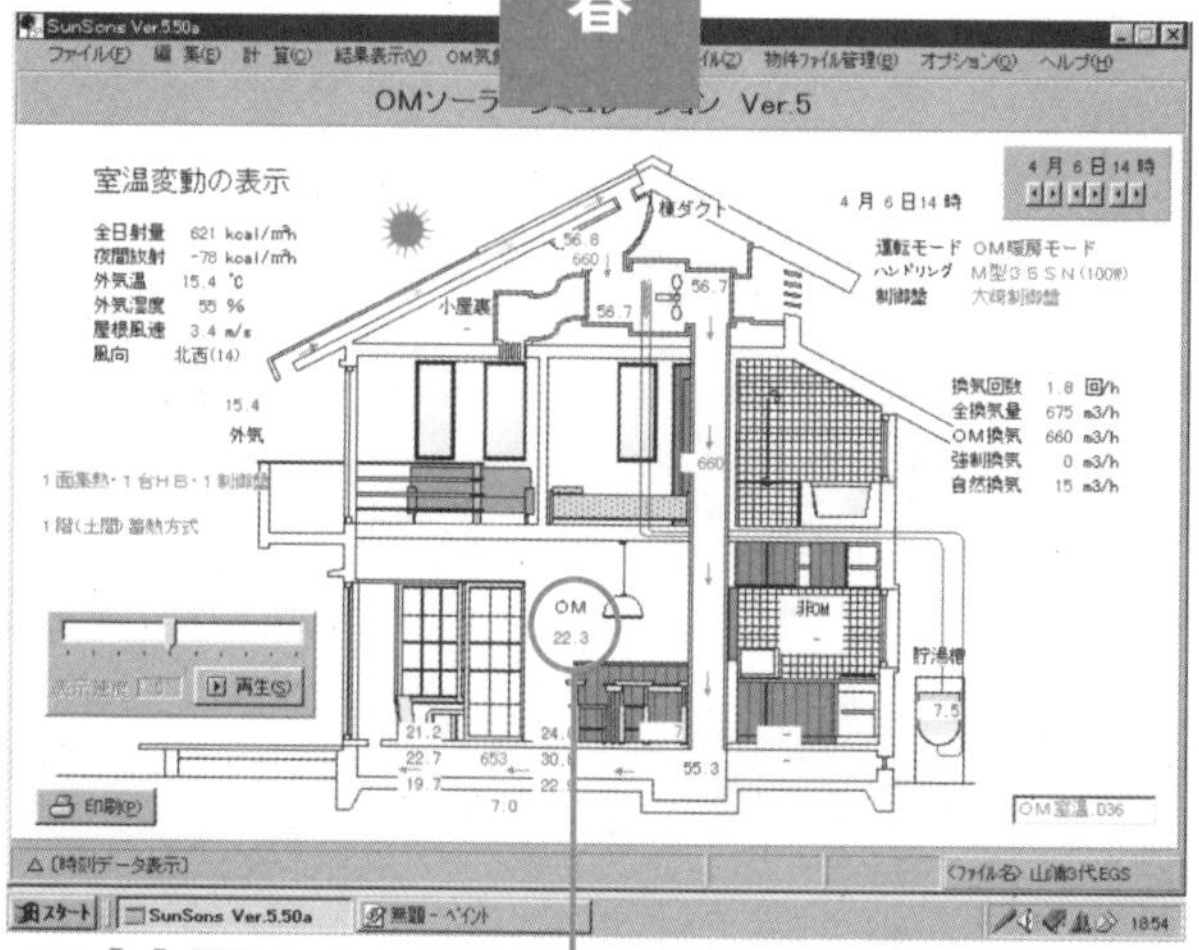

日射量が増えて室温が上がる

春の昼、4月上旬、晴天の午後2時の場合、外気温15.5℃で室温は22.3℃。後の実測によって、シミュレーション予測と実際とがほぼ同じ効果であることがわかった。

4月6日	外気温	OM
		室温
時刻	℃	℃
13:00	15.7	21.5
14:00	15.4	22.3
15:00	14.8	22.9
16:00	14.1	23.3
17:00	13.4	23.4
18:00	11.8	23.5
19:00	10.8	23.1
20:00	10.5	22.7
21:00	10.3	22.2
22:00	10.0	21.8
23:00	10.0	21.4
24:00	9.8	20.9
範囲積算値	274.9	497.1
範囲最大値	15.7	23.5

4月6日	外気温	OM
		室温
時刻	℃	℃
1:00	8.9	18.8
2:00	8.8	18.5
3:00	8.2	18.2
4:00	8.8	17.9
5:00	9.0	17.6
6:00	8.8	19.0
7:00	10.2	19.1
8:00	11.5	19.3
9:00	12.5	19.5
10:00	12.8	19.6
11:00	13.5	19.9
12:00	15.3	20.7
範囲積算値	274.9	497.1
範囲最大値	15.7	23.5

工事の流れ

基礎コンクリートは、温熱環境を決定するOMソーラーの工事の要。

プランが決定し、地盤調査、地鎮祭を終えると、いよいよ工事も本格始動。ここでは一般的な工事の流れを追いながら、OMならではの工事内容を紹介していきます。工事の各段階で、正しい工事が行なわれたかどうかを確認する施工チェックが要所で行なわれます。

工事の流れは、一般的なOMソーラーの工事例をあらわしたものです。実際は諸条件により変わることがあります。

基礎工事

一般的な住まいの施工で、まず最初に行なわれるのは基礎工事です。OMソーラーでは屋根で集めた空気を床下に蓄えるため、断熱工事や蓄熱コンクリート工事が行なわれます。

1 **地鎮祭・縄張り**
建物の位置に縄を張って確認する。

2 **根伐り工事**
基礎をつくる部分の土をほぐす。

3 **割栗地業**
基礎の下に割栗石を敷き詰める。

4 **捨てコンクリート工事**
←OM工事／防湿シート敷込み
←OM工事／土間下断熱

5 **鉄筋工事**
立上がりや土間の鉄筋を組む。

地鎮祭。

コンクリート打設。基礎の立上がりコンクリート内側の土や砂利などを締め固め、防湿シートを敷き込み、その上に断熱材を敷き、コンクリートを打つ。この土間コンクリートは、太陽熱の貯金箱。夕方、室温の低下とともに、床下から放熱して、室内を快適な環境に整える。

住宅模型。

6
型枠工事
型枠を組み、コンクリートを流し込む。

7
コンクリート工事
←OM工事／コンクリート打設

8
土台据え付け
←OM工事／土間リスト／気密性の確保に、基礎と土台の間に敷く防湿気密材。

9
上棟式
柱を立て、棟木を上げる。

屋根工事

上棟式を終えると、屋根に太陽熱を効率よく集めて、床下に送るための屋根工事が始まります。空気の流れをコントロールするOMハンドリングボックスもここで取り付けます。

1
屋根下地工事
←OM工事／屋根下地工事
←OM工事／棟ダクト工事
←OM工事／屋根で暖めた空気を取り入れるためのスリーブダクトの取り付け。気密には充分気をつける。
←OM工事／ハンドリングボックスを組み立てる。
←OM工事／空気漏れがないかチェックする。

2
屋根工事
雨漏りがないようしっかりと。
←OM工事／金属板工事
←OM工事／集熱面からの空気漏れがないかをチェックする。

3
外部開口部取り付け
←OM工事／集熱ガラス工事

4
外壁下地工事

基礎工事が終わると、いよいよ木工事が始まる。

上棟式を前に、設計者、工務店とともに打ち合わせ。照明器具やタイルの色など仕上げの細部を詰める。

上棟式（建前）は、工事完成を祈願し、職人たちを慰労するおめでたい日。地方によって、その習わしはさまざま。

屋根の下地を整える。太陽熱を集める屋根部分には、金属板で葺いた集熱面と、温度を上げるための集熱ガラス面がある。

棟ダクトを取り付ける。屋根下地の工事後、棟ダクトを屋根裏に専用バンドで固定する。

金属板で葺いた屋根は、それだけでも集熱効果があるが、より効果を高めるため金属板の上に強化ガラスを載せる。

棟ダクトとハンドリングボックスとの接合部分やダクト同士に空気漏れがないか、発煙筒を焚いてチェックする。

床工事と竣工検査

屋根工事が終わったら、床の工事です。屋根から送り込まれた集熱空気を効率よく蓄えるには、床下の断熱、気密が大切です。そして施工されたシステムが確実に作動するかをチェック。OMの効果が充分発揮できるかを検査します。

1

床捨て張り工事

←OM工事／ハンドリング・集熱面に続き、基礎と土台の隙間や壁の空気漏れがないか念入りに確認する。

2

床仕上げ工事

3

天井内壁工事

4

内・外仕上げ工事

5

設備工事

壁や床の仕上げ工事と並行して、設備工事が行なわれる。お湯をとるためのボイラーやタンクの設置、補助暖房の取り付けなどを施す。

←OM工事／必要なだけの風量が出ているかを確認する。

6

器具取り付け工事

←OM工事／でき上がったシステムが正常に動作するかをチェックする。

7

清掃

8

竣工・引き渡し

取り付けた各々の機器が正常に作動しているか試運転を行なう。

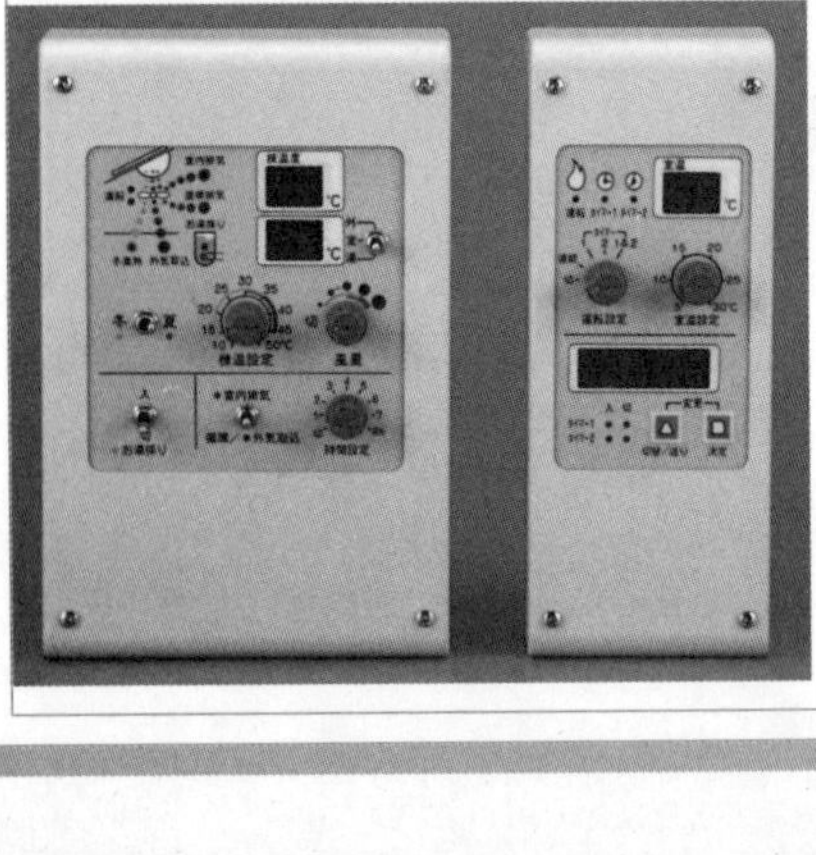

ハンドリングボックスの動きをコントロールするのが、この制御盤。「T型システム」（上）と「DOM型システム」（下）の2種類がある。
季節や住まい方に応じて運転モードを選択するという基本は同じ。どちらかといえば運転内容を制御盤に任せたい場合は「T型」、自分で設定したい場合には「DOM型」というのが選択の目安となる。

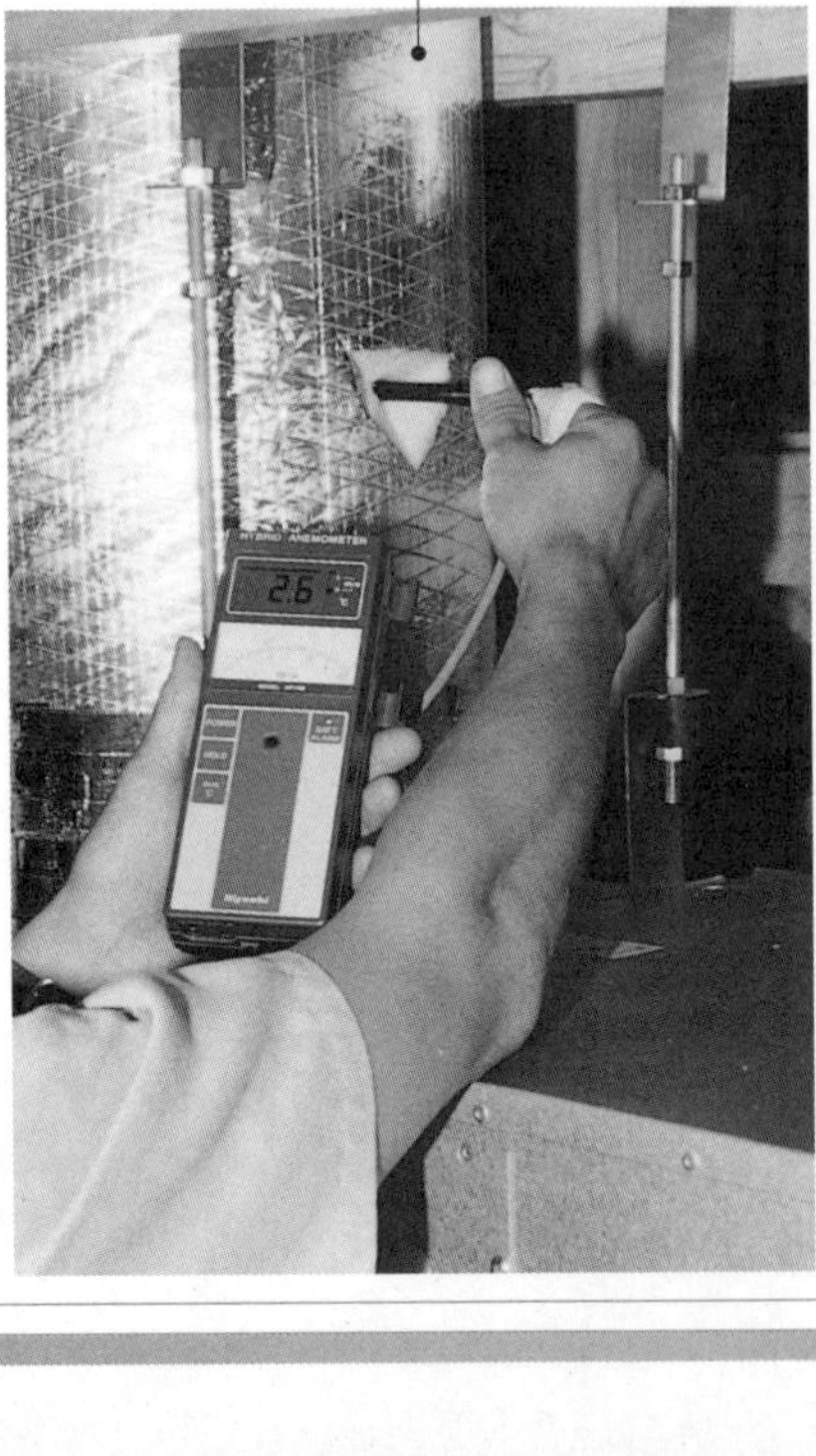

シミュレーションで予測した必要な風量がちゃんと得られているかを確認する。

ムリなく
住める
エコ住宅

自然力を上手に活かす
with sun,rain,winds,plants

実例

自然力で暮らす、わが家の選択。

太陽熱や風を利用する。地元の木材や古材・廃材を使う。
周辺環境や町並みへの愛着から、狭小敷地にあえて住み続ける。
それから、なるべく環境に負荷を与えないように配慮する。
ここに紹介する家々は、いずれも住み手が「自然力を活用しよう」
という強い意志をもって家づくりに望んでいます。

P.41 → P.72

Case#1

30年ほど住んだ、田の字型の古家を建て替えました。
古材をリサイクルする。無垢の杉と土で建てる。
町並みにとけ込ませる。生活排水はきれいに浄化する。
雨水は集めて、大地に還す。
環境に配慮した、緑とともにある暮らし。

杉の大空間を、南庭の緑へ開く。

1：居間・食堂と連続する吹抜けのサンルーム。傾斜屋根の一部を二重ガラスにした。夏期はシェードで日射遮蔽。
2：食堂。障子の奥が玄関。
3：２階から見下ろすサンルーム。タイル敷きでパティオのような風情。クスノキの円テーブルは旧宅の床の間板で製作。
4：片流れの屋根天井がダイナミックな居間・食堂。ベイマツの大テーブルは旧宅の梁で製作。

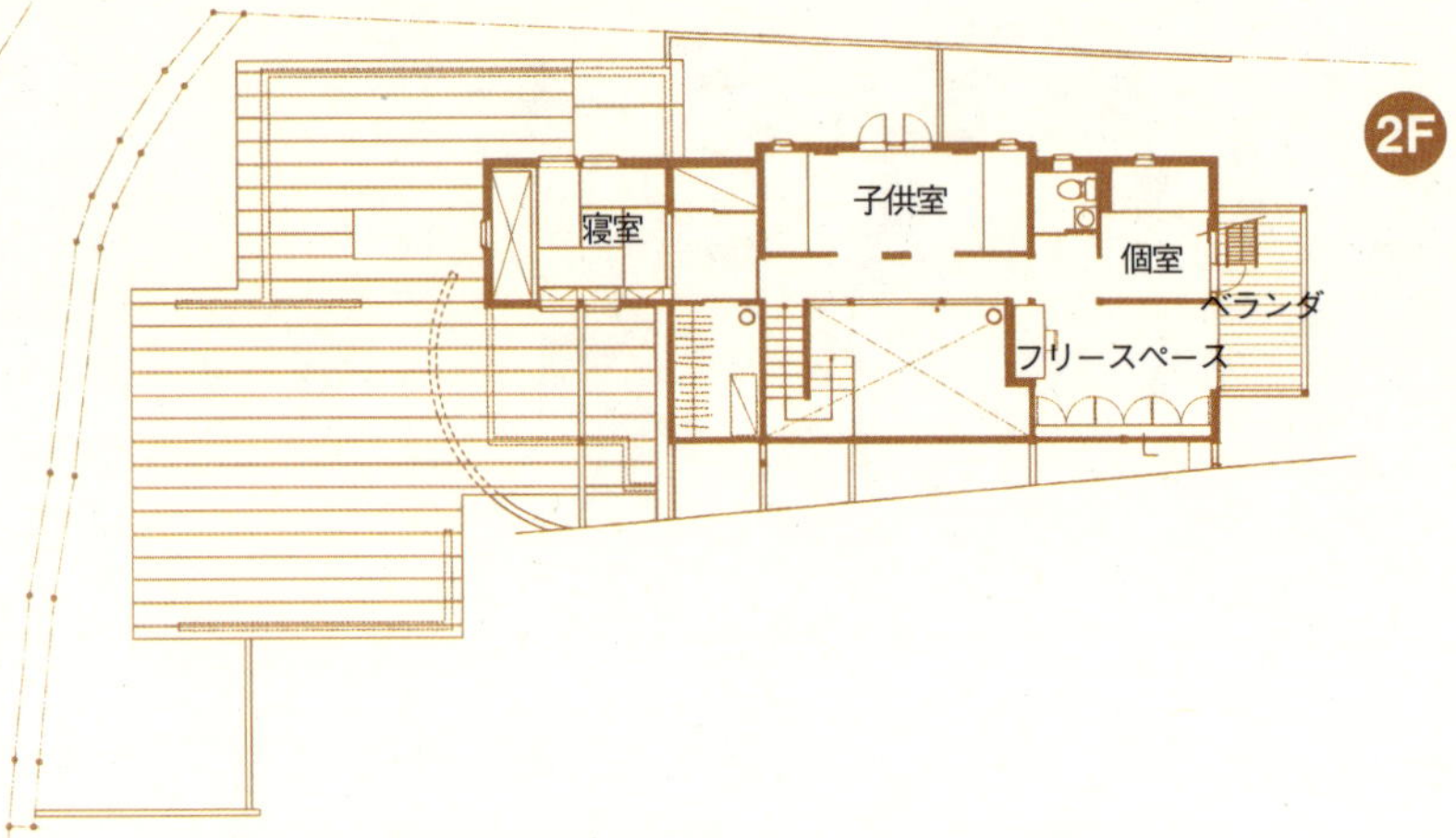

2F
寝室
子供室
個室
ベランダ
フリースペース

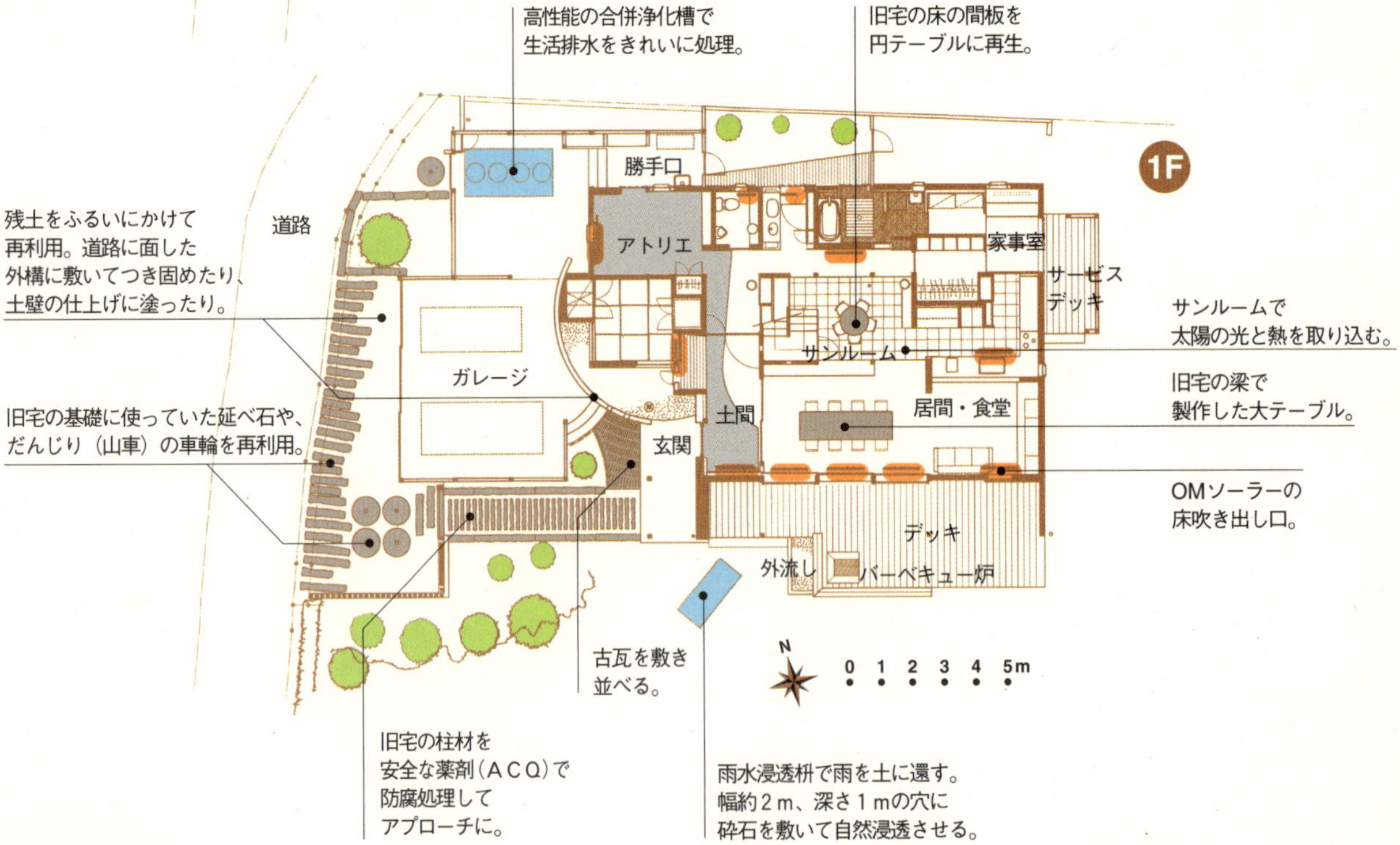

高性能の合併浄化槽で
生活排水をきれいに処理。
旧宅の床の間板を
円テーブルに再生。
1F
勝手口
道路
アトリエ
家事室
サービスデッキ
残土をふるいにかけて
再利用。道路に面した
外構に敷いてつき固めたり、
土壁の仕上げに塗ったり。
サンルームで
太陽の光と熱を取り込む。
サンルーム
ガレージ
旧宅の梁で
製作した大テーブル。
土間
居間・食堂
旧宅の基礎に使っていた延べ石や、
だんじり（山車）の車輪を再利用。
玄関
OMソーラーの
床吹き出し口。
デッキ
外流し
バーベキュー炉
古瓦を敷き
並べる。
N
0 1 2 3 4 5m
旧宅の柱材を
安全な薬剤（ＡＣＱ）で
防腐処理して
アプローチに。
雨水浸透枡で雨を土に還す。
幅約２m、深さ１mの穴に
砕石を敷いて自然浸透させる。

Data

所在地	大阪府和泉市	竣工	1998年４月
家族構成	夫婦＋子供3人	設計	三澤文子（Ms建築設計事務所　TEL06-6201-1037）
敷地面積	443.82㎡	施工	山本博工務店
延床面積	236.43㎡　１階183.43㎡／２階53㎡		

3

4

1：Ｌ字型の台所の先、北東角の家事室。２畳の畳敷きは洗濯物を置いたりたたんだり何かと便利。家事室の左手には浴室があり、サンルームまでぐるりと回れるプラン。
2：サンルーム奥正面は台所。
3：日常スペースとは土間で隔てられ、離れのような和室とアトリエ。

柔らかな風合いの杉を用いた、おおらかで大胆な架構。間仕切らずオープンな大空間。

4：２階の廊下。右下はサンルーム。左手は仕切り無しのオープンなつくりの子供室。
5：２階寝室。正面の小壁の先は吹抜けで、下はアトリエ。
6：１階、玄関土間から食堂、南庭まで見通せる。梁の上には壁も無く、開放的な大空間。木材は90年生の徳島の木頭杉。

「僕は、この雨水浸透枡がとても気に入っています」。住み手の弓削《ゆげ》明さんは浸透枡の蓋を開けて見せてくれました。屋根で集めた雨水を浸透させる設備、といってもつくりは単純。地中に伸ばした雨樋の先に貯留槽を設け砕石を敷く。これだけで雨水はほとんど大地に浸透します。「最初は溜めて散水に使う計画でした。でも、うちには永年使っている井戸があります。地下水を汲み上げる分、雨水は大地に還してやるのが本当だろうと考え直したんです」。下水道が配備された地域では雨水はいっ

6

1：南庭から見る弓削邸。ガルバリウム鋼板の屋根には下端から太陽電池パネル・トップライトの2重ガラス・OMソーラーの集熱パネルが載る。
2：旧宅の柱材に防腐処理を施して敷いた玄関アプローチ。円弧を描く土壁は、残土をふるいにかけて塗った。足元には古瓦の小端立てが。
3：道路から見る門扉。手前は基礎石の再利用。4つの輪は、だんじり（山車）の車輪をリサイクル。弓削邸の前には、だんじり祭の札所がある。
4：広いデッキにはバーベキュー炉とベンチを備えた。

深い軒端の先まで伸びる広いデッキ。陽光あふれる南庭に向かい、草木に親しむ。内から外へ、外から内へ、自然と一体になる。

＊民家型構法：地域に流通する木材を効率的に使う構法。長持ちする架構を重視する合理的な真壁（柱や梁を壁で隠さないつくり）の家。

きに海に流される。そこに多くの問題点があるのはよく知られています。弓削さんの家の場合、下水道が配備されていない地域だったこともあり、雨水浸透や生活排水の浄化処理は、家づくりの大前提となりました。

建て替え前の家は、屋根は入母屋、田の字型プランで、築30年足らず。しかし南側を客間にして、生活の中心を寒い北側に置くという古風なつくりは、いまの暮らしぶりに合いません。陽当たりのいい南側に生活の中心となる居間・食堂、台所をつくり、南庭と一体になった暮らしがしたい。部屋は間仕切らずに大きく開放的にしたい。夏は風を取り込み、クーラーは使わない。暖房はランニングコストを考えてOMソーラーにして、太陽光発電も導入したい。材料は、自然素材を使う。

「最初は旧宅の古材を使いたくて、あちこち調べましたが、古材のリサイクルはずいぶんお金が掛かることが分かりました」。古材をあきらめて、次に徳島県の杉で建てることを計画。天然の葉枯らし乾燥の杉です。

弓削さんは宅地計画を専門とする都市計画家。「窓から見える風景をデザインする」ことも家づくりの大切な課題でした。

Case#1

だから町並みに違和感のない外観にしたい。盛りだくさんの希望をもって紆余曲折の末、出会ったのが建築家の三澤文子さん。「柱などの構造を古材で組もうとすれば、手壊しで丁寧に解体した材でなくてはならないから費用が掛かります。でも外構などに部分的に古材を使うだけなら、もっと気軽にできます」とアドバイス。幸いにも古材や残土をストックするための敷地の余裕は充分あります。木材は安全な防腐処理を施してアプローチに敷く、古瓦は玄関前に、残土はふるいにかけて土壁や庭の整備に。古材利用の工事には弓削夫妻も参加しました。

色艶のいい葉枯らし乾燥の杉は、三澤さんが取り組む「民家型構法」*で活かされ、ダイナミックな空間を生み出しています。広いデッキから南庭へと開いた居間・食堂。吹抜けの開放感。中庭がほしいという希望に、三澤さんは「屋内の庭」としてサンルームを提案。弓削さんの希望を一つひとつ丁寧に取り入れながらの設計です。

「すごく快適ですね。外から帰ってくると、ふわっとした暖かさを感じます」。念願の開放的で自然と一体となった暮らしが実現しました。

Case#2

古くなった着物を仕立て直すように、
石材や木材などの廃材も、仕立て直して使えます。
そうして代々、受け継いで住むのが家というもの。
環境に配慮すれば、木材は近くの山から
運びたい。小径木も使い様で活かすことができます。

地元の木と廃材を、職人の技で活かす。

1：大窓に木製サッシを使い、穏やかな趣の南側外観。左手にカーポートがある。
2：正面奥に台所を配した広間は、明るく、風通しも良い。天井に表したのは「合成格子梁」。店との行き来だけでなく、物干しなどの家事動線も考慮して、土間の両端２か所にドアが設けられている。
3：店への出入りに便利な西側のドア。古箪笥が出迎える。
4：広間南面の土間。上部は吹抜けで大窓からの陽射しで暖められた空気は２階へ。夏は引き違いの大窓や下部の窓を開閉し涼しい風を呼び込む。
5：季節ごとに布を掛ける。

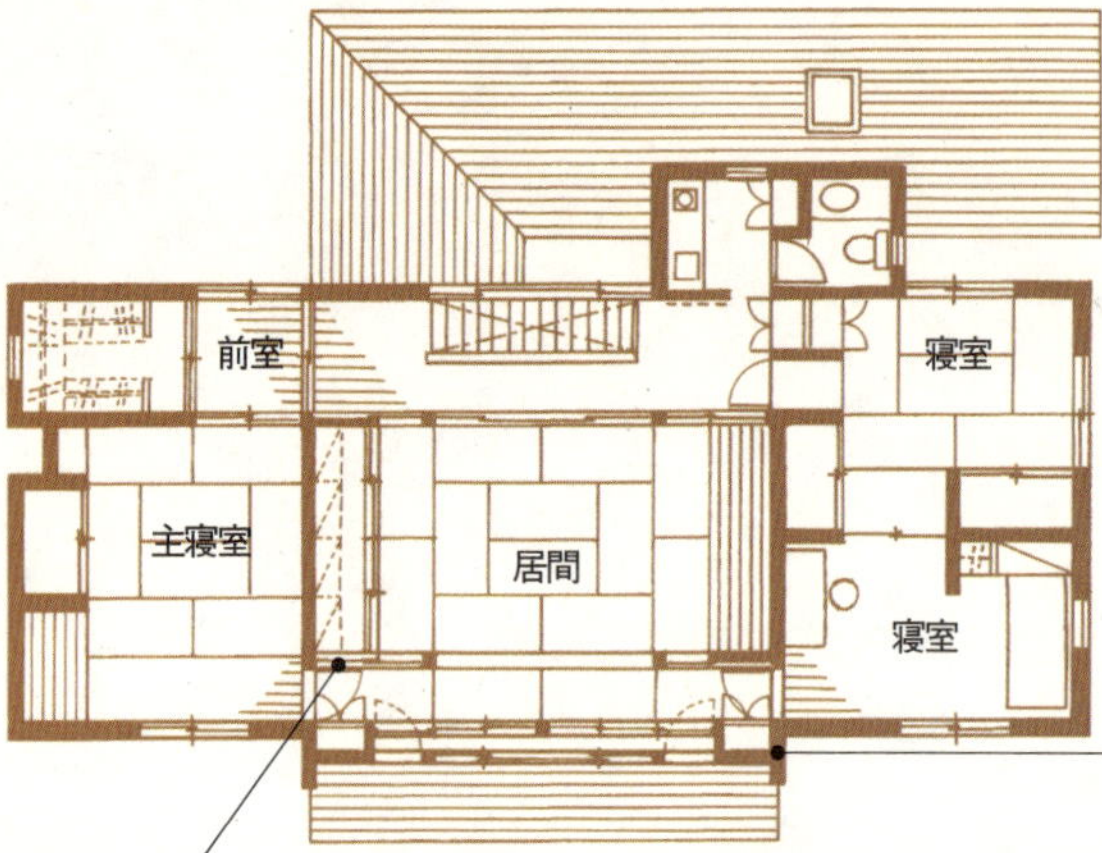

古民家から譲り受けた板戸。

吹抜けの両壁は
１階から２階まで
檜の廃材のウッドブロック。

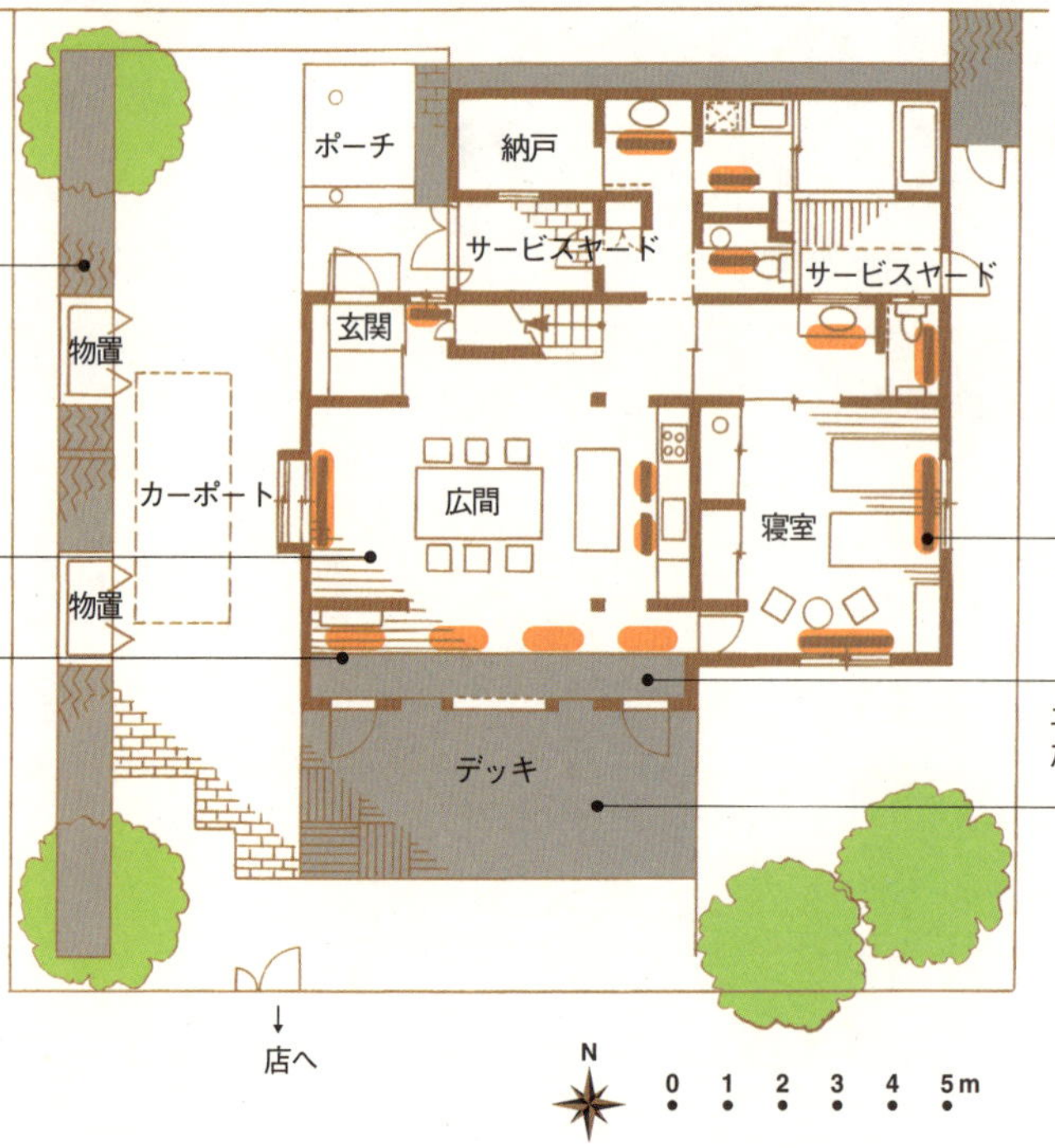

古瓦の小端立て。

小径木を活かす格子梁。

小上がりの側面に
OMソーラーの吹き出し口。

OMソーラーの床吹き出し口。

土間床は廃材の栗をブロックに
加工した木レンガ敷き。

廃材を再利用したデッキ。
外構には古瓦や石の残材を
ふんだんに使用。

Data

所在地	群馬県前橋市	竣工	1999年７月
家族構成	親夫婦＋夫婦＋子供３人	設計	林昭男＋Studio PRANA（TEL03-3397-3613）
敷地面積	330.0㎡	施工	津久井工務店
延床面積	216.5㎡　１階105.2㎡／２階111.3㎡		

2

3

5

4

1：広間。中心に欅の大テーブル。
2：台所から土間方向を見たところ。階段から台所を抜け、土間のドアまでは一直線。家の東側にある物干し場へは、このドアを利用している。
3：広間の大テーブルは、日々の食事だけでなく接客にも活躍。台所との間に造り付けた食器棚が、来客の視線を遮ってくれる。夏は布を二重に掛けて日射遮蔽の役割も。

地元の杉と職人の技で組む。
重厚な格子梁を仕上げる繊細な技。
使い勝手のいい広間。

Column

小径木を伝統技術で活かす「合成格子梁」。

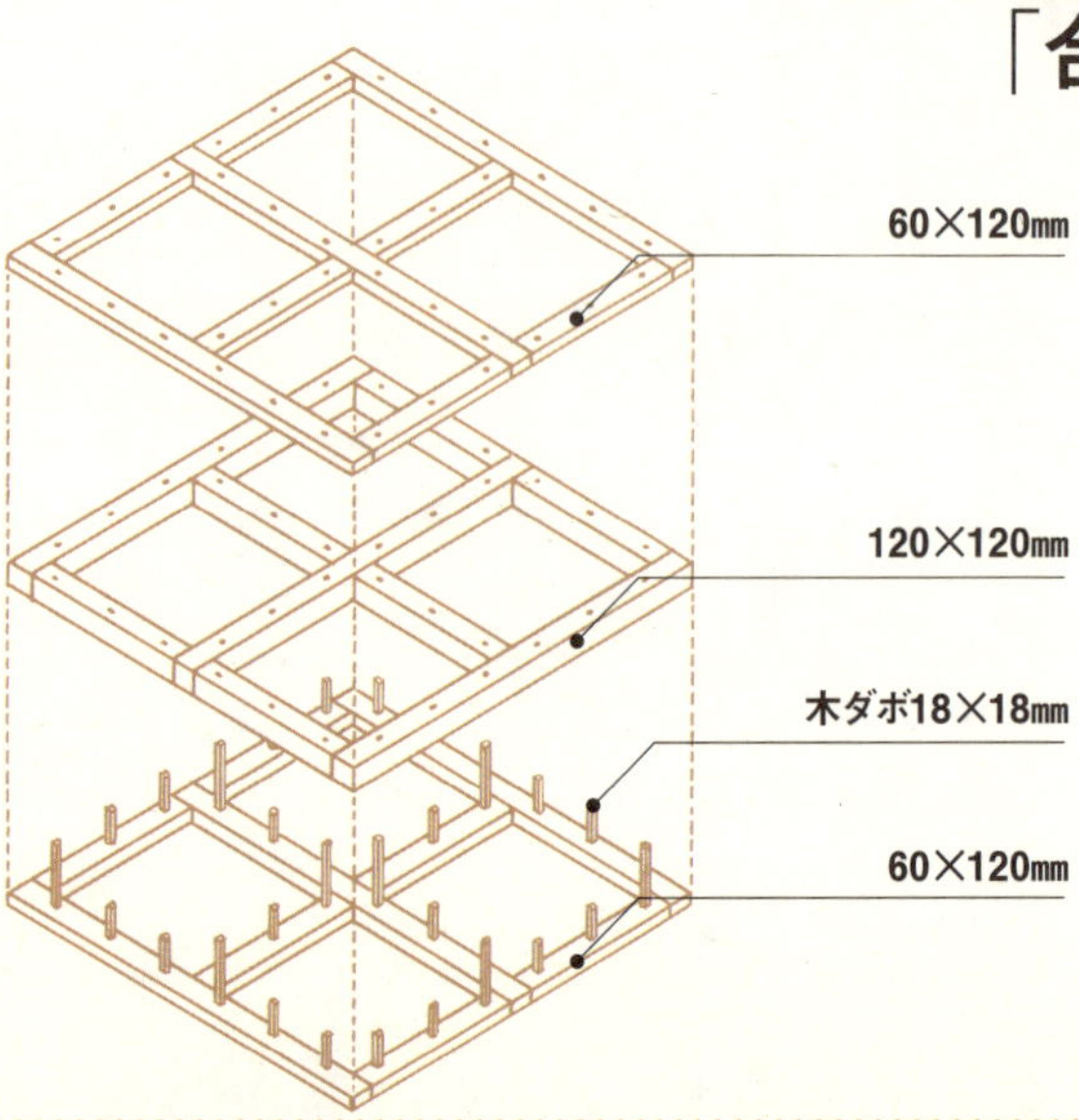

60×120mm
120×120mm
木ダボ18×18mm
60×120mm

1階の広間と台所の天井には、力強い格子が組まれている。木を格子に組む場合、交差部分は相欠きになるため、強度を保つには通常大径木の材が用いられる。しかし大径木の入手は難しく、供給量が豊富な小径木の材をはぎ合わせて合成部材化し、強度を確保したものが「合成格子梁」である。構造家・増田一眞さんの考案したもので、西尾邸では小径木の県産材を活用。材の滑り止めになっている木ダボは、あえて外側に出し、意匠効果もねらった。

3

1：廃材を利用したウッドデッキと土間に敷き詰めた栗の木レンガ。

2：土間と吹抜けの壁に用いた、廃材のウッドブロック。地元の解体業者が製品化したもので、ブロック一本は長さ600×高さ160×厚さ80㎜。含水率が低く断熱性に優れる。

3：北西の玄関ポーチ。白い壁の下に古瓦を小端立てにして使っている。正面の格子戸の奥はサービスヤード。

4：石の残材を庭の意匠に利用。残材らしい微妙な色合いの差が、かえって自然な雰囲気に。

石も木も再生して使う。
捨てられる廃材や残材を活かしきる、
アイデアと丁寧な仕事。

「着物も家も、考え方は同じだと思いますね。古くなっても、リメイクすれば親から子へと受け継いでいけるものです」。

前橋で呉服店を営む西尾さんは、家づくりへの思いをそう語ります。以前からスクラップ・アンド・ビルドを繰り返す日本の住宅事情に疑問を感じていた西尾さんは、環境に配慮した家づくりに取り組む建築家・林昭男さんに設計を依頼しました。店舗裏の予定の敷地には、築27～28年の鉄筋アパートが建っていました。当初、林さんは住宅廃材を出したくないからと、そのアパートを改装して住むことを提案しました。しかし、構造の傷みが予想以上に激しく、断念。代わりに積極的に廃材を利用し、新しい材料も地元のものを用いて、環境負荷を抑えた家づくりを試みます。

新しく使用された木材は、広間の太い4本の柱を除いて、下地から仕上げまですべて県産の杉材。金物を使わない伝統的な木組みで建てられています。壁は瓦の産地として有名な藤岡の土が塗られ、地元の工務店の施工によって、大工、左官、建具などの職人技術も活かされました。また、冷房はできるだけ使わない暮らし方を考え、日照時

5・6：2階居間の南面。階下の土間と吹抜けでつながり、障子や下の無双窓を開閉して空気の流れを調節。
7：2階主寝室を廊下から見る。手前右は前室の襖戸。
8：2階の廊下。床は地元の杉の縁甲板。右手の障子の中が居間。左手の窓にも障子を備えて断熱の効果を上げる。

間が長いという前橋の気候特性を活かせるOMソーラーシステムを採り入れました。

西尾さんは日に幾度となく、家と店とを往復します。特に夫人は食事の用意や来客の応対に頻繁に出入りします。その生活ぶりから、昔ながらの土間や縁側のような役割を果たす空間として1階の「広間」がつくられました。広間は、南側に設けた土間を通して外と接し、調理や食事、団らん、接客など多彩な働きをします。店と広間を結ぶ動線は、庭から1段上がってデッキへ、ドアを開けて木レンガ敷きの土間で履物を脱ぎ、1段上がると杉の床が奥へと続き、移動が緩やか。デッキと木レンガは廃材から作ったものです。杉の床の感触は足に柔らかく、立ち働きが楽にできそうです。

出入りが多くても室内の温度は安定しています。OMソーラーシステムで暖めた外気が、土間と床面の間のスリットや室内に設けた幾つかの吹き出し口から出て、土間の吹抜けや階段を通って2階へ上がり、家中を循環しているためです。冬はOMと補助暖房だけで快適。夏の冷房は年に3～4回、梅雨時の湿気に悩まされる時期に使う程度だそうです。

緑豊かな土地に建つ、永年住んだ築100年の古い家を解体し、その古材を利用して建てました。
太い欅の大黒柱、自然のままの形の松梁。骨格はそのまま再生しました。古材ならではの味わいに、住むほどに愛着がわく住まいです。

Case#3

生まれ変わった古家に、これからも住み継ぐ。

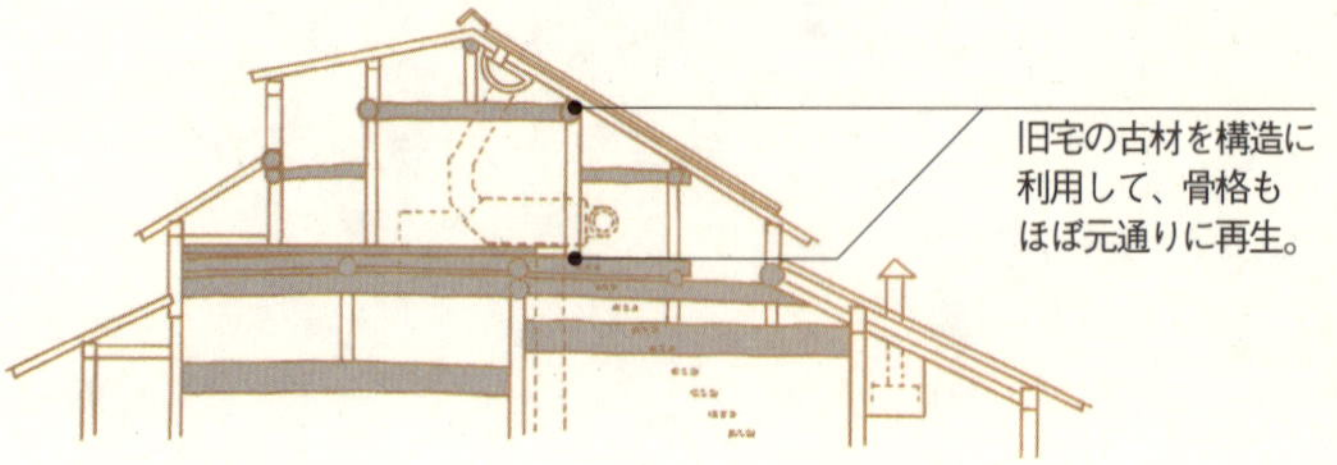
旧宅の古材を構造に利用して、骨格もほぼ元通りに再生。

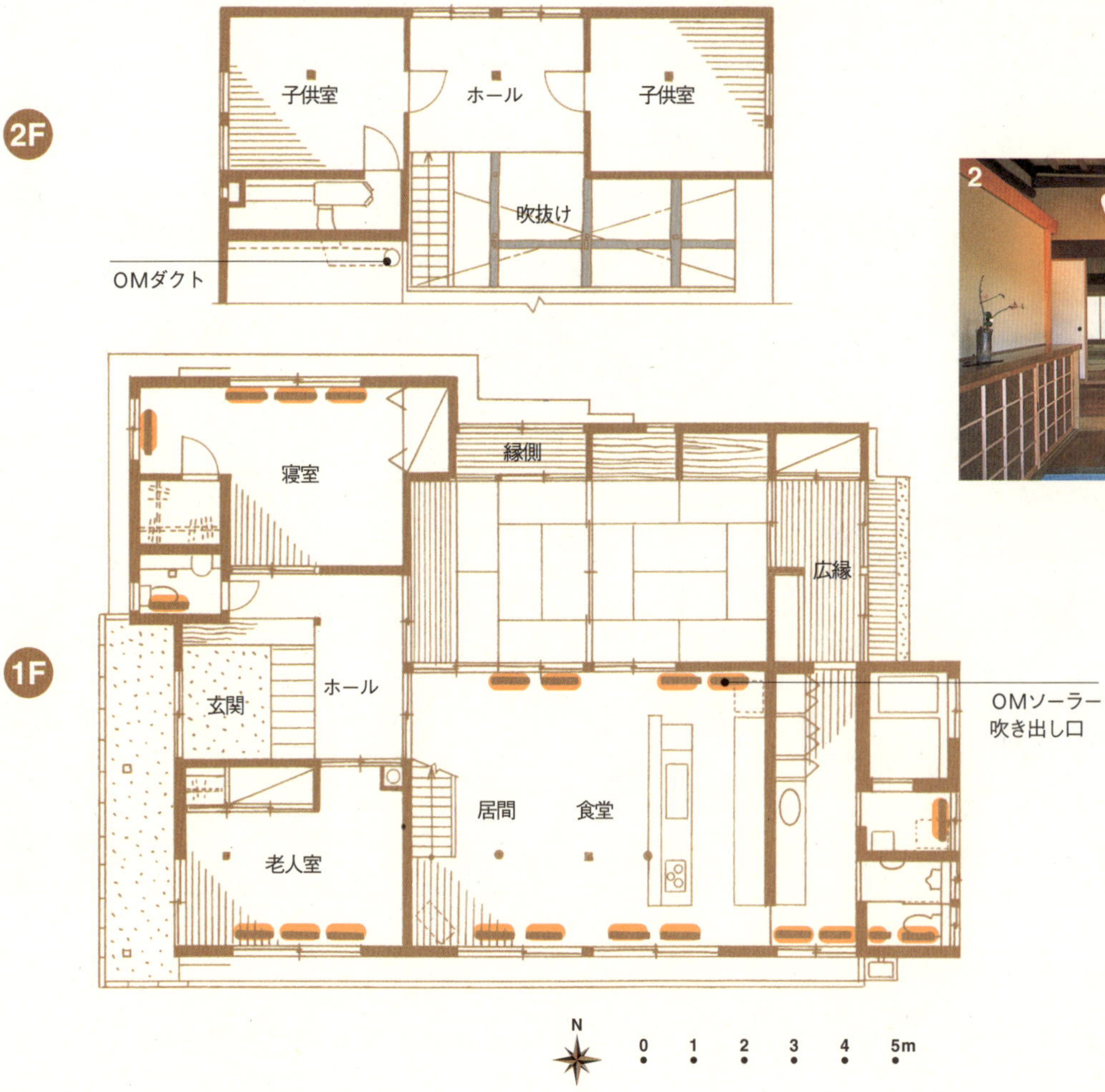
2F
子供室
ホール
子供室
吹抜け
OMダクト
1F
寝室
縁側
広縁
玄関
ホール
居間
食堂
老人室
OMソーラー吹き出し口
N
0 1 2 3 4 5m

1：古い日本家屋の趣のある外観。南向きに変えたので陽当たりの悪さは解消された。
2：玄関。正面の太い柱が欅の大黒柱。
3：居間。カウンターの奥が台所。吹抜けに横たわる松梁が見事だ。

Data

所在地	静岡県焼津市	竣工	1995年12月
家族構成	母十夫婦十子供２人	総工費	37,620,000円（旧宅解体・仮小屋、ＯＭを含む）
敷地面積	951.42㎡	設計	駿河工房一級建築士事務所（TEL054-257-3385）
延床面積	189.32㎡　１階152.03㎡／２階37.29㎡	施工	駿河工房

3

1：台所から居間を見渡す。
2：台所は家族のふれあいも考えてオープンなつくりに。
3：１階の２間続きの和室。手前は玄関側の６畳。奥の８畳の障子を開けると広縁が。

築100年の古い家の材を活かして改築された増田さんの家は、黒光りする立派な梁、風格ある和の雰囲気が印象的です。底冷えする冬の寒さを解消したいという思いから、「ＯＭソーラーを導入した新しい家を」と思い立ったのが6年前。しかし、当初はすべて取り壊して新築にする計画もあったそうです。

「駿河工房さんに相談したら、古い家の骨格の材がいいから潰してしまうのはもったいないと言われまして、大黒柱や梁をそのまま使って改築しようということになったんです。基礎を全部やり直し、陽当たりをよくするため西向きだった家を南向きに変え、骨格は前の家と同じように組み上げました。屋台骨も半分以上再利用したんですよ」。

Case#3

永年親しんだ、古家を再生。欅の大黒柱と松の梁。住むほどに、よさが実感できるわが家。

4

6

5

4：2階のホール。吹抜けから居間・食堂の気配が伝わる。
5：階段から吹抜けを見渡すと、松梁の重なりが美しい。
6：2階子供室。2階はかつて屋根裏の物置きだった。

実は、古材の利用は新築よりもずっと大変な作業です。この家の場合、改築といっても、いったん、すべて解体してから新たに組み直しています。解体前の番付や、材を一時保管する小屋の用意など、手間や時間はもちろんスペースの確保も必要です。「増田さんのお宅は土地が広くて、空きスペースに作業小屋を造ることができたから本当に幸運だったと思います」と、工事を担当した駿河工房の宮崎さんは改築当時を振り返ります。

ＯＭソーラーを採用するため、床組は空気漏れがないようきっちりと組む必要があります。柱材は大黒柱以外、歪みのない新材が使われることになりました。また、大きな梁が渡っているためにダクトを通す場所にも神経を使ったとか。新築にはない苦労があったものの、そのお陰で真冬でも補助暖房をごくたまに使う程度で過ごせるほどになりました。「間取りも制限されるし、最初は新築の方がいいかなと思ったこともありました。でも、住み始めたらだんだん良さが感じられてきてね。欧米のような、古い家を大事にしてずっと住み続けるという価値観を正しいと実感するようになりました」と増田さん。住むほどに愛着が増していく住まいです。

屋敷林や田畑が多く、周辺環境に恵まれた土地柄。
この環境ならではの家づくりをしよう。
広い菜園に面した家は、太陽の陽射しをいっぱいに取り込むことができます。多くを望まず、床暖房のためだけに、シンプルな仕掛けで太陽熱を利用しています。

Case#4

南向きの長い広縁で、陽射しを集める。

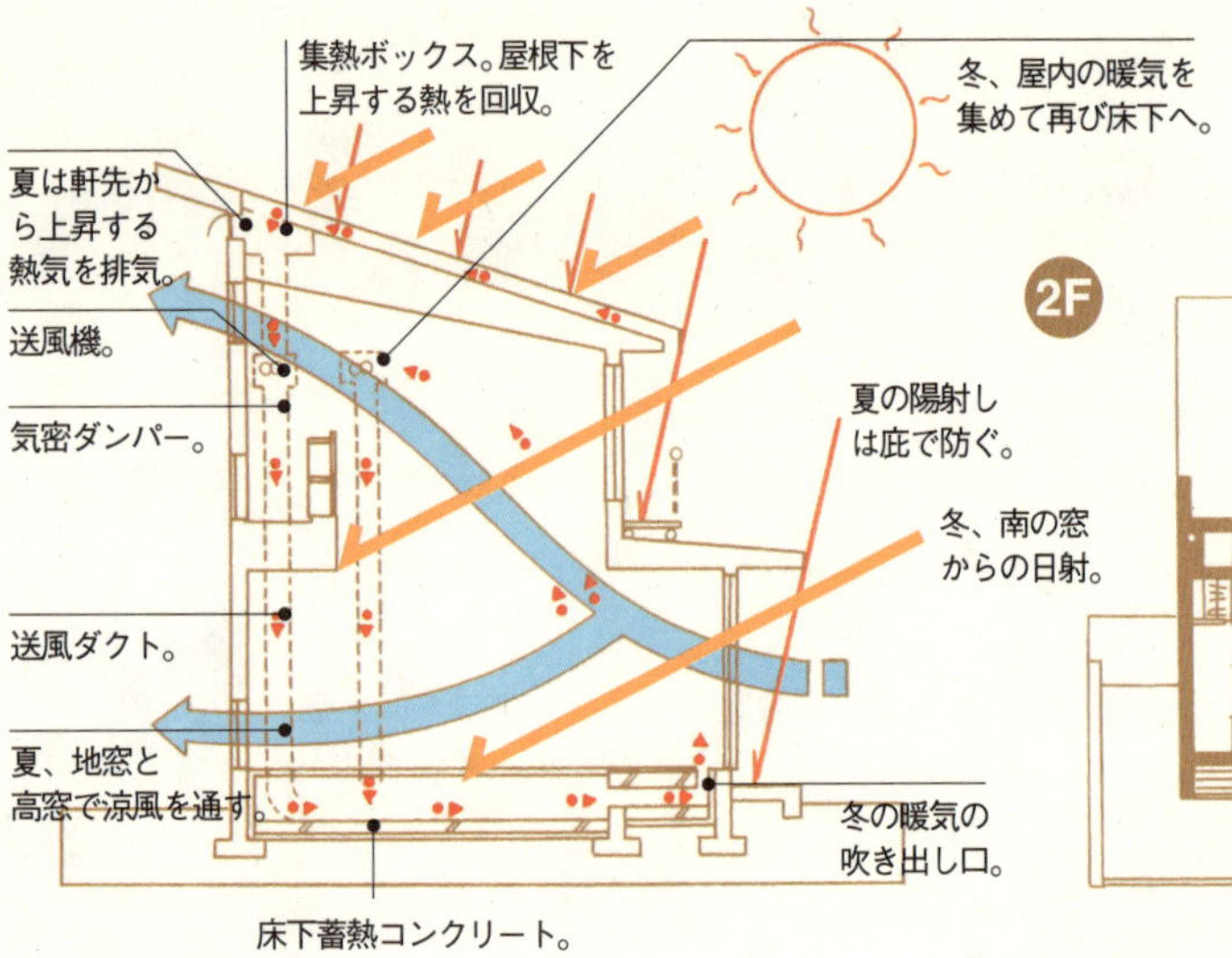

集熱ボックス。屋根下を上昇する熱を回収。
冬、屋内の暖気を集めて再び床下へ。
夏は軒先から上昇する熱気を排気。
送風機。
気密ダンパー。
夏の陽射しは庇で防ぐ。
冬、南の窓からの日射。
送風ダクト。
夏、地窓と高窓で涼風を通す。
冬の暖気の吹き出し口。
床下蓄熱コンクリート。

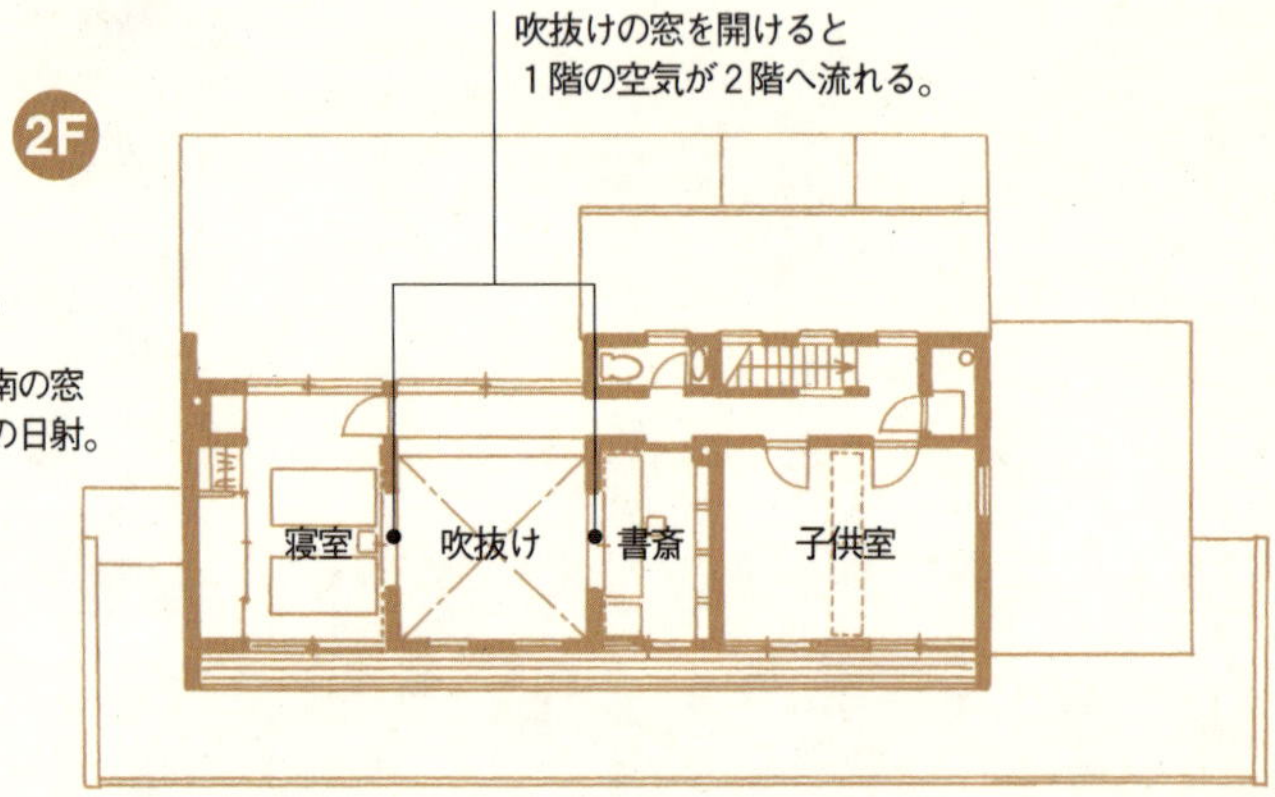

吹抜けの窓を開けると1階の空気が2階へ流れる。
2F
寝室
吹抜け
書斎
子供室

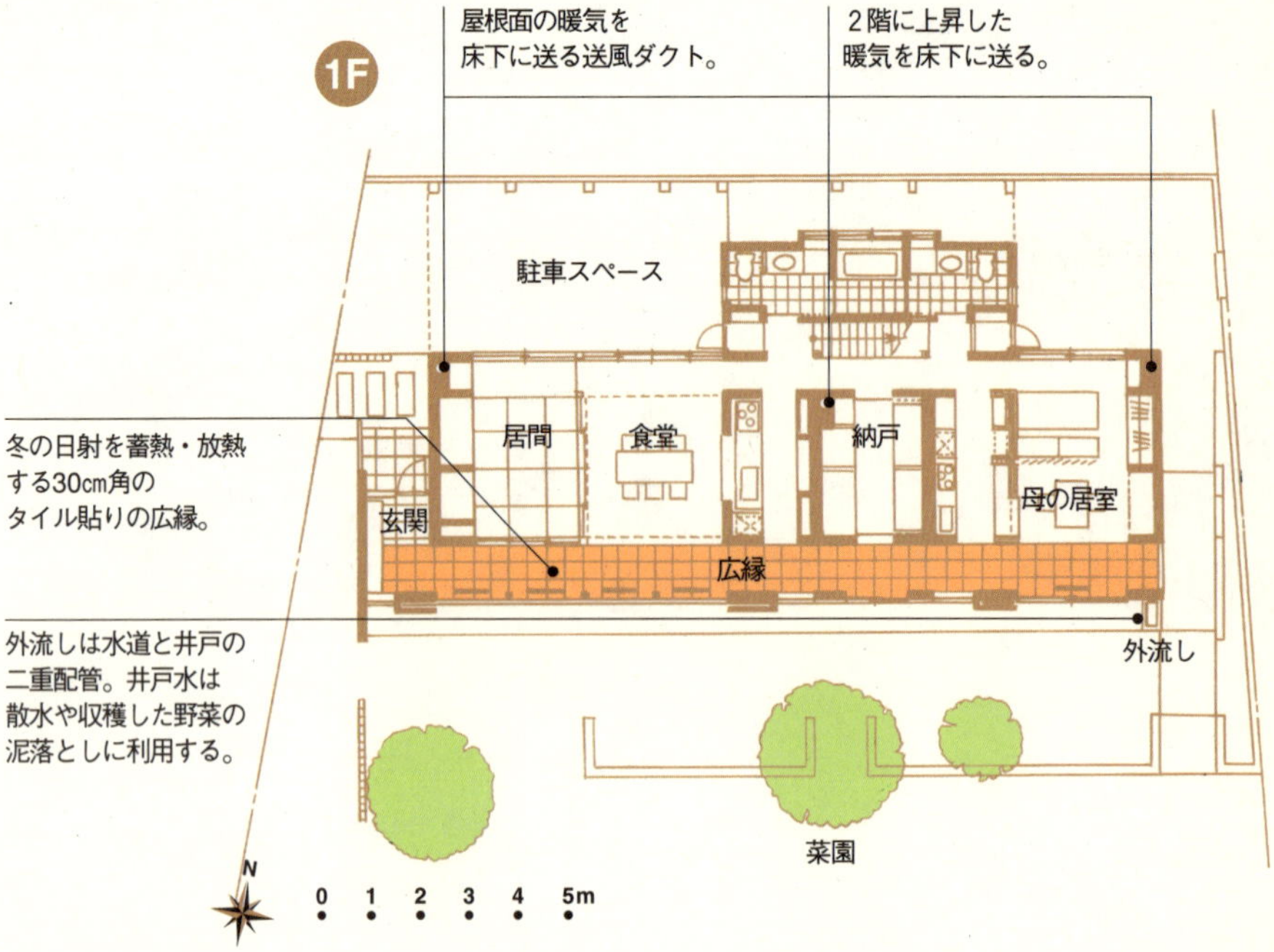

屋根面の暖気を床下に送る送風ダクト。
2階に上昇した暖気を床下に送る。
1F
駐車スペース
居間
食堂
納戸
母の居室
玄関
広縁
冬の日射を蓄熱・放熱する30cm角のタイル貼りの広縁。
外流しは水道と井戸の二重配管。井戸水は散水や収穫した野菜の泥落としに利用する。
外流し
菜園
N
0 1 2 3 4 5m

1：南に菜園が広がる佐藤邸。ガルバリウム鋼板の屋根だけで軒から取り込んだ外気を暖める、いわゆるOMソーラーの実験的な試み。屋根の形態は将来、太陽光発電にも対応。
2：工務店オリジナルの、狂いにくい無垢の木の玄関ドア。
3：冬、広縁の日中の床面温度の差は日向と日陰とで2℃。

Data

所在地	埼玉県大宮市	竣工	2000年6月
家族構成	母十夫婦十子供1人	総工費	44,340,000円（造成、ソーラー設備を含む）
敷地面積	399.26㎡	設計	上原英克（岸・上原総合計画研究所　TEL03-3942-1340）
延床面積	232.66㎡　1階173.59㎡／2階59.07㎡	施工	榊住建

3

1

2

1： 吹抜けの食堂。冬の室温は最低のときで13℃。冬晴れには部屋の真ん中まで射し込む陽射しを効率よく蓄熱するため、タイルは150㎜厚のコンクリートと一体になっている。厚すぎても薄すぎても熱効率が下がるという。
2： 北側には高窓と地窓を設けてあり、夏はこの窓を開放して心地よい風を通す。
3： 2階北側の壁にも上下に窓を設けた。冬は障子で断熱。
4： 1階食堂から吹抜けを見上げる。写真の左の窓は寝室、右の窓は書斎。窓を開けておくと、1階からの暖気が流れてくる。夏は北壁の障子を開けて、1階から涼風を導く。
5： 寝室から吹抜け越しに正面に書斎が見える。
6： 2階の廊下。奥は寝室。壁や天井裏の断熱材には新聞紙や段ボールなどをリサイクルした木質繊維、セルロースファイバーを使用。

この家でまず目に映るのは、窓外に広がる自家菜園と、タイル貼りの広縁に降り注ぐ柔らかな陽射し。菜園ではお母さんが家族の食べる野菜を無農薬栽培しています。土地の恵みを味わう日々のなかで佐藤さんが考えたのは、「この自然環境を活かした家づくり」です。建築家の上原英克さんもかねてより設備に頼らない自然エネルギーを利用した住まいを考えていました。

この家の特徴は、パッシブソーラーシステムの特徴は、菜園に面する南側をすべて広縁にしたこと。長い広縁の窓はできるだけ大きくとり、冬は長く伸びた陽射しを受け止めてタイル面に蓄熱・

大きな吹抜けで、暖かさも涼しさも家の隅々まで行き渡る。

3

6

5

4

Case#4

放熱し、やんわりと家を暖めます。屋根面でも集熱しますが、集熱パネルは置かず、ごく一般的なガルバリウム鋼板による集熱効果だけに期待しました。ダクトで1階床下に送られた暖気は、広縁の窓側の吹き出し口から出て1階を暖め、食堂の吹抜けから2階の居室へと流れます。

広縁のタイルは、いくつかのサンプルを実際に日光に当てて温度を測ってから選びました。適度な厚さで、黒っぽい色ほど蓄熱効果は高いのですが、木の床に合う茶色にしました。

「これまでが寒かったので、いまは確かに快適です。〈とくべつ暖かい〉というほどの実感はないけど満足です。もともと、予算を抑えて最低限の仕掛けだけで、どこまで効果があるのか試そうという覚悟でしたから」。夏の日射は庇で遮ります。南窓を開けると、南から北へ室内を涼しい風が吹き抜けていきます。

細長い1階プランは、ほぼ中央で2世帯に振り分けられています。納戸を挟んで台所が2つ。その他の水まわりは北側の下屋にまとめ、浴室だけは共有ですが、洗面・トイレはそれぞれに。勝手口も2つです。お互いの気配を程よい距離で感じながら、個々の生活を尊重しています。

Case#5

四方を隣家に囲まれた平屋は、寒くて暗くて狭い。それでも親しんだ界隈の良さは捨てがたく、あえて建て替えを選択しました。屋根に降り注ぐ太陽光は、この家の唯一の自然の恵み。これを活かして、暖かく、明るくてのびやかな小さな家ができました。

路地奥の長屋を、太陽の恵みある家に建て替える。

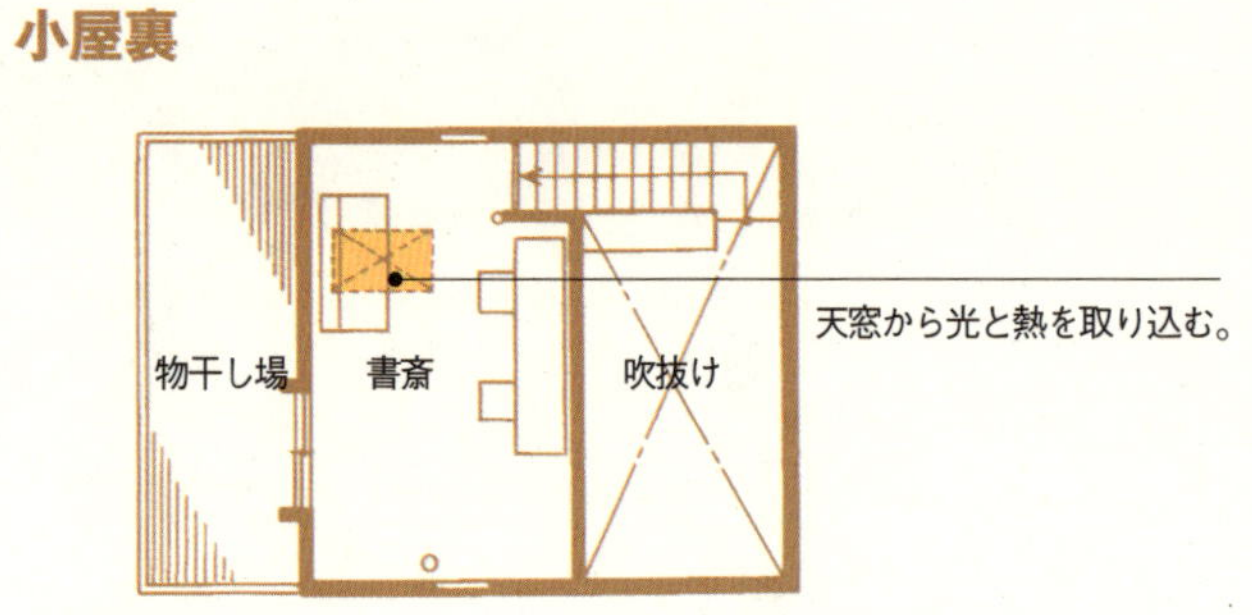

小屋裏
物干し場
書斎
吹抜け
天窓から光と熱を取り込む。
2F

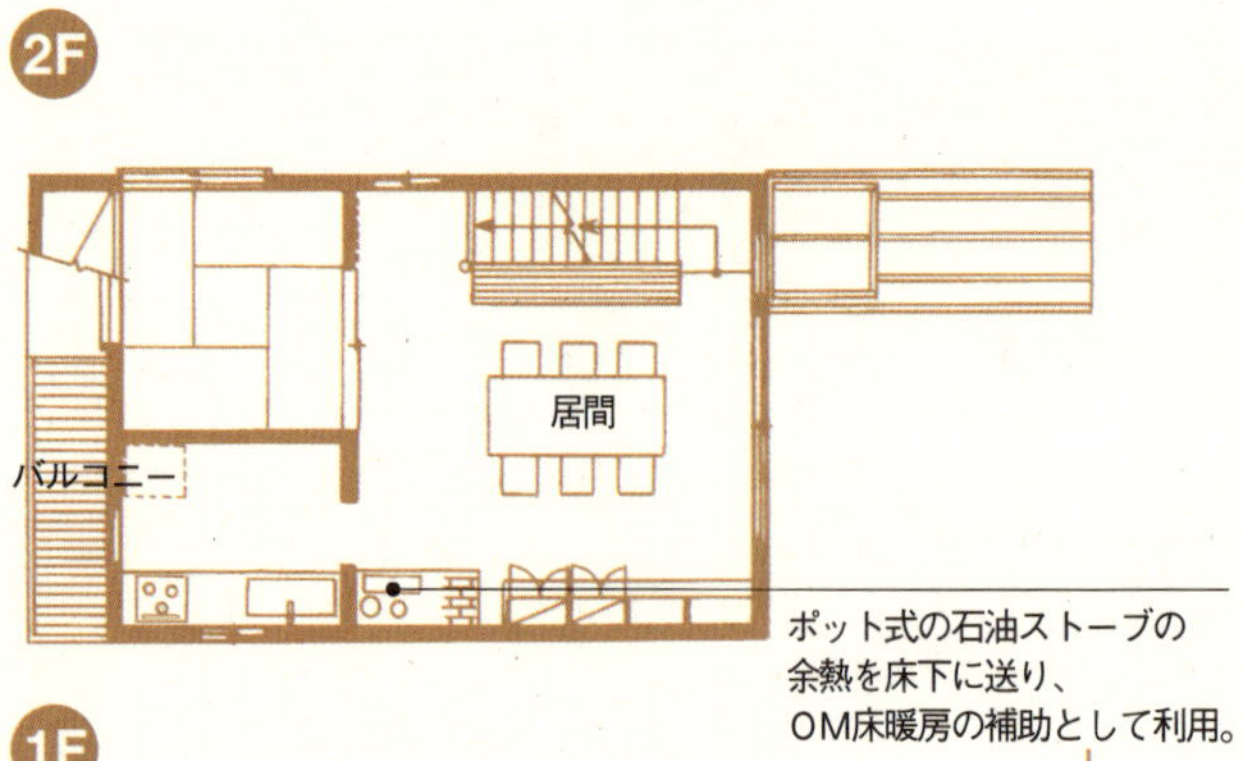

バルコニー
居間
ポット式の石油ストーブの余熱を床下に送り、OM床暖房の補助として利用。
1F

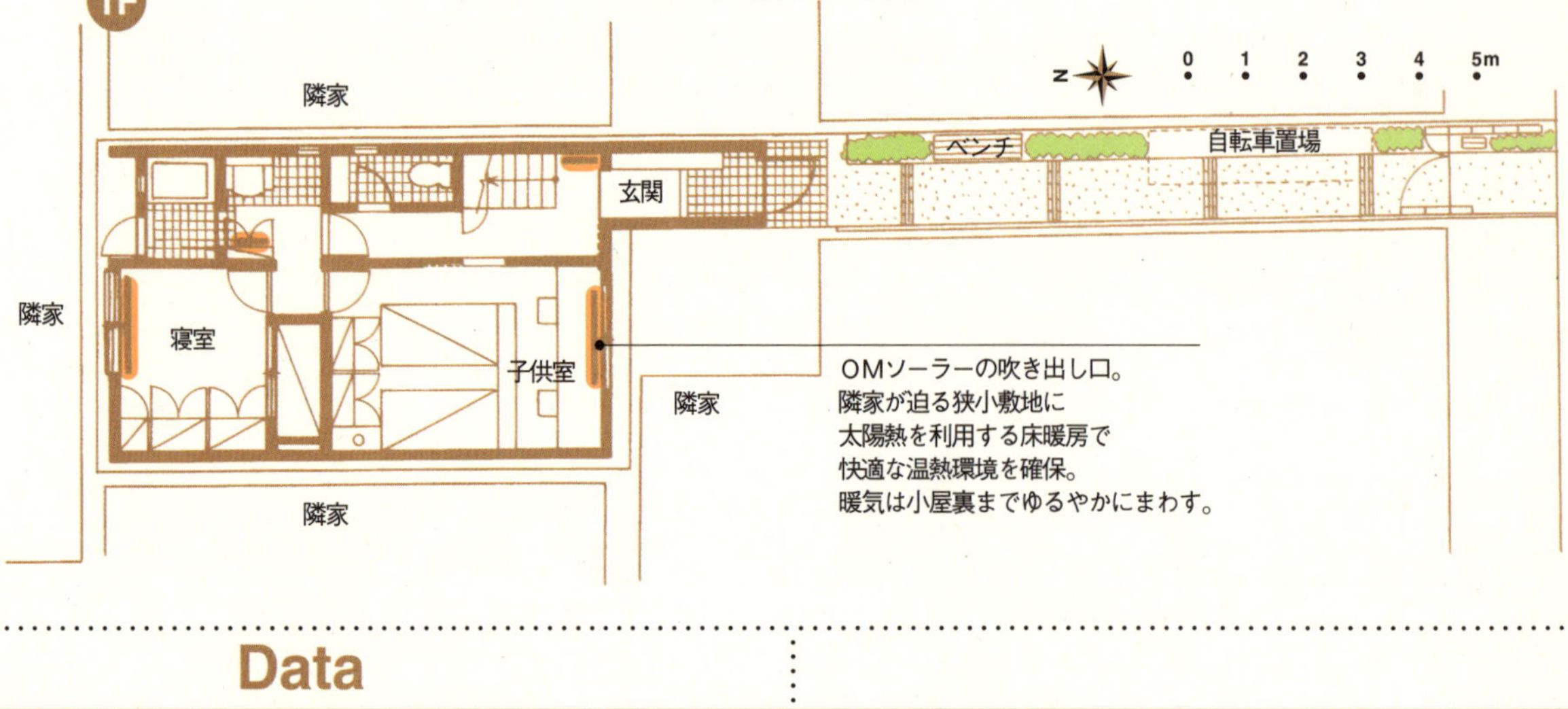

N
0 1 2 3 4 5m
隣家
ベンチ
自転車置場
玄関
道路
隣家
寝室
子供室
隣家
OMソーラーの吹き出し口。隣家が迫る狭小敷地に太陽熱を利用する床暖房で快適な温熱環境を確保。暖気は小屋裏までゆるやかにまわす。
隣家

Data

所在地	京都市北区	竣工	1991年3月
家族構成	夫婦十子供2人	設計	田代純建築設計事務所（TEL075-702-0878）十長谷川敬アトリエ
敷地面積	92.00㎡	施工	織田工務店
延床面積	87.50㎡　1階45.40㎡／2階42.10㎡		

1：南向きの屋根に載せた集熱パネル（手前のガラス面）。瓦屋根の家々が並ぶ、趣きのある町並みを形成する界隈。
2：小屋裏階には採光のための天窓と、物干し場がある。
3：隣家に挟まれた細い路地奥に建つ家。路地は南側の道路まで伸びる。幅１m51㎝、奥行き16ｍの路地には、木製ベンチ兼灯油置場、砂利敷の自転車置場が用意されている。
4：　２階から玄関を見下ろす。小屋裏までの３層を一体にしたおおらかな空間構成。
5：　玄関からの見上げ。左手の子供室の欄間はガラス張りで、２階からの採光を導く。

4

5

京都市洛北の大正から昭和の初めにかけて形成された住宅地。洛中に見られる坪庭を備えた町家ではなく、多くは借家として建てられた小割りの長屋です。近年の老朽化で建て替えが進み、平屋から2階・3階に建て替える場合も多く、高密な住宅地です。そんな一画にあるこの家は、2軒続きの長屋の1軒を建て替えたもの。

「もっと郊外の広いところに引っ越せばいいのですが、不便になるのは困る。なにより、この界隈の何かほっとするところが好きなんです」と夫人。実家が近く、娘時代を過ごした思い出もあります。

底冷えの京都。戦前に建てられた平屋は細い路地奥にあり、四方を隣家に囲まれ、寒くて暗くて狭い家でした。でも屋根にだけは太陽光が降り注ぎます。これを活かすためにOMソーラーを選択しました。

「なんとか陽が当たる2階に、居間・台所など暮らしの中心を置きました」と建築家、田代純さん。暖気は1階を満たして2階へ、小屋裏へと流れます。

「吹抜けや階段で3層を一体にすると、暖気はどうしても薄くなります。できるだけ軒高を抑えて全体空間のボリュームを小さくつくりました」。それでも、「暖かさは広く薄く、寒くない程度でいい」という覚悟が必要でした。2階にはポット式ストーブを置き、煙突の余熱を1階床下に運んで補助暖房としています。軒高を抑えるため、小屋裏にはハンドリングボックスが露出しています。

忙しい共働きの夫婦にとって、おおらかな空間のどこにいても家族の気配が感じられるのは嬉しいことです。

「この界隈には、〈お互い様〉のルールがあります。庇が越境する、水道やガスの配管が隣地を通過する。それを許すルールです」。許すと同時に、思いやることも忘れません。

「軒高を抑えたのは、まわりに圧迫感を感じさせない配慮です。外壁は防火を考えて不燃ボードにしましたが、古い町並みにとけ込むよう黒っぽい塗装を施しました」。

北側の隣家の陽当たりに配慮して、2階和室の押入れは腰高までに抑えています。こんなお互い様の暗黙のルールが、この界隈を活気づけ、「ほっとする」要因なのかもしれません。

寒い暗い狭い家は、暖かく明るく、のびやかな住まいになりました。

1：ハンドリングボックスやダクトが露出した小屋裏。右手の障子戸の外は物干し場。
2：2階、ポット式ストーブで暖を採る居間。小屋裏まで吹抜けて温熱環境を共有している。
3：どこにいても家族の気配を感じる、おおらかな空間。呼吸する素材、木と漆喰で仕上げた。

2

1

1階から小屋裏まで、のびやかに連続する空間。太陽の光と熱を享受する家。

3

Case#6

豊かな緑に恵まれた鹿児島県姶良郡。のどかな風景のなかに建つ今村邸は、四角い「フォルクスA」の母屋に在来構法の平屋がくっついたユニークな姿です。障子を全部引き込んで開け放した平屋の爽やかさ、濡れ縁から戸外の季節感を楽しみたい。

吹抜けの母屋に、風通しのよい平屋を足す。

1：右手は2階建てのフォルクスA。正面は在来構法の平屋。玄関ドアを開けると土間仕立ての工房がある。
2：4畳半の和室にはL字型の濡れ縁がぐるりとまわる。庭も和風に仕立て、和の風情を満喫できるよう仕上げた。
3：飾り気のない木の外観は軽快な印象だ。
4：下屋側から見る。玄関前には広いデッキがある。
5：玄関土間。暖簾の奥がフォルクスAの母屋。在来で建てられた平屋は天井高を低く抑えて落ち着いた雰囲気に。
6：母屋側から平屋を見る。土間は将来、陶芸工房に使う。
7：玄関から和室を望む。材は地元の杉を使用している。

玄関、和室、工房の土間を含む平屋部分は在来構法。フォルクスAの母屋とは完全に分けている。

敷地に対して、家は変則的な角度で建っている。これは方位を優先したため。明るい南向きの住まいになった。また、対角線上の四隅に庭ができて、屋内から眺める視線が長く伸びて広々と感じられる効果も。

居間、食堂、台所のあるフォルクスAの母屋。OMソーラーの床暖房を備えて暖かい。

Data

所在地	鹿児島県姶良郡	竣工	1998年7月
家族構成	夫婦十子供1人	設計	シンケン（TEL099-286-0088）
敷地面積	330.59㎡	施工	シンケン
延床面積	120.77㎡　1階77.77㎡／2階43.00㎡		

3

4

5

6

7

１：母屋の居間。冬は平屋に続く引き戸を閉めて、ＯＭソーラーの暖かさに包まれる。
２：母屋の２階から食堂を見下ろす。開放的なつくり。

思い描いたのは、古い木造校舎と、濡れ縁をまわした和室。開け放して季節の変化を楽しむ。

Column

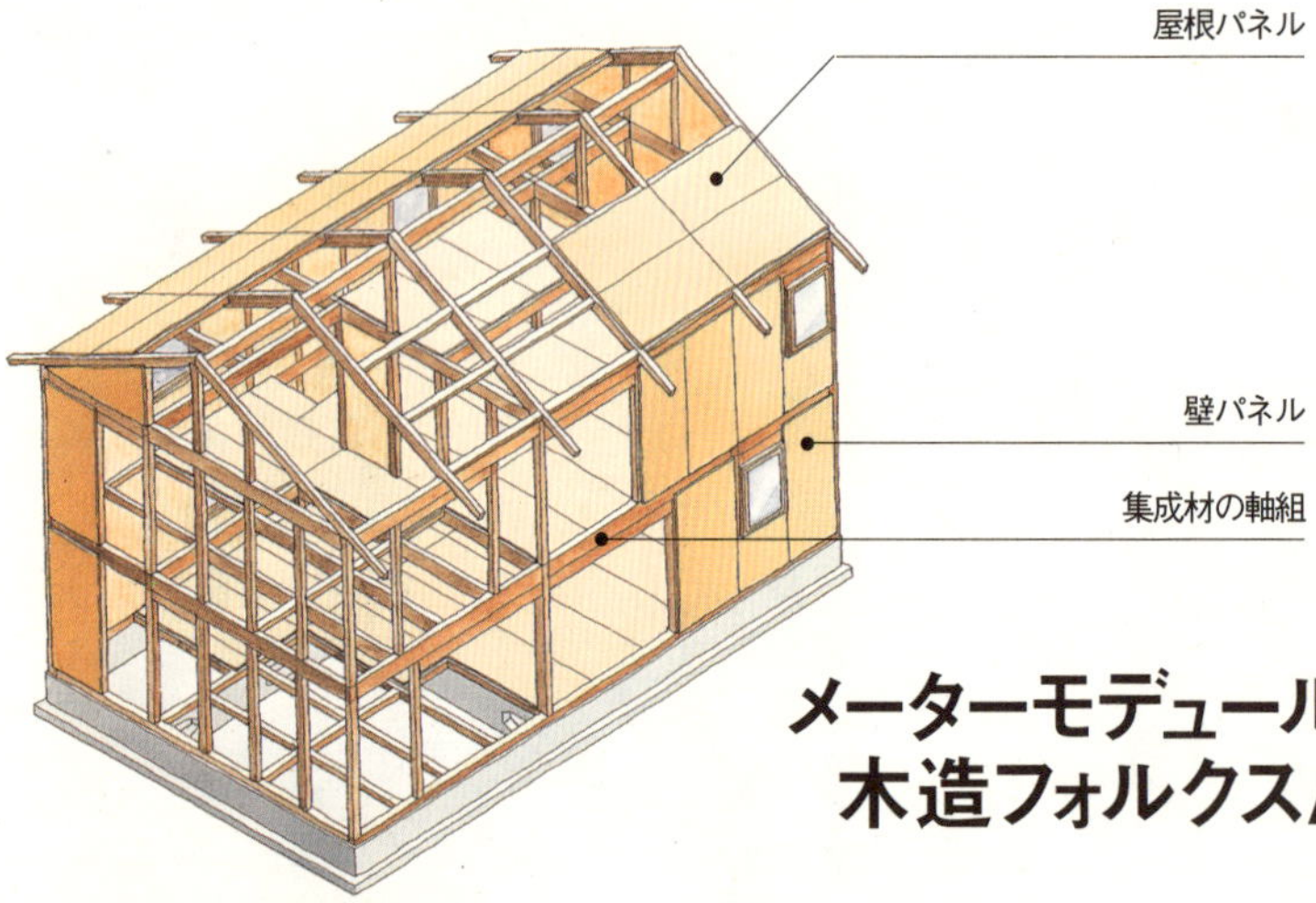

屋根パネル
壁パネル
集成材の軸組

メーターモデュールの木造フォルクスＡ

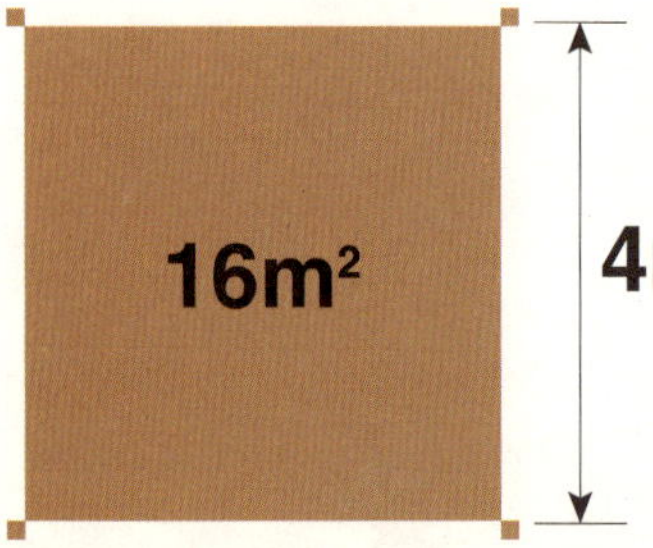

16m²
4m

４ｍ×４ｍの基本グリッド

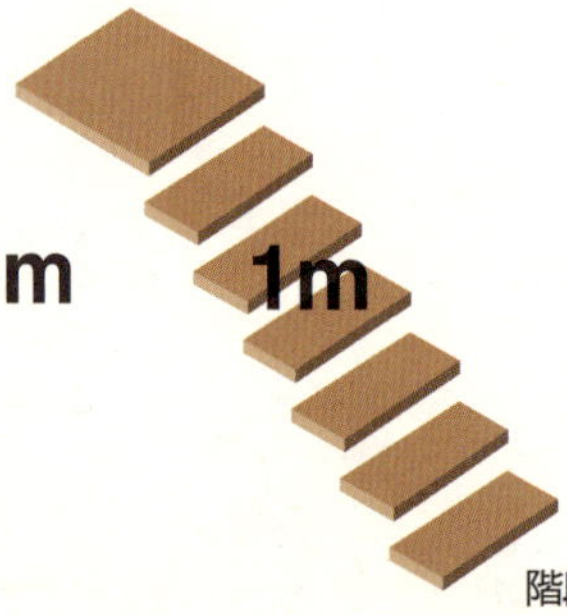

1m

階段幅は１ｍ

フォルクスＡは、柱や梁などの軸組に集成材を、屋根・壁・床面には木質パネルを使った「木質軸組パネル工法」で建てる家です。

部材はすべてメーターモデュールで統一されています。モデュールとは、家を建てるときの基準となる寸法単位のこと。日本家屋は尺モデュールで、畳の短辺約９１㎝（３尺）が基準です。それより約１割大きい１ｍをモデュールとすることで、廊下や階段の幅にゆとりをもたせました。体格の良くなった現代人のヒューマンスケールにあう空間設計ができます。車椅子にも対応できる広さです。

基本となる空間は１ｍ幅のパネル４枚分の長さを一辺とした４ｍ×４ｍのグリッド。これに３ｍ×４ｍ、２ｍ×４ｍなどのサブグリッドを自在に組み合わせて設計できます。

外壁用の木質パネルには充分な断熱材を充填し、メーターモデュールに合わせたペアガラスの木製窓も用意され、熱効率の高い住空間をつくることができます。

3：母屋の吹抜けに造り付けた本棚。
4：洗面台にはめ込まれた薩摩焼の手水鉢は、地元の陶芸作家の手によるもの。
5：収納のための小屋裏。

6：食堂と台所。台所はアイランド式でオープンに。
7：デッキでくつろぐ今村さん一家。いろんな場所で楽しく過ごせるのが、この家の魅力だとか。

家を新築するにあたり、今村さん夫妻が思い描いたのは「古い木造校舎のような木の家」。そんなわが家のイメージをもつ今村さんが気に入ったのは、住宅展示場で見たフォルクスAのモデルハウスでした。

「フォルクスAを見て、普通の和風住宅とログハウスの中間くらいの感じがいいと思いました。気取ってなくて、むきだしの粗っぽさはあるけど、嫌みがない。見に行ったのが冬だったので、OMソーラーの暖かさも体感できて、これはいい、ということになったんです」。

ところが今村さんにはもうひとつ希望がありました。それは、「ちゃんとした和室と、趣味の陶芸ができる土間が欲しい」ということ。さらに、できればその和室を離れにしたい。

「今村さんの希望は、〝夏は涼しいけれど、冬はどてらを着込んで火鉢にあたりながら障子を開けて雪見ができるような和室〟です。フォルクスAは厳密に構造や断熱効果が計算されたシステムで、開口部の高さも決まっているため、そういう和風の雰囲気をつくるのには無理があります。そこで在来構法で平屋をつくり、フォルクスAにくっつける方法をお勧めしたんです」。

平屋部分は天井を低くして落ち着きのある雰囲気に仕上がっています。設計・施工を担当したシンケンの迫さんは、今村さんの希望を実現するために知恵をしぼった様子です。完全な離れをつくるのには予算的にもやや厳しかったのですが、「当初の夢がすべてかなえられた」と今村さんは大満足です。

「平屋は夏涼しく冬寒い。それでも本当の和室がほしかったんです。フォルクスAにつながる引き戸を閉めれば、完全に母屋と別になるので、暖気は平屋には来ない。だから冬の室温はぜんぜん違いますよ。その代わり、平屋の夏の風通しは抜群。障子も窓も全部引き込めるので、とても爽やかに過ごせます」。

「和室の濡れ縁で子供とシャボン玉したり、欅の木陰で水遊びをしたり、この家はいろんな場所で楽しく過ごせるんですよ。フォルクスAの床暖房は、自然な感じの暖かさなので、とても快適です」と夫人。暖かさも寒さも楽しめる。この家ならではの暮らしを満喫しています。

家で過ごす時間を本当に豊かなものにしたい。自由な発想で生まれたユニークな木の家は、そういう今村夫妻の思いを上手に実現してくれました。

Case#7

田畑が広がる、のどかな環境を優先し、
あえて狭小敷地を選んで建てました。
重量鉄骨3階建てシステム「フォルクスB」は、
間仕切りのない自由なプランを可能にします。
仕上げは無垢の木をふんだんに使いました。

狭小敷地に建つ鉄骨3階建ての「木の家」。

1

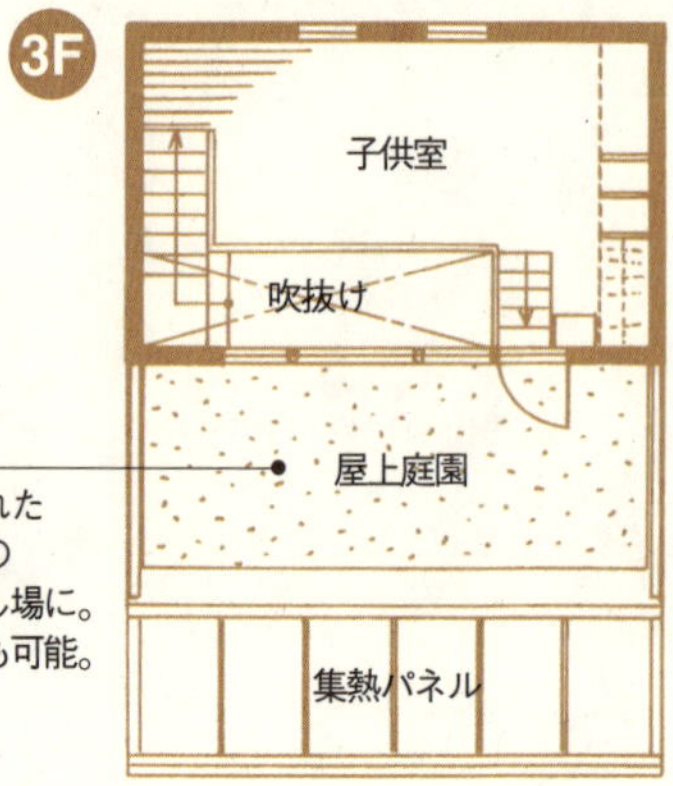
3F
子供室
吹抜け
屋上庭園
集熱パネル

集熱パネルに隠れた屋上庭園。子供の遊び場に、物干し場に。土を載せることも可能。

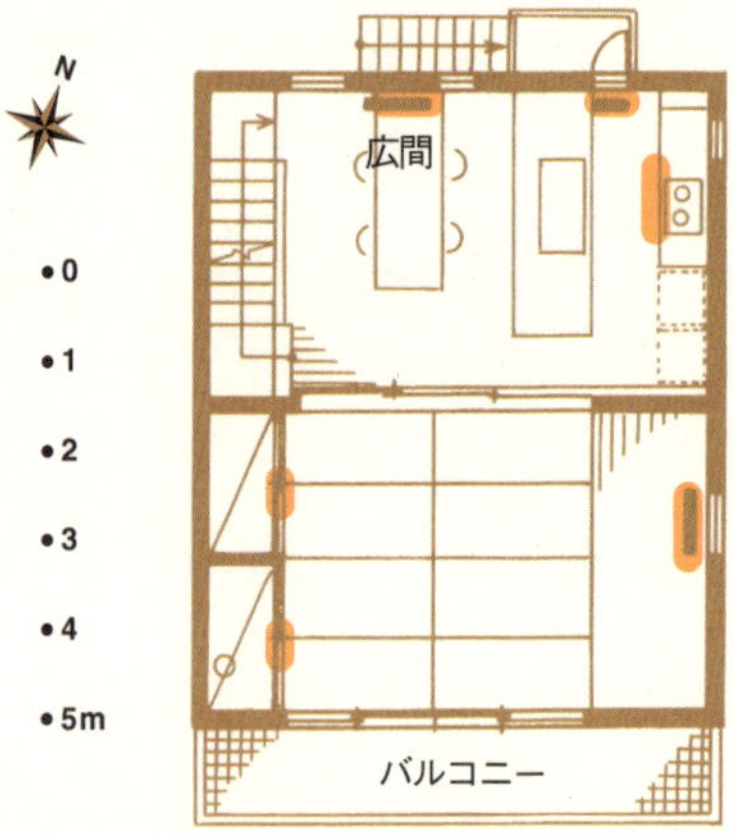
2F
N
0
1
2
3
4
5m
広間
バルコニー

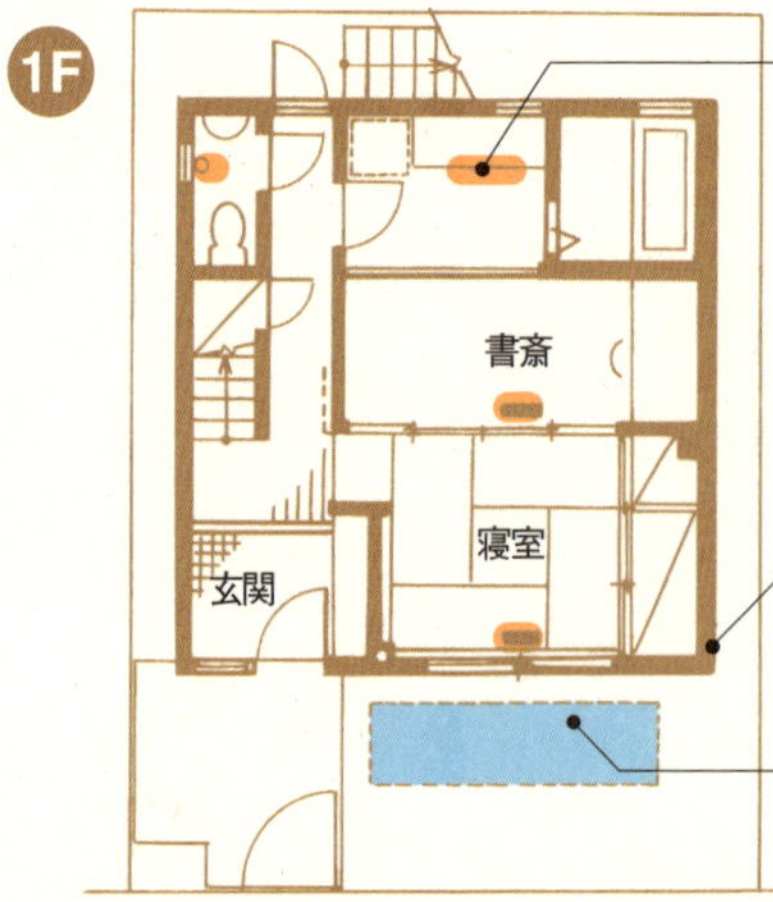
1F
書斎
寝室
玄関

OMソーラーの吹き出し口。各階の床に蓄熱できるのはフォルクスBならでは。コンクリートの床面が暖気を蓄熱。

外壁の断熱材は環境負荷の少ないセルロースファイバー。

狭い敷地ながらも合併浄化槽とコンポストを整備。ゴミと排水は土に還す。

1：間口6mの西川邸。南向きに6枚の集熱パネルが並ぶ。狭小敷地ながら、木戸のある玄関アプローチのしつらえが美しく、端正な佇まい。道路斜線制限のため2階に敷設した集熱パネルだが、道路からの視線を遮ってくれるので、屋上はプライベートな箱庭の雰囲気になっている。
2：階段から玄関を見る。

2

Data

所在地	大阪府三島郡	竣工	1995年
家族構成	夫婦＋子供2人	総工費	19,200,000円（外構、OMを含む）
敷地面積	73.00㎡	設計	石田信男設計事務所（TEL03-3953-3269）
延床面積	98.52㎡　1階37.80㎡／2階43.20㎡／3階17.52㎡	施工	デザオ建設

4

3

3： 2階の広間と和室。ふだんは襖を開け放し、ワンルームの茶の間として使っている。
4： 壁と天井は杉板の仕上げ。広間の床は楢フローリング。フォルクスＢは各階の床で蓄熱できるので２階にも暖気の吹き出し口がある。押入れの下端スリットは吹き出し口。
5： 広間の東半分はオープンカウンターの台所。外階段で下りることができる。

5

それまでの住まいが手狭になり、同じ沿線に転居先を探していた西川さん。見つけたのは20年近く前に分譲された水無瀬の宅地。敷地は22坪足らずという狭さでした。でも駅前から水田や畑が広がるのどかな土地柄が気に入って購入。

「子供たちのアトピーが心配でしたし、できるだけ環境のいい場所に、自然素材で建てたいと考えていました。

それから、新鮮な空気を取り入れながら暖房するＯＭソーラーは、子供の健康にもいいだろうと考えました」と西川さん。狭くても3階建てにすればいい。当初は木造にする予定でした。

「木造3階建ては、法規面での規制が多く、プランの自由度がかなり奪われてしまいます。その点、鉄骨造のフォルクスＢは外壁で構造を支えるシステムだから、内部のプランが自由になりますよ」と建築家、石田信男さん。

鉄骨造といっても、基本の壁パネルは両面を針葉樹合板でサンドイッチしたつくり。そのままでもいいし、上に別の仕上げを施すこともできます。

西川邸では、壁や天井にふだんに無垢の杉板を用いて、「木の家」に仕上げています。

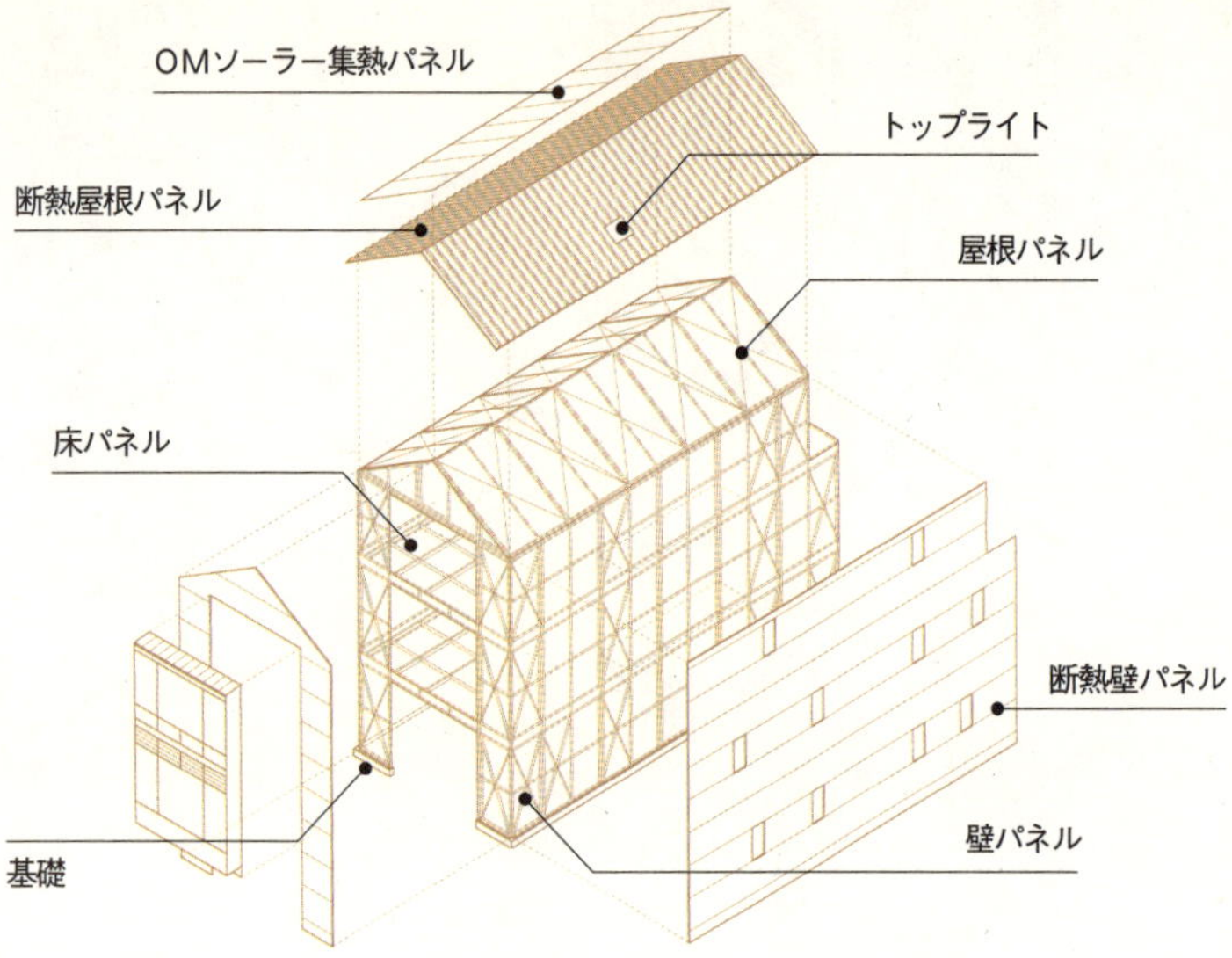
OMソーラー集熱パネル
トップライト
断熱屋根パネル
屋根パネル
床パネル
断熱壁パネル
壁パネル
基礎

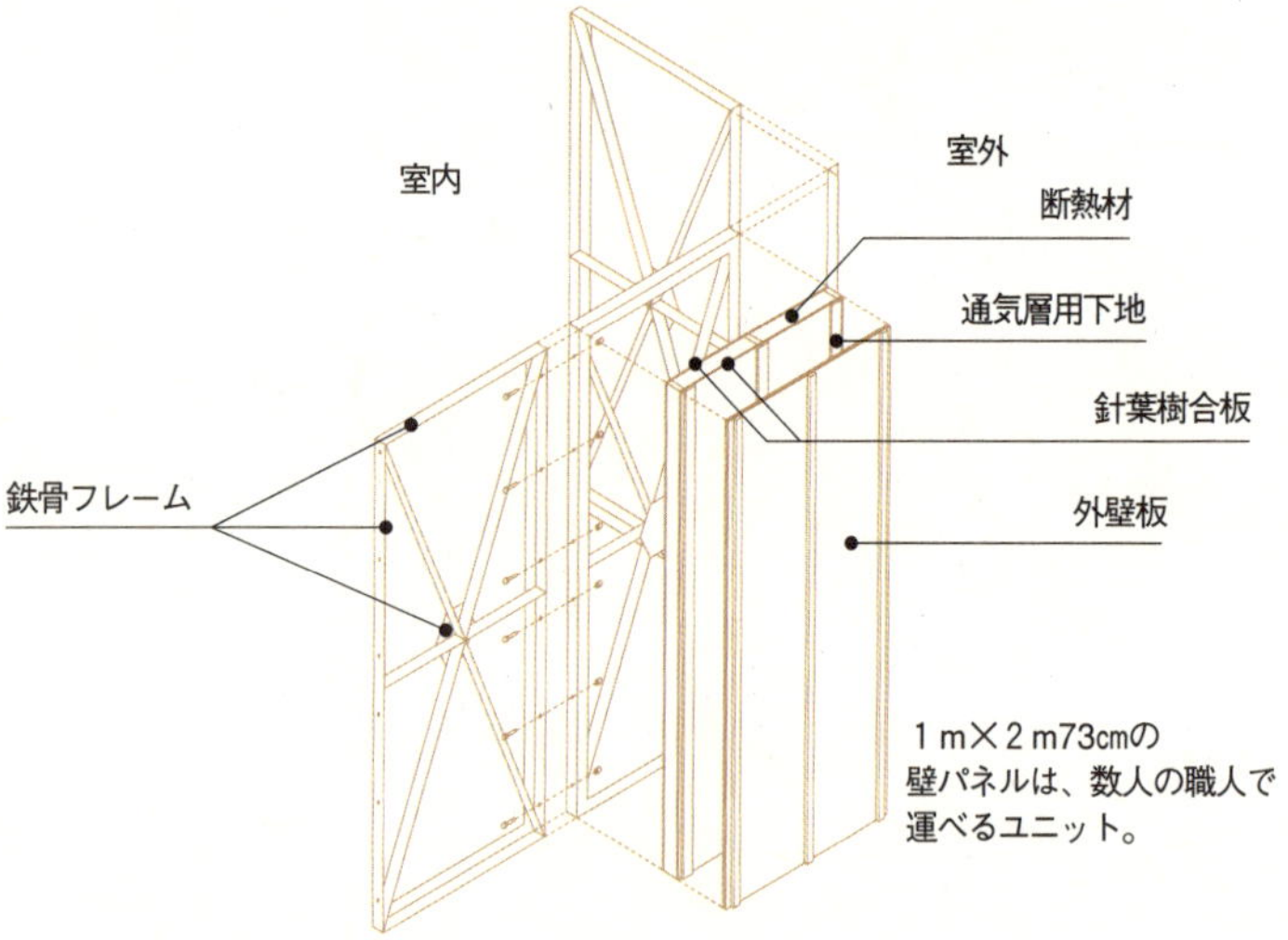
室内
室外
断熱材
通気層用下地
針葉樹合板
鉄骨フレーム
外壁板

１ｍ×２ｍ73㎝の
壁パネルは、数人の職人で
運べるユニット。

鉄骨3階建てシステム
フォルクスB

1：広間から吹抜けを見上げる。上階右手は子供室。
2：３階子供室。手前の階段を５段上がった屋上庭園は子供の遊び場に、物干し場に。

狭い敷地に少しでも多くの空間を確保したい、という要望に答えて開発された重量鉄骨３階建てシステム。鉄骨材はL字鋼で、全国どこでも容易に手に入れることができる工業製品。品質や価格が安定しています。

あらかじめ工場生産された構造用鉄骨パネルと外装用木質パネルを現場に運び、ボルトとビスで組み立てるプレファブ工法のため、現場の施工期間が短縮できます。

パネルの基本ユニットは、１ｍ（幅）×２ｍ73㎝（階高）、重さ80㎏。大型機械が入らない狭小敷地には人力で運ぶことも可能です。

パネル自体が構造体なので、間仕切りに構造的な負担が掛からず、内部のプランが自由にできるのが最大の利点。床パネルには蓄熱性能があり、ＯＭソーラーの暖気を各階の床で蓄熱することができます。

木質パネルや窓などの部材は、同じメーターモデュールのフォルクスＡ（68頁参照）と共有できます。

1階に夫妻の寝室と書斎、3階は屋上庭園に面して子供室、2階は家族が集まる茶の間として計画しました。間仕切りのないワンルームのようなプランは、内部に構造壁が不要なフォルクスBならではのつくり。「家中どこにいても家族の気配が伝わるように」という、西川さんのもう一つの希望を叶えています。

暮らしをかたちに。

永田昌民のプランづくり講座

賑やかな都市と静かな郊外、暖かい地域と寒い地域、
広い敷地と狭い敷地。条件はいろいろだけど、ここにしかない
わが家の暮らしがあります。プランづくりは、日々の暮らしを描くこと、
かたちにすること。建築家・永田昌民の設計術から学ぶ、
心地よさを生み出すプランづくりの極意です。

P.73 ～ P.88

#1 敷地

Site

どう囲い、どう開くかは周辺の環境で変わる。なるべくよい風景にしたい。

プランづくりの最初の手掛かりは敷地にあります。敷地の形や広さ、向き、周辺環境、陽当たりや風の抜けなど。さまざまな敷地条件を整理しながら、どこに中心を置き、どんな形の家を建てるのか、まずおぼろげな配置を考えます。必ず土地が「ここに建ててよ」と言っている場所があるものです。

ポイントは3つ、敷地を読む、場をつくる、風景をつくる。

敷地や周辺環境を見て、暮らしを予測するのが「敷地を読む」ということです。

敷地をどう囲い、どう開くかは周辺の環境によって変わります。樹々の緑に四季の移り変わりを感じたり、空を眺めたり。ソファに腰掛けたとき、食事のとき、目の前に広がる景色は大切です。なるべくよい風景にしたいもの。

この盛岡市の住宅の場合、南側と西側は道路に面した角地で、隣接する建物の影になる心配がなく陽当たりがいい。また、東南の方向に丘陵地の林が見えます。好条件は、最大限に活かすのが基本。生活の中心となる居間・食堂を、視界の広がる東南に向けることにします。

もし南側に隣家が迫るなど陽当たりを期待できないときは、南は冬場の日照を確保できるぎりぎりの距離まで引き、北側に庭を設けるなどします。庭の役目は、緑の眺め、視線の抜け、通風などですが、北側には、南側とは違った穏やかな落ち着いた庭をつくることができます。

いずれにしても、どのような隙間であれ、どの方向からどれくらいの日照や風向が得られるのかを調べます。

このように敷地にはそれぞれにふさわしい場の力というものが存在しています。「場をつくる」というのは、そのような場の力を見つけ出すことです。

また1軒の家をつくるということは、環境をつくることであり、町の「風景をつくる」ことでもあります。まわりの状況やご近所に対しての配慮が必要です。樹木でやわらかな印象にする。外から見て圧迫感がなく、踏み込めるような誘われるような、ほどよく周辺に馴染む佇まいにしたいものです。

敷地を読む、場をつくる、風景をつくる。この3つは、プランづくりの最後まで忘れてはならない大切なポイントです。

敷地は、南と西に道路がある角地。南向きの居間・食堂から視界が広がる。

北側の玄関アプローチ。低く抑えた木製のパーゴラが、やわらかな佇まい。

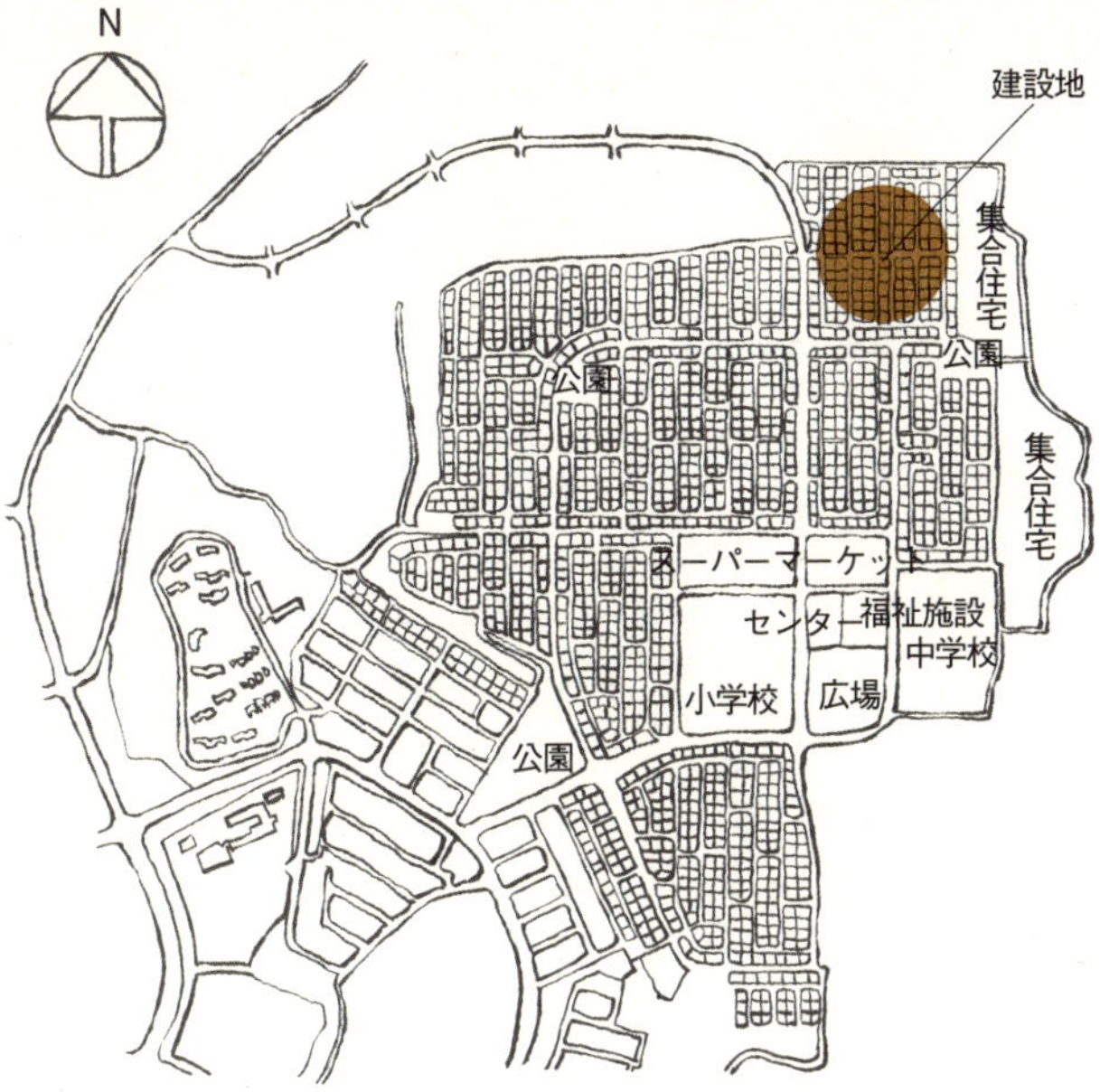

敷地の条件

岩手県盛岡市、県の住宅供給公社が主催する「寒冷地住宅フェア」の一環として新しく分譲された敷地。面積75坪。周辺環境は、先に分譲された戸建住宅や集合住宅が建ち並び、公園や学校などもある閑静な住宅地。ただし分譲地一帯には緑がなく、庭の整備も合わせて計画する必要が感じられる。

敷地は第1種低層住居専用地域で、建坪の規制は40％。外壁の後退は1m50㎝。防火指定なし。

計画のイメージ

プランの前に、おぼろげな配置を計画する。西と南に6m道路がある陽当たりのいい角地という利点を活かす。やがて隣接地に家が建つことも考慮しながら、これからの生活を予測する。

家の中から何が見えるのか、どの方向に視界の広がりがあるのか。植栽計画は、町並みにとけ込む佇まいをつくるための大切なポイント。たとえ塀で囲ってしまっても、人が住んでいる気配がわかるように、ほどよく周囲に馴染むようにする。

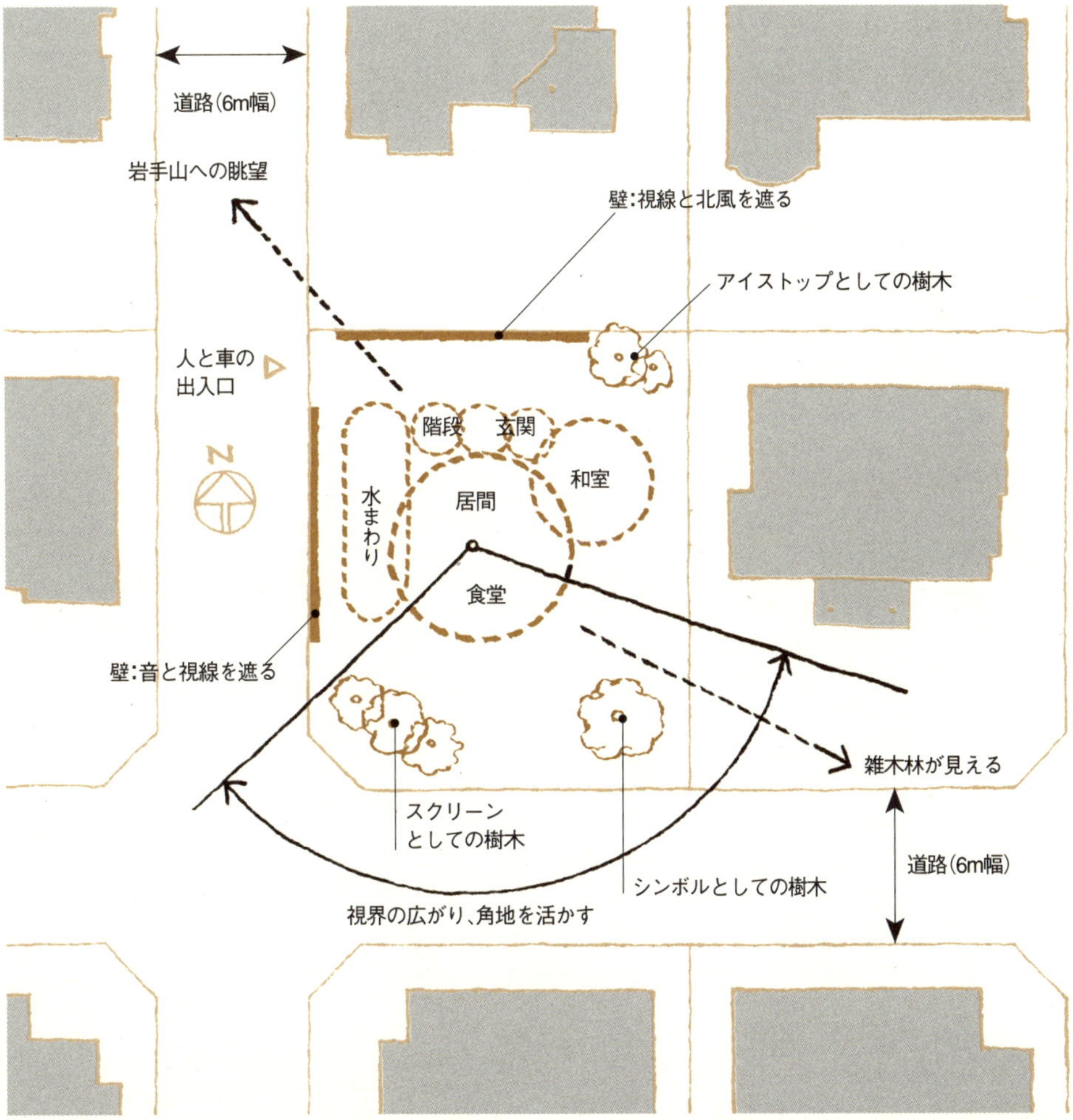

#2

Draft & daylighting

通風と採光

風をコントロールする、熱と明るさを得る。南と北と適所に窓を配置。

気持ちのいい空間の条件は、風が抜けること、陰影のある明るさがあり、広々としていること、部屋と部屋がスムーズに連続していることです。

季節の風向きを知り、全体に行き渡るよう通り道をつくる。

新鮮な外気を運び込み、湿気や熱を持ち去ってくれる夏の風。盛岡市の夏は南風。そこで南北に窓を設けます。南から入れた風を、北までスムーズに導く。

大事なのは部屋の隅々まで風を行き渡らせ、家全体の空気が動くようにすることです。ここでは、居間の北壁の天井下を空けて廊下に通し、階段室で2階まで導いています。風の通り道は細部まで気を配ります。

窓は光と熱を調節する手段でもあります。でも、窓はたくさんあればいいというものではありません。陽が射さないときは、逆に屋内の熱は窓から逃げていきます。盛岡では、北東から冷たい風が下りてきます。冬に備えれば、北東の窓は小さくします。

また、開いた部分と閉じた部分、窓と壁とのバランスが問題です。窓が多すぎると、なんだか落ち着かない部屋になってしまいます。また均質に明るいだけの単調な採光は、決して心地いいものではありません。明暗のリズムがあってこそ、明るさは心地よいのです。

部屋に応じた光の採り方があります。居間・食堂は床から天井までいっぱいに開けて、晴れやかに明るく。和室は地窓で落ち着いた雰囲気に。台所は手元を重点的に明るく。トイレの窓は換気ができるように。それぞれ適宜な大きさと機能をもつ窓を、適所に配置します。

広々と暮らしたい。でもすべての部屋を広くとることは困難です。だから一か所でも広い空間をつくり、そこを家族の集まる場所にします。居間と食堂と、2つのゾーンをなんとなく分けながら、ひとつながりの茶の間のような部屋がいいでしょう。そして、建具は天井高いっぱいの引戸にします。季節のいい時期は引き込んで、庭の緑と一体に過ごせます。盛岡の家では、陽当たりと通風、視界の広がりを得るために、南庭に三角形に張り出した変形の居間・食堂を設けました。斜めに張り出した一辺は、端から端まで長く見通すことができ、広々と伸びやかな空間を感じさせてくれます。

南北の風の流れと視線

窓は、通風と採光と、各部屋からの眺めを考慮して適所適量に設けたい。視線はどこに抜けるのか、何が見えるのか。庭の植栽計画も同時に行なう。

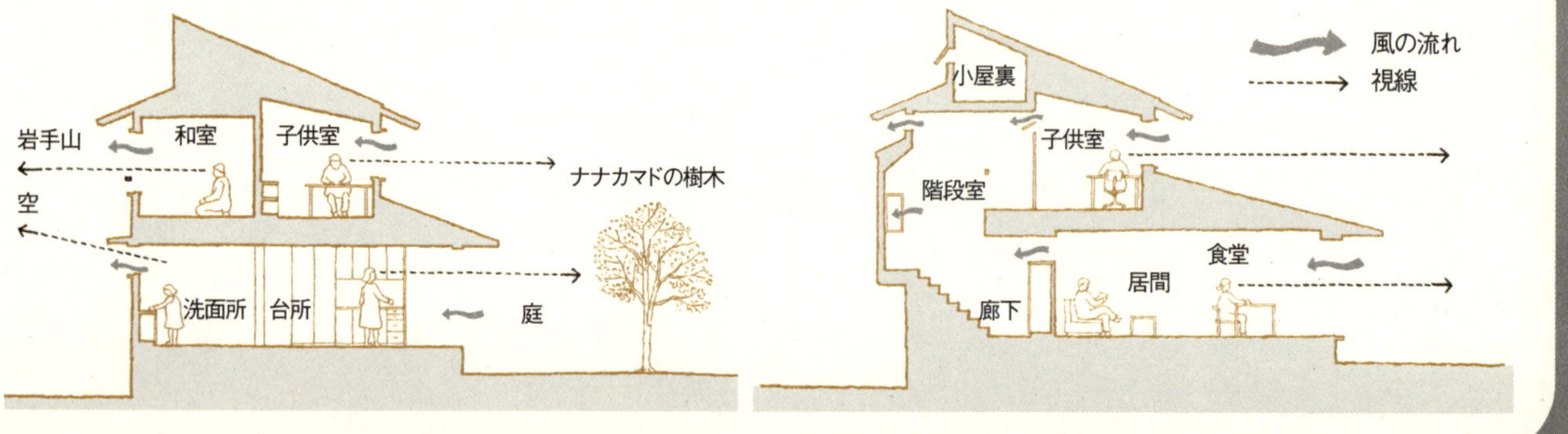

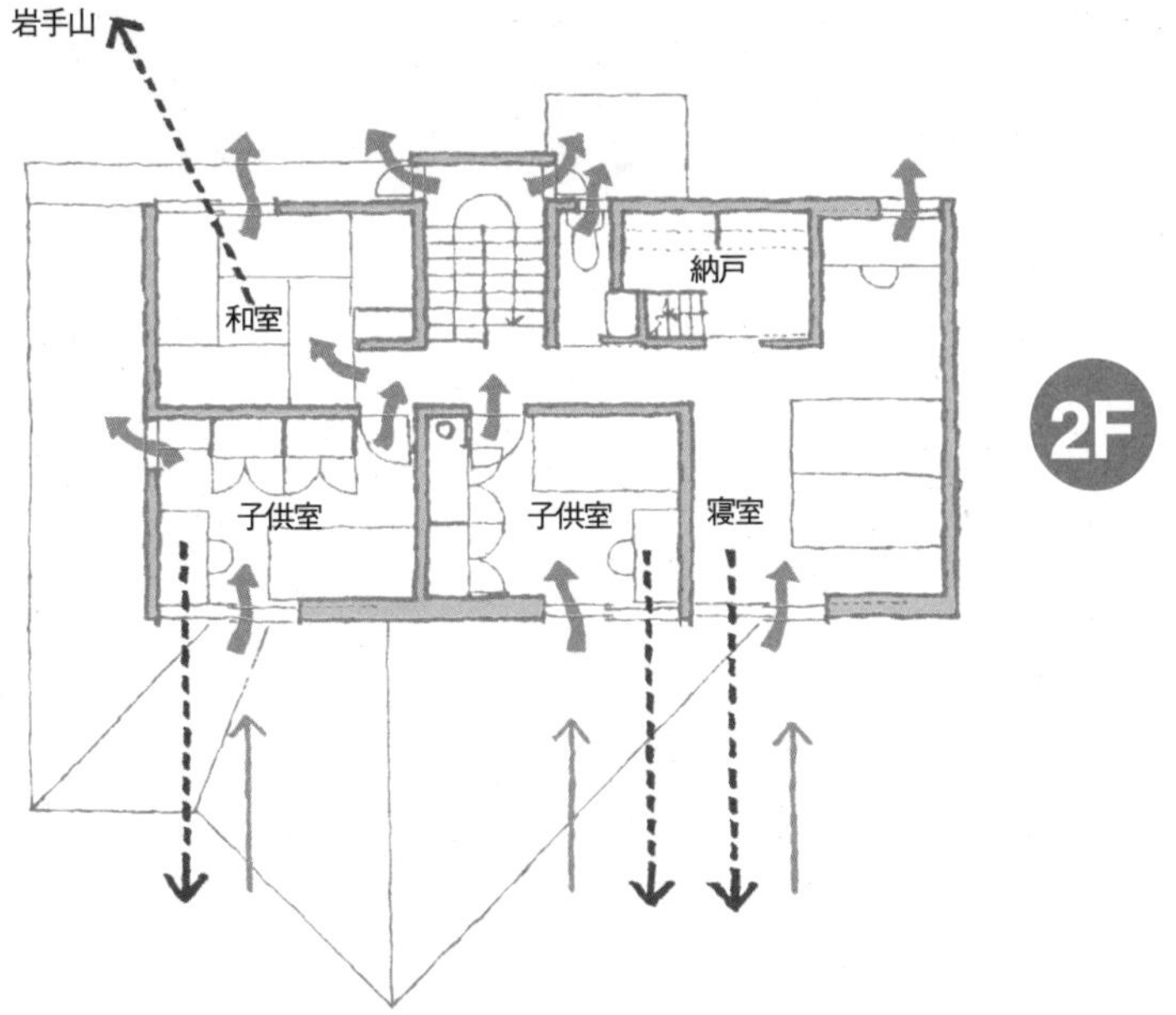

平面計画

1階、陽当たりのいい南庭に向かう変形の居間・食堂。ソファに腰掛けたとき、食事のとき、庭に配置された樹木やその先に広がる遠くの風景が楽しめる。東南の角、視線の先に季節感のあるヤマモミジを植えた。アイストップにもなり、より奥行きが感じられる。和室の地窓から眺める樹木は、玄関アプローチからも眺めることができる。

盛岡の夏の風は南から吹く。南の窓から取り込み、隅々まで行き渡らせるために、部屋の対角線に窓を配置し、風の抜け道をつくる。

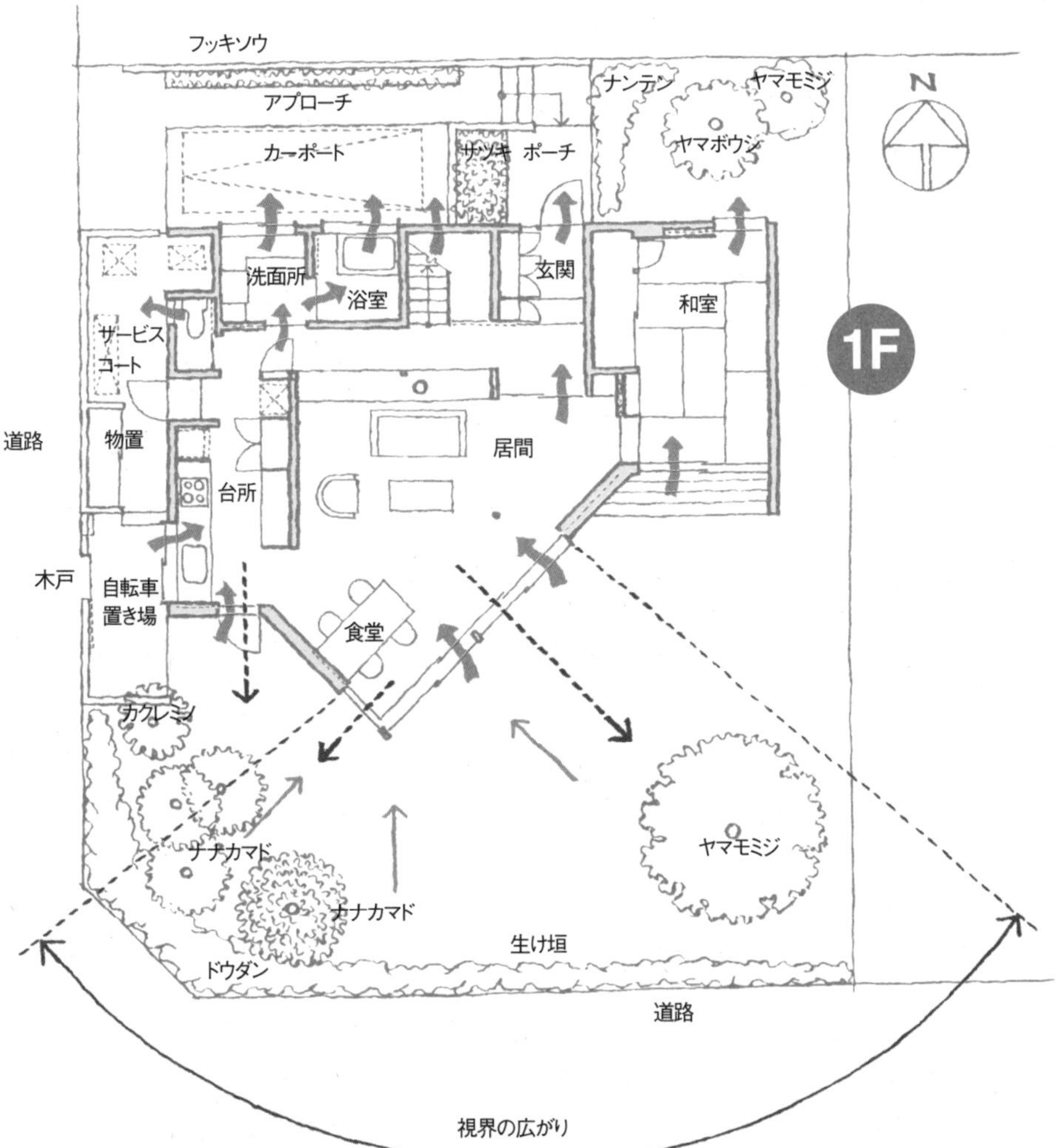

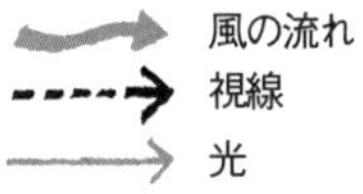

DATA

所在地	岩手県盛岡市
家族構成	母＋夫婦＋子供２人
敷地面積	261.26㎡
建築面積	86.90㎡
延床面積	143.63㎡
	１階：82.84㎡
	２階：60.79㎡
竣工	1991年11月
総工費	3,160万円（外構を含む）
構造	木造２階建て
設計	永田昌民（N設計室）
	TEL03-3951-6355
施工	菅文

#3

Air condition

室内の空気

温度差によって空気は動く。うまく循環させて均一の温度に。

基本的には暖かい空気は軽くなって上昇し、冷たい空気は重く下にいきます。すると天井は暖かく足元は寒く、頭寒足熱の逆になります。エアコンは一か所から暖気を吹き出しているだけで、部屋全体を均一に暖かくすることはできません。天井扇などで暖気を下ろしてやります。

床暖房は、室内の空気を一定に保てるのが特徴です。OMソーラーの場合、床からの輻射熱に加えて、吹き出し口から暖気が部屋に送り込まれます。この暖気をうまく循環させれば、家中を、むらのない穏やかな暖かさで包むことができます。

空気を上階まで循環させるために、吹抜けや階段室がよく利用されます。このとき注意しなければならないのは、寒い日には階段室や吹抜けから冷たい空気が下りてくるということです。通風・採光に窓は必要なものですが、ガラスは熱を通しやすい性質をもっています。陽がかげったときや夜に、冬の外気に冷やされた空気は窓沿いに下りてきます。むやみに吹抜けをつくると、冬は寒くてしょうがないということになりかねません。

ここでは、1階居間の天井にガラリを設けて2階子供室の造り付け家具の足元まで導いたり、同じく居間の収納上部をガラリにして2階寝室の床から暖気がまわるよう計画しました。また2階の天井には空気のリターン口をつくり、暖気を回収して再び1階に戻すようにしています。こうして家中の空気を循環させて快適な温熱環境を得ることができます。

空気の循環を計画すると同時に、空間としての空気を考えてみます。

天井の高低、部屋と部屋のつながり、バランスのいい空間づくり。

狭い敷地で開放感を得たいと思うと、どうしても上へ上へと安易に吹抜けにしたり、天井を高くしたり、単調な空間になりがちです。それが温熱環境にも良くないのは前述の通り。心地よい空間にはバランスが大切です。天井の高さ、部屋の広さ、壁と窓の関係、部屋と部屋のつながり方など。総合的な判断が心地よい空間をつくります。

空気は、空間によっていろいろな規制を受けます。バランスの良い空間づくりの手法はまた、快適な温熱環境をもたらす要素でもあります。

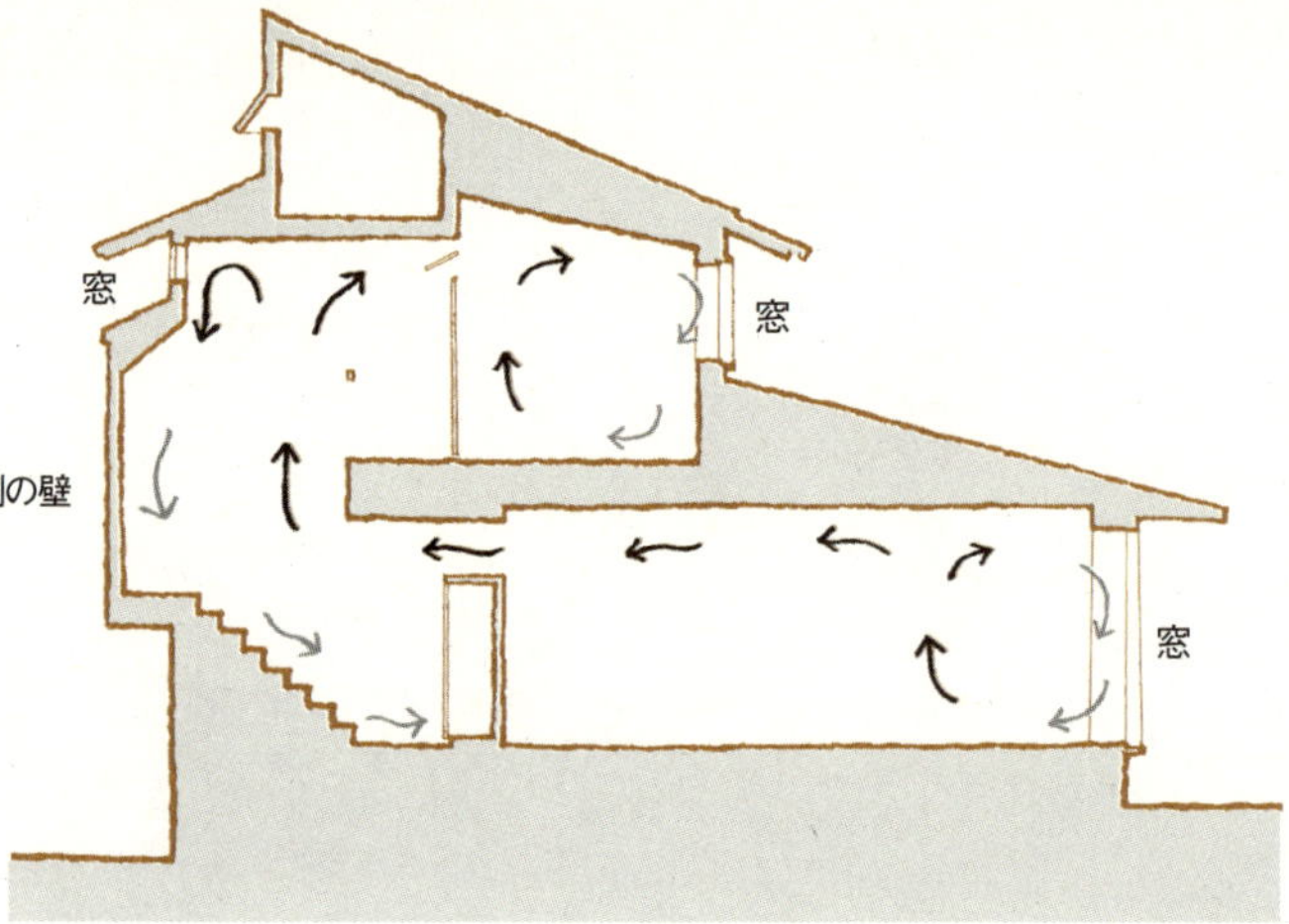

室内の空気の流れ

冬場、日射が得られないとき、上昇する暖かい空気は、窓面で冷やされて下りてくる。吹抜けや階段室から下りてくる冷たい風を、居間や食堂に入れないように配慮する。

暖かい空気
冷たい空気

OMソーラーの空気の流れ

冬期、外気取り入れ口から取り入れた空気は屋根面で暖められ、棟ダクトを通してハンドリングボックスに集められ、ファンで床下に送り込まれる。ここで蓄熱コンクリートに熱を蓄えると同時に、床面輻射として部屋を暖め、床吹き出し口から室内に吹き出される。補助暖房が働く夜間は床吹き出し口から出た空気はリターン口からハンドリングボックスに戻され、再び床下に送り込まれて循環する。

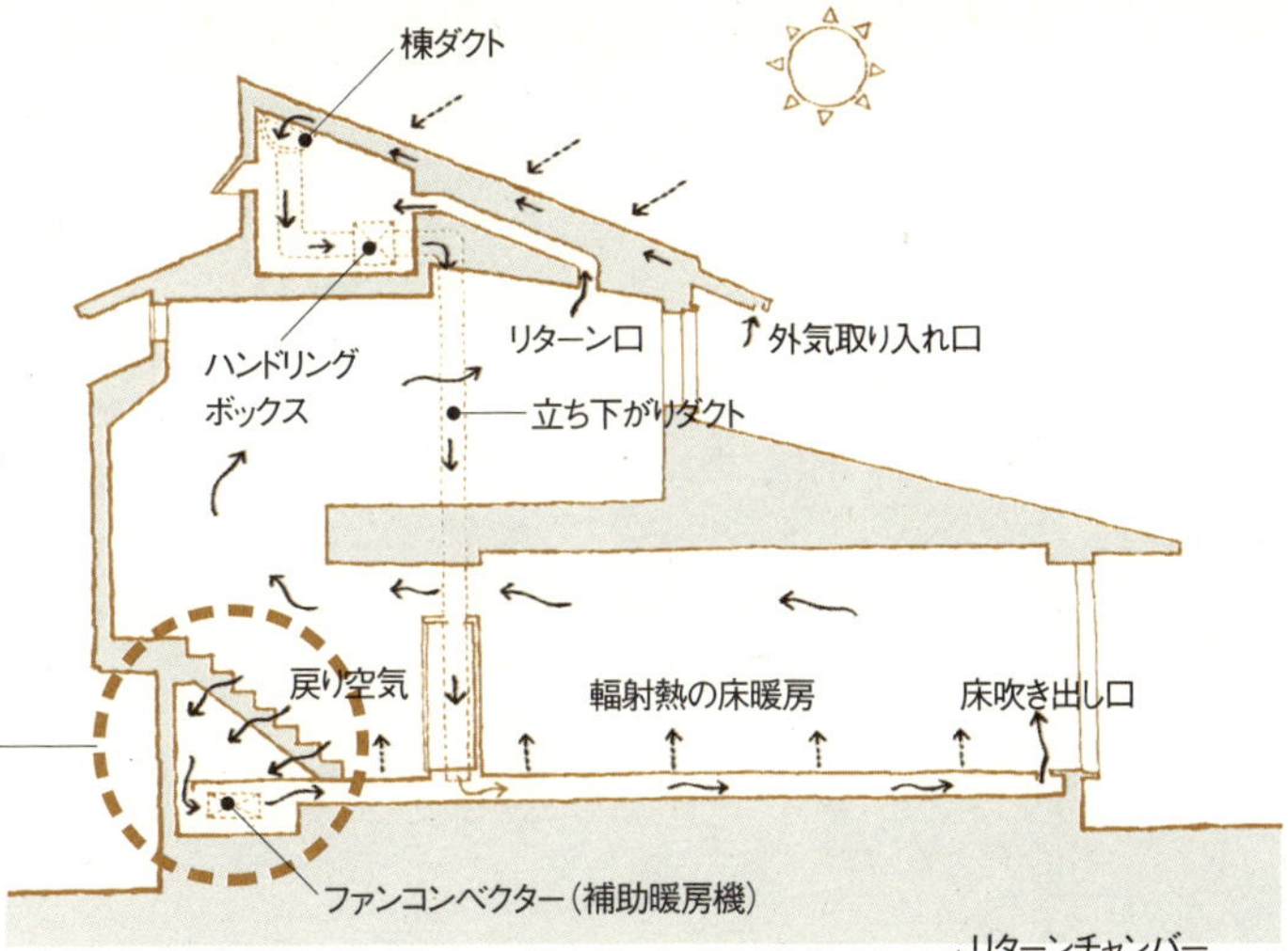

棟ダクト
ハンドリングボックス
リターン口
外気取り入れ口
立ち下がりダクト
戻り空気
輻射熱の床暖房
床吹き出し口
ファンコンベクター（補助暖房機）

階段の蹴上げ部分にスリットを開けて空気を戻す。

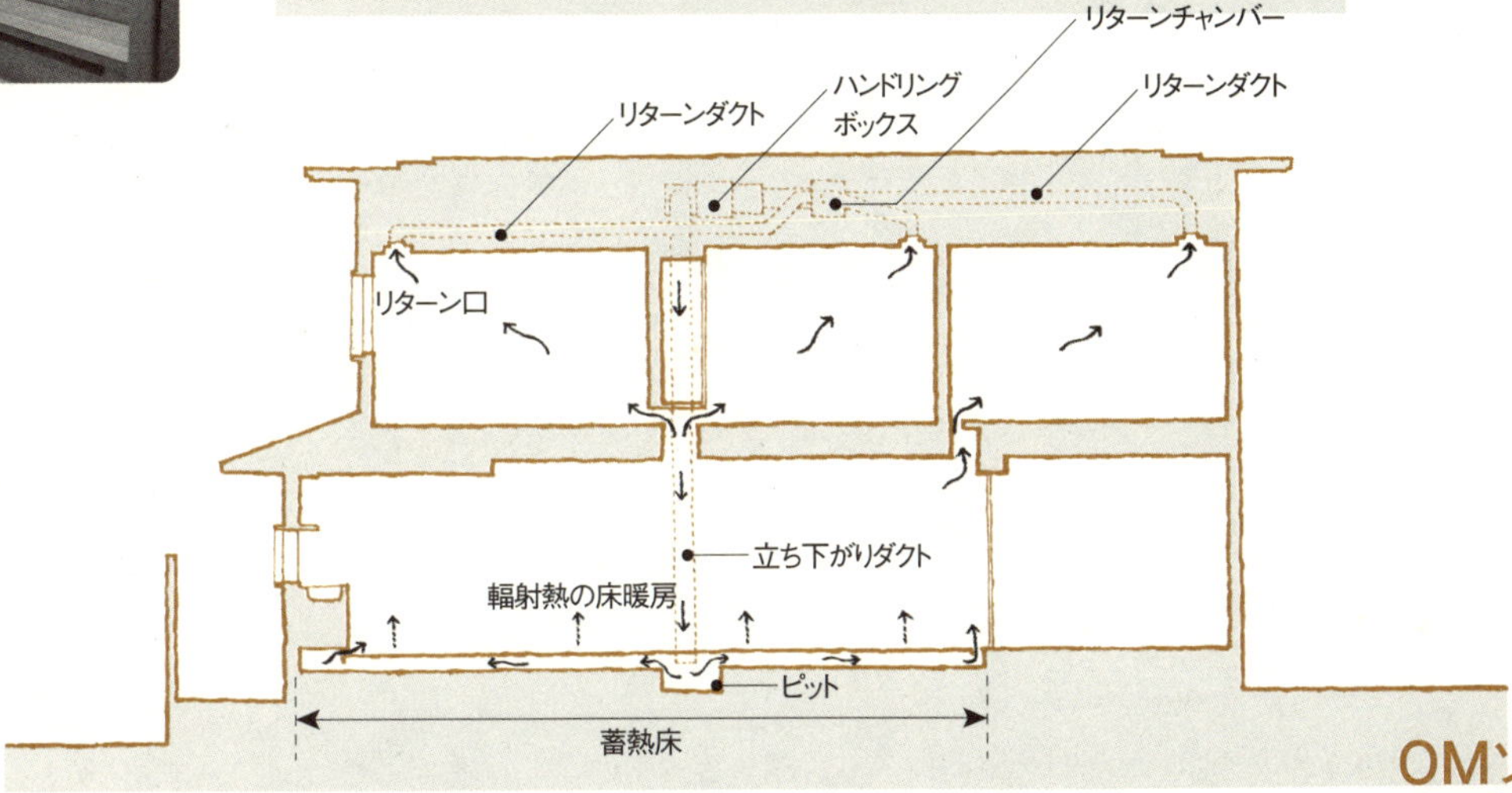

リターンチャンバー
ハンドリングボックス
リターンダクト
リターンダクト
リターン口
立ち下がりダクト
輻射熱の床暖房
ピット
蓄熱床

OMソーラーの床暖房の計画

家族が集まる1階の居間・食堂を中心に、台所、洗面所、トイレに吹き出し口を備えている。これらの各部屋の床下には蓄熱コンクリートがあり、床暖房の範囲。和室は畳が断熱材となるので床暖房の効果は望めない。そこでOMソーラーの対象から外し、ラジエーター（暖房機）を備えた。

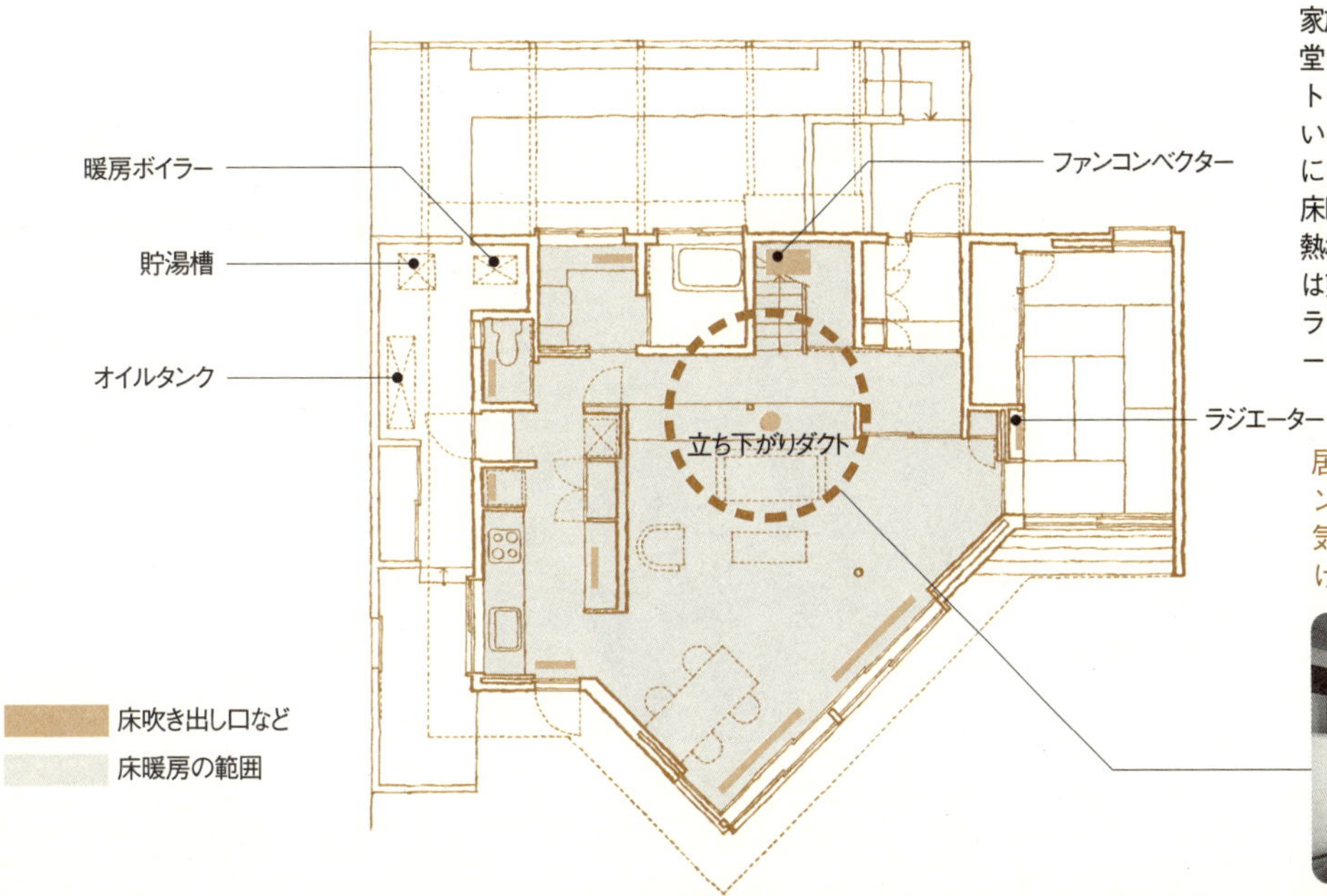

暖房ボイラー
貯湯槽
オイルタンク
ファンコンベクター
ラジエーター
立ち下がりダクト
床吹き出し口など
床暖房の範囲

居間の天井にガラリ（リターン口）をつくる。上昇した暖気は、2階の子供室に造り付けた洋服収納の足元から出る。

#4

台所

Kitchen

用事の多い台所を起点に、どこへも「まわれる動線」を。

台所は、家の中でいちばん用事の多い場所です。朝昼晩のごはんをつくる。その合間にこなす繁雑な家事のいろいろ。来客もあります。

動きやすい実用的な場所にするための有効な方法は、「まわれる動線」にすること。

ここでは、〈台所→洗面所→浴室→玄関〉、逆まわりに〈台所→食堂→居間→玄関〉へ、よどみなく動けます。枝別れして、勝手口からサービスコートへ、台所から物干し場へと作業のつながりもスムーズです。

また「まわれる動線」に沿って、食堂や居間、和室を溜《たまり》の場として確保します。立ち働く「動」と、くつろぎの「静」が隣り合わせにありながら交わらない。食卓や来客へのサービスには便利で、しかもお互いを妨げることがありません。

台所から食堂へ、あるいは玄関へ、必要に応じて右回りに左回りに。家の維持管理には主婦の動きが楽なことが大切です。それには動線は短くするより、このように自在に動けることが重要です。

「まわれる動線」上には家具を置かないようにします。スムーズに動けるよう、家具や壁との距離も充分に取ります。奥行きの浅い部屋だと、家具を置くと人が通るスペースが狭くて困ることがあります。部屋は、向きや広さだけではなく、奥行きがあることが大事です。

また、人が動く場所には必ず収納スペースをたっぷり取ります。用事が多い場所には、物も多いはず。ただし細かく決めすぎると融通がきかなくなります。

台所は作業の場。機能的で動きやすくシンプルなキッチン。

台所は作業場です。基本的な機能をきちんと備え、収納も充分に用意します。忘れがちなのは、まな板を置くスペース。配膳台は広い方が便利です。

ここでは流し台は造り付けにしました。シナランバーコアの箱にステンレス一体成形のシンク付ワークトップを載せたシンプルなものです。凝り過ぎると使い方を限定されてしまい、かえって使いにくいものです。

スムーズに「まわれる」ことを考えれば、並列型キッチンが都合がいいようです。ここではコンロとシンクを一直線に置き、背後に配膳台と食器棚を並列しています。

西側外観。
塀の右手の木戸
から勝手口へ。

玄関ホール。

玄関。

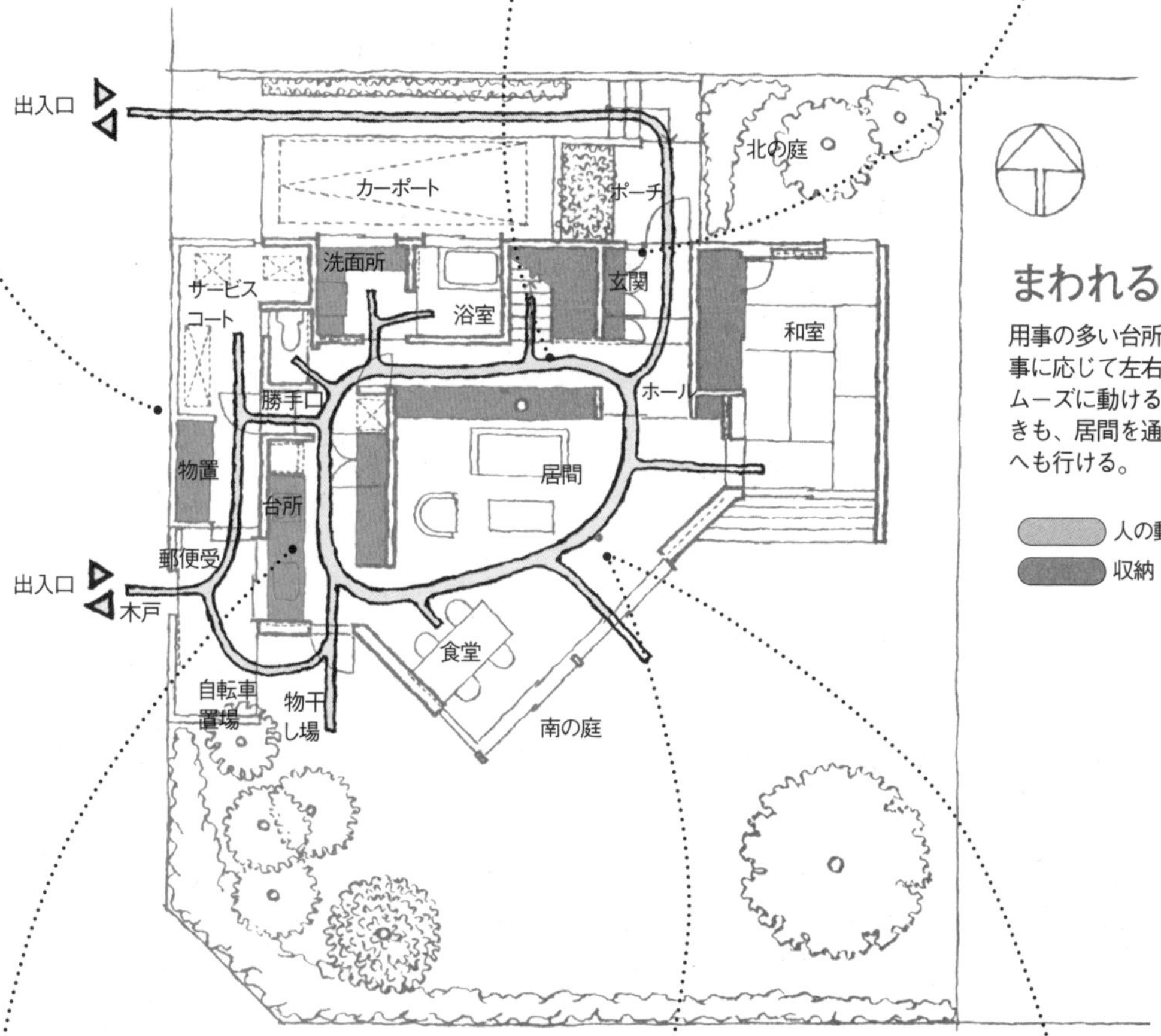

出入口
北の庭
カーポート
ポーチ
洗面所
浴室
玄関
サービスコート
和室
勝手口
ホール
居間
物置
台所
郵便受
出入口
木戸
食堂
自転車置場
物干し場
南の庭

まわれる動線

用事の多い台所を起点に、用事に応じて左右どちらにもスムーズに動ける。来客中のときも、居間を通らずに、どこへも行ける。

人の動き
収納

台所の外は
物干し場。

台所からサービス
しやすい食卓。

動線を妨げ
ない家具配置。

#5

Lighting

照明

あかりは必要なところにだけ、あればいい。明るさと暗さのリズムをつくる。

照明は基本的に昼間は必要ないものだから、器具はあまり目立ってほしくない。固定の器具はなるべく少なくして、フロアスタンドのように必要な所に持っていける器具を使います。

夜は夜の落ち着きのあるあかり。

住まいのあかりは、昼間のように均一に明るくする必要はありません。昼はオフィスの蛍光灯の下で働き、夜もこうこうと、では疲れます。夜は夜の落ち着きのある時間が、落ち着きのあるあかりがほしい。くつろぐという意味では、照明は最小限に絞る方がいいのです。ソファの脇にフロアスタンド、食卓にはペンダントというように、必要な場所に必要な分だけのあかりを配します。器具は存在感のないデザインを選び、光源は白熱灯です。

食卓のあかりは、1灯を皆で囲むことができる、点のようなあかりがほしい。和室で卓袱台を囲むなら、おだやかに控えめに照らしてくれる月のようなあかりにします。

ここではテーブルの中心にペンダントを下げました。高さは、住み手に腰掛けてもらった状態で決めます。シェードが邪魔にならず、光源が眩しくない高さ。

外にもれるあたたかい白熱灯のあかりは、道行く人にも安らぎを与えてくれます。

電気の照明を使うようになったのは、ここ1世紀ほどです。あかりを楽しむという文化が成熟しないまま、器具だけを手に入れてしまったのではないでしょうか。天井に照明器具がないのは気持ちのいいものです。一度経験してみると、天井照明の有る無しがその部屋の質に大きく関わることが分かるでしょう。

居間には調光できるダウンライトを使いますが、あとはフロアスタンドで充分です。気持ちいい場を見つけて、そこに、そのとき必要なあかりを持っていきます。

また空間全体の光の分布は、均一でない方が落ち着きます。明るいところと暗いところ、陰影のある空間をつくります。

陰影は、空間に奥行き感を与えてくれます。窓による採光の場合と同じように、照明でも明るさと暗さのリズムをつくります。奥行きは、その先にどんな空間があるのかを想像させ、広さを感じさせてくれます。

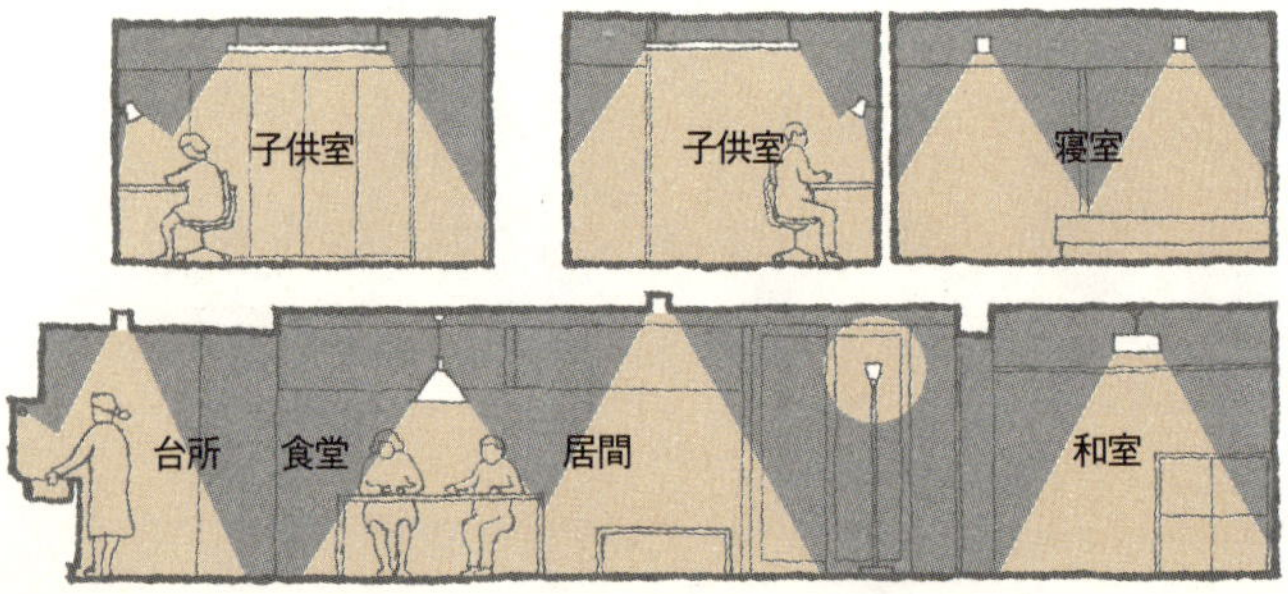

落ち着いた時間を楽しむあかり

目立たない器具を必要なところにだけ配置した、陰影のあるあかり。フロアスタンドは、読書など、そのときどきで居たい場所に持ち運んで使える。ほとんど白熱灯だが、台所や子供室など作業することが多い場所には蛍光灯を用いる。蛍光灯は均一に明るくするので、くつろぐ場所には不向き。壁から突出するブラケットは邪魔にならない位置に付ける。屋内では寝室や階段室など高位置からの照明に使っている。

フロアスタンド

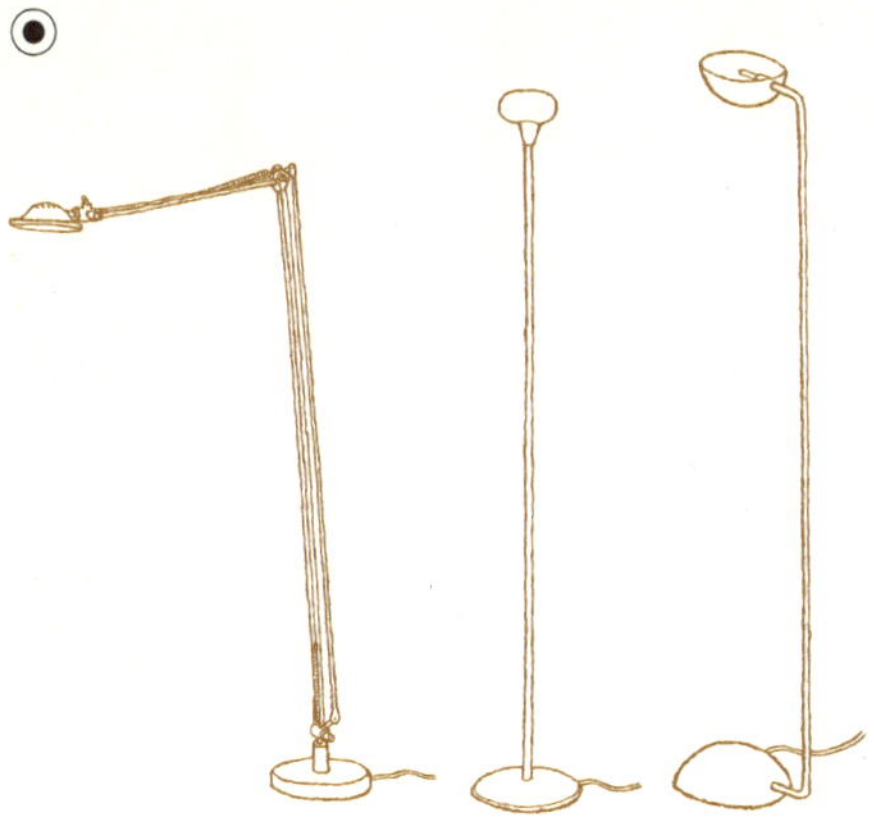

持ち運びできるのが利点。光源は小さなハロゲンランプ（白熱灯）などで、35W〜150Wなど。アームが自在に動くタイプなら、35Wでも近付ければ読書もできる明るさ。

ペンダントライト

乳白色で光を透過させるシェードをもつペンダントライトは、光がやわらかい。食卓に下げる場合、60Wでは少し暗めだが小さめのテーブルには向く。

ダウンライト

天井に埋め込むダウンライト。50W〜150Wまで。白熱灯はかなり熱をもつ光源だが、後方に熱を逃がす方式もある。左は、図のように首を引き出せばスポットライトになる。

ブラケット

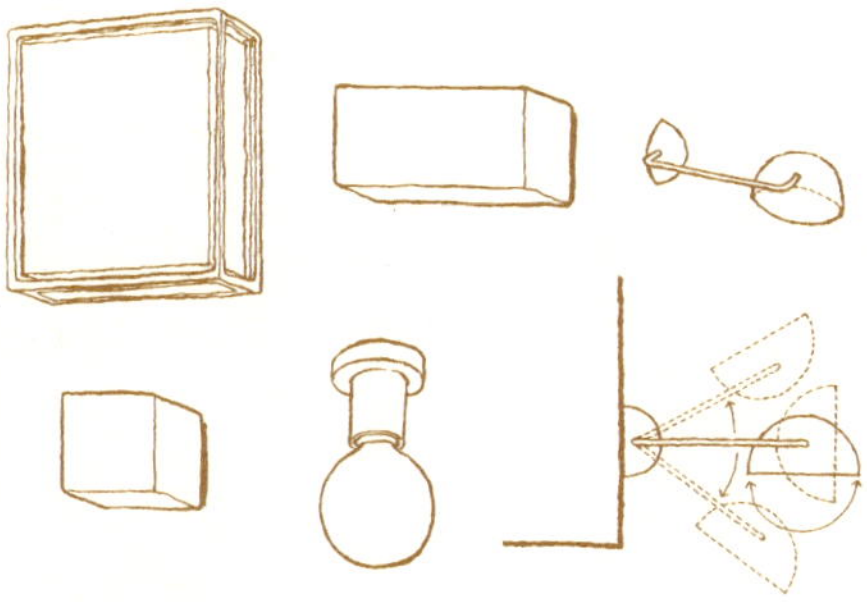

壁付けのブラケットは他の器具に比べると価格は割高になる。シェードのない電球を差し込むだけのタイプなら安い。天井照明にも使える。首が振れるタイプは、天井に向けて間接照明もできる。

その他

左は庭園灯。地面に差して樹木を照らすのに使う。中は船舶用の持ち運べる灯具。テラスなどに。右はスポットライト。天井照明にもブラケットにも使える。壁の絵画やピアノを置く場所を照らす。

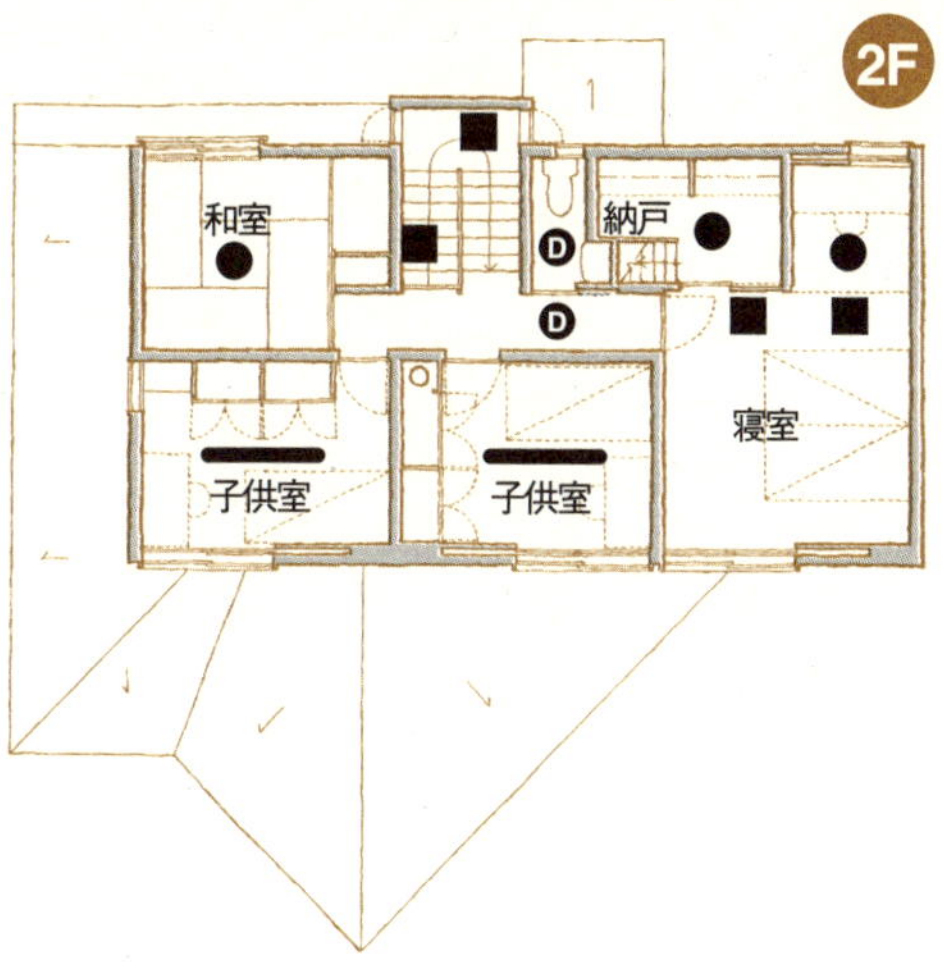

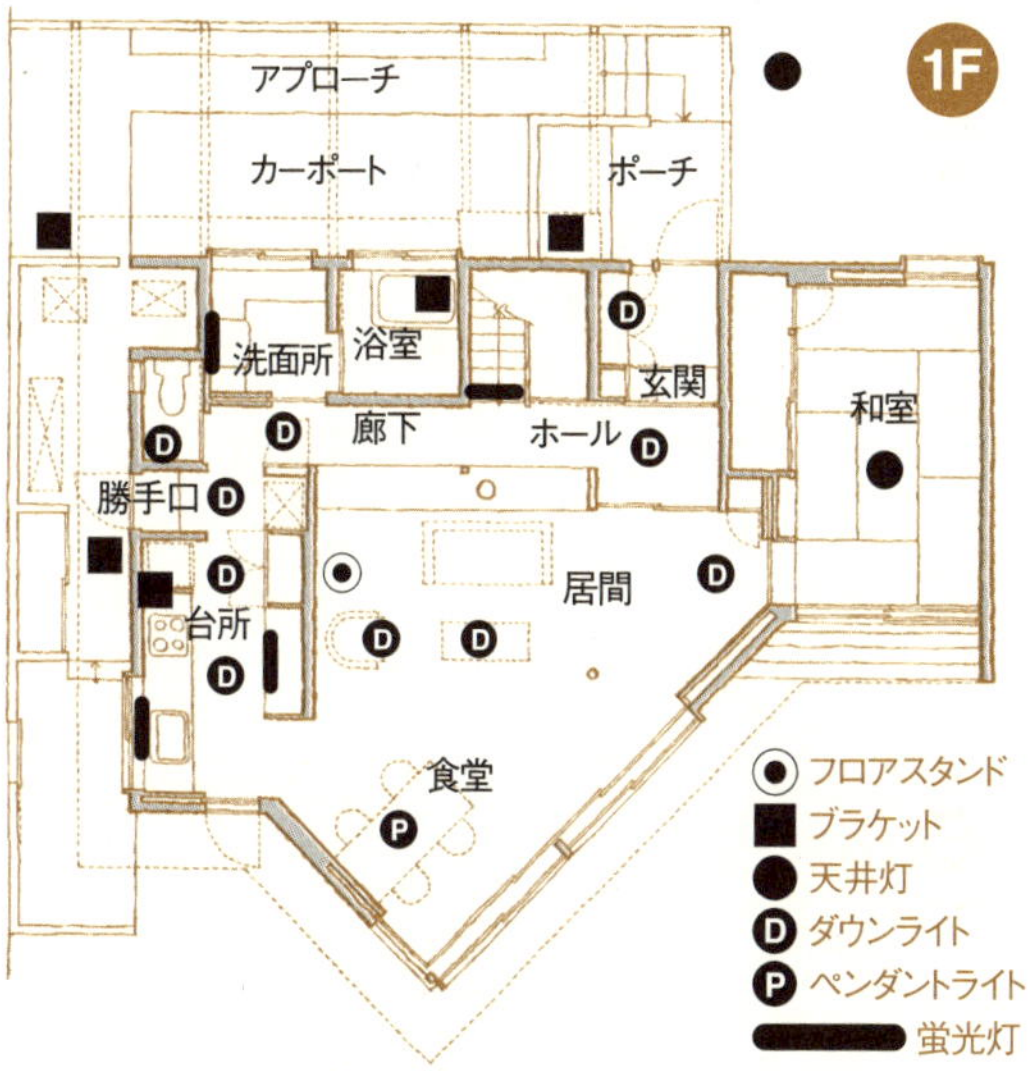

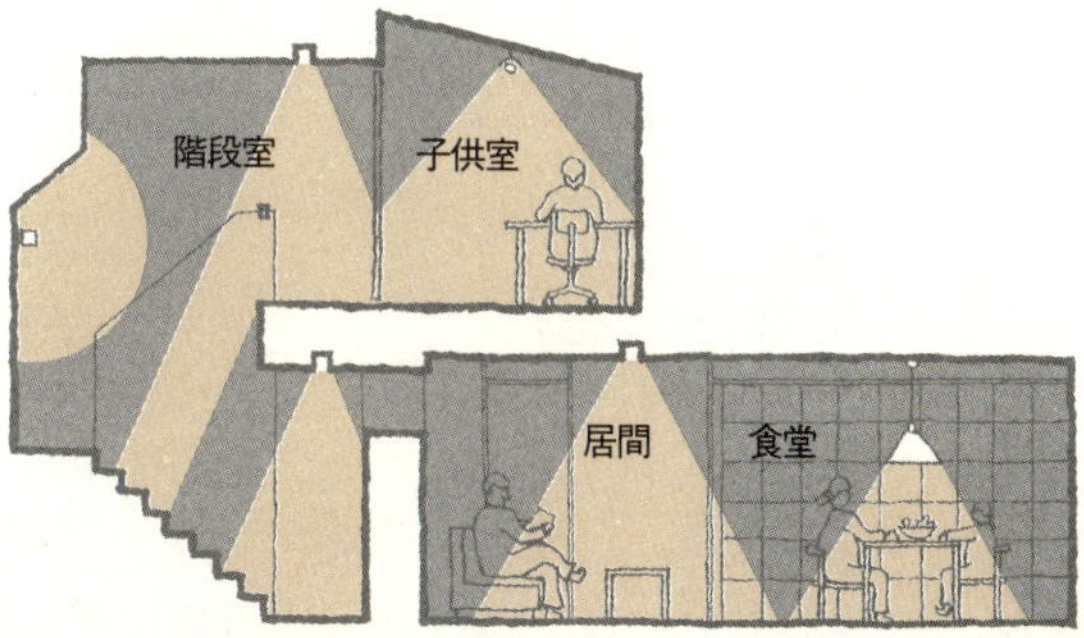

#6 開口部・建具

Opening・fitting

暮らしをかたちに

明るさ、通風、眺めなどを得る開口部は、小さくても大きく開きたい。

開口部からは、通風や採光、眺めを得ます。庭の樹々や景色がよく見える場所には、天井高いっぱいの大きな窓。採光にはトップライト。換気だけなら小さな窓。それぞれの場所に合わせて効果的な開口部にします。

開口部は、ただ大きく数多くでは単調で落ち着かない空間になります。温熱環境にも良くありません。必要な通風と採光が充分であれば、その他は壁を残すようにします。壁は、精神的な落ち着きを与えてくれます。開口部と壁の面積は、1対3ぐらいがバランスが良いようです。

開け閉て自在の引戸。引き込めば内と外とが一体になる。

小さくても大きく開きたい、効果的な開口部を得る手段として、引戸は優れた建具です。少し開けたり大きく開けたり、開き具合を加減して風をコントロールできます。ガラス戸に障子戸や簾戸を組み合せれば採光も自在。部屋と部屋の間仕切りも軽やかです。

また、開き戸と違って、壁の中に引き込めるのが引戸の利点。網戸までぜんぶ引き込めば、引戸自体の存在を消してしまうことができ、内と外とが一体となった開放感が得られます。

見た目がやさしく手触りも良いという意味で、できれば木製建具を使いたい。木製の引戸というと、昔は隙間だらけで重いイメージでしたが、エアタイトやレールなどの金物を工夫すれば気密性や滑りをよくできます。建具は毎日使うものです。金物には充分な予算を割いて、性能の良い建具にします。年月を経て住まいとともに古びるのが、木製建具の味わいです。

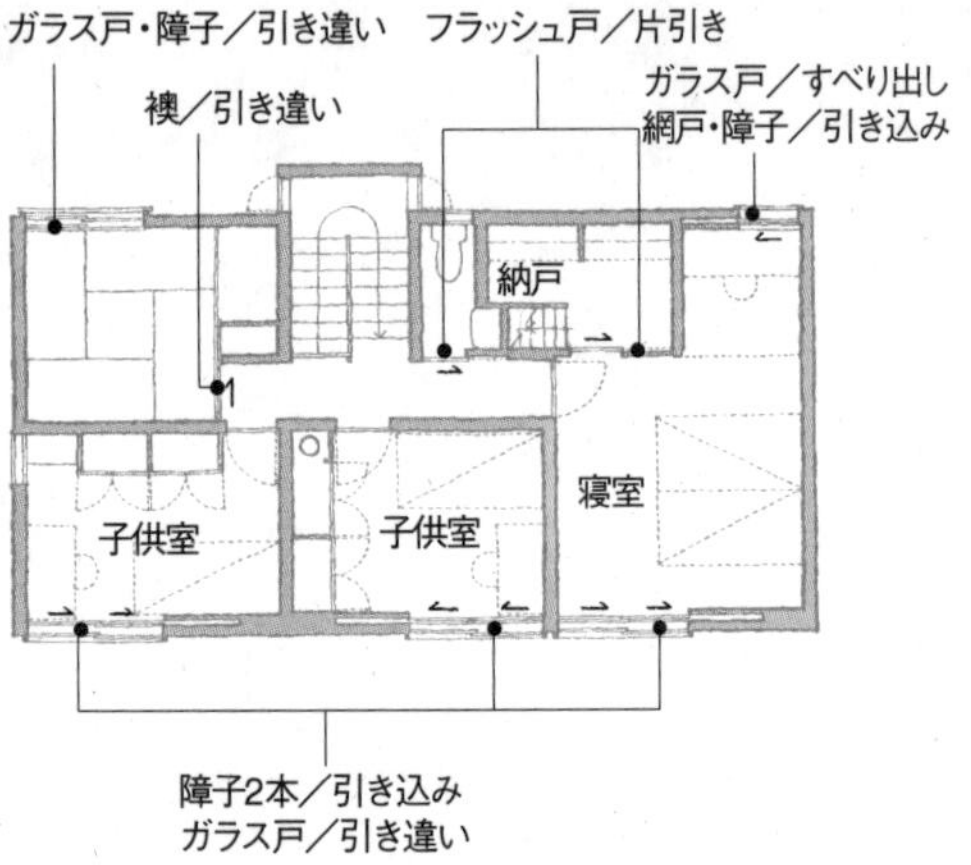
ガラス戸・障子／引き違い
フラッシュ戸／片引き
襖／引き違い
ガラス戸／すべり出し
網戸・障子／引き込み
納戸
子供室
子供室
寝室
障子2本／引き込み
ガラス戸／引き違い

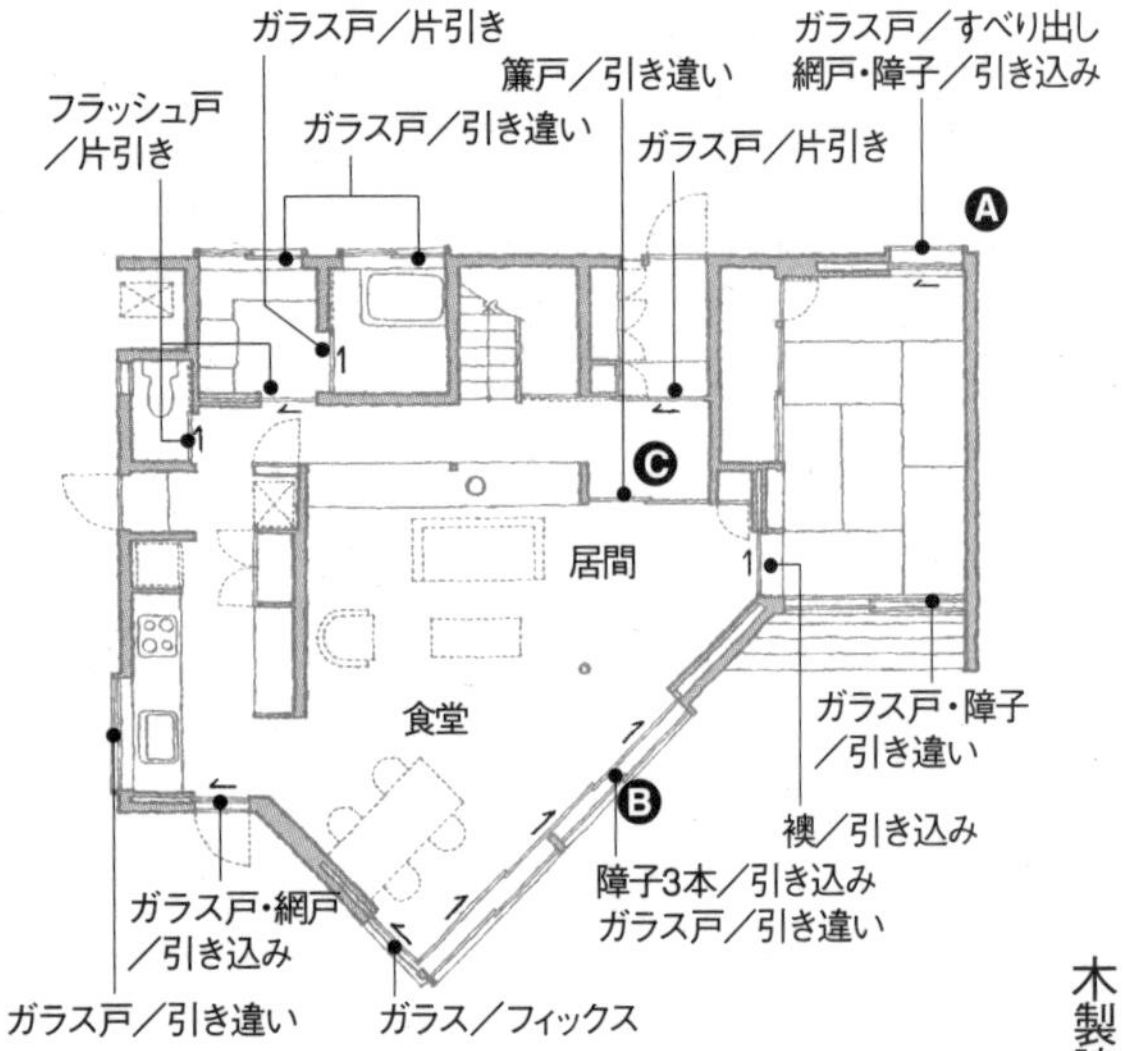
ガラス戸／片引き
簾戸／引き違い
ガラス戸／すべり出し
網戸・障子／引き込み
フラッシュ戸
／片引き
ガラス戸／引き違い
ガラス戸／片引き
A
C
居間
食堂
ガラス戸・障子
／引き違い
襖／引き込み
B
障子3本／引き込み
ガラス戸／引き違い
ガラス戸・網戸
／引き込み
ガラス戸／引き違い
ガラス／フィックス

C

玄関ホールと居間は、経木の簾戸で軽やかに間仕切る。

B

障子の框と中桟を同じ幅につくる。閉じたとき数枚が一体にすっきりと見える。

A

障子ごしに静かな光がまわる和室の地窓。風抜けもいい。

#7

Tatami room

和室

畳の気持ちよさ、何にでも使える部屋。ゆとりの、ひと間を備える。

暮らしをかたちに

最近では1軒の家に和室は1部屋だけということが多いようです。用途は曖昧で、予備室的に扱われています。でも、やはり、ひと間は欲しいという住み手が多いようです。

和室というのは、一つの形式です。寝転んでくつろぐ気持ちよさとは逆に、畳の上に端座して気持ちがあらたまるという場面も生まれます。

ふだん使いにも あらたまった場面にも、床座の和室。

ふだん使いには、寝転んで気持ちよく風が抜ける部屋であればいい。でも来客を迎えるあらたまった場面では、きちんと床の間をしつらえて襟をただす。小さくてもかまわない。日常と非日常、特別な場所として備えたい和室。だから、離れ的につくります。

せっかく異質な空間をつくるなら、籠る場所として備えたい。この家の2階和室は、襖を閉めると他の部屋とは切り離された空間になります。1階和室は、夫婦の親が訪れたときの寝室として用意しましたが、やはり襖で仕切って籠るような空間にすることができます。

和室には、大きさに見合う天井高があります。視線の低い床座では、狭いほど天井高を抑えます。ありきたりの材料でも、親密な空間をつくることができます。窓は地窓にして座る人に風が行き渡るようにします。

季節ごとに風が運ぶ草花の香り、障子ごしに見る樹木の気配。永いあいだに培われてきた日本人の感性を呼び覚ます部屋です。

2階の和室は予備室的な部室。四畳半という小間なので、壁の足元には腰貼りを施す。掃除機がけや布団の上げ下ろしの際に壁を保護する。

#8

Bathroom・lavatory

浴室・洗面所

水がかりの始末と換気を充分に、快適で眺めよくつくりたい。

暮らしをかたちに

浴室と洗面所は機能的であることが前提です。でも、浴室はたんに身体を清潔にするためだけの場所ではありません。できれば浴室から外を眺められるようにして、くつろげる、快適な場所につくります。

掃除がしやすいからとタイル貼りを希望する人がいますが、木張りの浴室は、見た目も実際も、暖かくていいものです。この家では青森ヒバで壁と天井を張りました。最後に使った人が飛び散った泡をシャワーでざっと流して換気扇を回しておけば、カビは生えにくく、掃除は楽です。浴室のカビ対策の要は通気、そして使い方のルールです。

浴室の扉は引戸が好ましい。狭い場合はなおさらです。ドアは閉じているのが常体ですが、引戸は開けておいても邪魔にならず、いつも風通しよくできます。木製の引戸は吊り戸にするなど水切りに配慮し、換気に気をつければ長持ちします。

洗面所はある程度の広さを確保します。洗濯物や洗剤、シャンプー、タオルなど細々した物が多い場所です。替えの下着も置けると便利。整理整頓、コンパクトで充分な収納を備えます。

#9

Furniture

家具

家具は「寸法を入れる」もの。動きや眺めを妨げないように置く。

暮らしをかたちに

家具配置は、計画の最初から考えておく課題です。どんな家具をどこに置くか、具体的にプランに書き入れていきます。なぜ最初に考えるのか。それは、家具は「寸法を入れる」ものだからです。ものにはそれぞれ大きさがあります。使うときに場所をとるものもあります。

ソファ、ダイニングテーブル、ベッドなど動かせない家具をチェックします。部屋が広ければいい、という問題ではありません。たとえばベッドの配置。頭を窓際に向けると隙間風で寒い思いをします。部屋の広さだけでなく、壁や窓に対してどう置くのかを考えます。人の動きの邪魔にならない配置、眺めのいい配置、落ち着ける配置。

限られた空間を、どう広く使って気持ちよく住むのか。暮らしのなかで何を大事にするのか。大きなダイニングテーブルに家族が集まる。あるいは2人のための小さな食卓であればいい。暮らしのなかで本当に必要なものを選択します。

ソファは壁につけて置くとは限らない。ゆったり座っても頭が後ろにぶつからないように。

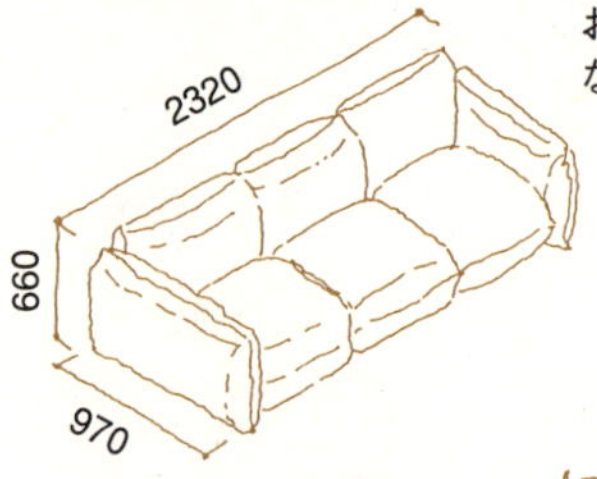

2320
660
970

ピアノやエレクトーンは大きい。グランドピアノになると蓋を開けるスペースまで考えておかないと置けなくなってしまう。

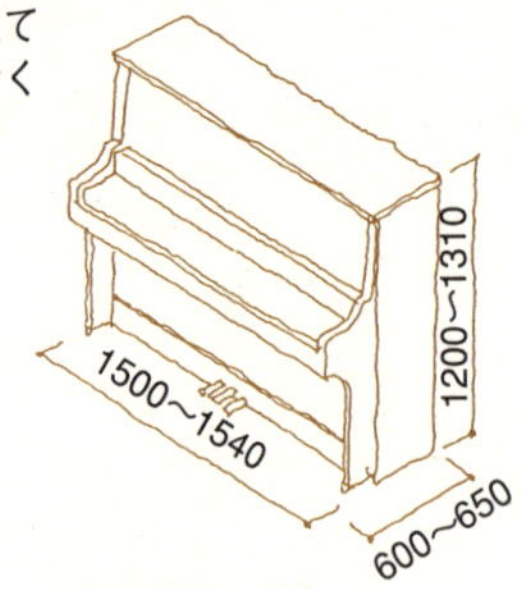

1200~1310
1500~1540
600~650

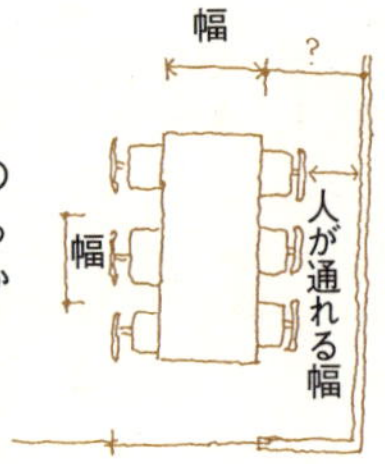

幅
?
幅
人が通れる幅

椅子は、腰掛けて周囲の空きスペースがどのくらいとれるのか考えておかないと、「前を失礼」と言わなければお茶も出せなくなる。

テーブルの幅は、対面から手が届く程度が使い勝手がいい。椅子の後ろは、人が通れる幅をとる。

料理するところ

酒
かめ

ゴミ置場、まな板や布巾掛けの置場所は主婦の泣かせどころ。

台所でいちばん大きな瓶は一升瓶。サイズはϕ約11cm×高さ約40cm。

炊飯器。蓋が開くことを忘れずに。湯気も出る。

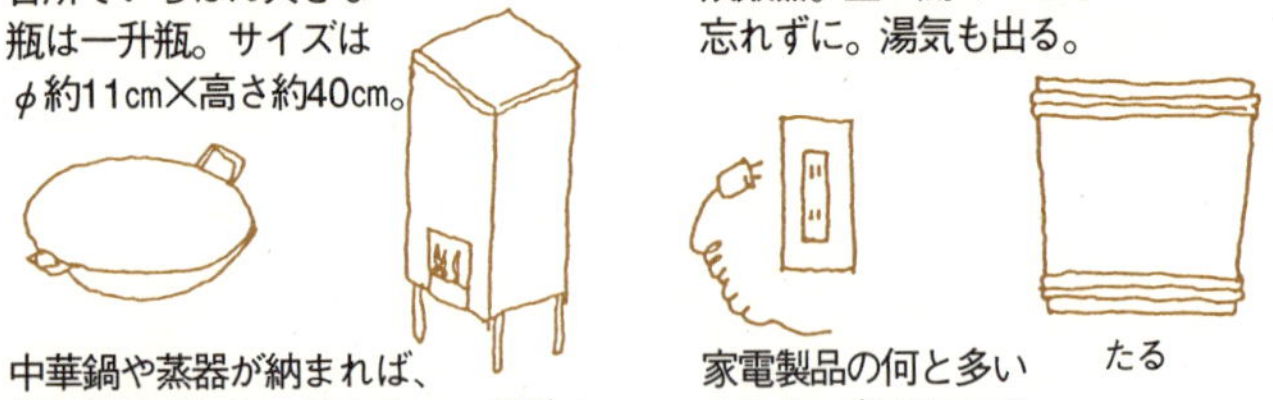

たる

中華鍋や蒸器が納まれば、他の鍋もだいたい納まる。シンクのサイズは、これらを洗えるように計画。

米びつ

家電製品の何と多いことか。台所にあるものだけでも数えてみよう。

玄関まわり

靴の形やサイズは多様。玄関に置く道具のサイズも確認する。

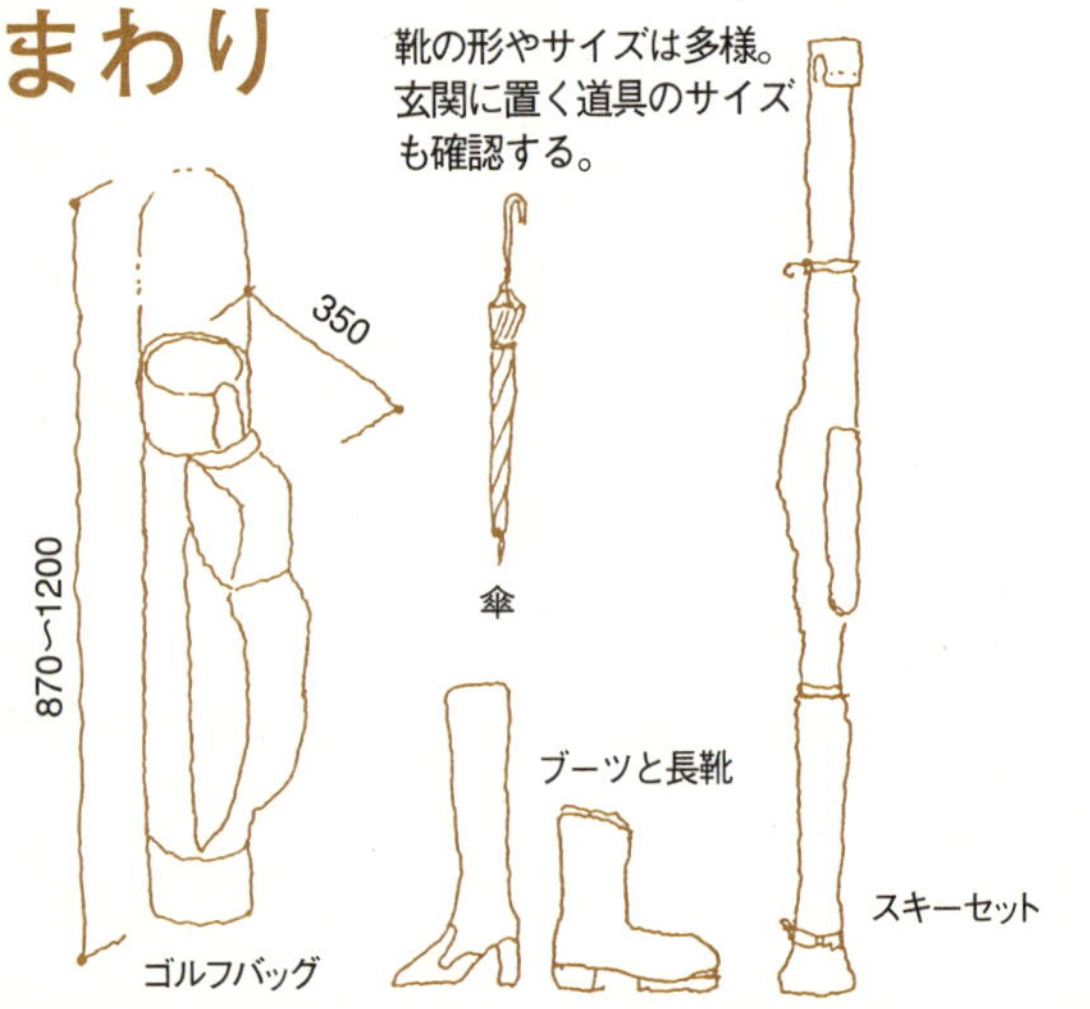

350
870~1200
傘
ブーツと長靴
ゴルフバッグ
スキーセット

集まるところ

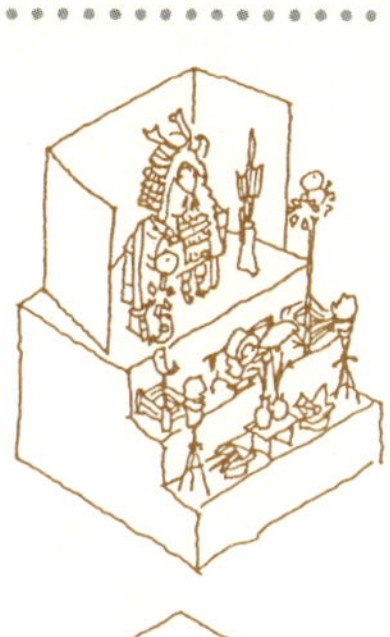

節供の飾りなど、日頃、箱に仕舞われているものは忘れがち。広げたときのボリュームに注意。

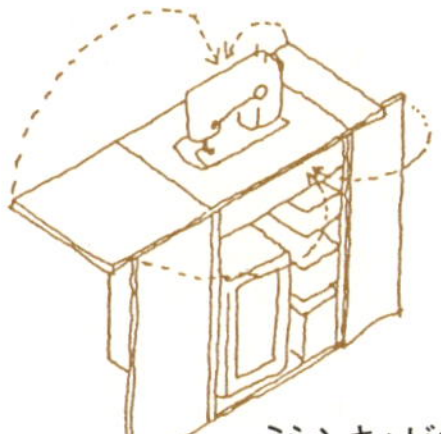

ミシンキャビネット

オーディオ、テレビ、ビデオは、どこから視聴するかを考えて配置する。棚に組み込むときは放熱場所、プラグなどの接続しろを取る。CDなどを収納する場所も忘れずに。

アルバム
ファイル
雑誌
絵本
単行本
コミック
文庫
写真集
豪華本
新聞4つ折り

どんな本があるのか、本の大きさを確認して棚のサイズを割り出す。

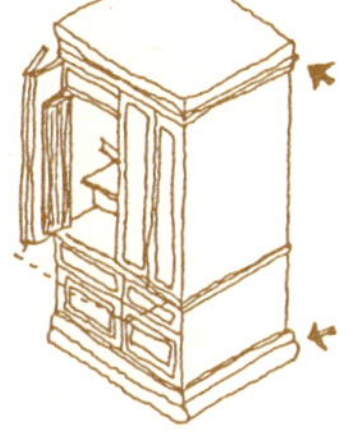

仏壇は、足元の台輪や金物などの出っ張りに注意。最大寸法を測る。

寝るところ

ベッドは、周囲にメーキングスペースをとること。サイズが大きくなるほど、1人ではメーキングできなくなる。

ダブル 1400
セミダブル 1230
シングル 990

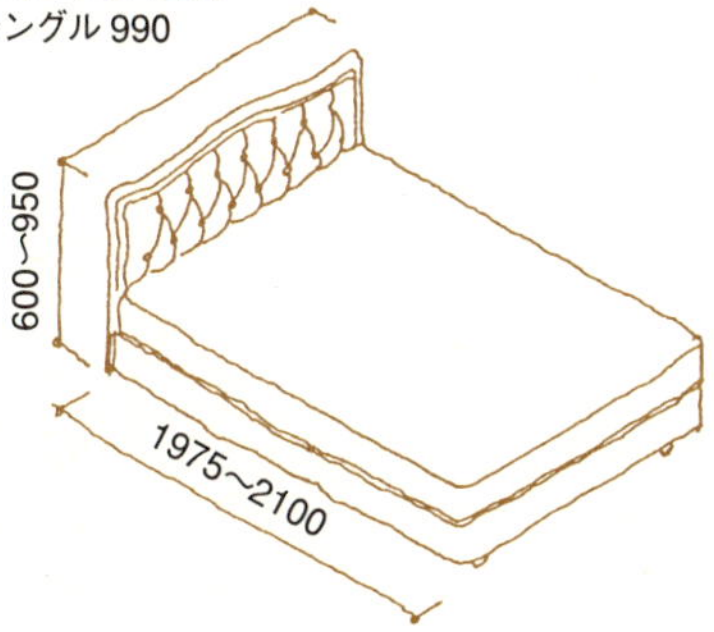

600〜950
1975〜2100

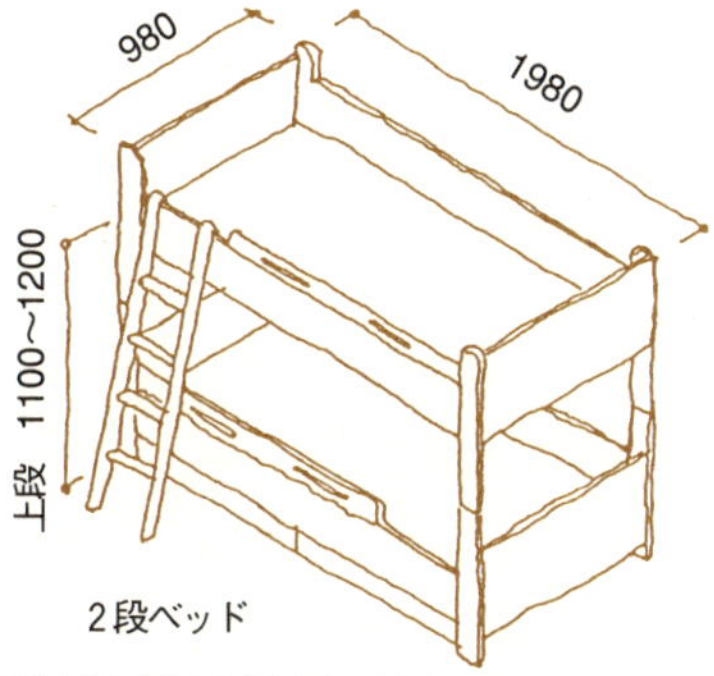

980
1980
上段 1100〜1200

2段ベッド

布団は、たたんで収納することを忘れずに。1間幅の押入れは、片引きの襖を開けて半間しか開かない。出し入れの動作が楽なように、できれば1間幅が全開する押入れを。

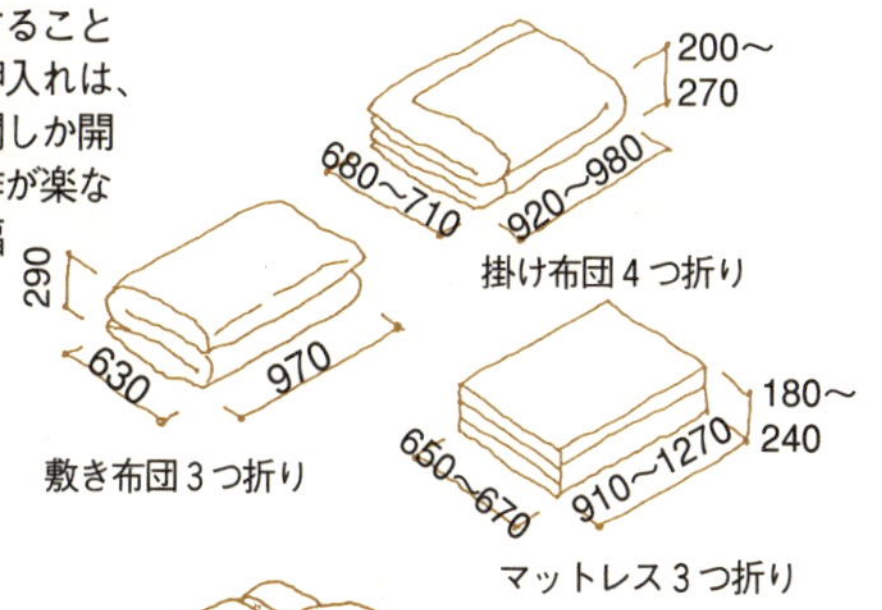

200〜270
680〜710
920〜980
掛け布団4つ折り
290
630
970
敷き布団3つ折り
180〜240
650〜670
910〜1270
マットレス3つ折り

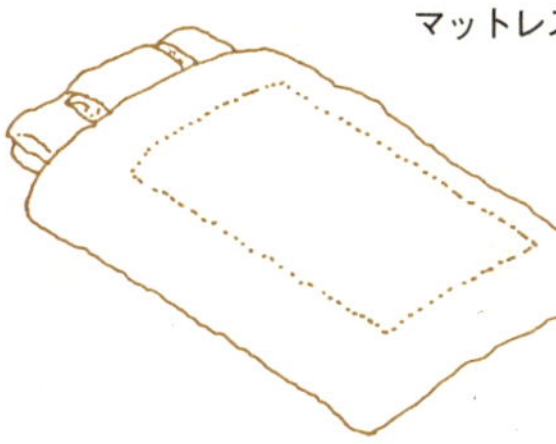

着るもの

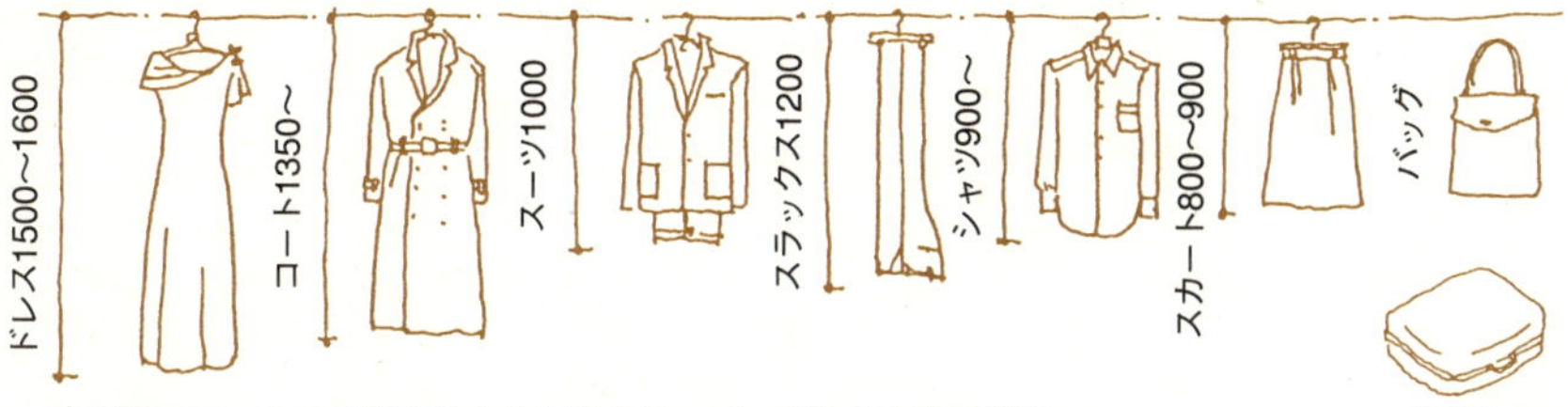

ドレス1500〜1600
コート1350〜
スーツ1000
スラックス1200
シャツ900〜
スカート800〜900
バッグ

旅行鞄

丈の長いコートまで納まるように考える。バッグなど小物の収納。洗濯機のまわりのこまごました道具類の置場所も計画する。

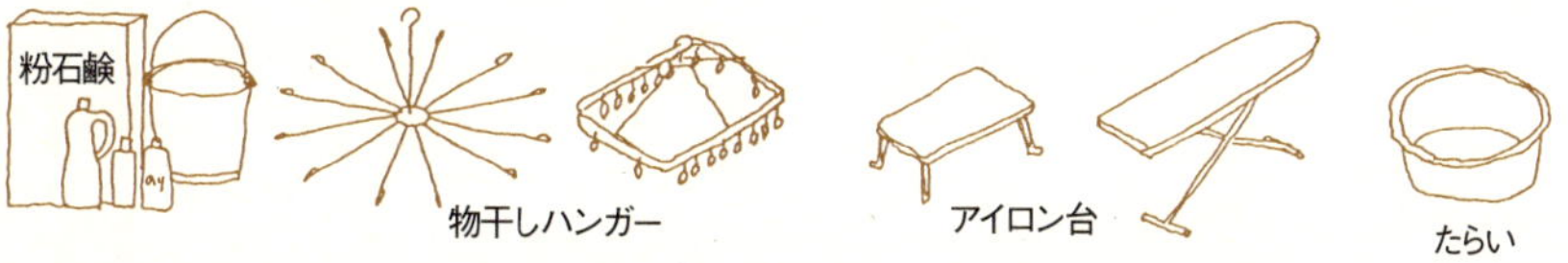

粉石鹸
物干しハンガー
アイロン台
たらい

乾燥機には排気用のダクトが必要。

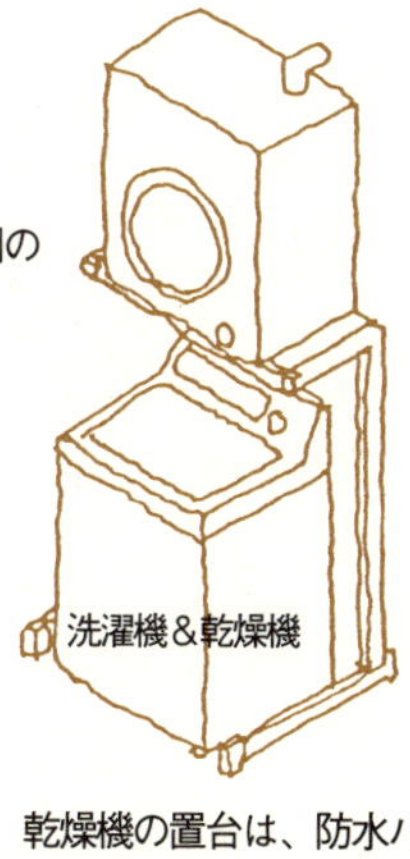

洗濯機&乾燥機

乾燥機の置台は、防水パンに納まらないことが多い。

#10

Finish

仕上げ

狭くても素材の統一感が広く見せる。主張しない材料で仕上げる。

1軒の家で、床や壁・天井などの仕上げの種類は、なるべく少なくした方が統一感が出ます。水まわりを除いては床材は1種類、壁・天井も1種類で仕上げます。それも、くせのない主張しすぎない素材がいい。

ここでは、天井は、居間はスプルースの縁甲板、その他はラワンベニヤ。床はフローリングで統一しています。壁はチップの入った紙貼りの上に白いペンキ塗りです。

ニュートラルな白壁は季節を映すスクリーン。

床や壁・天井は、暮らしの背景であってほしい。白壁にするのは、花を生けるにしても、絵画などを飾るにしても映えるからです。白壁は四季の微妙な変化を映す無地のスクリーンです。ただでさえ家具や食器など、家の中には色が氾濫するものです。色は、住み手が自由に着色していけばいいのです。

小さな家の場合はとくに、白壁をすすめます。白は反射率が高い色です。窓からの採光を奥まで反射して、部屋を明るく感じさせます。さらに天井や建具も同じ白で仕上げると、壁と壁、壁と天井の境界線は曖昧になり、部屋と部屋がゆったりとつながり、家を広く見せる効果があります。

仕上げの素材には本物を選びます。「本物」の意味は、時間経過とともに変化していく素材、ということです。漆喰、ペンキ、コンクリート、ベニヤ。素っ気ないくらい控えめな素材が好ましい。

家づくりは、結局は住み手の好みの問題です。好き嫌いは大切なことで、それぞれの住まい方は尊重しなくてはなりません。そして居心地の良さを生むために、いくつかのポイントをおさえておきます。

明るいところ暗いところ、狭いところ広いところ、開いたところ閉じたところ、低いところ高いところ。相対する場面を全体にバランスよく納めた、めりはりのある空間。場所のもつ魅力を活かした伸びやかな空間。わが家ならではの居心地の良さを見つけましょう。

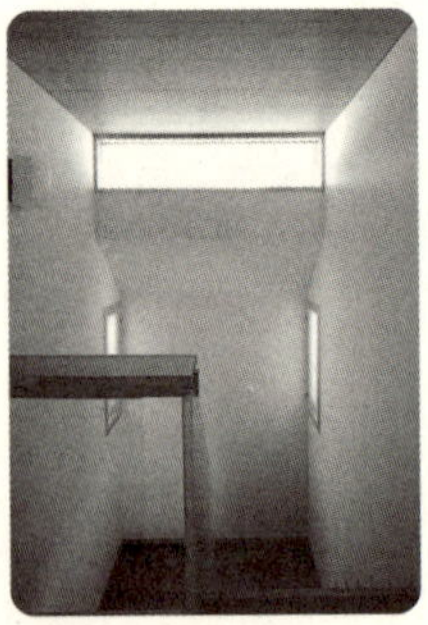

高窓からの光を反射して明るい階段室。

白い壁と障子との対比が美しい。

白壁の寝室。住み手の好みでしつらえる。

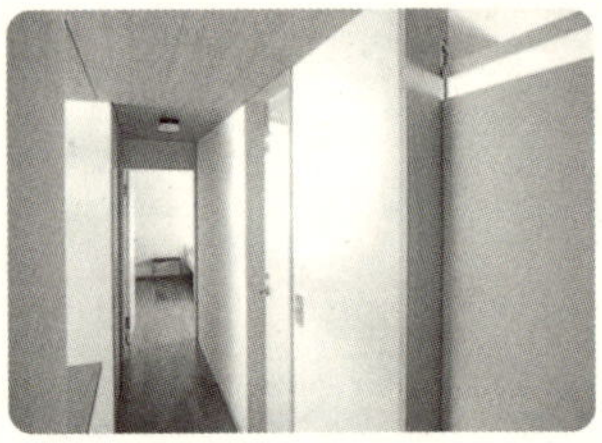

建具も壁と同じ白い仕上げで、広く見える2階廊下。

建築家

奥村昭雄の
パッシブな暮らし。

住まいを快適に保つために、さまざまな技術が考案されてきました。
パッシブシステムとは、建物自体の性能で暖かさや涼しさを得る方法のこと。
建築家・奥村昭雄の考案したOMソーラーも、そんな技術の一つです。
自然力を活かす技術は、観察と分析と、綿密なシミュレーションのもとに
生み出されます。そして、自然界の循環のなかで、人間にできること。

P.89 → P.97

もともと敷地にあった2つの井戸は、いまも現役。

雨水池の側に繁茂するドクダミの白い花。

東

東京都練馬区、ビル群が間近に迫る都心の一画に、まだ緑を残す静かな住宅街。辺りでひときわ大きな欅《けやき》を目印に、奥村昭雄さんの住まい・仕事場を訪ねた。

「柿の木から雫が落ちる範囲には、芝生も草も生えないんだよ。ああ、水仙は平気だけどね。木や草のあいだには、仲がいい関係と悪い関係がある」。「これは切っても切っても大きくなる月桂樹。剪定した枝葉は軒下に吊るしておいて料理に使う。月桂樹の葉は若葉のうちは香りがない。濃い緑になってくると一種の油が形成されて香りが出るようになる」。

「ここには以前、すばらしく素敵なシダが密生してた。ある日、コゴミだって気付いて食べてたら、だんだん弱って、たちまちフキにおされて無くなっちゃった。食べるのをやめたけど間に合わなかったよ。木や草は1種類だけで生きてるわけじゃない。それからお互いに競争もするし、仲良くもしている。人間が割り込んでバランスを崩してしまった」。

庭をひとまわりするうちに草木にまつわるたくさんの話を聞いた。しかし奥村さんは植物学者ではない。建築家であり、家具デザイナーであり、太陽熱を利用するOMソーラーの考案者でもあるのだ。

植物が生きるためのハイテク技術に習う。

「自分で削ったり加工したり、やってみて初めて分かることがあるよ」。だから何でもやってみる。青柿で柿渋をつくってみた。柳の枝でスケッチ用のペンをこさえた。欅の下では10年ほどシイタケ栽培を続けた。

「農協がいうには僕は練馬区で最後のシイタケ栽培者だったらしい。環境の悪化で雑菌が多くなって止めてしまったけど」。

敷地内には工作室や材料置場があり、樹々のなかに埋もれるように煉瓦《れんが》造の焼肉炉が立っていたりする。聞けば、もとは焼却炉として作った炉で、「あまりにりっぱにできたので」焼肉炉に、さらに一時は生ハム炉にも転用したのだとか。

奥村さんが主宰する木工所がある木曽三《きそみ》岳《たけ》では、コウゾ、ミツマタやクワで和紙

南庭に育つグミの赤い実。

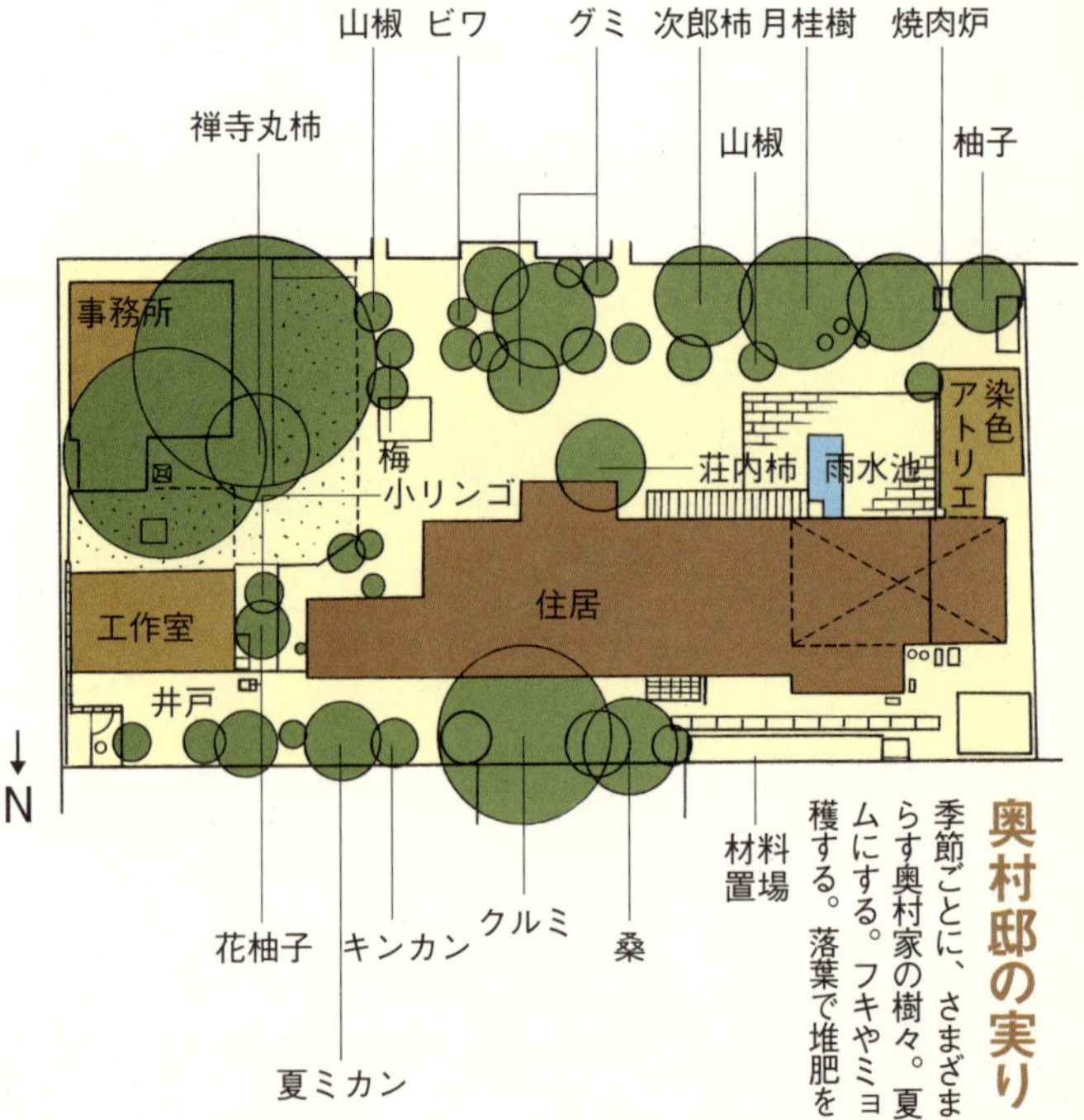

山椒
ビワ
グミ
次郎柿
月桂樹
焼肉炉
禅寺丸柿
山椒
柚子
事務所
梅
小リンゴ
荘内柿
雨水池
染色アトリエ
住居
工作室
井戸
N
材料置場
花柚子
キンカン
クルミ
桑
夏ミカン

奥村邸の実り

季節ごとに、さまざまな実りをもたらす奥村家の樹々。夏ミカンはジャムにする。フキやミョウガなども収穫する。落葉で堆肥をつくる。

剪定した月桂樹の葉は北庭の軒下に吊るして料理に使う。

を漉《す》いたり、蜜蜂をなるべく殺さないで平和的に採蜜する方法を編み出したり……観察する、分析する、つくってみる、もちろん美味を楽しむ。

練馬で毎年どっさり実る柿の木は樹齢80年を超す。足場を組んで２日がかりで収穫するが、ある年数えたら１１００個。

「とても美味しい渋柿でね、傷つけないように収穫してアルコールで処理してみんなに配った。柚子だって１０００個くらいなる」。夏ミカン、キンカン。

「庭木はおじいちゃんが好きで、山で採ってきたり鳥が種を運んだりで増えた。でも最近、まわりに家が建て込んで風通

ある年、風で落ちた青柿を瓶に入れて柿渋をつくる。

都心の住宅街。手前の緑濃い瓦屋根が奥村邸。

増改築を重ねた奥村邸。手前の平屋、居間・食堂がいちばん古い。

しが悪くなったせいか、どんどん上へ上へと伸びて弱って枯れた木もある。地面に陽が当たらなくなると草も生えないしアリもいなくなる。いま低めに仕立て直してるところ」。

「植物が生きるために使っている技術がある。身を守るために樹皮をつけて、濡れたくないから蝋《ろう》を出して雨水をはじく。繁殖するためには硬い種をつくる。花や実は昆虫や鳥を集めるが、種は喰われたくないから、かちかちに硬いんだよ。大豆を洗うと泡立つでしょう。それは界面活性剤で、水とタンパク質をつなぐ仕組みをもっている。水を吸い込むと軟らかく戻って、種の中で命という化学変化が起こって芽を出す。人間の技術をローテクだハイテクだというけど、植物のやってることが本当のハイテクなんですよ」。

木材も瓦も使えるものは使って建てる。

南庭に面して木造2階建の住居が建つ。2階部分はまだ新しいが、1階は年季の入った木製建具と漆喰壁《しっくいかべ》という佇まい。犬が1匹、猫が数匹、庭と家とを自由に出入りしている。

現在、奥村昭雄さん・まことさん夫妻と娘さん家族の2世帯3世代の住まいは、築44年＋α……。

「もともとこの敷地には昭和3年（1928年）に建った家が2軒あったんです。その内の1軒を壊した古材で、私たちが13坪（44㎡）の家を建てたのが昭和32年（1957年）」。費用を抑えるために「使えるものは使いましょう」と古瓦を葺いた小さな平屋。新たに補充した木材は安価な並材クラス、天井はラワンベニヤ。木小舞《きこまい》に漆喰の土壁。「それから増築増築、ずーっと増築し続けた家です」。

最初の増築は4～5年後。もう1軒を壊した古材で東側に御両親の居室と浴室を加えて30坪（100㎡）に。その後、娘が生まれて38坪（127㎡）。やがて娘が結婚して孫が生まれ、平成7年（1995年）には2階を足して現在の延床《のべゆか》面積は150㎡。その間の小さな増改築は覚えてないほどだとか。いまでも一部には昭和3年の頃の木材や瓦や土壁を残している。

「設計なんかしてないよ。ふだんの暮らしぶりが、そのまま家のかたちになってるだけ。

ずーっと寒くて寒くてね、もう極寒の家だった。床に足をつけていられないくらい寒い。どうしようもないときは椅子に腰掛けて足を別の椅子の上に載せる。床から少し離れれば冷気はこないからね。娘が、〈お父ちゃんたちは他人のためには暖かいOMの家を建てているのに、うちはどうして寒いの?〉と言っていた。〈寒い家に住んでるから暖かくする方法が考えられるんだ〉と答えていた」。いまでも極寒の部屋が残っていて、シベリアと呼んでいるそうだ。

1995年の増築では、さまざまな試みがなされた。奥村邸の床下は、束石《つかいし》の

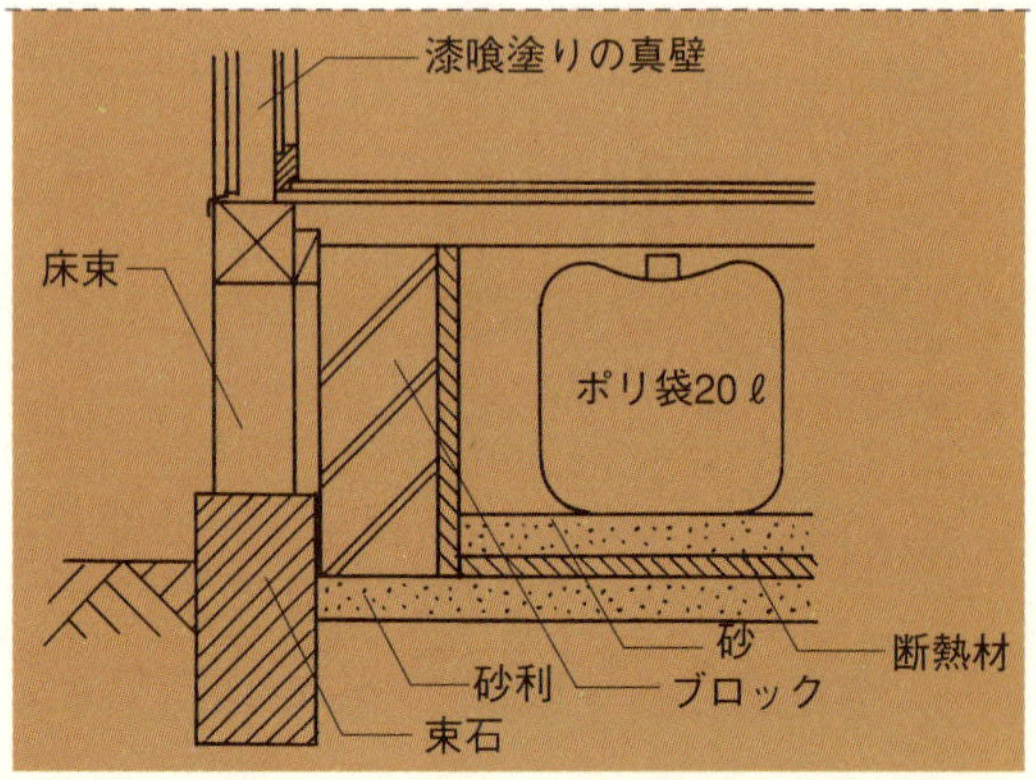
漆喰塗りの真壁
床束
ポリ袋20ℓ
砂
断熱材
砂利
ブロック
束石

床下に等間隔で据えた20ℓ入りのポリ袋には水が満たされ、屋根で集熱した暖気を蓄える。ポリ袋の下には砂を敷き詰め、ポリ袋の安定と若干の蓄熱効果を期待している。

1階の床下に並ぶポリ袋は、水を入れた蓄熱体。

永年使い続けている、まことさんのミシン。

44年前の木製建具や漆喰壁が残る居間・食堂。

上に床束を立てた昔ながらのつくり。床板の隙間から地面が見える。そんな状態で一部にOMソーラーを導入することに。既存の建物に改築で導入するのは初めての試みだった。

改築OMソーラーは水で蓄熱。

「集熱パネルを屋根に載せるのは、そう大変ではないんです。問題は蓄熱用の基礎コンクリートをどうするかだね。住みながらの改築だから基礎コンクリートを新たに打つのは無理な話。コンクリートが乾くまで家の中は結露で大変になる。方法として、一つには蓄熱しない、という選択があるよね。でもそれだと昼はいいが夜はすぐに冷えて寒い。何かで蓄熱しなきゃならない。そこで水を使うことにした。水は同じ体積でコンクリートの2倍の熱を蓄える力がある。熱をためるのにいちばんいいのは、実は水なんだよ」。

水の問題点はいくつかある。まず、どんどん蒸発するようでは補充がたいへん。結露などで家にもよくない。密閉するための容器が、しかも大量に必要となる。ペットボトルでもいいのだが、チェーン展開している居酒屋が酒を運搬するために使っているという20ℓのポリ袋を使うことにした。安いし、床下にちょうど納まる。縁の下は塞ぐから、紫外線で容器が劣化する心配はないだろう。

次に、水は腐るということ。

「どんな水でも必ず胞子や微生物の卵が入っているもの。水道水ならあまり入ってないだろうけど、容器に入れるあいだには空気中の胞子が入るからね。いったん植物性の胞子が発芽すると、それを餌に動物性の微生物がはびこる。

腐るという表現はおかしいんだけどね。いったん微生物が生きられる条件が整うと、どんどん繁殖する。そうすると臭いが出たり容器がだめになる心配が出てくる。でも日光さえ防げれば植物プランクトンは生長できず、動物プランクトンも繁殖できないだろうと考えた。失敗してもやり直せばいい、自分のうちだからね。もう5年経ったけど、まだ何ともないよ。それでね、やっぱり暖かい」。水を封入したポリ袋を、暖気が行き渡るように隙間をあけて等間隔に並べる。サイコロ形の六面体は地面に接する一面を除いて五面で熱を吸収する。ポリ袋の中ではすぐに対流が起きて一様の温度になる。

「水は、コンクリートよりたくさんの熱を早く取り込む。ゆっくり熱が出入りするコンクリートの性質と、短期に出入りする水の性質と、両方組み合せて使う方法も考えられるね」。

換気は住まいの第一条件。

もう一方の問題点は、家そのものの断熱性能をいかに高めるかである。窓を二重サッシに取り替えたり障子戸などで三

年季の入った台所の床。奥が居間・食堂。

居間・食堂。犬も猫も自由に出入りして暮らしている。

蛙の産卵のために掘った雨水池。金魚も泳ぐ。

工作室から事務所側を見る。煙突のある機械は、縦型に改良した生ハム製造機の「ハムレー君」。

重に断熱するのは予算さえあれば比較的容易にできる。でも木造住宅の外壁の断熱補強は簡単ではない。奥村邸の場合、旧来の窓は隙間風の入る木製のまま。増築した壁には断熱材を入れたが、もともとの土壁はそのまま残した。厚さ66㎜の土壁はまずまずの断熱性能をもつが、一般的なグラスウールよりはずっと劣る。隙間風も入る。

「うちの場合、熱が逃げても換気があった方がいいと思ってる」。住まいの条件のなかで、換気は不可欠の条件だという。化学物質による空気汚染など、外気より室内の空気の方がはるかに汚いという事実が認知されたのはごく最近のこと。住宅の断熱化・気密化が進むほどに問題が顕著になった。

「換気が第一といっても、びゅんびゅんと風を感じるほどじゃないよ。空気の動きはまったく感じられない程度。高断熱・高気密の家では換気と冷暖房の効果は相反するものだ。その点、外気を取り込んで暖めたり冷やしたりするOMのシステムには、換気との矛盾点がない。換気するから暖かいんだから。それがOMの出発点だった」。

「だいたいね、いまだにみんな汚いという認識が間違ってると思う。ダニがいる、虫がいる、そういうのを汚いというでしょう。実は、いちばん汚いのは人間だということを分かってない。ある程度の微生物が存在する空気、これが健全な空気の条件なんだよ。除菌だなんだと微生物のバランスを崩すと、かえって空気は悪くなる。一方を消すと、一方が増える。増えるのは必ずしも良いやつだけとは限らないでしょう。良いのも悪いのもいて初めてバランスがとれる」。それが自然界の法則である。

涼をとるいちばん効果的な技術、通風。

奥村邸のOMソーラーの操作パネルには青いボタンがある。夏季、井戸水を使って室内を冷やす井戸水冷房の切り替えボタンだ。

「井戸があるという条件は都会では特殊だけど、もともとこの敷地には井戸が2つあって、あるなら使ってみようと思っただけ。飲むには井戸水の方がずっと美味しい。お風呂だって塩素が臭う水道水よりずっといい。うちは井戸水と水道水の二重配管ですよ。

井戸水は冬は温かく、夏は冷たいでしょう。水は冷たさも温かさも蓄える性質があるからね。3度下がれば涼しく感じる」。標準仕様のOMソーラーで、お湯とり用と暖房用と2つのコイルを備える場合、暖房用のコイルは夏場に不要になる。そのコイルに井戸水を通し、取り込んだ空気を冷やして屋内に送る仕掛けを試みた。

「確かに冷えるけど、あまり使わない。窓を開けた方が気持ちが良いから。日本の夏は高温多湿。乾いた風より湿度のある風の方がずっとエネルギーが多い。そ

生ゴミはコンポストで処理。ときどき場所を移す。

焼肉炉。一時は生ハムづくりに転用していた。

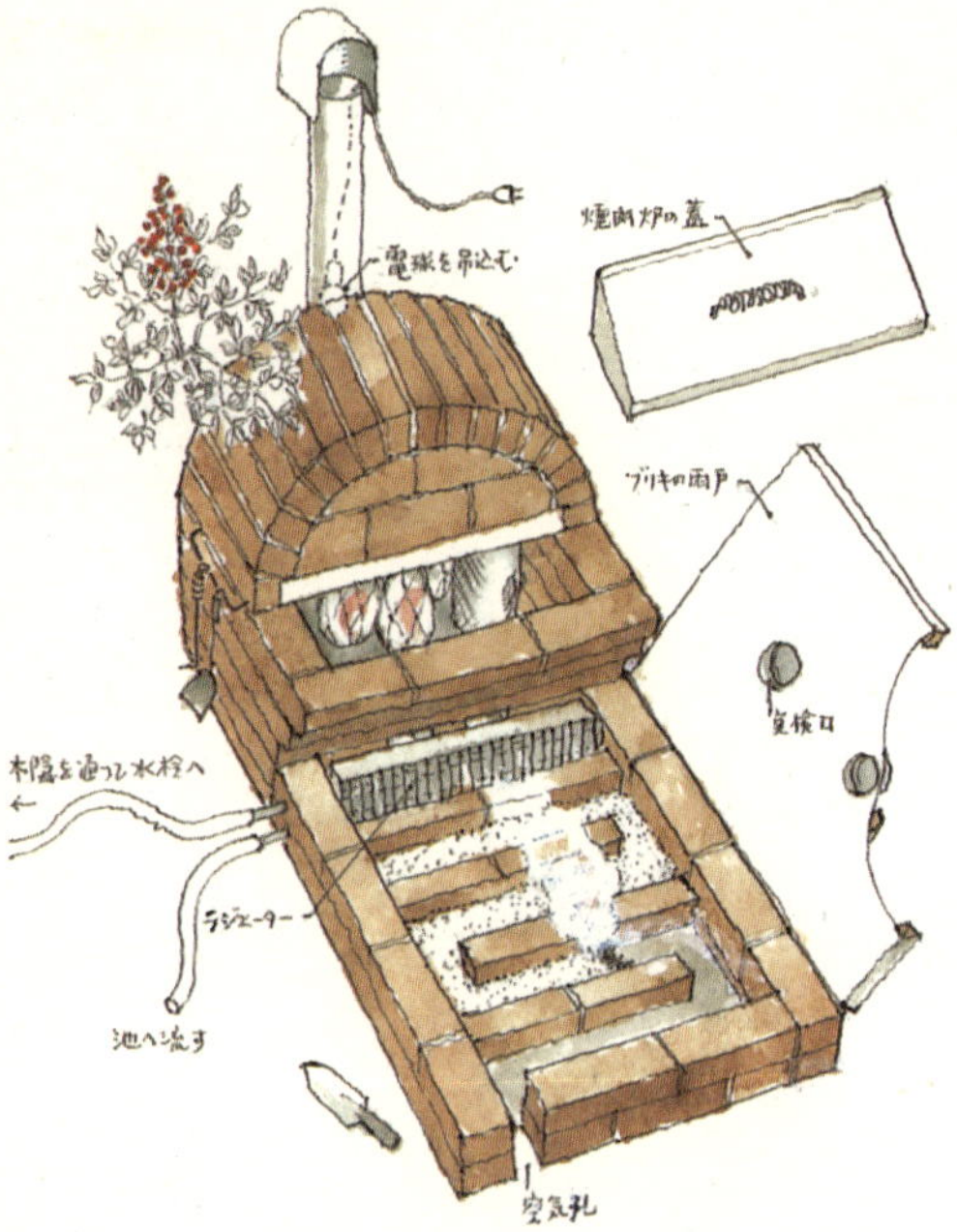

低温の煙（0℃〜5℃）で長時間燻して生ハムをつくる。円弧型の燻煙室の前に燃焼室を作り、境目に車のラジエーターを挟む。燃料は古くなって廃棄するホダ木や、家具製作のおがくずを使った。ラジエーターに通す水は木陰に這わせたホースで冷やし、煙を冷却する。東京では寒の内しか使えない炉である。冷たい煙は最後に煙突から抜く。煙を上昇させるためには、煙突の中に電球を1個ぶら下げて温度を上げる。

れは温度ではなくて、水という大きなエネルギー。日本はせいぜい35℃くらいなのに、湿気のせいで暑く感じるんですよ。でも人間は発汗して体温を調節する機能をもってるでしょう。動物園で聞いた話だけど、体温調節のための汗腺をもってる動物はきわめて少ないそうです。馬も汗をかく動物だね。汗をかいて潜熱を放出すれば涼しくなる。

それでいちばんお金のかからない効果的な方法は、風にあたること。難しいこといわないで部屋のすみずみまで風を渡して乾かしてやる。それだけで充分に涼しい。この通風と、さっきの換気のレベルは桁違いの差です。高断熱・高気密の家でいくら24時間機械換気しても涼しくはならないよ。

地域の風はいろいろで、東京なら南風、関西なら西風。あるいは樹々の下を通ってくる涼しい風を取り入れる。こんなふうに自然の力を活かす方法は昔からやってきたことで、新しいことじゃない。パッシブは、いちばんお金のかからない方法なんですよ。頭だけ使えばいい」。

求めるものを絞れば簡単な仕掛けで足りる。

2階の屋根には太陽光発電のパネルが載っている。

「発電量は月に100kWくらい。太陽光発電のいいところは屋根や壁を利用できること。ビルの外壁や屋上、高速道路の防音壁。日本の住宅なら屋根。屋根は雨を防ぐために必要なもので、ついでにその場所を利用して熱も電力もとれる、無駄がないでしょう。日本は田舎でも土地が高いから発電だけのために設備をつくるのはもったいないよ。どうしても必要な設備に付け足して発電する。太陽光発電はそういうのに向いてる技術なんだ。

それから機械設備はできるだけ簡単に単純にすればお金がかからない。自然の力を利用するなら、熱は熱、光は光そのままを直に使う方が効率がいい。その方が設備も運転資金も安くできる。

ものの仕掛けというものは、1つのことができる仕掛けはすごく簡単なんだよ。2つは4倍、3つは9倍の仕掛けが必要

美味しいシダの群生は絶えてしまったが、北庭は夏の風通しになくてはならない庭である。

北庭の材料置場の前に立つのは、まことさん。

工作室の外側に設置したハンドリングボックス。

工作室は近所の人々も利用しているという。

仕事中の奥村昭雄さんの素足。

になる。あれもこれもと条件を増やすほど仕掛けは複雑でたいへんになる。逆に条件を減らせば簡単な仕掛けで足りるからお金がかからない。

　何をどこまで求めるのか、ってことです。どの家も同じものを望んでいるわけじゃないでしょう。うちのように気密はいらない、冬はちょっとだけ暖かければいいとかね。それならもっと簡単なやり方があるし、それでいいと思う」。奥村邸の増築に伴うさまざまな試みは、求めるものを見据えて、なるべく費用をかけない効率的な仕掛けを模索するものだ。

「パッシブの世界は気分的なものになりがちです。ちゃんと測定して、予測してやらなければ正しい答えは出ない」。データの収集と綿密なシミュレーションがあってこそ、ハイテクな技術をローテクな仕掛けでやれるのだという。

次世代のエネルギーに期待すること。

「完成された技術になるのはまだまだ先の話だけど、もうすぐ燃料電池の実用化が始まるね。これまでの発電は、何か燃料を燃やして、その熱エネルギーで電気をつくる技術だった。これはかなりロスが出る効率の悪いものです。燃料電池はまったく違う。燃料を分解して電気と熱をつくる技術でロスが少ない。

　しかし、燃料電池にも燃料が必要だ。アルコール、天然ガス、石油など。そこから欲しいのは水素だけ。どれにも含まれている炭素はいらない。水素は水を電気分解すればできるから、太陽電池と組み合わせれば、できた水素を蓄えることもできる。使えばまた水に戻る。

　しかしOMのように太陽熱をそのまま取り込むやり方は最もロスが少ない。だから、燃料電池と太陽熱を組み合せたものをOM的なやり方の補助として使えば、太陽熱だけで人間は生きていけるようになる……これは次のステージの話」。

自然の循環のなかで人間にできること。

「人間は水を使う。でも使っても使っても少しも減らしていないんだよ。ただH_2Oを暮らしのなかに通過させて、その中に捨てたいものを入れて流してるだけ。人間には、水を減らすことも増やすこともできない。

　汚水や雨水は、汚れをできるだけ減らしてから、いかにゆっくりと海まで戻すかが大事なことだね。蒸発した海水は雨になり水源になり、また暮らしのなかに戻ってくる。空気やエネルギーも同じことだけど、自然界の循環のなかに入ってもらうための仕掛けが必要なんだよ。その仕掛けの主役は微生物なんだ」。汚水は浄化システムで汚れを減らす、雨水は大地に浸透させる。生ゴミはコンポストで土に還す。

「地面に吸い込まれた水は、10mも行けばきれいになる」。奥村邸には雨水池がある。

事務所。左端が奥村昭雄さん。

事務所で使うテーブルや椅子は、木曽三岳奥村設計室の製作。

カラスウリは多年生の蔓草。花は甘い匂いを放ち、夜中にレースの飾りを付けて咲く。朱色の実の中にはカマキリの頭のような形の、黒い種が詰まっている。植物が生きるために駆使する技術はハイテクである。

からすうり
花と実
1998/8/16

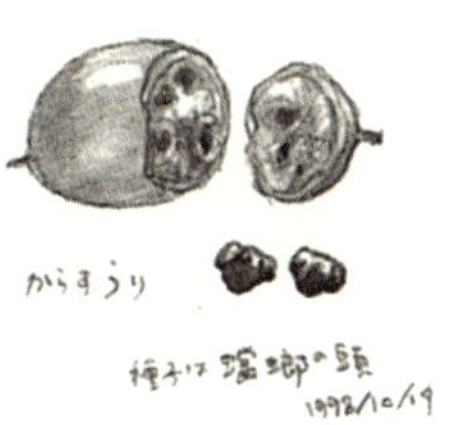
からすうり
種子は蟷螂の頭
1998/10/19

「もともと軒端に雨水を溜める水瓶が埋めてあって、そこに蛙《かえる》が卵を生んだ。蛙は、必ず生まれた場所に戻って産卵するという性質をもっている。生まれた場所に戻ってくるから蛙と呼ぶんだろうね。見てると産卵の後は疲れ果てて水瓶から這い上がる力がない。それで池を作ったんだよ。蛙は産卵のときとオタマジャクシの時期には水が必要な生物だけど、それ以外のときは近くの公園だとか樹木の葉影で生活している。見てるとね、まっすぐ水のある場所を目指して戻ってくるよ。

最近の雨水は酸性雨だとか、降り出し始めの初期雨水は汚れているというけど、基本的に雨水はきれいなものです。蒸留水だからね」。雨水を汚しているのは人間だ。雨水池には適当に有機物がありプランクトンが育つ。自然界の水は本来、健全なものである。

「雨水を浄化するのは難しいことじゃない。池や土や植物があれば上手くいく。でも環境の変化は心配だね。昔は元気だった蛙が弱くなってる。蛙は皮膚呼吸する生物だから環境悪化に敏感だね。ところで、最近の鮭は小さくなってきてると思わない？　人工孵化《ふか》が原因かもね」。

＊

「僕の場合、遊びでもあり遊びではないんだけど、ものをつくるのが好きなんです」。山茶花《さざんか》を削った半月型の櫛と桜の樹皮ケース。木曽谷のお六櫛づくりの名人の仕事を何時間も見て習い覚えたとか。

「櫛はたくさんつくったね。黄楊《つげ》でなくてもいいんだよ。この山茶花は床柱の切れ端だし、放置された桑畑の桑でもつくったことがある。江戸時代の木曽の櫛を見ると、地元にある材料を何でも使っている」。桜の樹皮は1本の木から一度に1枚しかとれない。白樺《しらかば》の樹皮は年輪と同じように何層にも重なってとれる。その重なりは自らの身を守るために蝋を帯び、丁寧に扱えば1枚ずつきれいに剥がして、これも樹皮ケースに使える。

「植物は、なんて素敵なものをつくるかな、と思いながら削ってるんだよ」。奥村さんの手のなかで、精巧に作られた桜の樹皮ケースが、つやつやと美しい。

事務所棟の屋根に設置したOMソーラーの集熱パネル。

道路から南庭を見る。手前左が事務所、右が工作室。

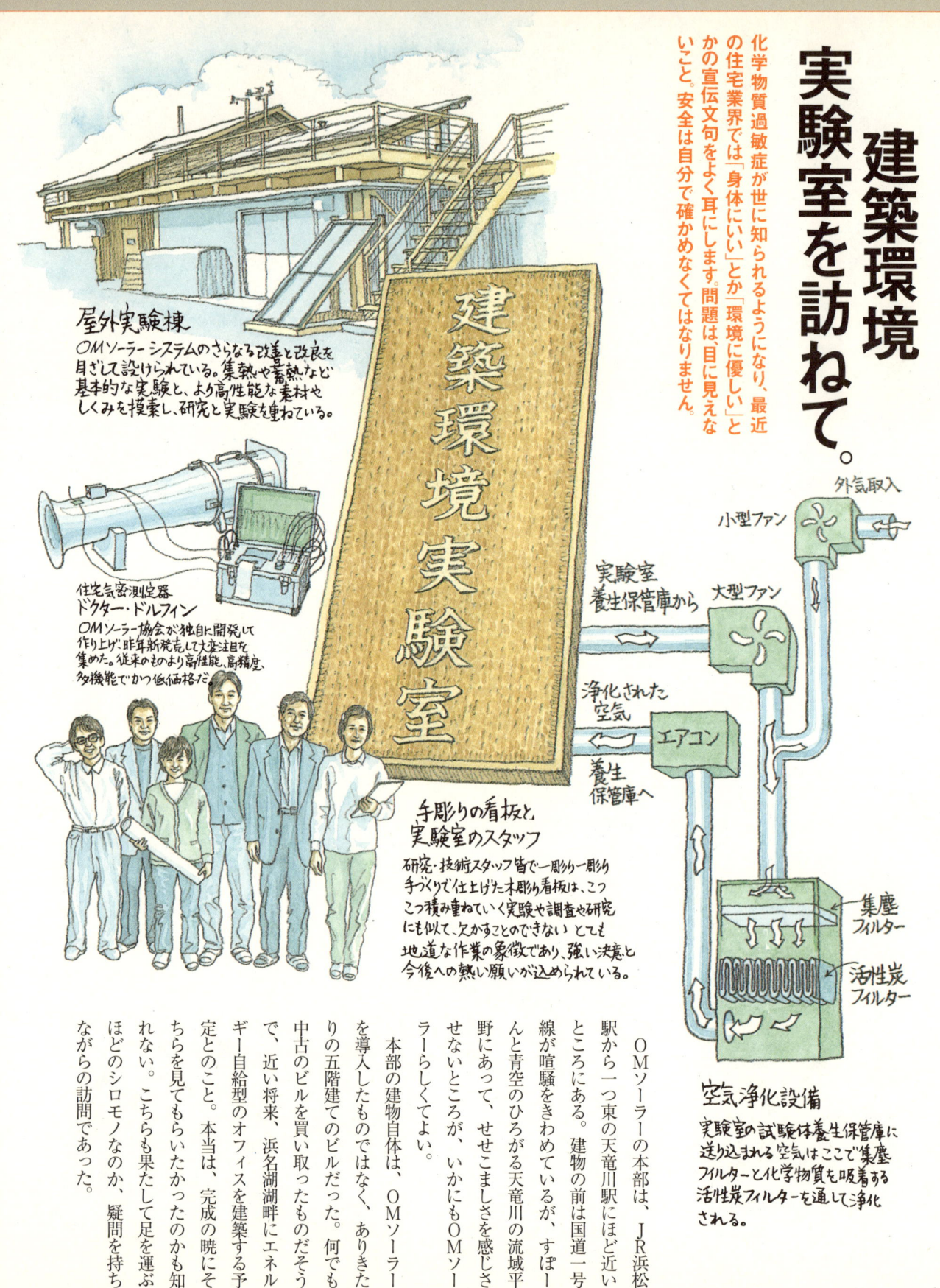

建築環境実験室を訪ねて。

化学物質過敏症が世に知られるようになり、最近の住宅業界では「身体にいい」とか「環境に優しい」とかの宣伝文句をよく耳にします。問題は、目に見えないこと。安全は自分で確かめなくてはなりません。

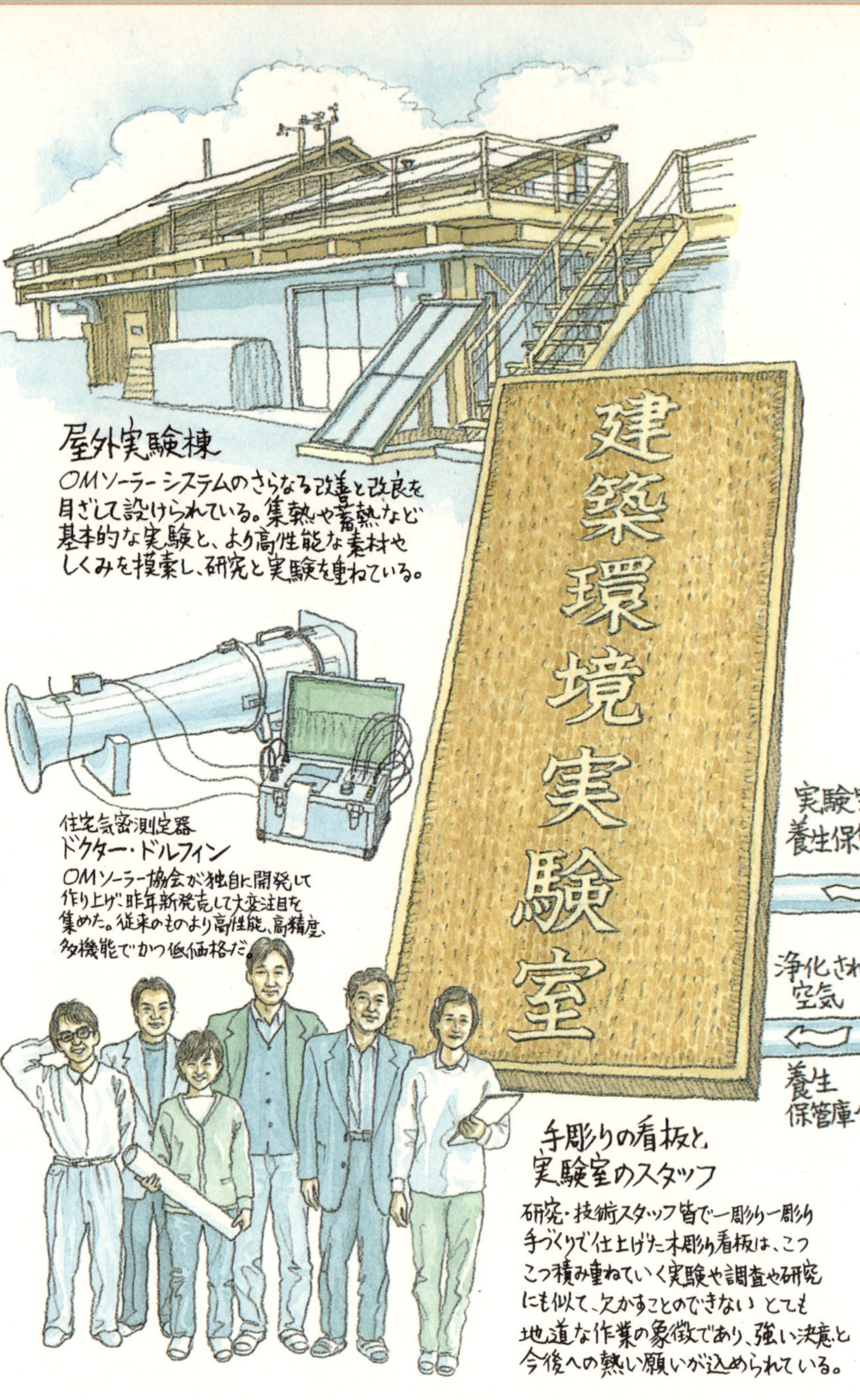

屋外実験棟
OMソーラーシステムのさらなる改善と改良を目ざして設けられている。集熱や蓄熱など基本的な実験と、より高性能な素材やしくみを模索し、研究と実験を重ねている。

住宅気密測定器
ドクター・ドルフィン
OMソーラー協会が独自に開発して作り上げ、昨年新発売して大変注目を集めた。従来のものより高性能、高精度、多機能でかつ低価格だ。

手彫りの看板と実験室のスタッフ
研究・技術スタッフ皆で一彫り一彫り手づくりで仕上げた木彫り看板は、こつこつ積み重ねていく実験や調査や研究にも似て、欠かすことのできないとても地道な作業の象徴であり、強い決意と今後への熱い願いが込められている。

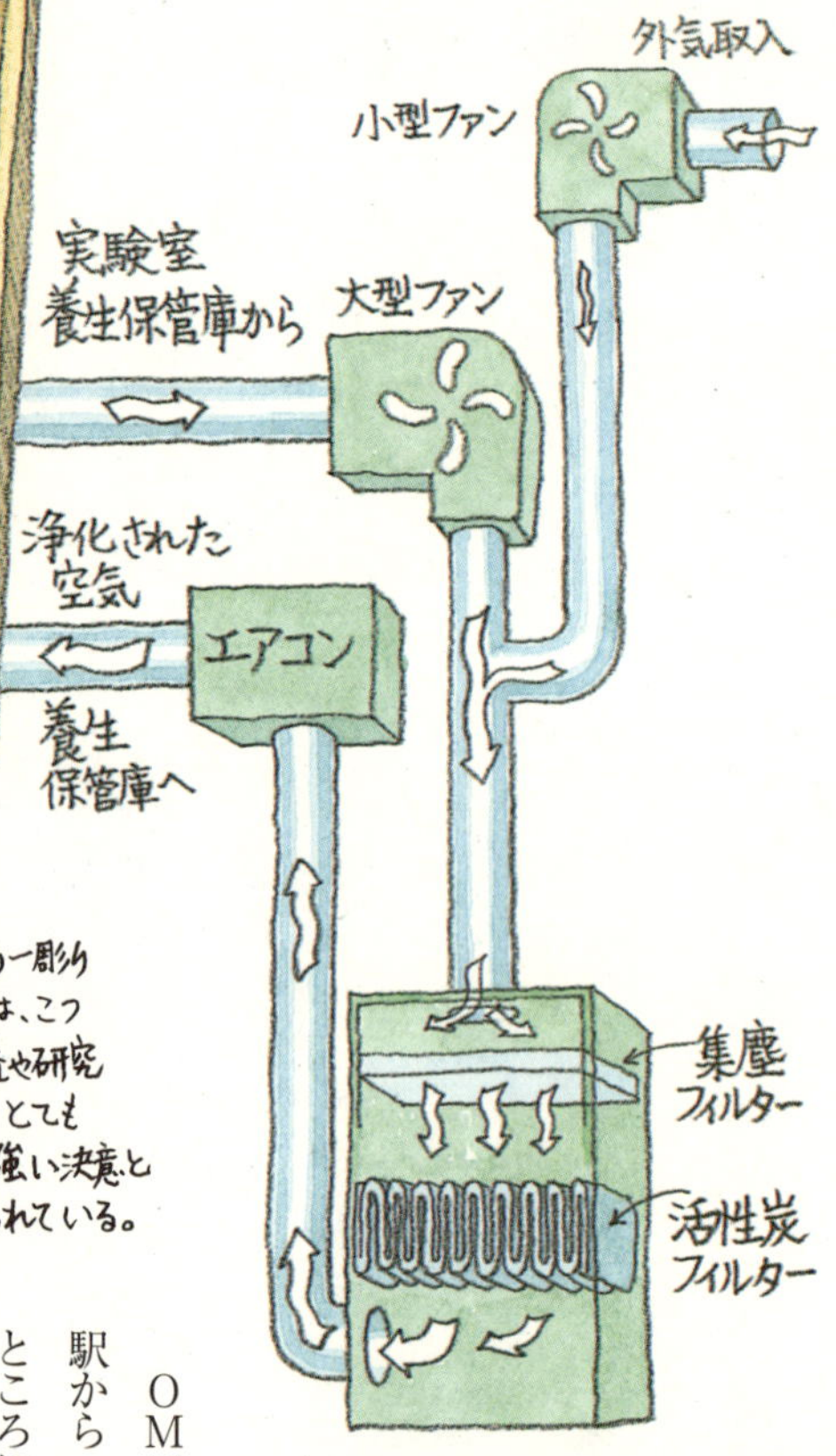

空気浄化設備
実験室の試験体養生保管庫に送り込まれる空気はここで集塵フィルターと化学物質を吸着する活性炭フィルターを通して浄化される。

取材・文／畦上圭子　イラスト／斉藤真

ＯＭソーラーの本部は、ＪＲ浜松駅から一つ東の天竜川駅にほど近いところにある。建物の前は国道一号線が喧騒をきわめているが、すぽーんと青空のひろがる天竜川の流域平野にあって、せせこましさを感じさせないところが、いかにもＯＭソーラーらしくてよい。

本部の建物自体は、ＯＭソーラーを導入したものではなく、ありきたりの五階建てのビルだった。何でも中古のビルを買い取ったものだそうで、近い将来、浜名湖畔にエネルギー自給型のオフィスを建築する予定とのこと。本当は、完成の暁にそちらを見てもらいたかったのかも知れない。こちらも果たして足を運ぶほどのシロモノなのか、疑問を持ちながらの訪問であった。

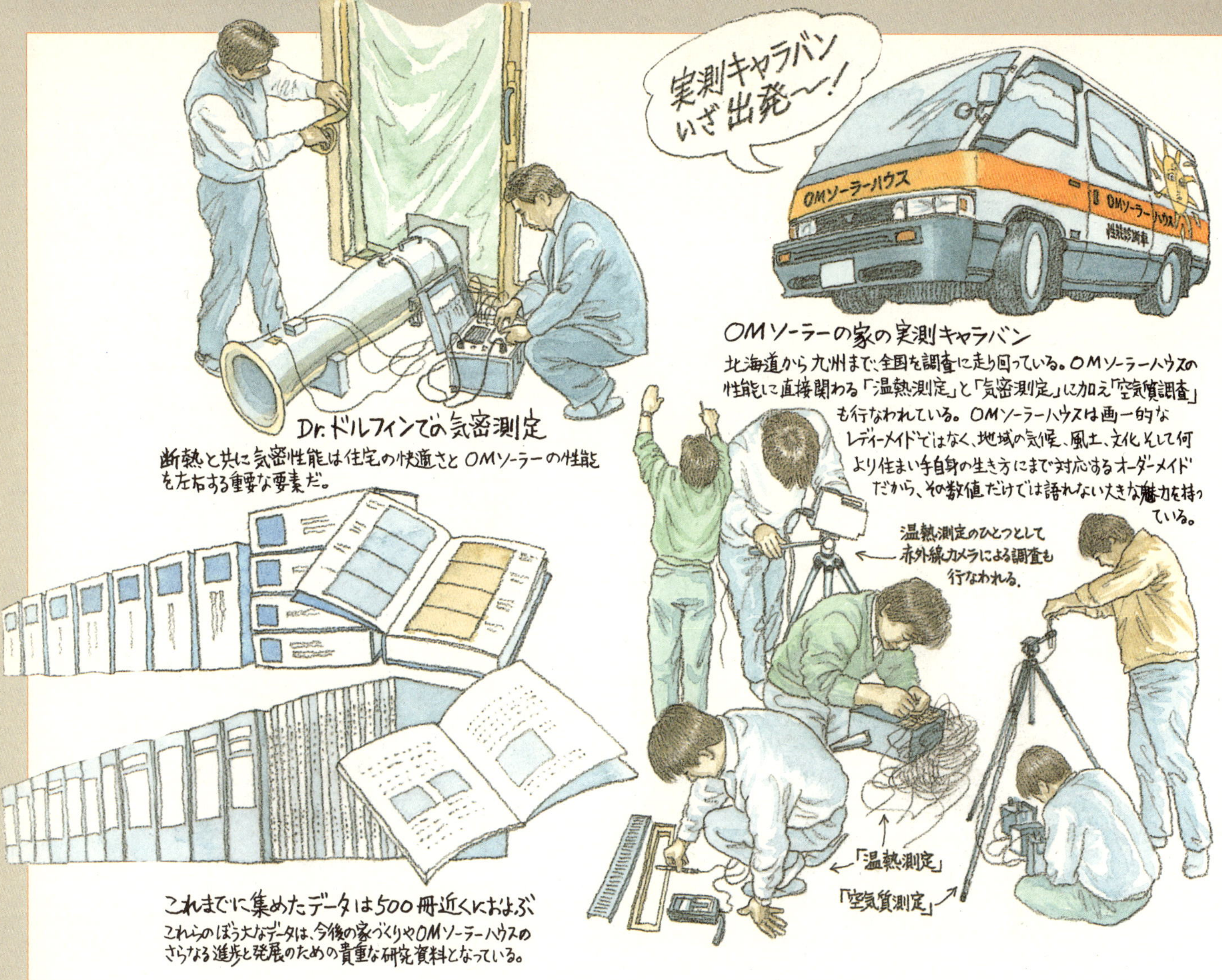
実測キャラバン
いざ出発〜〜！
OMソーラーハウス
OMソーラーハウス
OMソーラーの家の実測キャラバン
北海道から九州まで、全国を調査に走り回っている。OMソーラーハウスの性能に直接関わる「温熱測定」と「気密測定」に加え「空気質調査」も行なわれている。OMソーラーハウスは画一的なレディーメイドではなく、地域の気候、風土、文化そして何より住まい手自身の生き方にまで対応するオーダーメイドだから、その数値だけでは語れない大きな魅力を持っている。
温熱測定のひとつとして赤外線カメラによる調査も行なわれる。
「温熱測定」
「空気質測定」
Dr.ドルフィンでの気密測定
断熱と共に気密性能は住宅の快適さとOMソーラーの性能を左右する重要な要素だ。
これまでに集めたデータは500冊近くにおよぶ
これらのぼう大なデータは、今後の家づくりやOMソーラーハウスのさらなる進歩と発展のための貴重な研究資料となっている。

何の変哲もないビルの、しかも元倉庫だったという建物の一角に、目指す「建築環境実験室」はあった。入口の木彫りの看板こそ立派だが、太いコンクリート梁の下のしつらえは、何やらガード下の建物を思わせる粗末なものだった。ところがこの実験室の中身を見て行くにしたがって、見掛けとは違って、これがなかなかのものであることに気づいた。

全国を駆け回る実測キャラバン隊

何故、建築環境実験室が設置されたのか、その理由を尋ねたらOMソーラーの実測キャラバン活動から生まれたものであることが分かった。そこでまず、このキャラバン隊がどういうものかを聞いてみた。

OMソーラーの実測キャラバン隊がスタートしたのは、一九九三年の冬である。OM研究スタッフの猛者《もさ》、荘原幸久が北海道からやってきて、戦列に加わって以来の取り組みである。彼が発意し、先頭に立ってのキャラバンであった。

例年キャラバンは、年明けの気分

試験体養生保管庫
床も天井も壁も全面ステンレスで
囲まれ、室温20℃、相対湿
度50%前後に保たれている。
排気
両側の壁のすき間全体から浄化された
空気が吹き出していて、保管され
た試験体相互
による汚染を防ぐ
ようになっている。

調べる プロたちの 現場から

が残っている時分に九州から始まり、日本列島を北上しながら、春近くに北海道に達して、その年の活動を終える。この南北に弓状に長い列島を、車で縦断するのは大変である。そこで途中で疲れた者は交代し、疲れがとれたらまた列車に乗って現地に駆け付け、そうしてバトンタッチしながら、北海道まで移動するという方法がとられた。外からみると大変だが、渦中の本人たちにはそれほどツライという思いはなく、好きな実測だから少々の苦労は仕方ない、という程度のものであったという。しかし、建物の熱の状態を測り、調べるための活動という点で、これは空前絶後のことであるに違いない。こんな酔狂なことをやるグループを、私はほかに知らない。現場に立つ、事実に立つ、それが俺たちの精神《スピリッツ》だと照れたように荏原はいうが、要するに好きなのだ。だからこそ、過酷なロードに耐えることができたのだ。

こうして現在までに蓄積されたデータは、五百冊にも及ぶ。一軒の住宅を詳しく熱実測した例は少なくないが、これだけの戸数を、しかも日本列島全体に亙って網羅した例は他にないという。これらのデータ集は

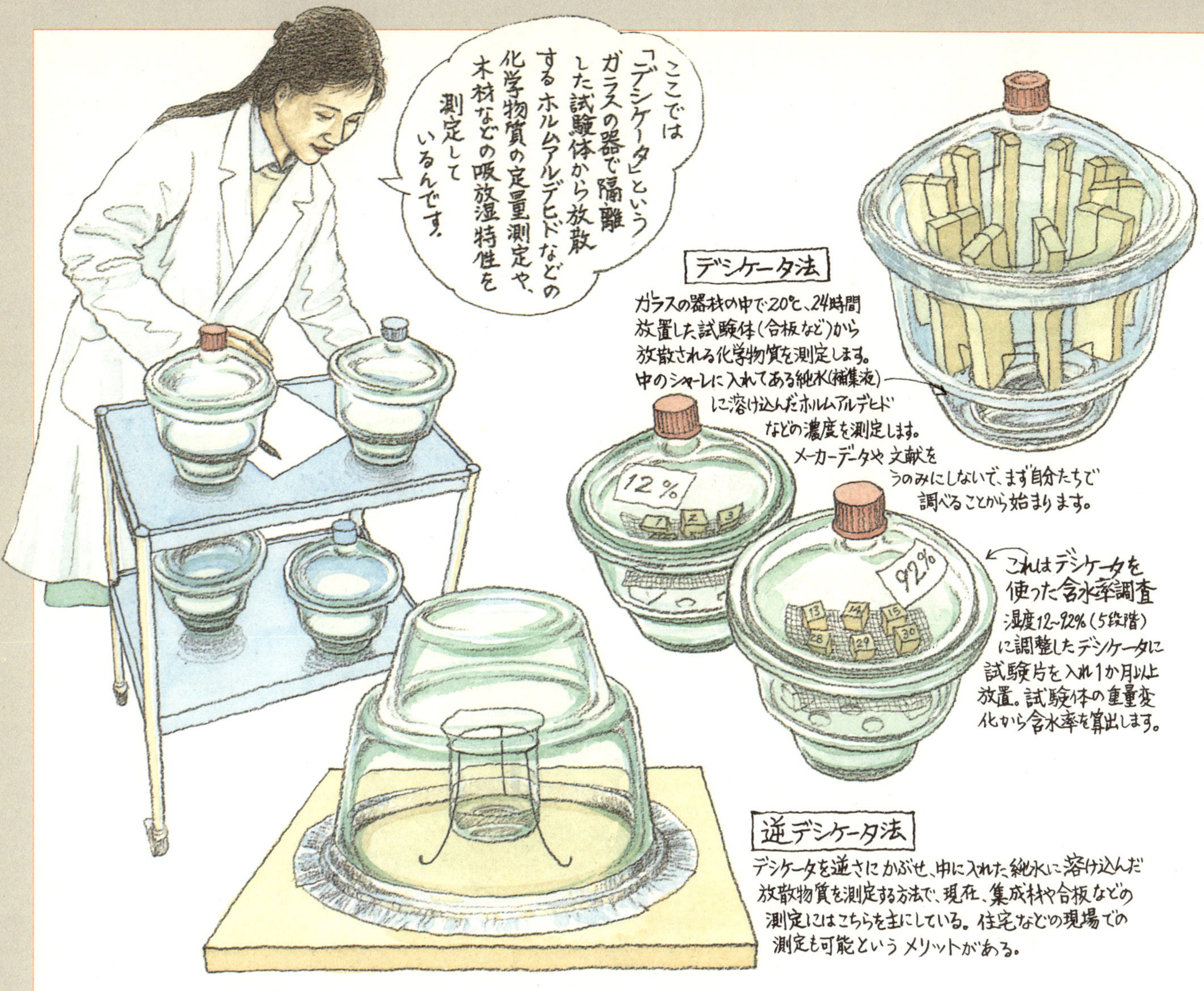
ここでは「デシケータ」というガラスの器で隔離した試験体から放散するホルムアルデヒドなどの化学物質の定量測定や、木材などの吸放湿特性を測定しているんです。
デシケータ法
ガラスの器材の中で20℃、24時間放置した試験体(合板など)から放散される化学物質を測定します。中のシャーレに入れてある純水(補集液)に溶け込んだホルムアルデヒドなどの濃度を測定します。メーカーデータや文献をうのみにしないで、まず自分たちで調べることから始まります。
12%
92%
これはデシケータを使った含水率調査
湿度12~92%(5段階)に調整したデシケータに試験片を入れ1か月以上放置。試験体の重量変化から含水率を算出します。
逆デシケータ法
デシケータを逆さにかぶせ、中に入れた純水に溶け込んだ放散物質を測定する方法で、現在、集成材や合板などの測定にはこちらを主にしている。住宅などの現場での測定も可能というメリットがある。

環境工学者には垂涎《すいぜん》の的らしく、何本もの学術論文を書ける種が眠っているらしい。もっともこの熱実測は論文作成のためではなく、OMソーラーの住まい手と、このシステムに取り組む工務店のために採られたものである。実態を知ることで問題点が浮かび上がり、住宅改善の方法が講じられたり、建築材料の選定に役立てられたりした。また、OMソーラーのコンピュータ・シミュレーションの精度を高めるためにも、この実測データが用いられた。

建築環境実験室は、建材実験の最前線

こうして住宅の熱実測を続けているなかで、各地でいわれることは、住宅の室内空気質の問題であった。人体に大きな影響をもたらす室内空気質の汚れが年々ひどくなっていることはメンバーにも分かっていた。折も折、神奈川県の工務店の理解不足から、有機リン系の白蟻駆除剤をOMソーラーの床下空間に散布し、健康被害をもたらすという事件が発生した。この痛切な経験を踏まえて、

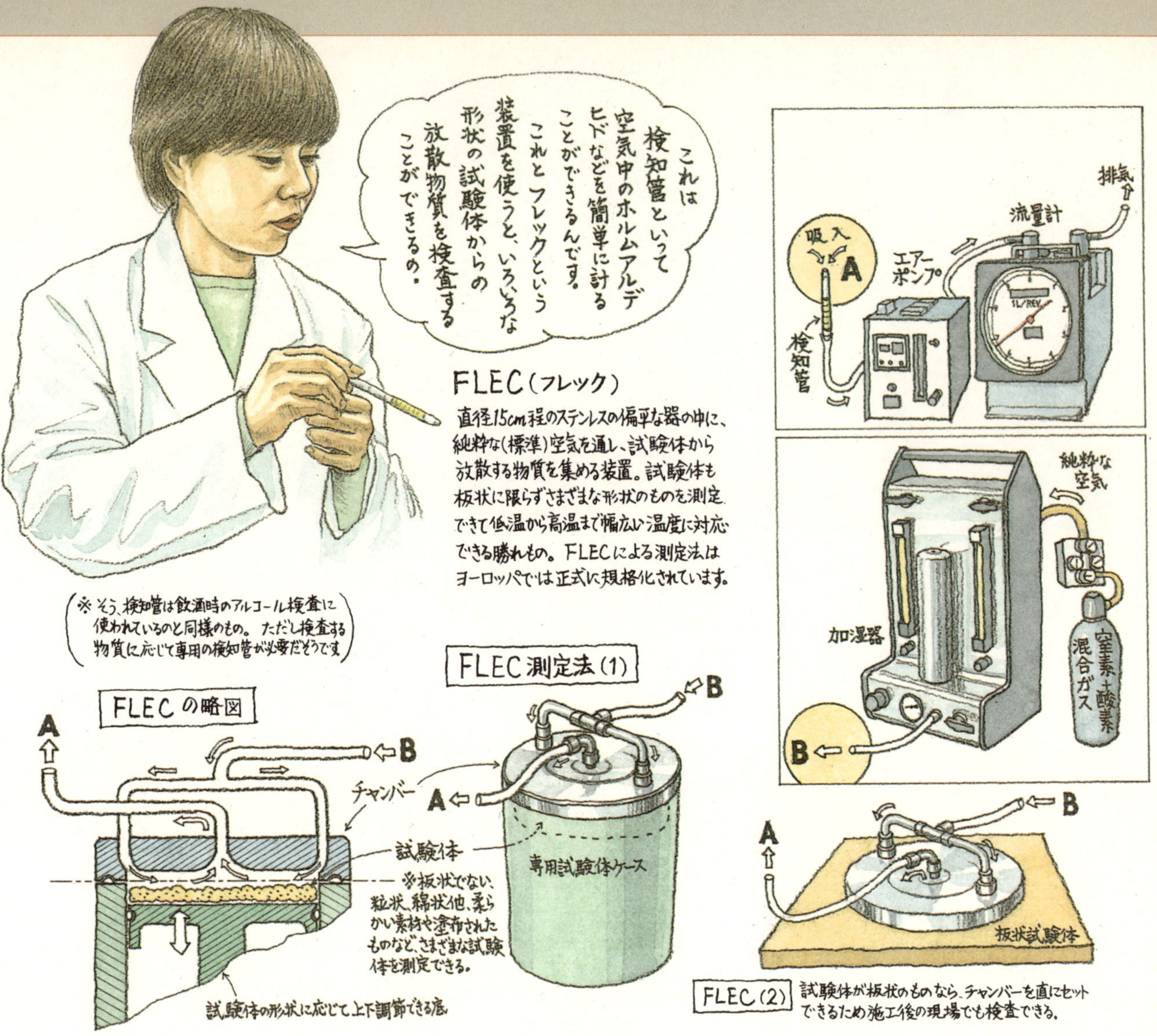
これは
検知管といって
空気中のホルムアルデ
ヒドなどを簡単に計る
ことができるんです。
これとフレックという
装置を使うと、いろいろな
形状の試験体からの
放散物質を検査する
ことができるの。
FLEC（フレック）
直径15cm程のステンレスの偏平な器の中に、純粋な（標準）空気を通し、試験体から放散する物質を集める装置。試験体も板状に限らずさまざまな形状のものを測定できて低温から高温まで幅広い温度に対応できる勝れもの。FLECによる測定法はヨーロッパでは正式に規格化されています。
※そう、検知管は飲酒時のアルコール検査に使われているのと同様のもの。ただし検査する物質に応じて専用の検知管が必要だそうです
排気
流量計
吸入
A
エアーポンプ
検知管
1L/REV
純粋な空気
加湿器
窒素+酸素混合ガス
B
FLECの略図
A
B
チャンバー
試験体
※板状でない、粒状、綿状他、柔らかい素材や塗布されたものなど、さまざまな試験体を測定できる。
試験体の形状に応じて上下調節できる底
FLEC測定法（1）
B
A
専用試験体ケース
B
A
板状試験体
FLEC（2）
試験体が板状のものなら、チャンバーを直にセットできるため施工後の現場でも検査できる。

調べる
プロたちの
現場から

白蟻駆除剤の建物内散布を禁じるなど応急対策を講じたものの、建築するには、どうしたって建材を用いなければならない。徹底的に調べるしかない、というのが彼らが出した結論だった。

しかし、それを検討するにも、数値を検討する前提となる基礎データや、フィールドを生かすための検証方法が不足していることが分かった。しかも、必要とするデータの多くは製造工場によって秘匿されていて、門外不出のものとされている。情報公開してくれないなら自前で調べるしかない、と考えて設置されたのが、「建築環境実験室」である。

この実験室がやっていることは、素人の私には難しいことばかりである。材料についての温度と湿度の関係特性や、化学物質放散量の試験や、透質特性や、木の乾燥収縮試験など、何が何だかよく分からない。置かれている計測機器の数々も、やれ恒温器だ恒温恒湿器だ、ドラフト・チャンバーだ、床壁天井全面ステンレス貼りの保管庫だと、ややこしい限りである。

試験体として届けられた建材は、材料から材料へと成分が移らないよ

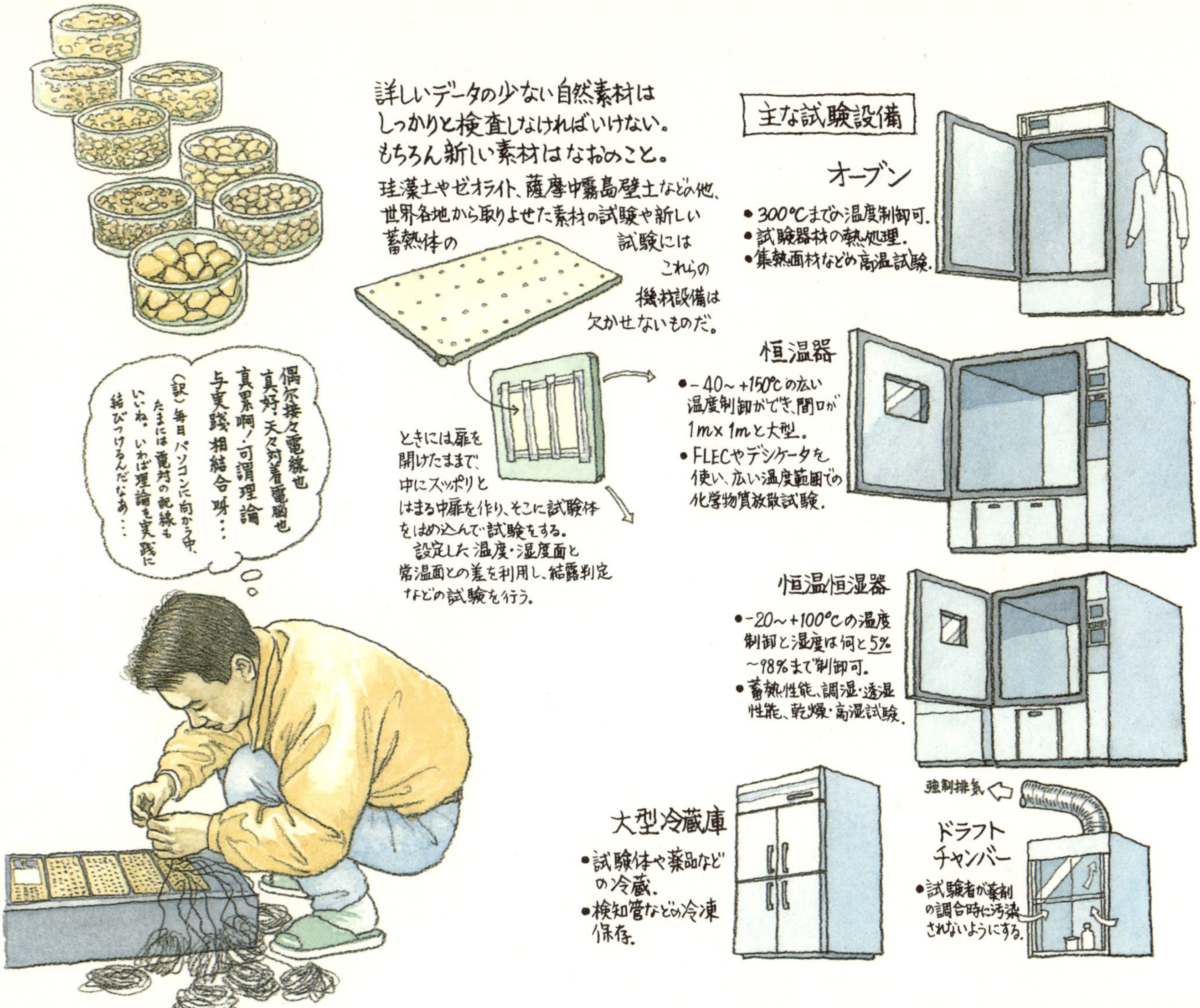
詳しいデータの少ない自然素材は
しっかりと検査しなければいけない。
もちろん新しい素材はなおのこと。
珪藻土やゼオライト、薩摩中霧島壁土などの他、
世界各地から取りよせた素材の試験や新しい
蓄熱体の
試験には
これらの
機材設備は
欠かせないものだ。
ときには扉を
開けたままで、
中にスッポリと
はまる中扉を作り、そこに試験体
をはめ込んで試験をする。
設定した温度・湿度面と
常温面との差を利用し、結露判定
などの試験を行う。
偶尔接々電線也
真好，天々対着電脳也
真累啊！可謂理論
与実践相結合呀…
（訳）毎日パソコンに向かう中、
たまには電材の配線も
いいね。いわば理論を実践に
結びつけるんだなあ…
主な試験設備
オーブン
●300℃までの温度制御可.
●試験器材の熱処理.
●集熱面材などの高温試験.
恒温器
●－40～＋150℃の広い
温度制御ができ、間口が
1m×1mと大型。
●FLECやデシケータを
使い、広い温度範囲での
化学物質放散試験.
恒温恒湿器
●－20～＋100℃の温度
制御と湿度は何と5%
～98%まで制御可.
●蓄熱性能、調湿・透湿
性能、乾燥・高湿試験.
強制排気
ドラフト
チャンバー
●試験者が薬剤
の調合時に汚染
されないようにする.
大型冷蔵庫
●試験体や薬品など
の冷蔵.
●検知管などの冷凍
保存.

う神経が配られる。ステンレス貼りの保管庫はそのためのものだ。調べるための機器は、洗剤で洗浄され、次に精製水で洗浄され、百二十℃に熱したオーブンで焼かれたのち用いられる。実験室に大型のオーブンや冷蔵庫があるのは、みな調査のためのものである。業務用の大型冷蔵庫は、建材を化学物質の放散から防ぎ、建材を冬眠状態におくために役立てられる。冷蔵庫にはビールが入っているものと思い、つい私は開けてしまったが……。

この実験室は、二人の若い女性によって運営されている。建材実験は、細やかな神経を必要としているので、女性に打ってつけの仕事だと思ったが、それ以上に、建材実験の最前線に立つことで、女性たちが何を考え、何を見ているのか、私はそこに興味をもった。

この仕事をやるようになって、化粧品や洗剤をはじめ、すべてのモノに何が含まれているか調べるようになった、というのが彼女たちの答えだった。

新婚間もない友達のアパートに行くと、カーテンや新しい畳や壁のクロスも、何もかもが化学物質を放散

天気がいいとすごく得した気分になるんだ♪
気象観測
全国規模の気象観測ネットワーク作りのため、毎日の外気温、風向、風速、日射量のデータがコンピュータ処理され、検証されている。
OMソーラーの集熱パネル実験
屋外実験棟の屋上にガラス集熱面をパネル化して多数設置してある。いろいろな地域に適したパネルを求めて様々な素材や工夫をこらし、実験と検証を続けている。
床下蓄熱空間
当初15cm程であった床下空間は、現在40cmが標準となっている。たゆまぬ研究と実験を元に実現し、実測値としてその有用性が証明された。
送風ファンはこの小さな太陽光発電でまかなう
手作りコンポスト（冬場用集熱パネル付）
庭のないマンションなどのベランダ等に簡単に設置し、有効に働くコンポストをめざし、スタッフ一人が独自に研究している。

調べるプロたちの現場から

していることに気づく、それが困る、と彼女たちはいう。新婚家庭は、たいがい部屋にきれいな花鉢が飾られている、前はいいなぁと思ったけれど、最近では虫が一匹もいない土に咲く花は実は危険なのよ、と教えたくなってしまう。

しかしそれを口にしたが最後、新婚ホヤホヤの気分は吹っ飛んでしまい、イヤな女と思われてしまうのが怖いという。でも、やがて友達は生命を宿すかも知れない、ここで言わなければと悩んでしまう、と彼女たちは首をかしげ、笑いながら語ってくれた。

友達にそれを言ったのかどうか、私は聞かなかった。この仕事につくことで、彼女たちは現代社会そのものが抱える悩みを背負ってしまった。環境ホルモンや化学物質汚染に敏感な自分を見出すとき、多分つらい感情が走るに違いない。けれども、その目覚めが、安全で健康な住まいを生む条件となるのである。男たちが全国を駆け回って実測するのに対し、この実験室は女性たちの砦である。倉庫の一角に置かれた実験室が、最後には花園に思われたから不思議である。

ムリなく
住める
エコ住宅

自然力を上手に活かす
with sun,rain,winds,plants

「自然」と身近に暮らしたい。

住み手は語る

自然の恵みを無駄にしない、季節の移ろいとともにある暮らし。
降り注ぐ太陽の熱を暖房やお湯とりに使う。雨水をタンクに溜める。
緑を植える、育てる。微生物の働きで生活排水を浄化する……。
OMソーラーの家の住み手たちが語る、わが家流、自然力を活かす
知恵と工夫の数々です。決して肩肘張らず、ゆとりをもって楽しみながら。

P.105 → P.120

太陽の力を活用するOMソーラー、わが家流。

OMソーラーは太陽のぬくもりをほんのりと感じる床暖房。そしてOM制御盤を使って、家全体の温度変化を上手にコントロールすることができます。さらに、住み手が工夫を重ねれば、より快適な温熱空間が実現します。冬場の乾燥対策、吹き出し口の設置場所など、さまざまなアイデアを紹介します。

冬の暖房、常時20度は過剰気味？

埼玉県川口市　中村 義さん

一般に、省エネルギーのため「冬の室温は、20℃に設定しましょう」と言われていますが、本当に20℃も必要なのか実証しました。その結果、私なりに次の結論にいたりました。

①早朝、例えば朝起きたときに“ひやっという寒さ”ではないレベルは10～20℃。②昼間、セーターなど少し厚着の服装の場合、動いていれば15℃くらいでも快適。ただし、じっとしている時には16～18℃くらいが快適かもしれない。③夕方からは急に冷え込むため、できれば19～20℃くらいが必要。

このように、常時20℃の設定では、省エネという意識はちょっと感じられないように思います。また、過剰気味とも思います。いずれにしても、建物内の空間全体の温度が均一になっていることが大切です。そして、各部屋に温度計を置くことをおすすめします。常にチェックし、温度感覚を意識し、習慣をつけることで、省エネの意識が高まります。

OMソーラーの運転管理のポイントですが、朝から快晴の時、システム制御をしないでいると、室内温度は22～24℃くらいまで上昇します。そして夕方には15～17℃、翌朝には10℃と下がります。この場合、早朝1～2時間くらいタイマーで補助暖房を入れて、1.5～2℃くらい強制的に室温を上げておきます。

少ない暖房で、長く暖まる方法。

岐阜県岐阜市　佐藤久子さん

今年で3回目のOMソーラーの冬を過ごしています。3年目にしてやっとOMソーラーを使いこなせるようになったかなという感じです。最初は補助暖房のガス代にびっくり。それで節約のため、朝、起床する1時間前から出勤までの間だけ入れるようにしたのですが、共働きのわが家は、暖まった頃には誰もいないという具合でした。現在は家に帰るとすぐ補助暖房を入れ（夕方5時頃）、家族が入浴する9時には切ります。そうすると、朝までとはいきませんが、少ない暖房で長く暖まることができます。朝は暖房を入れるほど寒くはありません。昼は、出勤前に南側のすべてのカーテンを開けていきます。昼の日光は、ずいぶん部屋の中を暖めるものです。夏は反対に、ベランダからヨシズを張り巡らせ、日光が入らないようにしています。工夫次第で冷暖房を減らすことができます。

水入り洗面器で、吹き出し口から加湿。

神奈川県秦野市　S．Mさん

冬の乾燥対策を教えます。床下コンクリートのピット部分にイラスト（右下）のように水を張った洗面器を入れ、タオルをかけ、送風される空気を加湿しています。こうすることでタオルが毛細管現象により洗面器に張った水を吸い上げ、ワイヤーラックの脚の部分にかけられたところで蒸発します。天気の良い真冬だと、1日でほぼ洗面器一杯蒸発します。それでも湿度は40％くらいです。

ただ、この方法を行なった年の夏場、カビが発生しました。この乾燥対策によって起こったのか、別に原因があるのかはわかりませんが、念のため注意として、冬から春・夏への切替え時期の少し前には、この仕掛けはストップしておいた方がいいと思います。

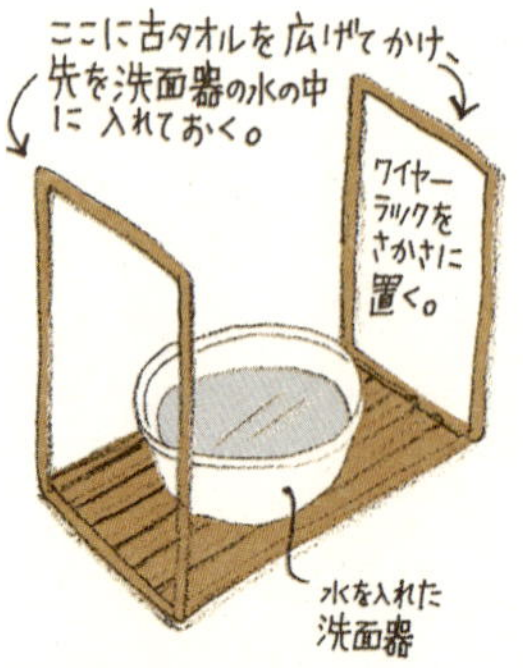
ここに古タオルを広げてかけ、先を洗面器の水の中に入れておく。
ワイヤーラックをさかさに置く。
水を入れた洗面器

足触りのいい、木製吹き出し口。

福岡県前原市　中村浩章さん

わが家では、大きな吹抜けを設けずに、2階の窓の下にも大工さん手づくりの「木製吹き出し口」を設けて、1階の空気を2階に循環させています。吹抜けのような役割があるので、次のような効果もあります。①夏、2階の熱気を逃がす。②冬、1階の暖気を2階に伝える（吹抜けだと2階の一部に集中するが、吹き出し口だと、分散できる）。③ダウンドラフト（2階床面近くに溜まった冷気が階段などから1階に吹き降ろしてしまう現象）の対策。④1階と2階の気配を感じる。

夏、1階の窓を開けていると狭いぶん、2階の窓からの風よりも、速い上昇気流が発生して、涼しく感じることがあります。また、台所の上が寝室になっているため、1階で朝食の支度をすると味噌汁や料理の匂いや包丁の音が2階に伝わり、目を覚まさせる効果もあります。吹き出し口から1階を覗いたり、会話もできます。そして、スライドして塞ぐこともできますし、OMソーラー協会供給の鋼板製の吹き出し口のように踏んでも冷たくないのです。

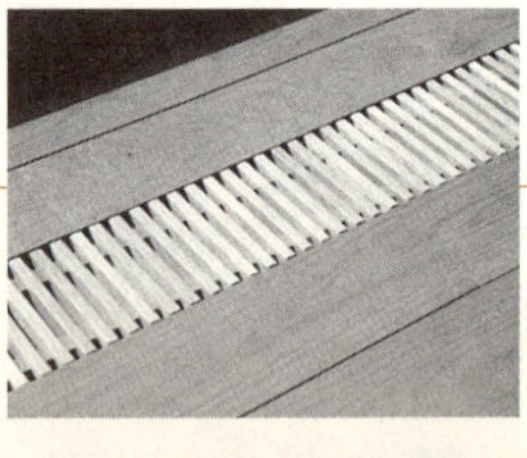

温もりのある木製吹き出し口。

加湿器を使うとき、湿度は40%を目安に。

神奈川県横浜市　松本美智代さん

1998年2月25日入居、完全分離型二世帯住宅の1階に親夫婦、2階に息子夫婦が住んでおり、私は親の方です（OMの効果は1階のみ）。3度目の冬を迎えて、ますますOMソーラーの仕組みの素晴らしさ、太陽の恵みのありがたさを実感しています。朝ベッドから出る時がとても楽です。入居した年の冬は朝の室温が12～13℃でしたが、今冬で一番寒い日（外気温0.6℃）でも室温は15℃でした。

冬の室内は乾燥します。湿度計が28%以下になると衣服に静電気が起き、不快なので、今冬はとうとう加湿器を購入しました。珍しさも手伝ってリビングに置いて1日中運転し、就寝時に止めていました。2、3日たった朝、リビングの出窓のカーテンを開けたら、敷居が結露していたので、“これはやり過ぎ”と気づき、その後は40%前後になると止めています。それからは結露もなく、衣服の静電気もありません。

浴室の湯気を利用して加湿する。

静岡県磐田市　鮫島道和さん

わが家では加湿器などは使っていませんが、特に家族が風邪をひきやすい、のどを痛めることが多いというわけでもありません。室内は外に比べて乾燥しているものの、1日の湿度変動が小さく、安定しているからかもしれません。

乾燥の対策として、冬場にしていることがあります。お風呂が終わった後、換気をしないで、風呂場の湯気を室内に開放するのです。理由は、①室内に湿気を加えて加湿するため。②冬の夜、風呂場が乾くまで換気扇を回すと室内の温度が下がってしまうから。

家族全員の入浴が終わると、風呂場の戸を開けて扇風機を置いて、2時間ほど首振りで回します。こうすると、朝までに風呂場はすっかり乾いています。また、壁は構造用合板の打ち放しで、クロスなど張ってありませんので、木による調湿効果もあるのかもしれません。

暖気をシャットアウト、便利な食品保管庫。

滋賀県甲賀郡　井野 文さん

うちの冷蔵庫はそれほど大きくなく、野菜収納庫にはこれまでもあまり野菜が入っていたことがなかったのですが、OMソーラーの家を建てると決めた時から台所の一部にOMの暖気が出ない場所をつくってもらうことを考えていました。

工務店さんに相談したところ、快く引き受けてくださり、システムキッチンの並びに同じ奥行きの棚（幅85cm、断熱材入り扉付き）をつくってもらいました（写真参照）。戸外に通じる小さな換気口と換気扇をつけてもらい、においがこもった時などに利用することができます（といっても、換気扇はほとんど使っていません）。天井まで棚があるので、野菜だけでなく、缶詰なども置けて重宝しています。

冬の間は10～14℃くらいにほぼ一定していて、野菜にもちょうど良く、料理して早く冷ましたいものも、冷蔵庫のように他の食品のことを気にせず入れられるので、つくってもらって大正解だったと思っています。夏の間は換気扇なしで、27℃くらいで一定していました。外気温が36℃、室内が34℃の時もです！　「夜間、外気温が下がっている時に換気扇を回しておいたら、もう少し下げられるかも」と工務店の社長さん。湿気がこもらないので、むっとしたりにおいが気になることもありません。葉野菜にはちょっと高い温度なので、冷蔵庫ももちろん必要ですが、お米や乾物などには気温の変化のある室内より良いのではないでしょうか。

システムキッチンと同じ奥行きなので、扉（断熱材入り）を閉めるとすっきり。

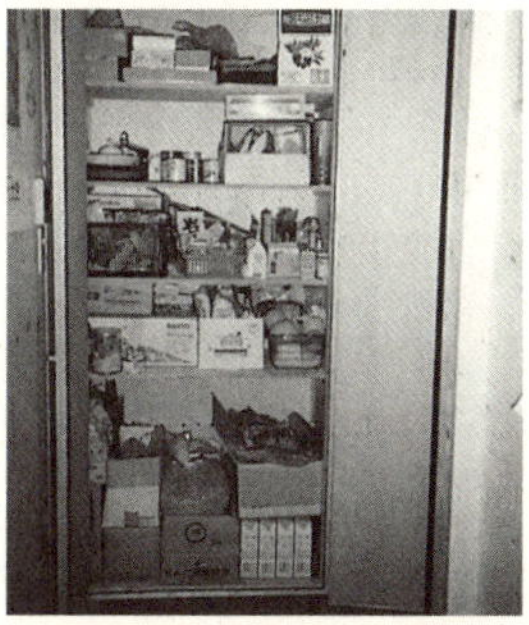

横向きの吹き出し口で、足元暖かく。

富山県砺波市　杉浦康之さん

わが家のOMソーラーの吹き出し口は、台所のレンジ下の台輪部分と階段の蹴上げの一番下の部分にもあります。こうしたところに吹き出し口を設置したのは工務店さんの案です。……というより、家ができたとき、もうついていました。「こんなことも出来るんだ」と思ったくらいです。家を建てるにあたって、何軒か家を見学したのですが、こうした吹き出し口をそれまで見たことがありませんでした。

床に設置する場合と比べて良い点は、側面から吹き出す温風がレンジ下の台輪の場合、ちょうど足首に当たるのでなかなか良いです。階段の蹴上げの方は何がいいのかよくわかりません。ただ、両方とも床の吹き出し口よりホコリや異物が落ちることが少ないです。側面に設置できるものであればその方がいいと思います。工務店さんいわく、壁に付けてほしいと言われると空洞を設ける必要があるので、厳しいそうです。

これからOMソーラーの家を建てる方にアドバイスとして、図面上で吹き出し口の位置を確認するのはもちろん、家具をどう置くか、設備の配置がどうなっているのかも確認した方がいいです。私たちも見ていたつもりでしたが「あら？」と思うところがありました。例えば、吹き出し口の一部に洗面台の引出しが乗っていたり、床の間に吹き出し口があったり……。

可能であれば、OMソーラーのシミュレーションを見せてもらうといいです。私たちの場合も居間が一番暖かくなるように設定されたらしいのですが、思っていたより温度差があります。これは体感しないとわからないので、何度くらい差が出るのかを聞いてみてもいいでしょう。

シンク下の台輪に設置された吹き出し口。

雪国新潟にて、OMソーラーの稼動を実測。

新潟県刈羽郡　長永 明さん

豪雪地に建つ、長永さんの家。

深雪対策として、高床式を採用。

補助暖房は薪ストーブ1台。

私の住む新潟県刈羽郡高柳町は寒さが厳しく、例年２～2.5ｍの雪が降り積もります。真冬は無理としても、晩秋、あるいは早春の晴れた日、また真冬でもときどき顔を出す太陽の力をなんとか分けてもらえないか……これは雪国に暮らす者の切実な気持ちです。

そこで、ここ雪国新潟において、OMソーラーが有効なのか、実際に実測してみることにしました。３年間のOMソーラーの稼動状況をまとめてみましたので、報告します。なお、データ取りは暖房が必要となる10月下旬～４月の期間で実施しました。

データ取りは、とても原始的な方法です。朝、昼、晩の３回、制御パネルの温度と取り入れ状況を見ているだけです。勤め先が近いので、だいたい昼は食事のために家に帰っているので、昼のデータも取れました。

その結果、OMソーラーの稼働率は12月～２月が低く、特に１月が最も低いという結果です。また12月と２月は年による変動が大きいですが、他の月は比較的安定しています。OMソーラーが４時間動いたかどうかは天気から判断しています。晴れや薄日の射す時は動いています。雨、雪は当然だめですし、どんよりとした曇りもだめです。冬に筋状の雲が掛かることがあり、動いたり、止まったりします。こんな日は時間がわかりませんので、ボツです。休みの日は途中何回か見て、４時間の確認をしています。

こんな方法ですので、誤差はあると思いますが、長く続けることに意味があると思い、３年間続けました。当地は日本の中でも条件の良くないところだと思いますので、他の地域ではもっと高い数字が出るでしょう。

エネルギー消費量についてもお話します。わが家の補助暖房は薪ストーブです。これだけで建物全体が18～20℃になり、部屋によってできる温度差は２～３℃ほどです。薪の消費量（1998年11月半ば～1999年４月初め）は、約1500kg。12月～２月が消費量が多く、３月に入るとぐんと少なくなります。お風呂、洗面、台所の給湯用の１年間（1998年５月～1999年４月）の灯油消費量は約300ℓ。冬のお風呂用の消費が多いのですが、５月になるとお湯とりモードでほとんど賄えるようになります。

電力消費量は、夏は約11kwh／日、秋～春は約10kwh／日です。夏の方が多いのは、排気ファンとお湯とりのポンプの分が増えるのだと思います。エアコンはありません。合併浄化槽のブロアは24時間付けっ放しで、定格の電力消費量（計算値）は2.3kwh／日と、かなり多いので、電力消費の小さい浄化槽が欲しいです。薪と灯油の消費を20～30％くらい、あまり無理をしないで減らしたいと考え、いろいろアイデアを思案中です。資金が出来たら、実行したいと思います。

年別の稼動状況（正午を含む4時間以上動いた日を記録）

期間	日数	稼働率
1年目（1996.10～1997.4）	111／189	58.7%
2年目（1997.10～1998.4）	97／192	50.5%
3年目（1998.10～1999.4）	94／192	48.9%
3年間の平均	302／573	52.7%

3年間の月別稼動状況

期間	日数	稼働率	予測値
10月下旬	20／30	66.6%	―
11月	48／90	53.3%	50%
12月	44／93	47.3%	40%
1月	30／93	32.2%	30%
2月	41／84	48.8%	30%
3月	61／93	65.6%	50%
4月	58／90	64.4%	60%
平均	302／573	52.7%	45%

表中の日数は「稼動日数／期間中日数計」を表しています。
「予測値」とは、OMの家に暮らす以前からの新潟での生活の経験から予測した、直感的な値です。

OMソーラーに、太陽光発電もプラスして。

山陰地域のわが家。太陽光発電の状況は……。

鳥取県東伯郡　吉田良平さん

OMソーラー十太陽光発電の家（フォルクスA）に住んで、初めての冬を過ごしました。そこで、1999年5月から翌年2月までの太陽光による発電量を調べてみました。太陽光パネルは40枚、最大出力2.56kWのシステムです。家族構成は、夫婦十子供（6歳）です。

ここ、山陰地域では日照条件が良くないため、太陽エネルギー利用はどうかなと思っていました。やはり、冬はいまひとつでした。灯油の使用量はまだ調べていませんが、少しは自然にやさしい暮らしになっているのかなと思っています。

期間	発電量	売電量	買電量
H11.5	365	256	110
6	267	173	121
7	285	167	135
8	388	165	145
9	214	118	138
10	186	105	145
11	122	66	150
12	109	57	190
H12.1	91	46	208
2	109	58	229

(kWh)

電気、灯油、水の1年間の消費量を調べました。

栃木県宇都宮市　黒尾雅美さん

OMソーラー協会から依頼があり、1996年10月から翌年9月の1年間、エネルギー（電気・石油・水）消費量の実測を行ないました。ちなみにわが家はガスを使用していません。暮らしを見つめ直すことで、省エネに意識が向くようになりました。

当初、太陽光発電を取り入れたら生活にかかるすべての電力を賄えるだろう、と思っていました。その通りではありませんが、自然の恵み、太陽の恵みのありがたさを感じながら生活できるようになりました。子供たちも「みんなのおうちにも取り付けたらいいのにね」と話しています。

どのくらい賄えたか、というお金のことよりも、お天気を気にしながら、環境に対してやさしく、自然の恵みを活かした暮らしを送れることが楽しく、うれしいです。

屋根一体型の太陽光発電パネル。

1年間のエネルギー使用状況

期間	発電量	売電量	買電量	総使用量	電力自給率	ガス	灯油	水道
H8.10	164	56	397	505	32.8	0	36	53
11	121	41	376	456	26.5	0	54	26
12	138	41	489	586	23.5	0	90	30
H9.1	155	43	380	492	31.5	0	108	26
2	176	75	394	495	35.6	0	108	27
3	227	94	390	523	43.4	0	72	28
4	236	109	327	454	52.0	0	48	26
5	253	112	331	472	53.6	0	25	29
6	273	117	322	478	57.1	0	18	27
7	247	104	333	476	51.9	0	18	27
8	241	90	374	525	45.9	0	36	32
9	160	60	365	465	34.4	0	0	32
合計	2391	942	4478	5927	平均40.7	0	613	363
料金（円）		22,780	112,017	買電-売電=89,237		0	31,623	96,940
	（kWh）	（kWh）	（kWh）	（kWh）	（%）	（m³）	（ℓ）	（m³）

家族構成／夫婦十子供3人　発電設備／2.34kW

電気使用量は、月140～270kWh。

滋賀県甲賀郡　井野 文さん

わが家では、1.92kWの太陽光発電パネルを載せています。そして発電量のメーターは室内にあり、目で確かめることができます。その結果、電気を使っていないとき、発電量が0.3kWhを上回ると売電できることがわかりました。OMソーラーのファンと冷蔵庫のみで、0.3kWhは最低使っているようです。電化製品は使わない時にはすべてコンセントを抜いています。

毎月、売電量と発電量をチェックしているのですが、総使用量は月140～270kWhです。やはり、OMソーラーのファンにより使用量が左右されているようです。

旧宅と新宅とのランニングコストを比べました。

香川県丸亀市　常盤多代さん

電力会社へ電気を売るようになって、1年が経ちました。そこで旧宅で支払っていた電気代と、ソーラーハウスになってからの電気代とを比べてみました。売買のデータは下の通りです。

買電金額から売電金額を差し引いて、旧宅と新宅とでは電力会社への支払額がどれくらい安くなっているかを計算してみますと、年額6万円ほどになっていました。来年からは8万円くらいの差になるだろうと思います。というのは、6月と7月がマイナスになっていますが、これは5月16日より入居して7月23日に切り替えるまでの間、電気温水器の電力を深夜料金ではなくて、従量電灯の方にしていたこと、さらにお湯とりが全然作動していなかったことに原因があったためです。どちらも工事ミスでした（新宅の使用熱源は電気のみ）。快晴なのに全然発電しなかったり、誤作動したりが6回ほどありましたが、月平均260kWhくらい発電しています。

香川県丸亀市は冬の寒さはそれほどではありませんが、夏の暑さがひどく、以前の家ではエアコンによる電気代がかさんでいました。ソーラーハウスの新宅は、エアコンの電気代が安くあがるだけでなく、夏場はソーラーの発電量もお湯とりの量も多くて経済的にも助かっています。

旧宅と新宅の電気代比較表

期間	（①OMソーラー十太陽光発電）			（②旧宅）	（①-②）
	売電金額(円)	売買金額(円)	支払い額(円)	支払い額(円)	差額(円)
H9.3	1,233	16,538	15,305	18,768	3,463
4	7,464	18,972	11,508	17,158	5,650
5	6,853	14,709	7,856	17,320	9,464
6	2,374	20,052	17,678	12,606	-5,072
7	1,132	22,880	21,748	17,847	-3,901
8	350	20,492	20,142	40,273	20,131
9	674	19,429	18,755	31,619	12,864
10	1,588	15,369	13,781	15,569	1,788
11	1,347	10,315	8,968	16,537	7,569
12	834	14,710	13,876	19,565	5,689
H10.1	401	22,730	22,329	24,628	2,299
2	905	21,585	20,680	20,985	305
計	25,155	217,781	192,626	252,875	60,249

旧宅は平成8年3月から平成9年2月までの統計です。

散水、トイレに雨水・井戸水を使う。

便利な水道水がどこの家庭にもある現在、雨水や井戸水を使うことも少なくなっています。しかし、ここに登場する人たちは違います。屋根へ降る雨水をタンクに集めたり、井戸を家に取り込んだり、そして家の建築時から雨水利用システムを考え、積極的に、楽しみながら雨水・井戸水を使っているのです。

人が集まる、わが家のオリジナル雨水井戸。

神奈川県小田原市　大竹富美さん

私の雨水利用をお話しします。嬉しくて思わず顔がほころびます。1年ほどあれこれいろいろ考えました。どうしたら「安く、楽しく、美しく」出来るだろうと。そして直径60cm×高さ60cmのコンクリートの管を2個重ね、半分は地中に埋め、雨樋と連結し、上にポンプを付けることに決めました。

ところがそれを水道屋さんの友人に頼むと「ダメ」の一言。90cmの井戸枠になりました。狭い庭に大きすぎると内心思いましたがプロ（こんな雨水タンクの注文は初めてだそうですが）の意見に従いました。費用は井戸枠が2万5千円、塩ビの管とモルタルその他が7500円、もしポンプを買えば（写真はリサイクル品）３万円、合計６万2500円です。図面と写真を見て下さい。いかがですか？私はとても気に入っています。水が溜まる様子を見たくて、重いフタを動かして、何度も中をのぞきました。

近所の習字の先生に「雨水」の文字を入れていただきました。先生はコンクリートにペンキで書かされたのは初めてだそうで、プライドを傷つけたかもしれません。ごめんなさい。でもおかげで、さらに素敵になりました。

喜んだのは、私ばかりではありません。通りすがりの人が「ここでひと休みさせて欲しい」と立ち寄るし、近所の子供たちがこっそりポンプを動かして水を出してみています。知らない人は本当の井戸と思ったので、慌てました。この水を飲んだら大変です。井戸ではないといちいち話さなければなりません。

雨水は庭の水やりと、洗車と、野菜や靴、庭仕事の道具類、玄関のタタキなどの泥を洗い流すのに使っています。外の水道は使わなくなりました。友達もご近所も「なにバカなことを」と言っていますが、わが家の水道料を聞いたら「ウソ？」と真顔になるでしょう。「安く、楽しく、美しく」私の雨水の井戸が出来ました。

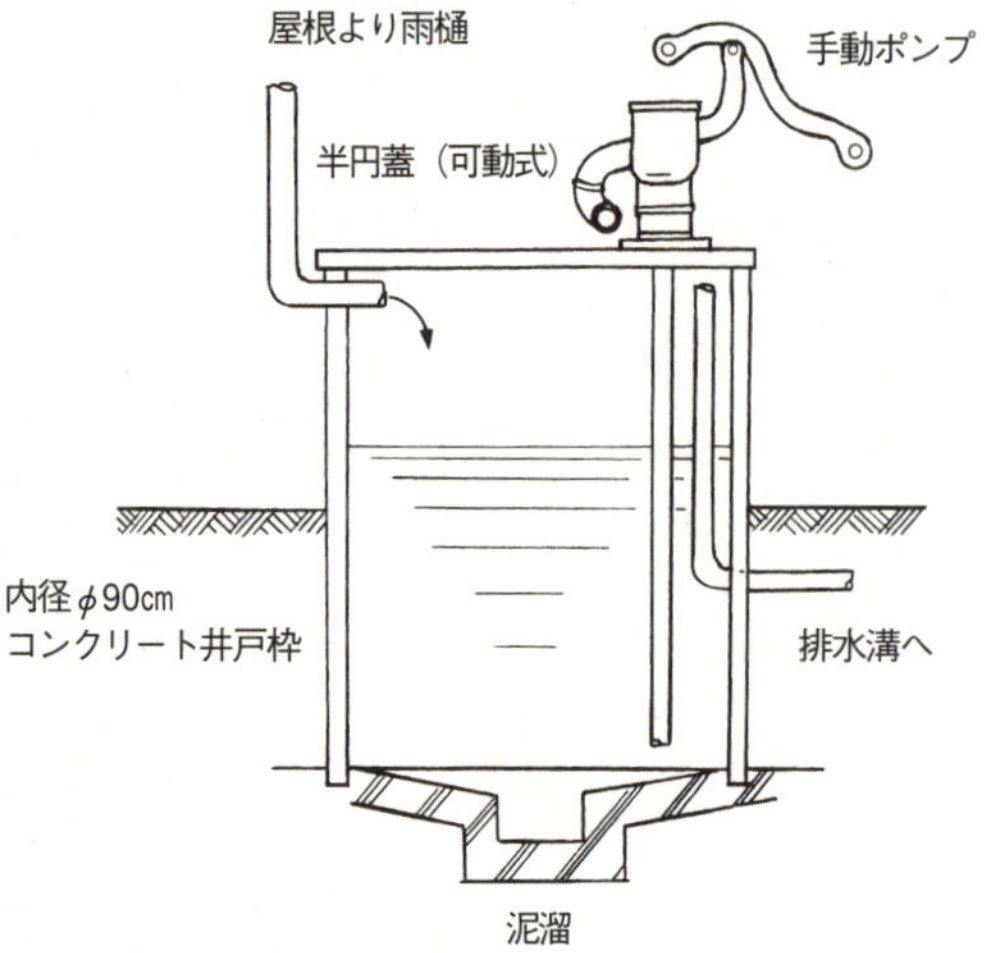

手動ポンプのついた、オリジナル雨水井戸。

雨水タンクに溜めた水は、庭の散水・洗車に使っています。

茨城県牛久市　H．Nさん

雨水利用について、たいした設備ではありませんが、雨水リサイクル研究所の「天水尊」（容量200ℓ）を使っています。雨水をろ過したものを溜めておいて、蛇口をひねれば水が出ます。庭の散水と洗車に利用しています。OMソーラーの家に暮らしていると、晴れればうれしく、雨が降ってもうれしく……毎日が楽しいですよ。

今年、入居して初めての梅雨を過ごしましたが、家の中がさらっとしていて、洗濯物もよく乾くのが驚きでした。また、風通しのよい設計のためか、外が夏日でも家の中は快適で、シアワセ気分の毎日です。

雨水利用に熱心な東京・墨田区で誕生した「天水尊」。扱い／雨水リサイクル研究所（☎03-3611-0530）

工務店さんがつくった、ドラム缶雨水タンク。

鹿児島県鹿児島市　竹下明美さん

雨水利用は工務店さんの勧めもあって、取り入れました。ドラム缶を錆止めのためにコーティングして蛇口を設けた雨水タンクは工務店さんの手づくりです。工務店さんがほとんどサービスでつくってくれたので、設置費にいくらかかったかというのは、わかりません。このタンクが家の表と裏の２か所に設置されています。屋根への降水を樋で伝わせてタンクに溜めるだけのシンプルな仕組みです。

梅雨から夏にかけては雨水が絶えることはありません。タンクに溜めた雨水の80％は庭の花の水やりに使います。また９歳、７歳、５歳になる３人の子供たちが泥んこ遊びなどにも使っています。設置場所はちょうど花壇の脇だったので、水やりに便利ですし、駐車スペースもすぐ隣なので、車のタイヤなどのちょっとした汚れ落としにも役立っています。裏に設置したタンクは雑巾洗いが主な用途です。そして洗った雑巾はタンクの横の塀に掛けます。どちらのタンクも生活の動線にぴったりの場所にあります。

太陽と雨、それぞれ自然の力を利用しているので、晴れても雨でもうれしい暮らしを送っています。

シルバーに塗装したドラム缶のタンク。(＊)

わが家で使う水は、昔からある井戸の水。

三重県上野市　山本銀一さん

わが家の井戸は70～80年前に掘られたものです。家を建て替えるにあたり、いままで通り井戸水を使おうと考え、わがわざ水道を引く必要は感じませんでした。

昔、井戸は台所にありましたが、現在はコの字型の建物に囲まれた中庭に位置しています。私たちはここを土間と呼んでいます。このあたりはほとんど農家。日常、地下足袋を履いているせいか、履き物を脱いで上にあがる習慣はありません。だから近所の人が立ち寄って腰掛けて話していきます。田舎の近所づき合いには、外みたいな中みたいな、あいまいな場所が必要なんです。

以前は釣瓶井戸でしたが、いまはポンプで汲み上げています。井戸端で使うほか、家の外にめぐらせた管を通して、台所、洗面所、風呂場などに配水しています。ただ、最近は川をセメントで固めているので地下水が少なくなりました。昔と比べて半分ぐらいしか湧きません。ふだんは夫婦ふたりなので不自由は感じませんが、息子や娘、孫が大勢来れば不足することもあります。そんな時、浄水場からタンクで水を買ってきます。たまに水道水を使うとカルキ臭さがよくわかり、井戸水の良さを実感します。

井戸付き土間に人が集まってくる。(＊)
＊印・写真／上田 明

雨水利用で、年間1万5千円の節約。

香川県丸亀市　常盤多代さん

香川県は雨が少なくて、満濃池をはじめ、池の多いところです。例年水不足で断水のニュースが報道されています。建て替える前の家では、庭に打ち抜き井戸を掘りました。費用は30万円ほど。でも、水質が悪くて散水や洗車にさえ不向きでした。

一級河川“土器川”に近いのですが、水がきれいなのは川の東岸で、わが家のある川の西岸は、水が悪いことを後で知りました。井戸水がだめなら雨水でいこう。井戸水と違って、雨水は地盤沈下も招きません。万一の時にも貯水があれば安心です。

わが家の雨水利用の仕組みは、屋根に落ちた雨水を樋から2階のベランダに設置した２か所のタンクに引いて溜める、というものです。タンクが満水になればオーバーフローで、余分は下水へ放流します。屋根半分の雨水をひとつのタンクに集めています。タンクは容量500 ℓ、ふたつで１ｔです。２階のベランダから地面まで3ｍの高さがありますので、ポンプ無しでもほどほどの水圧があります。雨が不足した場合に備えて、公共の水道水を揚げる配管もしています。こちらには、タンクがいっぱいになると自動的に揚水を止めるタップを付けています。費用は高架水槽（タンク）ふたつと取り付け配管工事とで、約40万円でした。ただ、降り始めの雨を捨てる仕組みを取り付けていませんので、水には汚れがあります。酸性雨のことを含めて、雨の汚れについては心配なので、水道水を混ぜるようにしています。

旧宅の水道代は年額10万円を超えていましたが、雨水利用を行なったこの1年間の水道料は8万5000円でした。1か月あたり1000円以上の節約です。庭木の散水にも水道水を使っていた旧宅では、6月から9月までの4か月、水道代がかなりかかっていました。

雨水を利用している現在の家では、同じ4か月間の水道代が1万2440円も安くあがりました。４か月の月平均は3000円以上もの節約です。

わが家のまわりには花木が植えてあり、溜められた雨水は4か所の散水栓により、それらの散水に使っています。庭には蝶の食事も植えていて、10種類ほどの蝶が庭へ来ます。今日は、クロアゲハ、シジミチョウ、モンシロチョウ、ツマグロヒョウモンが舞っています。

2階のベランダに設置しているタンク。

容量5tのタンクで雨水を溜めて、水利用の20%を賄う。

長崎県長崎市　幸福裕之さん

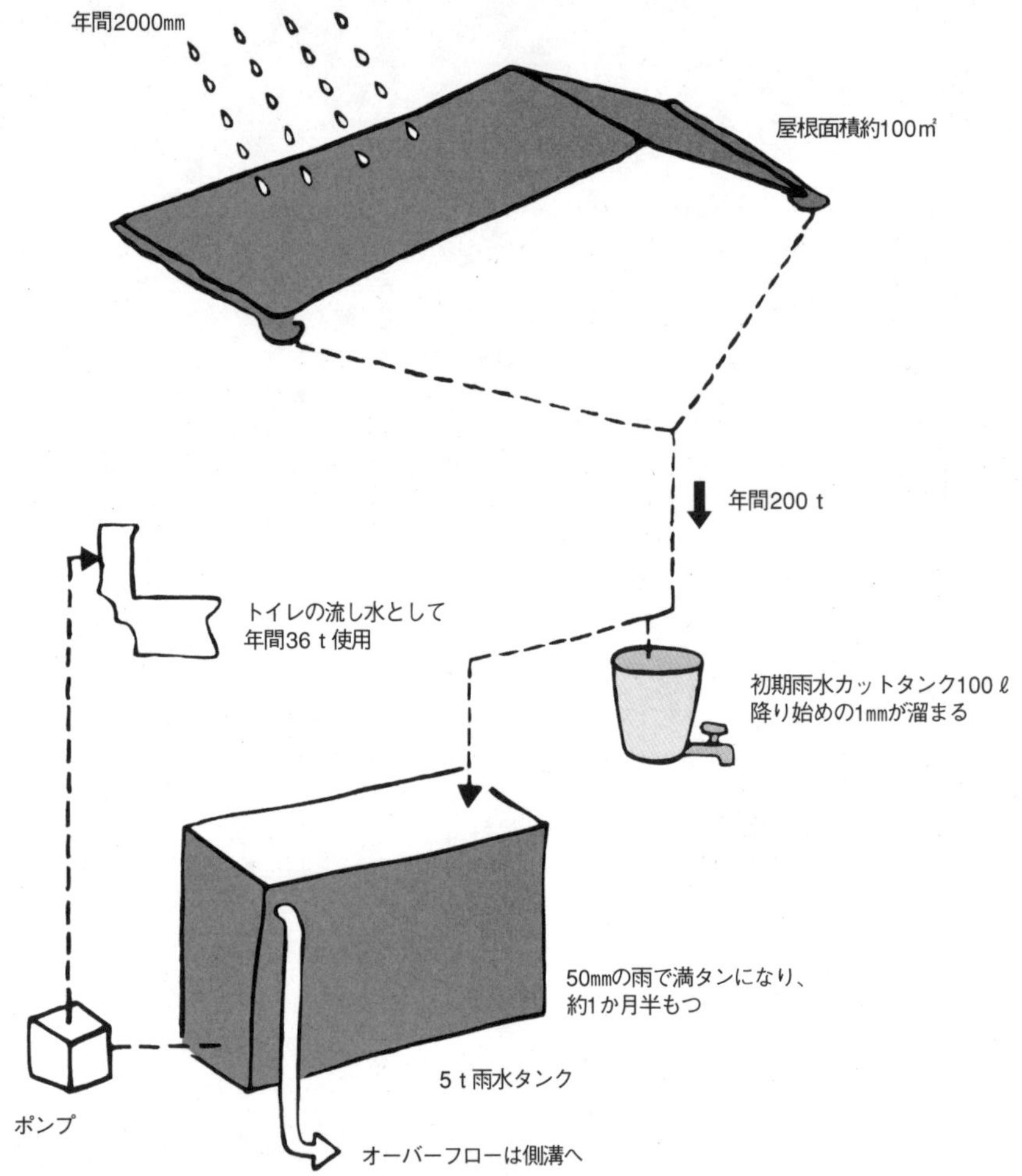

年間2000㎜
屋根面積約100㎡
年間200 t
トイレの流し水として
年間36 t 使用
初期雨水カットタンク100 ℓ
降り始めの1㎜が溜まる
50㎜の雨で満タンになり、
約1か月半もつ
5 t 雨水タンク
ポンプ
オーバーフローは側溝へ

100%
前の家
上水のみ18 t ／月
いまの家
上水12 t ／月
雨水
17%の節水

自然と共にある暮らしを目指しています。その一環として導入した、わが家の雨水利用システムを紹介します。

集水面積（屋根面積）は約100㎡（10㎜の降水で1 t の雨水が溜まる）、雨水タンクは鉄筋コンクリート造、容量約5 t 。満タン時からその後雨が降らなくても、5週間ほどもちます。雨水の用途は3か所のトイレ、車庫・テラス・足洗い場への給水です。

設備費は約50万円。コストをかけたくなかったので、システムは簡略化しています。集水面のゴミや土砂、大気中の化学物質が混ざっているため、初期雨水カット用の小タンクを設置し、降り始めの1㎜（約100 ℓ）は、捨てています。雨水タンクが空になったときは、上水道より補給しますが、いまのところは、ほぼ雨水で賄えています。

わが家のシステムには殺菌設備はありません。雨水は基本的に蒸留水なので意外ときれいです。通常の降水量だとタンクの水はどんどん入れ替わっていますし、トイレの流し水として使う程度であれば、雑菌などが混じったとしても問題はなさそうです。

なお、事前にこの容量で、長崎の過去の降水量をもとにシミュレーションを行なったのですが、平年程度の雨があるとトイレの雨水利用率は96%、1994年の渇水時で82%でした。計算では、年間2000㎜の雨が降ると、わが家で溜められる量は200 t 。雨の降り方にはばらつきがあるため、有効に溜められるのは80%の160 t といわれています。使用量は上水が12 t 、雨水で3 t （主にトイレの流し水）です。以前の住まいでは18 t くらいの水を使っていたので、仮に雨水分を足しても3 t は節約できていますが、もっと雨水を有効利用する手だてはないかと、考えているところです。

雨水を利用することで意外だったのは、節水意欲が高まる、ということです。溜まった雨水の減り具合がわかるんです。実生活では洗濯やお風呂でその3倍以上の上水道を使っているのですから、私たちがいかに大量の水を何気なく使っているかが実感できます。わが家では洗濯機を節水型のドラム式にしたり、お風呂の残り湯を洗濯機に送る設備を取り付けました。それでも残ったお湯は洗顔や掃除、トイレの流し水に使うなど、水をとても大切に使うようになりました。

農業用ポリタンクを使って、手づくり雨水タンクを設置。

鹿児島県日置郡　福元幸一さん

雨樋へ落ち葉が入らないようにステンレスの金網をかぶせた。

黒の合成樹脂製雨水タンクは光を通さず、苔や藻は発生しない。

雨水と上水の切替は手動バルブで行なう。（写真3点／撮影・北田英治）

家族4人でOMソーラーの家に住み、1階と2階のトイレ、洗車、散水の雨水利用を始めて1年になります。晴れたら夏はお湯が採れ、冬は暖かい、雨が降れば雨水が溜まり、にんまり。太陽と雨の恵みを実感しています。

雨水利用は防災にも関わる職業柄、河川への雨水流出を抑制するミニダム効果の実践という目的もあり、ぜひやってみたいと思っていました。また、低コストかつローメンテナンスを目標に、雨水利用のシステム設計・施工は家づくりと同じくらいいろいろ考え、楽しみました。

わが家のシステムは、1・2階のトイレにも利用するために屋根への降水を溜めて、浅井戸用ポンプで給水しています。雨水利用のポイントは、雨水タンクの容量、ゴミや塵の除去方法、コストです。

タンクは、できるだけ安く、設置スペースが小さく、容量の大きいタンクを探した結果、インターネットで直径1m×高さ1mのバケツ型の農業用ポリタンク（9000円／南国物産☎0966-25-3001）を見つけました。このタンクを上下重ね合わせ、ステンレスボルトとシリコンのシールで高さ2mのタンクとし、庭に2基設置しました。うち1.2mは地中に埋め、2基は下部で塩ビ管により連結し、浅井戸用ポンプで給水します。タンクの費用は手づくりの結果、5万円ほど。システムの費用は、トイレ、散水各2か所の配管、ポンプなどを含め合計30万円弱でした。給水管、ポンプは水道屋さん、集水管、タンクは自分で施工しました。

初期雨水（降り始めの1～1.5㎜）には、屋根へ積もった塵埃（特に鹿児島は桜島の降灰が混入する）や鳥のフンなどが含まれているため除去する必要があります。フィルターなどでの濾過と初期雨水をカットして排水する方法がありますが、わが家では、メンテナンスが簡単で効果が期待できる独自の初期雨水カット方法を採用しました。わが家の屋根面積は約100㎡ですので、初期雨水は100㎡×1.4㎜＝140ℓです。これを初期雨水カットタンク（250ℓ容量の前述同型の蓋付き農業用ポリタンク）に溜めます。そしてこの容量を上回る雨水が初期雨水タンクの内部に設置した塩ビ管を通じ雨水タンクへ流入するようにしています。

雨水タンクが空になった場合、2階のトイレの近くに洗濯機用の水道配管がきてたので、停電時の給水も考慮し、上水も給水できるようにしました。雨水タンクに補給する方法もありますが、給水に電気が必要なので停電時は給水できないのです。2階トイレタンクの上部へ雨水と上水を受水するタンクを別途設け、これから各トイレのタンクに給水します。なお、ウォシュレット用水は、上水を使用したいので、トイレには上水の配管も引きました。「ウォシュレットなし便器＋ウォシュレット便座」にしたら雨水トイレ、上水ウォシュレットの接続がうまくいきました。

この1年間、雨水をトイレに約38㎥、洗車、散水に約3㎥使いました（4人とも昼間は不在）。1年間、わりと一定して降雨があったからか、雨水を利用できなかったのは正月前後の7日間だけでした。

なお、わが家では2㎥のタンク満水で無降雨の場合、半月くらいは利用できるようです。いまのところノントラブルで稼働していますが、反省点はポンプの送水圧がやや低いこと（機種選定の勉強不足）、雨水受水用タンクからトイレタンクまでは高低差の水圧での送水となり、その間の送水管径が小さかったためトイレタンクへの貯水時間が上水道直結と比べると長い（3～4分）ことの2点です。

標準的な家庭でトイレへの利用を検討している方は、晴天の継続日数など雨水の利用率を考えると設置スペースを工夫し、貯水量2㎥程度は確保されることをおすすめします。雨水利用はシステム費の回収に時間がかかる、給水に電気を使うのは疑問、などいろいろありますが、前述通り雨水利用を楽しんでいます。ここまでしなくても散水にはドラム缶貯水で充分です。みなさんも是非どうぞ！

涼を呼ぶ緑と、美味しい緑。

緑には私たちを心地良くする力があります。緑がもたらす効果は人に安らぎを与えるだけでなく、日射の調整や防熱効果などにより、快適な住空間もつくるのです。ここでは、夏の陽射しを遮る簾やヨシズと同じように、緑で日射を防ぐ方法がいろいろ出てきます。また、食となる緑とのつき合い方も登場します。

見た目も爽やか、緑のカーテンのような日除け。

三重県津市　神田 厚さん

わが家の南側にある大きなふたつの窓と西側にあるひとつの窓、ここに毎年の夏“緑のカーテン”がかかります。緑のカーテンとは、壁面を覆う植物のこと。3か所の窓の外には夕顔、ニガウリ、フウセンカズラなど、いろいろな植物に挑戦しながら毎年ローテーションで植えています。これは続けて同じ植物を植えると土壌が弱くなるためです。さらに秋から冬は生ゴミ堆肥や浄化槽汚泥をすき込み、土づくりをします。

以前は朝顔を植えたこともありましたが、昼は葉がしぼんでしまい、太陽の陽射しをあまり防いでくれないので最近は植えません。その点夕顔は、日中もしっかりと葉を広げ、日陰をつくってくれます。また、水やりも大切です。といっても植物のためというより、自分たちのためにです。水をしっかりやることで葉から水分が蒸発し、同時に気化熱を奪うので、結果的に涼を誘うことになるのです。

わが家の場合、南側はそれほど直射日光が入るというわけではありませんが、縁側の照り返し防止に役立ちますし、窓を開けると緑のカーテンが自然に遮り、とても落ち着きます。

毎年必ず植えるのはニガウリです。よく実り、ほぼ毎日食べられます。子供はどちらかというと苦味を嫌いますが、うちの子供はニガウリの育つ過程を見て、さらにそれを自分で収穫するからか、ニガウリを喜んで食べます。ちなみにニガウリの一番シンプルで美味しい食べ方は、ベーコンと一緒に炒めて黒コショウで味付けするという方法です。

日除けに、と思って導入した植物ですが、そこに花が咲いて虫たちがやって来る。その虫を目当てにカマキリが住み着く。残酷ではありますが、自然の生の姿である食物連鎖を目のあたりにし、その虫たちのおかげでニガウリという贈り物まで植物からもらう。そしてその種子は来年に……。夏を涼しくという以上に、たくさんの物をもらい、心豊かに生活させてもらっていると思います。

この縁側で食べるスイカは格別。

フウセンカズラとカマキリ。

副産物をもたらすヘチマで涼をとる。

千葉県松戸市　藤江一恵さん

南向きのわが家。さらに目の前は駐車場なので陽当たりがとても良く、冬はいいのですが、夏は直射日光がとても暑いのです。そこで、夏は毎年ヘチマを植えて涼をとっています。濃い緑は見た目にも涼しげで、立派な実もたくさんプレゼントしてくれます。

ヘチマは毎年、八十八夜の5月初め頃に園芸店に並んだ苗を2本買ってきて植えます。ヘチマの苗はとても安くて、それこそ1本百円くらいです。たった2本でもわーっと育ち、写真のように壁面が覆われます。外からは家の中がまったく見えなくて（中から外も見えません）、夏の暑いときに窓を開け放していても外からの土ぼこりなどを幾分か遮ってくれているようです。

ヘチマの苗は安いですが、ヘチマを這わせるための園芸ネットは少々高く、8000円くらいします。これを2枚買い、2階のベランダから垂らし、地面で4か所に70㎝くらいの杭を打ち、そこにしっかりとネットをつなぎ止めます。こうして頑丈にしておかないと、ヘチマの重さに耐えきれませんし、夏の台風に吹き飛ばされてご近所に迷惑をかけてしまうかもしれません。一度使ったネットは強度が弱くなっているので毎年買い替えます。

ヘチマはいくらでもできます。きゅうりくらいの大きさのものは食べられるので、大きくなる前に収穫します。20本くらいは体を洗うためのヘチマとして育てます。水に漬けて皮をむいて、陽に干してつくります。そしてヘチマが終わりの9月末頃には下から50～60㎝のところで切り、ビンに切り口を挿しておくと“ヘチマ水”が大体4～5ℓ取れます。アトピーにもいいそうで、近所の方から友達の友達まで、予約が殺到します。

ヘチマの緑が壁面を覆う。

温室の畑で、冬でも緑のある暮らし。

山梨県北巨摩郡　Iさん

自宅から車で1時間半ほどの八ヶ岳に将来を過ごすための家を建てたのは3年前。いまは週末だけでなく、週の半ばも出掛け、敷地内に林立する樹木の名前を調べて名札をかけたり、野菜や植物の手入れなどもしています。

ここは高度1250mで、冬はとても寒く、60～80㎝くらいの雪が積もります。私は野菜づくりや植物の世話が大好きなので、1年を通して緑があったらなあという素朴な思いから温室をつくりました。温室といっても年中温かいわけではありません。厳寒期に水の張ったバケツを置いておけば凍りますし、“葉もの”を朝収穫しようとするとバリンと砕けますので、陽が出て葉が柔らかくならないと収穫できません。

3月15日現在、小松菜、チンゲンサイ、ブロッコリー、パセリなどの葉もの、ワイルドストロベリーや長ネギ、ハーブやジュリアンなどの花も育てています。ただ、ここはもともとカラマツの林を切り拓いたばかりの土地なので、土がまだ酸性気味。いまは土壌づくりをしながら、いろいろな野菜や植物を試しているところです。

温室の畑で気をつけていることは冬の昼間、温室の天井にある4か所のうち2か所の窓を開けて風を取り込むことです。夏はすべて全開です。これは温度差をつくらないようにするためと虫がわかないようにするためです。そして薪ストーブからたくさん出る灰を土の中和剤として畑に撒き、米のとぎ汁や生ゴミでつくった堆肥も畑づくりに欠かせません。

栽培におすすめの野菜はニラとチャイブです。上の部分をちぎってはまた出てくるので長い間食べられますし、時期が終わりの頃には小さな花が咲き、花壇の縁取りとしてもかわいいです。

家庭菜園ならではの醍醐味はいろいろありますが、八百屋では売っていない京菜、菜の花、小松菜などの花芽が収穫できることもそのひとつです。そして何より甘味のある野菜が食べられること。茹でるというより、さっと湯通しさせるだけで十分甘味があって美味しいです。味の違いは「食べ比べてみて」としか言えません。

温室で育てている野菜や植物たち。(＊)

土を耕し、一から始めた家庭菜園。

大分県杵築市　植谷純子さん

自分で作ったものを食べる、そんな暮らしもいいなあとずっと思っていました。家庭菜園は以前住んでいた家でもやっていましたが、猫の額ほどの敷地でキュウリやスナックエンドウを1、2度育てたくらいです。この家に入居してまだ1年半ですから、菜園もまだまだ始めたばかりです。

家庭菜園を本格的にやってみようかなと思っていた時に、徳野雅仁さんの『自然流家庭菜園のつくり方』(JICC出版局)という本に出会いました。太陽はもちろん、草も、虫もすべてあるものに意義があるという考え方がこの本に綴られていました。土はむやみにひっくり返さなくても、土の中のミミズや微生物が土を耕してくれるというのです。これは体力的にも金銭的にも楽な農法で、非常に興味を持ち、徳野さんの考えるような畑づくりをしたいと思いました。

この家で畑づくりをスタートした当初、いまの段々畑になる土地にはササが縦横無尽に根を張り、葉を茂らせていました。それを主人とふたりで刈って、ごろごろと出てくる大きな石を運び、少しずつ開墾していきました。

ナス、トウモロコシ、ホウレンソウ、エダマメ、ジャガイモ、モロヘイヤ、コカブ、インゲン、ユリネ、シシトウなど、いろいろな野菜を植えましたが、全部が全部うまくいったわけではありません。たぶん開墾したばかりの土は酸性に傾いていたのかもしれません。徳野流では土をむやみに掘り起こすと土が酸性に傾いてしまうという注意があります。それに微生物を殺してしまうという石灰も使いませんでしたから。だから、一作目よりも二作目、二作目よりも三作目の方がうまくいきました。

夕飯時、畑に行って少しばかりの野菜を収穫する。そんなとき、リッチだなと思います。実際とてもおいしいです。ホウレンソウは甘味があるし、東京の姉に大根を送ったところ「きめ細かくて、美味しい」と言われました。

まだまだ始めたばかりの家庭菜園。少しずつ、楽しみながらやっていきたいです。

段々畑にて。旬の野菜を収穫して。(＊)

西日を避け、緑陰のトンネルをつくる。

宮崎県宮崎市　恒見富義さん

宮崎の夏は30℃以上の日が何日も続きます。家全体が蒸し風呂化し、風がなければ住める環境ではありません。そこで、私が行なっている夏の西日対策についてご紹介します。

①西側の窓上20㎝(地上高2.7m)のところに幅2.5mの棚を丸太で組み、その上に常緑樹のムベを這わせました。こうして西日を避け、南から北に緑陰のトンネルをつくります(写真参照)。②南、西側ともに犬走り＋40㎝に瓦を埋めて雨水流れをつくり、内側にゴロ石を敷きました。西日でゴロ石が熱い場合は、夕方ゴロ石に散水して、地面の熱を蒸散させ、涼風を呼びます。③南側の犬走り＋ゴロ石は夏場の太陽が当たらないように、落葉ドウダンツツジ、コナラ、紅葉、カシなどを植えました。これらの落葉樹は、冬場は反対に太陽光を呼び込むことになります。

西側に設けたムベ棚。

土の力を借りる、クールチューブと排水処理。

土が持つ力には底知れないものがあります。断熱作用や調湿機能を持ち、有機物を分解する力もあります。「有機物を分解する力」は厳密に言えば、土に棲むバクテリアによるものです。ここでは、土の温度を利用したクールチューブ、そして家庭の排水処理の方法をご紹介します。

自然浄化を活用した排水処理システム。

愛知県豊橋市　市野和夫さん

私たちの住む郊外の農村地帯では、下水道がないので、家庭排水は側溝に流され河川を汚しています。これは現行の建築基準法にしたがう結果のようです。家を建てるにあたり、排水処理をどうしようかと考え、市役所へ合併浄化槽の補助の申請をしてみました。ところが、その年度の予算枠はすでにいっぱいという返事。それでは、と工夫したのが、現在わが家の庭先で働いている仕組みです。単独浄化槽のみで雑排水の処理はせずに側溝へ流しているお宅が多いと思いますが、比較的簡単な付加工事をすれば、合併浄化槽を上回る浄化機能が得られます。

わが家の家庭排水処理システムは庭先の土壌の自然浄化の働きを軸にしています。まず、庭先に幅、深さとも30〜40㎝、長さ10ｍほどの溝を掘り、溝の中に合成ゴムシートを敷き、砂利を入れます。砂利の中には、孔をあちこちに開けた直径6㎝のビニール管を埋めておきます。その上に、木炭を隙間なく詰めて、上に土を被せます。この溝の上流端から家庭排水を流し込みます。トイレの排水は浄化槽で処理された後、台所や風呂場の排水と一緒になって沈澱槽にしばらく蓄えられ、この溝に入ってきます。流入速度の調整は溝と沈澱槽を結ぶパイプの太さによって行ないます。溝は土を被せてあるので、その地上部分は花、野菜などを植え、庭というより家庭菜園として使っています。下流の端は木炭を詰めた部分を通過して、浄化された水が素掘りの池に出ていくようにしました。

池は庭の端の一番低い位置に深さ1ｍ、直径3ｍほど掘って、水草を3種類ほど植えておきました。じきにトンボ、ゲンゴロウなどが棲み着くでしょう。夏の間、よく肥えた水で盛んに水草が生長しますので、2、3度刈り取って、水面が埋まらないようにしています。刈り取った水草は菜園の堆肥として使います。

このように、浄化槽、土、池の中などに棲む微生物、動物、植物などの生き物の働きによって、排水は浄化されます。逆の見方をすると、排水がトンボ、ミミズや野菜などを育むのです。

なお、晴天が続くと庭からの蒸発が盛んになり、池まで水が届かなくなるので、雨水は、素掘りの溝と地下排水路から池に入るようにしました。池はよく水を浸透させるので、大雨時以外は池から側溝へ水が流れ出すことはありません。こうした工夫で、地下水の涵養、洪水対策、河川の浄化、生物のための環境づくりと何重ものよい結果が出てきます。

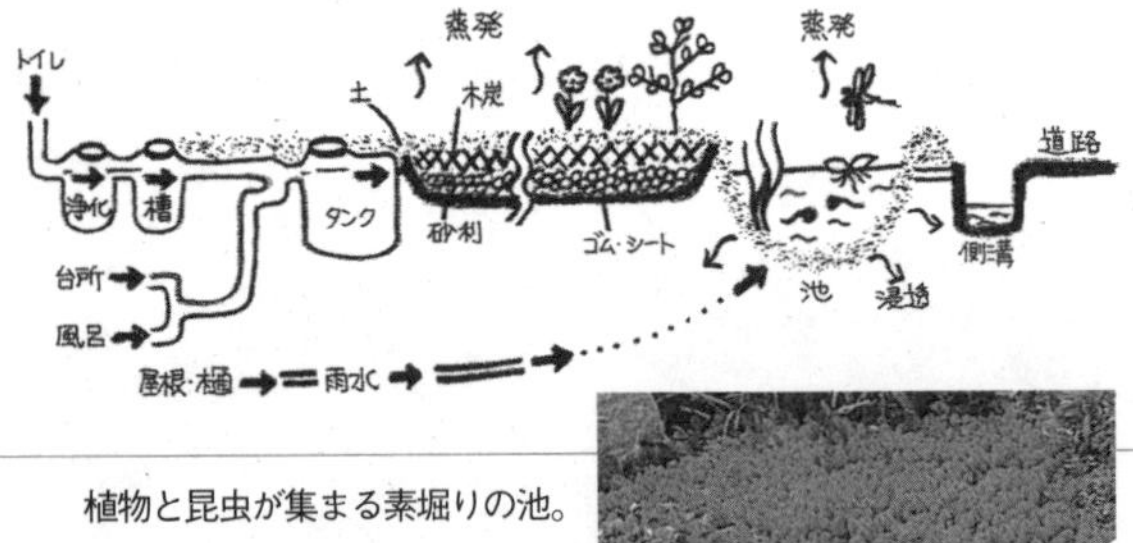

植物と昆虫が集まる素掘りの池。

土中温度を利用して、クールチューブを実践。

大阪府高槻市　中谷朋子さん

ここ高槻市荻谷は、標高200ｍほどの高さにある町で、夏にはとても涼しい風が吹きます。古い家を新しく建て替えようと決めたとき、できればこの風をうまく取り込んで、クーラーを使わずに夏を過ごしたいと思ったのです。そんななか、クールチューブを取り入れたらどうか、という工務店さんからのアイデアがありました。設置費は“クーラーを取り付けるよりは安く”ということで、10万円前後でした。工務店さん自身もどれほどの効果があるかわからないという状況だったので、試し半分で取り入れたのです。

わが家のクールチューブは、新鮮な外気を温度の低い地中に通して熱を取り除き、その空気をファンで送り、涼風として室内に取り込むという仕組みです。外気の入り口には犬小屋ほどの小さな小屋を設置して網を張り、ゴミなどが入らないようにしています。そこから取り込んだ空気は基礎の下に埋められた配線工事などで使う直径20㎝ほどの蛇腹状の管に通されています。この管の長さは30ｍほどです。この管を家の中まで引き込み、室内の吹き出し口から涼風が出るというわけです。わが家の場合、1階のキッチンの冷蔵庫上部がクールチューブの吹き出し口になっていて、スイッチによってオンオフができます。ちなみに強弱の2段階の制御が可能です。

クールチューブはここの土地柄もあって、予想以上の効果でした。外気温より数度下がった空気が室内に入り、あきらかに涼しいのです。窓から吹き抜ける風とともに、暑い夏を気持ちよく過ごしています。

冷蔵庫上部にあるクールチューブの吹き出し口。（＊）

一人ひとりが排水を考える、個人下水道システム

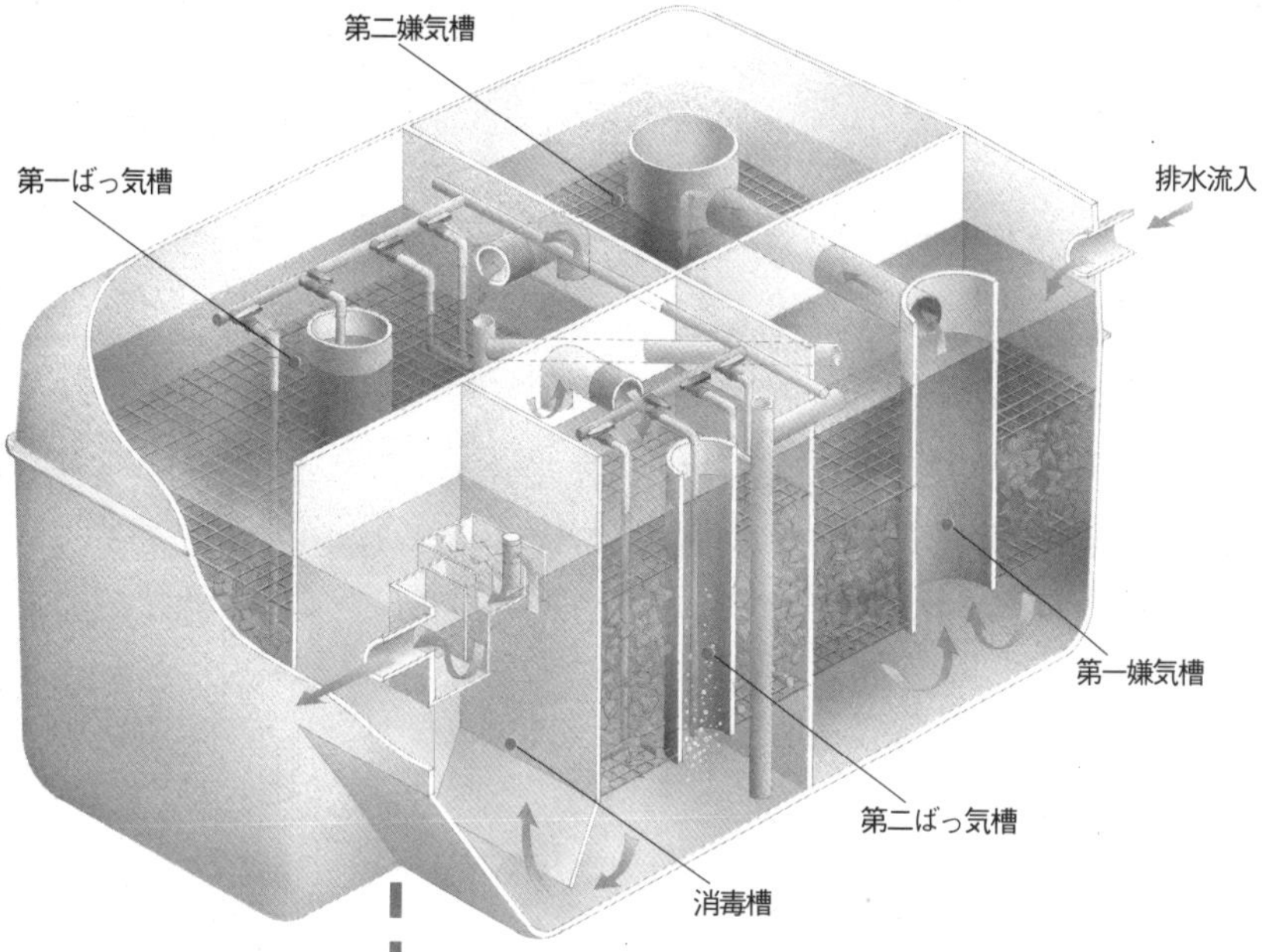

資料請求先／OMソーラー協会　TEL053-460-5111㈹

Column

住まいから出る水には、トイレから出る汚水と台所や洗濯機、お風呂から出る生活排水があります。公共下水道が完備されていない地域に水洗トイレを設置する場合、汚水は単独浄化槽を通して処理することが義務づけられた一方で、生活排水は“たれ流し”の状態でした。

その後、河川の水汚染が深刻になる中で、実は汚水よりも生活排水が問題だということが明らかになりました。これにともない厚生省は、生活排水も合わせて処理できる合併浄化槽の普及に乗り出しました。いまでは新築の場合、汚水も生活排水も合わせて処理する合併浄化槽が義務化されるようになったのです。

たしかに、生活の中で汚れの質・量ともに最も多いのは、台所の水です。こってりとした油やスープなど、栄養のあるものほど水を汚します。トイレから出る汚水の場合、BOD（微生物が汚れを分解する時に必要な酸素の量。数値が高いほど汚れの度合いが高い）がおよそ90ppmなのに対し、生活排水はおよそ160ppmとされています。水は汚れるばかりです。

国が普及に乗り出している合併浄化槽の水質基準はBOD20ppm以下で、除去率90％以上とされています。しかし、暮しの手帖社、下水道問題連絡会議、そしてOM研究所が共同で実験した結果、各メーカーから発売されている合併浄化槽は完全とはいえないということがわかりました。BOD200～250ppmほどの汚れを20～30ppmにすることは証明できましたが、合併浄化槽の水質基準までに安定して処理することは難しいようです（実験の詳細は『暮しの手帖』1994・95年12・1月第53号に掲載）。

自分が汚した水は、自分できれいにして還す、それが水問題の基本です。

ここにOMソーラー協会が提案する個人下水道システムがあります。これは、現場でコンクリート槽をつくる「現場打ち方式」の合併浄化槽でしたが、このたび誰でも容易に取り組める「型式」のものができました（左図）。国から認定を受けた工場で製造された規格品を、現場に運んで埋設する方法です。この浄化槽の水質基準は5ppmと、一ケタの数値です。この浄化槽の特徴はまず、その大きさです。処理対象6人用のもので、縦×横×高さがおよそ2mずつあります。容積が大きいほど、それだけ処理能力があることにつながります。

内部は5槽で、汚泥は、第一嫌気槽→第二嫌気槽→第一ばっ気槽→第二ばっ気槽→消毒槽を通り、ろ過されてきます。それぞれの槽には、オリジナルのろ材が入っています。ろ材とは、汚れを食べて分解してくれる微生物のための住まいで、この浄化槽の場合は、直径4cmのピンポン球を半分に割ったようなものを後ろ合わせにしてつなげた形状をしています。空洞の半球に空気が含まれるとくるりと回転し、槽の中の水はいつも動いている状態になるのです。

また、オプションとしてディスポーザーの設置も可能となります。台所から出る生ゴミを細かく砕いて処理するディスポーザーを使用できるということは、この合併浄化槽の精度の高さをそのまま物語るものと言えます。

「現場打ち方式」のものは、関東周辺で数多くの実例があります。管理が行き届いた場合だと1ppmという例もあるとか。浄化槽の中で金魚を飼っている人もいるほどです。

各家庭で汚した水を、なるべくきれいにして流す「個人下水道」という考え方が、広く普及されることで、川の水の汚れも減るのです。

丁寧に暮らし、工夫を楽しむ。

「自然」と身近に暮らしたい part5

自然エネルギーを使おうと考える人は、環境や身体にやさしい自然素材も住まいや暮らしに取り入れています。ここでは、“無垢の床の塗装”をテーマに、ひまわり会の会員たちがインターネット上(P120参照)で交わしている情報を抜粋して紹介します。

「黒ずみを、クリーナーで落としました」

岐阜県／Mah&Botch

15年くらい前、実家が山から伐り出した檜で新築し、廊下を荏油で塗りました。3年から5年くらいは大丈夫だったのですが、その後すごい勢いで黒ずみ、廊下が暗くなってしまいました。10年目くらいに、クリーナーですべて落として、ワックスに塗り替えました（実家はあまりこだわりがないので、普通の合成ワックスを使用）。10年もしたら、落として塗り替えるのが常識だとしたら、荏油でもよいのかもしれません。

でも、クリーナーで油を落とす作業の手伝いをさせられた経験は、鮮烈な印象を残しました。というわけで、わが家を新築したときは、荏油はボツにして、アウロの“蜜蝋ワックス”を採用しました。まだ丸2年弱しか経っていませんので、経年劣化がどのぐらいかは不明です。何がよいかわかりませんので、こんな経験をした人がいるという程度の参考にしてください。

「床をDIYで塗った体験教えてください」

東京都／ロビン

わが家がやっと着工しました。床は厚さ19㎜の無垢パイン材を張る予定。予算が少ないので壁の塗装はなし、床とカウンタートップを自分で塗装しようと思います。どなたか、ご自身で塗装された方はいませんか？　体験談と使用した材料を教えてください。私は気管が弱いので自然塗料にしたいと思っています。金はないけど、時間と好奇心はたっぷりあります。

「蜜蝋ワックスを使っています」

徳島県／ちるりる

うちもパイン材ですが、塗装というよりワックスがけをしました。蜜蝋ワックスで、入居前に塗ったものは市販のものでしたが、いまはコストダウンのため、蜜蝋と亜麻仁油を購入して自家製の塗料を定期的に塗っています。塗りと磨きの2段階で体力がいりますが、仕上がりはとてもよく、素足に気持ちいいです。乾燥に時間がかかります。市販ので1週間くらい、自家製のは1か月くらいです。肌に塗っても大丈夫な素材なので、べたべたするなーと思いながらも普通に生活してます。

地元の住まい教室で「オスモ」の塗料を塗ったこともあります。色がきれいですが、ムラになりやすくて難しかったのを覚えています。いま、バイク用ガレージをつくっているので、これは柿渋を塗る予定。家中となるととにかく面積が膨大なので、いろいろ実物を見て気に入ったものを使うのがよいと思います。

「ドイツの植物系塗料を1回塗りしました」

山口県／にこる

私たち夫婦もＤＩＹで床を塗りました。パイン材に「オスモカラー」の“ワンコートオンリー・ホワイト”1回塗り後、撥水と表面保護のために“フロアクリアー”を1回塗りとしました。パイン材の生色はわが家の場合どうしても合わないと思ったので、微妙に色をつけました。

塗った感想は、オスモはのびない。刷毛が重く感じ、1日で床を全部やろうとすると手がイカレちまいます。でも出来上がりは上々！　私たちの場合は、慌ててやったわりにムラはほとんどできませんでした。撥水もいまのところ充分です。本当は各塗料とも2度塗りしたかったのですが、充分な乾燥時間（念入りに2日乾燥させた）を考えると引っ越しに間に合いそうもなかったのです。また、「どうせ1年後には重ね塗りするから」と言い訳も用意して、各1回塗りとしました。

オスモを使用するなら、蓋の開けにくい缶と開けやすい缶があるので注意してください。そして拭き取り用のボロ布は大量に用意した方が良いと思います。肝心のコストは、塗装屋さんにオスモを塗ってもらった場合の見積もりの3分の1以下ですみました。

気になるホルムアルデヒド濃度は、自然塗料の効能か、天井・建具・家具に合板を使用しているものがあるわりには、許容値の5分の1程度ですんだようです。

ちなみにオスモに決める前に色見本ではわかりにくいので「アウロ」「リボス」も工務店さんにサンプルを取り寄せてもらい、端材に塗ってテストピースをつくってもらいました。アウロは塗るところを見ていなかったのでわかりませんが、リボスはオスモに比べると粘度はサラサラで良くのびて、とても塗りやすかったように思います。色自体は各社製品ともあまり違いはないように思えました。リボスは柑橘系の匂いがとてもよかったのを覚えていますが、わが家は猫がいるので諦めましたけど……。

「荏胡麻《えごま》から取った荏油《えいゆ》で塗る予定です」

愛知県／ntt

わが家は今週末に上棟式の予定です。床はヒノキの無垢の節有り材を張ります。ですから、体験ではなく、予定ですが、設計士さんの勧めで「荏油」を塗るつもりです。この油は荏胡麻から取った100％自然油で、舐めても大丈夫だそうです。娘がアトピー性皮膚炎なので、自然素材をなるべく使う方向で設計士さんと話を進めてきました。荏油は、愛知県岡崎市にある太田油脂という会社が製造・販売しています。HPアドレスは、http://www.sun-inet.or.jp/~ohtaoil/です。値段も出ており、購入申し込みもできます（私は太田油脂の営業ではありませんが）。乾きが遅い（48時間くらい）という欠点があるそうですが、改良品の「匠の塗油」というのもあるそうです。

左／「アウロ床用ビーズワックス」。〈エコ・リビングコーポレーション・☎06-6838-3177〉右／「オスモカラーワンコートオンリー」。〈日本オスモ・☎0794-72-2001〉

リボスの木材着色用「カルデット」。〈イケダコーポレーション・☎0120-544-453〉

木材を保護・着色する日本古来の塗料「柿渋」。〈トミヤマ・☎07439-3-1017〉

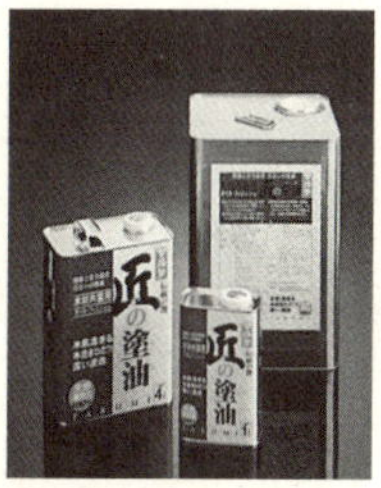

荏油をベースにした木材内装用「匠の塗油」。〈森木工所・☎052-351-6006〉

「アウロ、リボス、オスモについて」

ひまわり会事務局

アウロ、リボス、オスモについて少しコメントさせて頂きます。これらの主成分は自然の植物油を使用しています。しかしいくら自然素材を原料としていても、その反応には個人差があり、アレルギー体質を引き起こす方がいらっしゃることも考えられます。不安のある方は、使用に際してサンプルを入手して、においを試したり、じかに触れたりして、反応を確かめることをおすすめします。

「黒くなるのはオイル仕上げの宿命」

徳島県／ちるりる

やすりがけ、初めて知りました。しなくても大丈夫の気がします。ここで私が蜜蝋と亜麻仁油を購入しているホームページを紹介します。塗布方法、感想など書かれていて便利ですので、参考になればと思います。荏油のことも載っていますが、焼けが激しいようですね。黒くなるのはオイルフィニッシュの宿命のようです。100年後もおんなじ色だったら怖いかも。〈http://www.ann.hi-ho.ne.jp/r-mymt/index.html〉

「塗装後のやすりかけは？」

東京都／ロビン

みなさん、貴重なご意見ありがとうございました。さっそく、工務店の方に端材をいただいて試し塗りしてみます。

ＤＩＹの本を見ると1回目の塗装後サンディング・ブロック（400番）をかける、となっています。みなさんやっているのですか？　ＤＩＹの店の人は素人が下手にかけると余計毛羽立つのでやらなくていいとのことですが。

「オスモカラーで床とカウンターを塗りました」

静岡県／山木清志

ロビンさん、着工おめでとうございます。うちも床とカウンターは自分で塗りました。選んだのは「オスモカラー」です。床はフロア用クリアで、カウンターは、1回目は“エキストラクリア”、2回目は“ノーマルクリア”という2種類のクリアを選びました。オスモは亜麻仁・ひまわり・大豆といった天然の植物油、ワックスが原料で、「子供玩具の塗装に使用可能」とドイツで認められていますから、安心できます。

床塗りはコテバケを使いました。とにかく薄く塗ることを心がけましたが、ここは素人、乾くまでは結構ムラになっている気がしていました。しかし、完成してみるときれいなものです。2回塗りしました。ただ、2回目の塗装の日、他の用事などがあり、時間がなくなってリビングの一部は1回塗りで終わってしまいました。結局そのまま入居しましたが、乾燥後はどこまで2回塗ったかもわからない状態です。にこるさんも書いているように多少体力は必要かと思いますが、塗っている間のにおいも自然なものだし、乾燥後はほとんどにおいもありません。実は柿渋という選択肢もあったのです。しかし人の好みにもよるとは思いますが、かなりの間においが残ると聞きましたし、なるべく無垢材の木の色を残したいというのもありました。

カウンターは普通の刷毛で塗りました。トイレやダイニングのキッチンに対面したところなど、水廻りだけはなんとか塗りました。未完成ですが、いい仕上がりです。刷毛塗りだし床に比べればこちらは体力は必要ないですね。

「ベンガラを混ぜた柿渋で、ガレージを塗りました」

徳島県／ちるりる

ガレージに柿渋を塗りました。屋外なのでどの程度参考になるかわかりませんが。耐久性を持たせるため、柿渋は水で薄めず原液を塗りました。一度目は「ベンガラ」を混ぜ、二度目以降は柿渋のみです。水性のため、とても塗りやすく、隙間にも容易に入ります。日光で変色しやすいです（これをねらう、という手もある）。すぐ染みになります。マスキングは丁寧にした方がきれいに仕上がります。酢のような独特の発酵臭がありますが、私は平気でした。二度塗りしないとつやが出なかったので、三度塗り以上するつもりです。乾くのが早く、屋外なので陽射しの強いときは10分くらいで乾きました。色は紫外線、べんがらの色などによって多少の違いはありますが、茶色を基調とした色に仕上がります。

「荏油は水に弱く、黒ずむ？」

愛知県／ntt

新居に入れる予定の食卓は、材木屋さんが兼業している家具屋で無垢の一枚板のものを買ったのですが、こちらは「アウロ」が塗ってあります。店のご主人は、「“荏油”は水に弱いし、乾きにくいのでホコリがつきやすいのが欠点。食卓の塗装には不向きなのでアウロを採用している」とおっしゃっていました。荏油が水に弱いという欠点はわが家の建築士さんも認めています。

私もMah&Botchさんの言われる黒ずみが荏油特有のものなのか、アウロ、オスモ、リボスでも起こるのかが知りたいです。ご存知の方、いませんか？

川の水を汚さないために、木炭と塩で洗濯。

岡山県倉敷市　安原祥江さん

●用意するもの
・備長炭4本（7cmくらい）
・発砲スチロールのトレイ
・いらなくなった靴下２足
・ヘアゴム
・塩

●洗濯方法
①木炭を水洗いし、小さく切ったトレイでくるみ、靴下の先端部分に入れてゴムで口を縛る。靴下の余った部分は折り返し、二重三重に炭をくるむ。
②水に①でつくったものを入れて、浮くかどうかを確認する。もしも浮かない場合は、トレイを増やす。沈むと底にあたって割れやすすため。
③塩を小さじ一杯加えて洗う。汚れが目立つ部分は、洗う前に軽く石鹸でこすっておく。
④においが残る場合は炭を、白さがやや足りない場合は塩を増やすとよい。また、炭は脱水まで入れておく。
※使った炭は、１回ごとに干せば長く使えます。私の場合、靴下の代わりに洗濯ネット、トレイの代わりにカメラのフィルムケースを使っています。

ラジオで「大阪の人が淀川の水をきれいにしたい一心で、塩と備長炭を使って洗濯している」という話を聞きました。そして、すぐに炭を買いに走りました。

やってみると、においはよくとれます。市販の洗剤のようにいかないまでも、そこそこ汚れも落ちてくれます。タオルや下着とかは、これで十分です。ひどい汚れの場合は石鹸で予洗をして、あとはどのあたりで折り合いをつけるかです。綿100％のものを続けて使用すると黄ばんでくるので、週1回は市販の洗剤を使っていますが、ポリエステルがいくらか入っていれば、それほど気にならず、タオル類などは柔軟剤もいらないくらい柔らかな洗い心地です。ただし、ドラム式の洗濯機では、炭が水の上に浮かないため、効果がないようなのでご注意ください。

わが家だけが炭を使って洗濯することで、瀬戸内海がきれいになるわけではないということはわかってはいるけれど、確実にきれいになっているはずだとも思います。

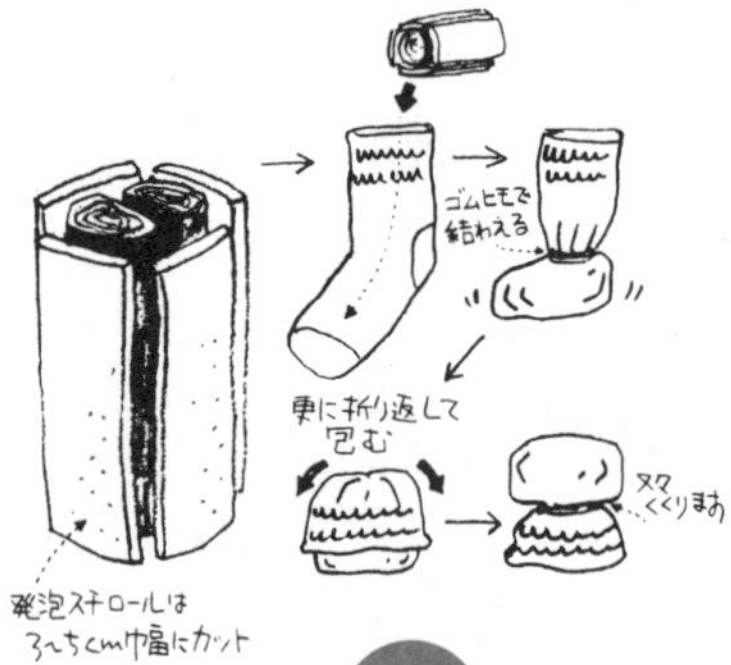

1

2

3

4

ムリなく
住める
エコ住宅

自然力を上手に活かす
with sun,rain,winds,plants

自然の恵みを活用する建築家登場。

建築家にアンケートを出しました。質問は2つ、
「[1]太陽・風・雨水など自然エネルギーの活用について、
環境にできるだけ負荷を与えない住宅について、
設計で心がけていること、提案していることは何ですか」
「[2]OMソーラーの家の長所と問題点をあげてください。
あるいは、OMソーラーの家づくりを考えている方にアドバイスを」。
以上の答えに、これまでに手がけた太陽熱利用の家の
プランを1例添えて、自然力を活かす42人の建築家を紹介します。

P.121→P.149

1 地球上で二つとない唯一の敷地を所有したのですから、その土地の持つ様々な条件を調べます。特に気候的な条件については重きを置いて考えています。北海道で多く建てていることもありますが、まず考えるのは、太陽のエネルギーを活用すること。それも難しい機械を使わない方法で、太陽の熱を活用するパッシブ・ソーラーシステムを使おうとしています。そして、そこで取り込んだ熱を効率よく、その上、快い室内環境をつくりだすために、外断熱構法を用います。外断熱構法とは、コンクリートやコンクリートブロック、あるいは土壁など、暖まったら冷めにくい性質（熱容量が大きい）の構造体の外側を、厚い断熱材で包む方法です。暖かい石を布団でくるむようなものですが、そうすると暖まった室内の構造体がいつまでも暖かいので、どんなに寒い日でも、家じゅうほとんど同じ温度で過ごすことができます。床のモルタルに温水を通す床暖房を用いると完璧になります。今は、地熱を利用した暖冷房のシステムにも挑戦していますが、これらを活用しながら、魅力的で美しい空間をつくりあげることを心がけています。

圓山彬雄

Maruyama Yoshio

アーブ建築研究所
〒064-0915
札幌市中央区南15条西15丁目
TEL:011-513-0301 FAX:011-513-0444
E-mail:urb@cocoa.ocn.ne.jp

略歴●1942年新潟県生まれ。北海道大学修士課程終了。室蘭工大講師、上遠野建築事務所を経て、1980年アーブ建築研究所設立。

これまでに手がけた住宅●コンクリートブロック造14棟、木造40棟、RC造20棟、鉄骨造4棟。

1 寒い北海道では、高気密・高断熱住宅は当たり前になった。さらに蓄熱体があればよりマイルドな室内環境が得られる。その上、冬もまばゆいばかりの太陽熱が得られれば、より快適である。いわゆるパッシブソーラーハウスの完成である。OMソーラーに限らず、外断熱したコンクリート系の躯体に集熱体としてのガラスボックスの付いた住宅をいくつかつくってきた。

2 多雪地帯では屋根の形状が重要になる。雪を玄関先に落とすことはできないし、周囲に家が近接している場合は隣家の方にも雪を落とせない。またOMソーラーのガラス面に雪が溜まる場合は、OMの効果も期待できない。これに対して、北海道でも雪が少なく、日照率の高い釧路、帯広等の地域ではOMは最適と思われる。

藤島 喬

Fujishima Takashi

TAU設計工房
〒004-0051
札幌市厚別区厚別中央1条2丁目9-20
TEL:011-891-7067 FAX:011-891-7068
E-mail:tau@bj8.so-net.ne.jp

略歴●1946年北海道生まれ。室蘭工業大学卒業。山下和正建築研究所を経て、1979年TAU設計工房設立。

これまでに手がけた住宅●全105棟のうち、木造が70％。残り30％がＲＣ造、鉄骨造、コンクリートブロック造、コンクリートブロック造十木造。（OMソーラー導入3棟）

1 太陽の恵みを受けた暖房は、人工のエネルギーに比べて、なぜかわからないが、やわらかい。その暖かさをいかに長く蓄えるかが今後の課題といえる。左官壁材はすぐれた蓄熱性をもっているが、コストがやや高いためクロスに変更してしまうケースが多かった。しかし将来、エネルギー問題に加えて、建物を解体した廃材の処理が細分化し、その処理費用がかなりかかることが予想される。左官壁材（土壁）のように自然に還る材料を使うことは、そのコストダウンにもつながる。これからは建てることだけでなく、解体まで考えた建物を考えるべきであることを、施主に訴えたい。

2 山形県のような裏日本では太陽が顔を見せない日が多い。半日でも太陽が顔を出してくれればOMソーラーでかなり暖房をまかなえる。しかし雪の日も多く、補助暖房が補助ではなく主暖房としての設備が必要になり、コストアップにつながってしまう。だからパッシブな仕掛けに加え、ローコストな補助暖房を考える必要がある。深夜電力を利用したローコストな補助暖房を試みたい。

中村 廣

Nakamura Hiroshi

廣設計室
〒990-2482
山形市久保田1丁目7-5　イガラシ
TEL:023-647-9098 FAX:023-647-9186
E-mail:hiro.n@crons.ocn.ne.jp
http://www4.ocn.ne.jp/~hao/

略歴●1948年山形県生まれ。山形県立米沢工業高校建築科卒業。1985年廣設計室設立。

これまでに手がけた住宅●木造73棟、鉄骨造3棟。（OMソーラー導入5棟）

郵便はがき

おそれいりますが切手をはってお出し下さい

107-8668

東京都港区赤坂七丁目六の一

社団法人

農文協編集部 行

この本を何によって知りましたか（○印をつけて下さい）

1 広告を見て（新聞・雑誌名　　　　　　　　　　　）

2 書評，新刊紹介（掲載紙誌名　　　　　　　　　　）

3 書店の店頭で　4 先生や知人のすすめ　5 図書目録

6 出版ダイジェストを見て 7その他（　　　　　　　）

お買い求めの書店

所在地　　　　　　　　　書店名

このカードは読者と編集部を結ぶ資料として，今後の企画の参考にさせていただきます。

ムリなく住めるエコ住宅

No.

農文協図書　読者カード

氏名（フリガナ）

男　女

年令　　才

住所　〒

（電話）

職業

農文協の図書についての御希望

この本についての御感想

今後の発行書についての御希望

（今後読みたいと思われる問題〈テーマ〉や著者など）

54001111

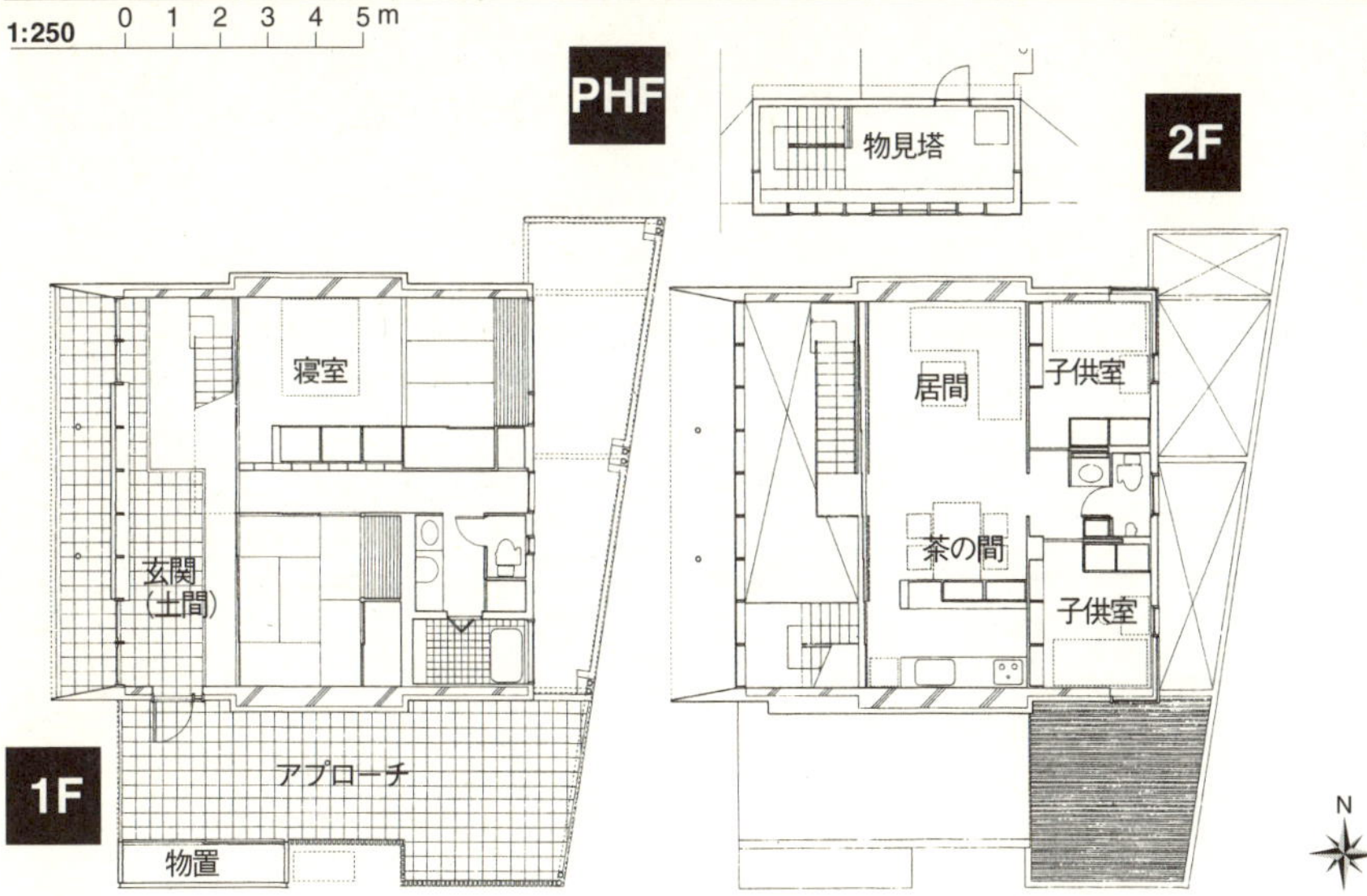

By Maruyama Yoshio

内と外をつなぐ土間空間

２層吹抜けの玄関、それも家の幅いっぱいの広さで全面ガラス張りにしていること、その玄関の内側に、ポリカーボネイトの断熱建具を立て込んでいます。この家の1/4程の土間空間が冬の寒さの緩衝空間となります。この土間は床暖房されているので、冬も作業空間として使えます。つまり家の内の暮らしと外の暮らしを結ぶ役割を果たす、緩衝空間となっています。雪の中の半年の暮らしが閉じこもりがちになるのを防ぐプランです。

Data

家族構成	夫婦＋子供２人
所在地	北海道札幌市
敷地面積	293.61㎡
延床面積	170.24㎡
1階／96.07㎡　2階／62.05㎡　R階／12.12㎡	
構造	RC造一部木造２階建て

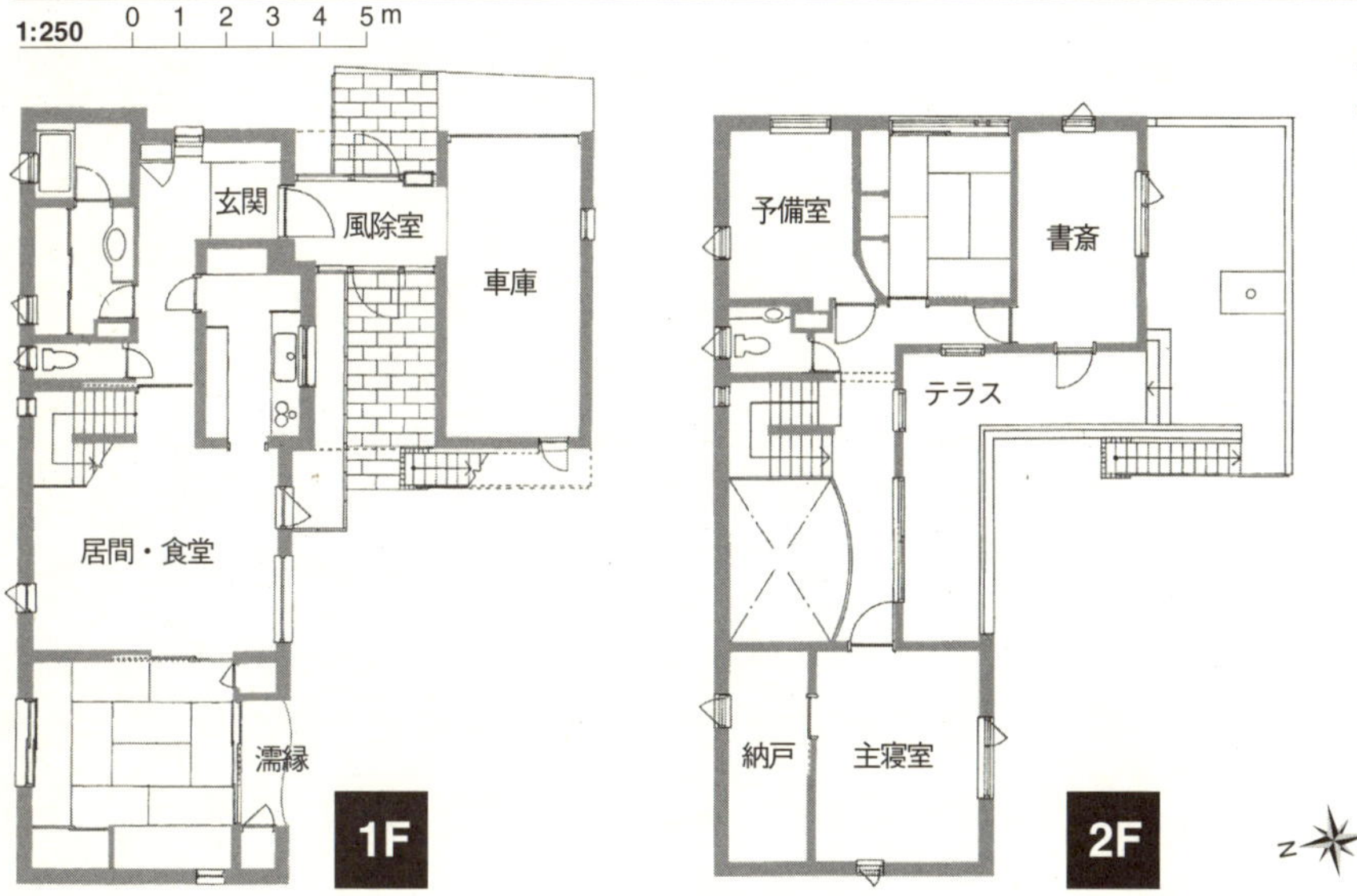

By Fujishima Takashi

OMに適した混構造

コンポジットユニット工法による外断熱のコンクリート造１階に、木造が載っている。したがって１階は充分な蓄熱体を形成している。屋根のＯＭソーラー集熱面で得た太陽熱は、１階土間床に施工された温水による床暖房とミックスされる。２階は吹抜けを通して空気が循環し、暖められる。道路側からは、車庫と玄関をつなぐ風除室を通して庭が望まれ、道行く人を和ませる。

Data

家族構成	夫婦（60歳代）
所在地	北海道札幌市
敷地面積	266.44㎡
延床面積	195.83㎡
	1階／118.00㎡　2階／77.83㎡
構造	１階ＲＣ造＋２階木造

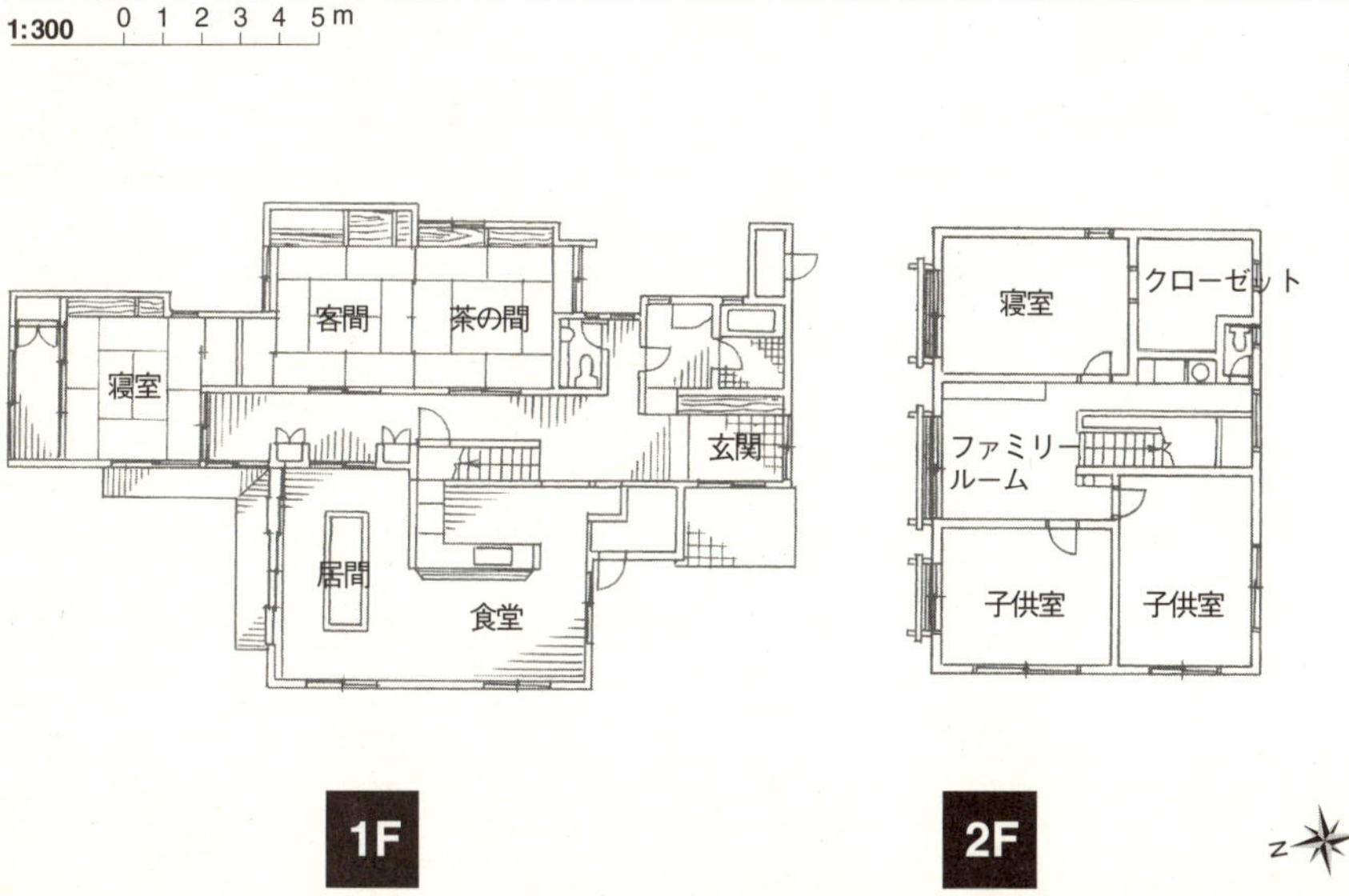

By Nakamura Hiroshi

自然と共生する家

施主はサクランボ等の果樹園を営む方で、ＯＭソーラーに非常に興味をもっておられた。当初、冬の日照時間が足りないのではないかと心配したが、１～３月は日照時間も長く、太陽の恵みを充分に受けることがシミュレーションでわかった。敷地が南北に長いため、どういうかたちで太陽を取り入れるか頭をひねった。５年が過ぎた今、施主は暖房に給湯にフルにOMを活用されている。まさに自然と共生しているといえるだろう。

Data

家族構成	祖父＋夫婦＋子供２人
所在地	山形県寒河江市
敷地面積	444.33㎡
延床面積	235.31㎡
	1階／148.79㎡　2階／86.52㎡
構造	木造２階建て

三坂恭一

Misaka Kyoichi

ＹＵ工房
〒962-0859
福島県須賀川市塚田11
司ハイツ403
TEL:0248-72-9666 FAX:0248-72-9666

略歴●1957年福島県生まれ。建築工房を経て、ヨーロッパ遊学。1994年ＹＵ工房設立。

これまでに手がけた住宅●木造８棟、ＲＣ造１棟、鉄骨造２棟。（OMソーラー導入７棟）

1 常々心がけていることは、「ものづくり」を通じて社会に何を提示するかということです。設計という職能は、地形を読み、自然を科学し、総合的な生活観を把握し、問題点をまとめ、かたちとしていく作業だと思います。また、夏時の通風や冬時の太陽のぬくもりなど、自然の恵みを最大限に利用し、工法や材料等も地域の特性や特徴を活かす「ものづくり」を心がけています。その一つの方法としてOMソーラーの家のような省エネルギーで自然の恵みを活かせる家づくりが必要と思います。

2 OMソーラーは単に暖房や給湯に役立つだけの装置ではありません。太陽熱を利用することで、住み手や設計者、職人さんとエネルギーや自然の恵みについて話し合い、真剣に考えることのできる仕組みだと思います。また空気が循環するため、使用する材料や仕上材も考慮し、地域に合った工法や素材を考える必要があります。問題点をあえてあげるとすれば、屋根に集熱パネルが載るために屋根の向きがある程度決められることと、補助暖房使用時に室内空気が乾燥することです。

松澤静男

Matsuzawa Shizuo

一級建築士事務所 マツザワ設計
〒336-0909
埼玉県浦和市瀬ヶ崎1-30-1
ムトーマンション202
TEL:048-885-8241 FAX:048-885-8219
E-mail:s-matsuzawa@nifty.ne.jp

略歴●1953年埼玉県生まれ。日本大学工学部建築学科卒業。1982年マツザワ設計設立。

これまでに手がけた住宅●木造60棟、鉄骨造7棟、混構造5棟。（OMソーラー導入10棟）

1 無理のない範囲で「環境に負荷を与えない住宅」を提案しています。無理のないとは、コスト面とメンテナンス、快適さ、安全性などで犠牲が出ないように、理解を得ながら採り入れるのが、私の一番大切な仕事です。設計では、太陽光のダイレクトゲイン、風通しの良さ、国産材の利用、外断熱（基礎断熱）の採用などを標準仕様として行ない、雨水利用とOMソーラーを含むソーラー工事も出来る範囲で提案します。建て主に意識付けをしながら、自然との共生に満足感を感じてもらえるよう、快適な空間を考えています。設計者のエゴで終わらないような提案が大切で、小さな所から家族が「自然の恵み」を感じることが出来るようにしたいと思っています。また、設計だけでは解決できず、流通にも関わらないと国産材の利用なども思うようにはいかないので、設計者と施工者、生産者などのネットワークも徐々に整備しつつあります。無理のない範囲で出来るだけ…というのが私の事務所の「今」の方針です。

2 OMを楽しめる方には最高のシステム。「過剰な設備にならないようにしながら、快適に暮らせるか？」これは永遠のテーマです。

市野彰俊

Ichino Akitoshi

１級建築士事務所 彰俊
〒357-0038
埼玉県飯能市仲町16-2
TEL:0429-73-8549 FAX:0429-73-8949
E-mail:akitoshi@zb3.so-net.ne.jp

略歴●1947年埼玉県生まれ。法政大学工学部建築学科卒業。1969年１級建築士事務所彰俊設立。

これまでに手がけた住宅●木造約300棟、ＲＣ造27棟、鉄骨造約50棟。（OMソーラー導入8棟）

1 自然の光と風を感じられる住まいづくりを基本としています。そのことによっておのずとパッシブソーラーの考えになるからです。これは平面計画においても断面計画においても常に心がけていることです。

2 OMソーラーは、そのシステムが非常に単純で明快であることが大きな長所であると思います。ただし、このシステムが即、省エネシステムであるとすることには無理があります。私はこれは健康に住めるシステムであると位置づけています。空気温の浮力によって空気が流れ、室内空気がよどまないことが素晴らしいのです。問題点は、このシステムにおいて補助暖房をどうするかということではないでしょうか。

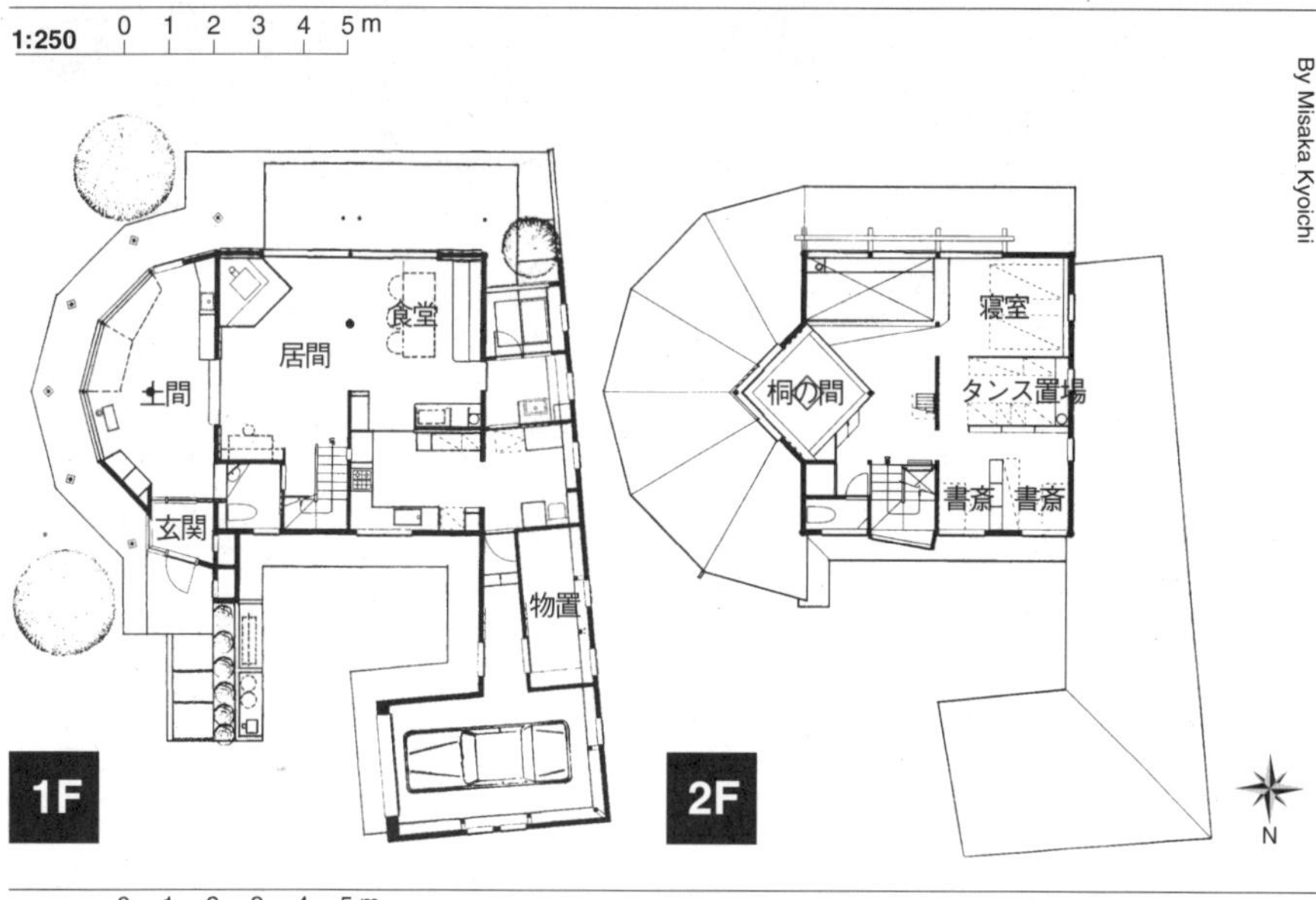

By Misaka Kyochi

雪を楽しめる家

北に磐梯山、南に猪苗代湖を望み、東側は山桜が咲く雑木林、西側に杉林と豊かな自然環境をもつ地形です。しかし１年の半分は雪との生活、雪対策を考慮しながら雪を楽しめる空間づくりを考えました。回廊をもつ多角形の土間は多趣味を活かすためのスペースです。掘炬燵に入って磐梯山を望める桐の間は、仕上材には会津産の桐板と手漉き和紙、梁の一部は古材を使用しています。柱の漆塗りや陶器は施主の手になるなかなかの力作です。

Data

家族構成	夫婦＋子供１人
所在地	福島県耶麻郡磐梯町
敷地面積	991.72㎡
延床面積	167.51㎡
	１階／117.83㎡　２階／49.68㎡
構造	木造２階建て

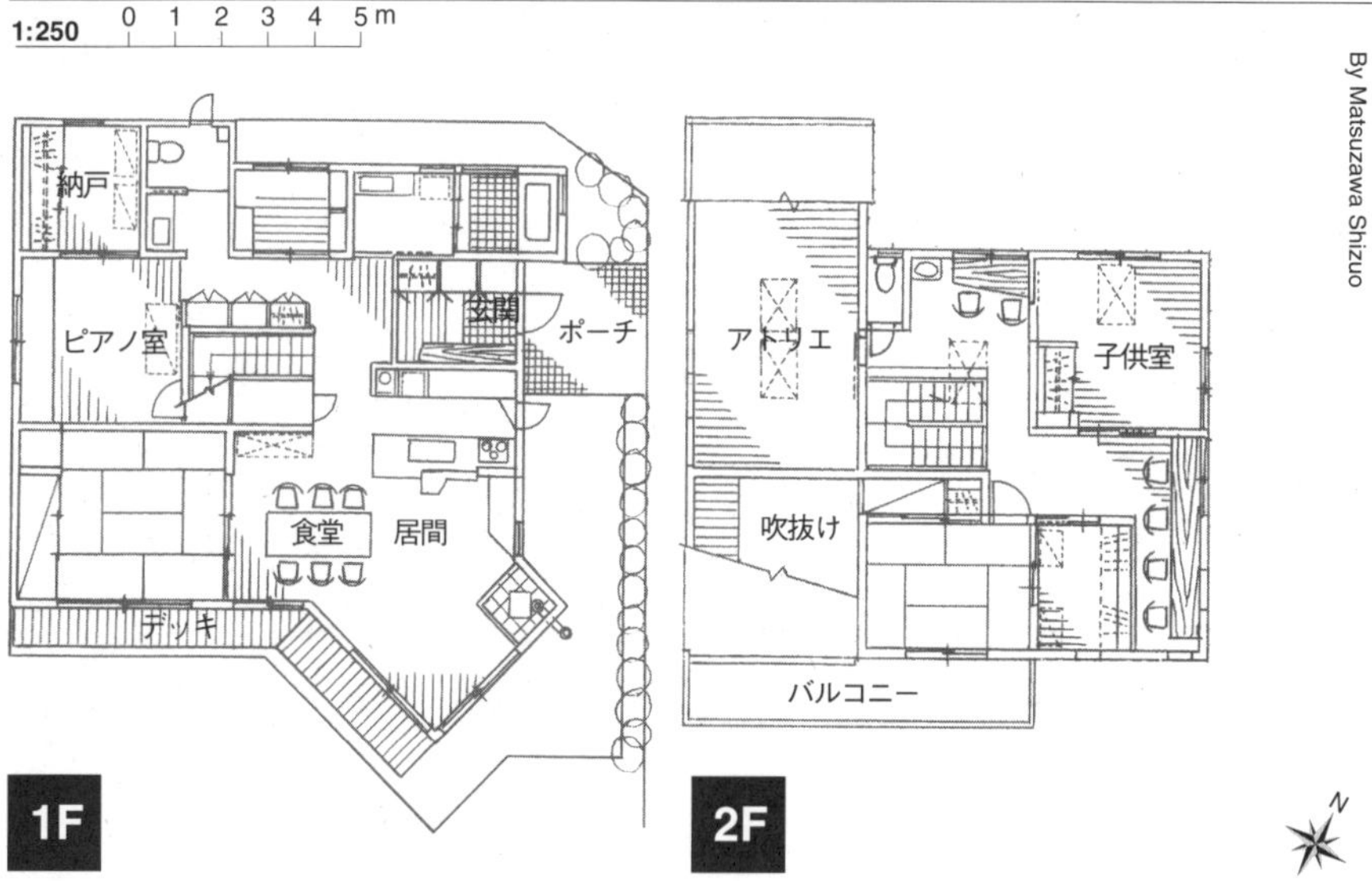

By Matsuzawa Shizuo

畑の中に建つ家

親の持つ畑（大きな家庭菜園）の片隅に建っています。自然との関わりを大切にして、太陽の恵みも十分に活かした家族５人と親の滞在が可能な住宅です。設計にあたり建て主の希望はまず、ＯＭソーラーの家で、暖かい住宅にすること。同時にバリアフリーにすることも、今の住まいの改善点として優先順位の高いものでした。雨水利用、自然素材（国産木材と漆喰）の家、合併浄化槽排水の畑への利用など、人にも環境にも優しい住宅です。

Data

家族構成	夫婦＋子供3人＋妻の両親
所在地	神奈川県津久井郡
敷地面積	355.31㎡
延床面積	172.26㎡
	1階／112.77㎡　2階／59.49㎡
構造	木造2階建て

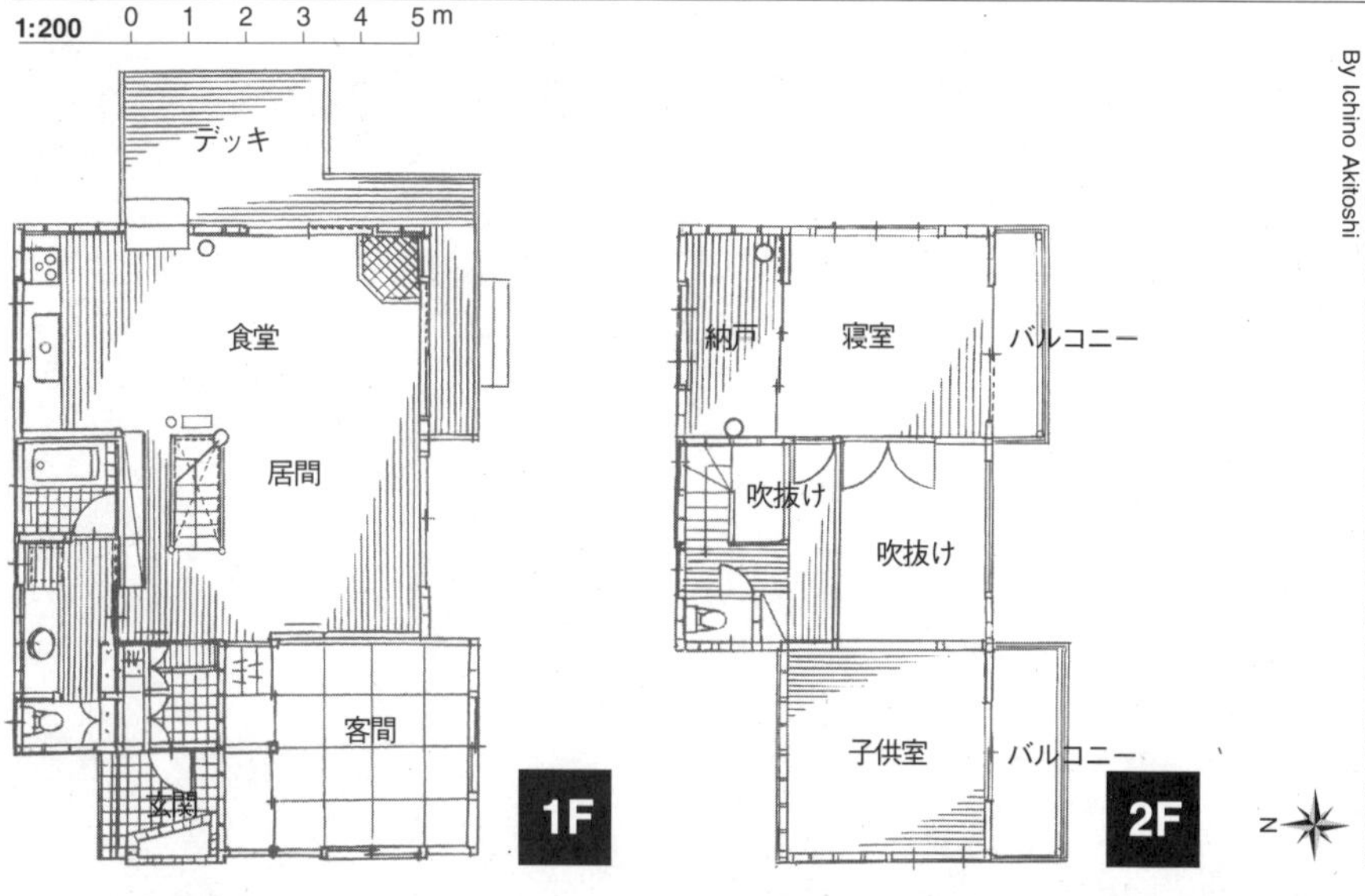

By Ichino Akitoshi

現代の和の暮らしを楽しむ

四季の移ろいを敏感に感じとり、季節感にあふれた暮らしを楽しむのが、かつての日本人の住まい方でした。この家もそんな暮らしができるようにと考えました。のびやかな空間は引き戸により自在に開いたり閉じたりできます。またどこにいても家族の気配を感じられるように、中心部に大きな吹抜けを設けました。この吹抜けは上下の空間をつなぐ役割も果たしています。吹抜け天井に取り付けた天井扇は家中の空気の流動に役立ちます。

Data

家族構成	夫婦＋子供１人
所在地	埼玉県飯能市
敷地面積	294.59㎡
延床面積	118.98㎡
	１階／76.01㎡　２階／42.97㎡
構造	木造２階建て

益子義弘

Masuko Yoshihiro

益子アトリエ
〒352-0012
埼玉県新座市畑中1-9-28
TEL:048-481-2421 FAX:048-481-2421

略歴●1940年東京都生まれ。東京芸術大学建築科修士課程修了。1984年益子アトリエ設立。

これまでに手がけた住宅●木造20棟、RC造10棟。(OMソーラー導入5棟)

1 少しでも余裕のある敷地を持つ場合は、最初に木を植え緑を這わせ陽の影を家のまわりにつくることをまずは考える。心地よい小風や空間の抜けは、そうした周囲があって活きるものだし、そのための開口部や窓や仕切りなどへの工夫も、それと共に多様なアイデアが広がる。とはいえ、現実の多くはそんな余裕に乏しく、様々な不信に囲まれ、1本の大樹すらそれが落とす葉の始末にも喧しい騒ぎが伴うこの頃だ。それでもなお、個々の敷地を越えた周辺に、共棲のアメニティへの目を向けること。そうした環境への目配りと期待を持った一つの家の実際が、いくらかの浄化力を持ってその周辺への影響や変化をも誘うと信じたい。環境への負荷軽減の問題が、自己完結的な家づくりの範囲で取り沙汰されていることにやや物性偏重のきらいを感じ、あまりマニアックなそうした取組みやそれを競うがごとき情報の横溢は好ましいことではない。

2 「陽に干した布団で暖かく眠る」、OMの感覚的な原点はこんなところにあると思うし、だから当然限界もある。システムとしてとらえ過ぎず、そんな原点を住まい手と設計者がまずは共有することが大事だと思う。

稲田豊作

Inada Toyosaku

稲田豊作一級建築士事務所
〒270-1144
千葉県我孫子市東我孫子1-31-2
TEL:0471-66-2559 FAX:0471-66-2573

略歴●1948年新潟県生まれ。中央工学校卒業。末松設計、木曽三岳奥村設計所を経て、1985年稲田豊作一級建築士事務所設立。

これまでに手がけた住宅●木造35棟、RC造3棟、鉄骨造1棟。(OMソーラー導入10棟)

1 エネルギー問題が表面化することで、設計手法のなかによりエネルギーコンシャスな考え方が定着し、建築デザインの大きな要素となっています。なかでも太陽熱を利用したOMソーラーシステムの導入によって、間仕切りの少ないワンルームや、吹抜けのあるゆったりした空間構成が可能となりました。適度な温熱環境が保証されたひとつの内部空間は、簡便な間仕切りと建具によって多様な空間をつくり出し、住まいに落ち着きとやすらぎを与えています。また、外部空間とのつながりを意識した開口部は、内部空間に広がりと連続性を生み、空間の一体性を高めています。太陽熱の利用に始まった設計手法は、日照時間や気温、風向、降雨量などの気象条件を通して、日本の自然環境を知り、その豊かさと多様性を感じ、風土と建築のあり方に思いをめぐらすことになりました。自然との親和性を高め、環境と共生する建築で、豊かな生活空間をデザインしたいと願っています。

草野耕治

Kusano Koji

耕設計舎
〒272-0826
千葉県市川市真間5-6-4
TEL:047-371-8944 FAX:047-375-4420

略歴●1950年福岡県生まれ。東京YMCAデザイン研究所建築研究科卒業。佐生設計事務所を経て、1991年耕設計舎設立。

これまでに手がけた住宅●木造8棟、鉄骨造1棟、鉄骨＋木造1棟。(OMソーラー導入5棟)

1 生活に必要なエネルギー区分は給湯に1/3、暖房に1/3、照明、調理、その他で1/3(北海道､沖縄は別)と考えられ、全体の2/3を占める給湯暖房に、限りある化石エネルギー使用は最小限にとどめたいものです。クリーンエネルギーの電気にしても火力発電、原子力発電の製造時の環境負荷が問題となっている現時点では、自然エネルギーの利用は急務です。なかでも熱と光2種類のエネルギーを常に地球に送り続けている太陽を利用しない手はありません。つまり暖房給湯に太陽熱を、発電に太陽光を利用したいものです。

2 OMソーラーを取り入れた家ではまず良好な温熱環境を確保することが大切だと思います。断熱材をきっちり入れ、サッシにはペアガラスをはめ込むなど、家の基本性能を上げることです。またプランづくりでは階段や廊下を居間の一部に取り込むなど、広く大きなプランとし、家の中での温度差を少なくしたいものです。問題点は3つ。冬の室内の乾燥、夏の集熱屋根直下の遮熱、そしてハンドリングボックス直下の部屋の音対策です。また面積に余裕があれば、床下蓄熱していない食品庫を設けることをお勧めします。

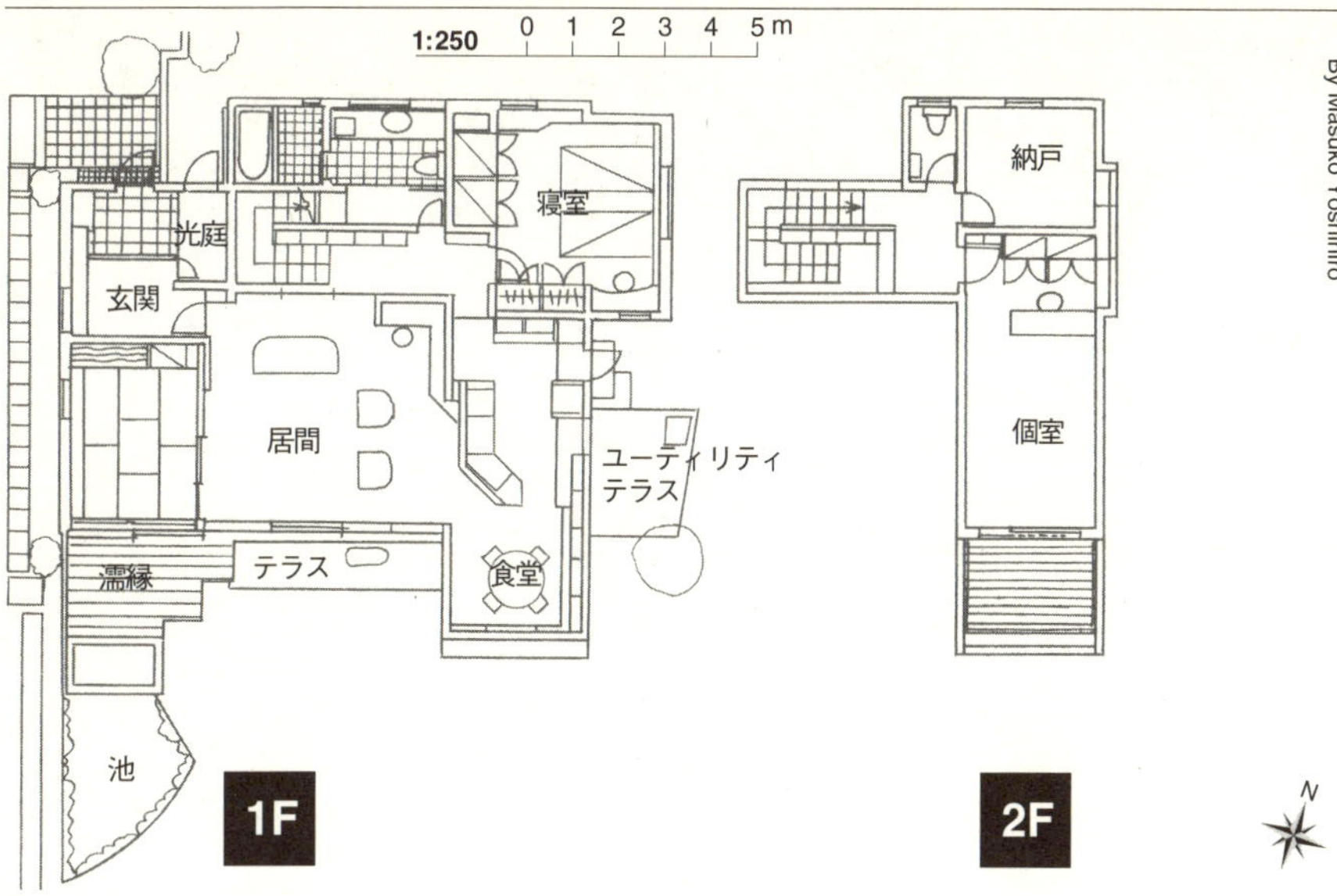

By Masuko Yoshihiro

高齢者への配慮が生む心地よさ

高齢なご夫妻の住まい。近くに住む娘さんの家族がよく訪れるが、普段はお二人だけの生活である。プランニングでは、広がりのある空間をとらえながら、動線としてはごくコンパクトに諸室のつながりを持ち、お二人の互いの気配がどこからも察せられるように心がけた。場所の仕切りには引き戸を多く用いて、冬の閉じた室の区分と、夏の風を抜く開放的な一体の空間という季節ごとのしつらいが機敏に切り替わるようにしている。

Data

家族構成	夫婦
所在地	神奈川県三浦郡葉山町
敷地面積	429.94㎡
延床面積	150.44㎡
	1階／111.83㎡　2階／38.61㎡
構造	木造2階建て

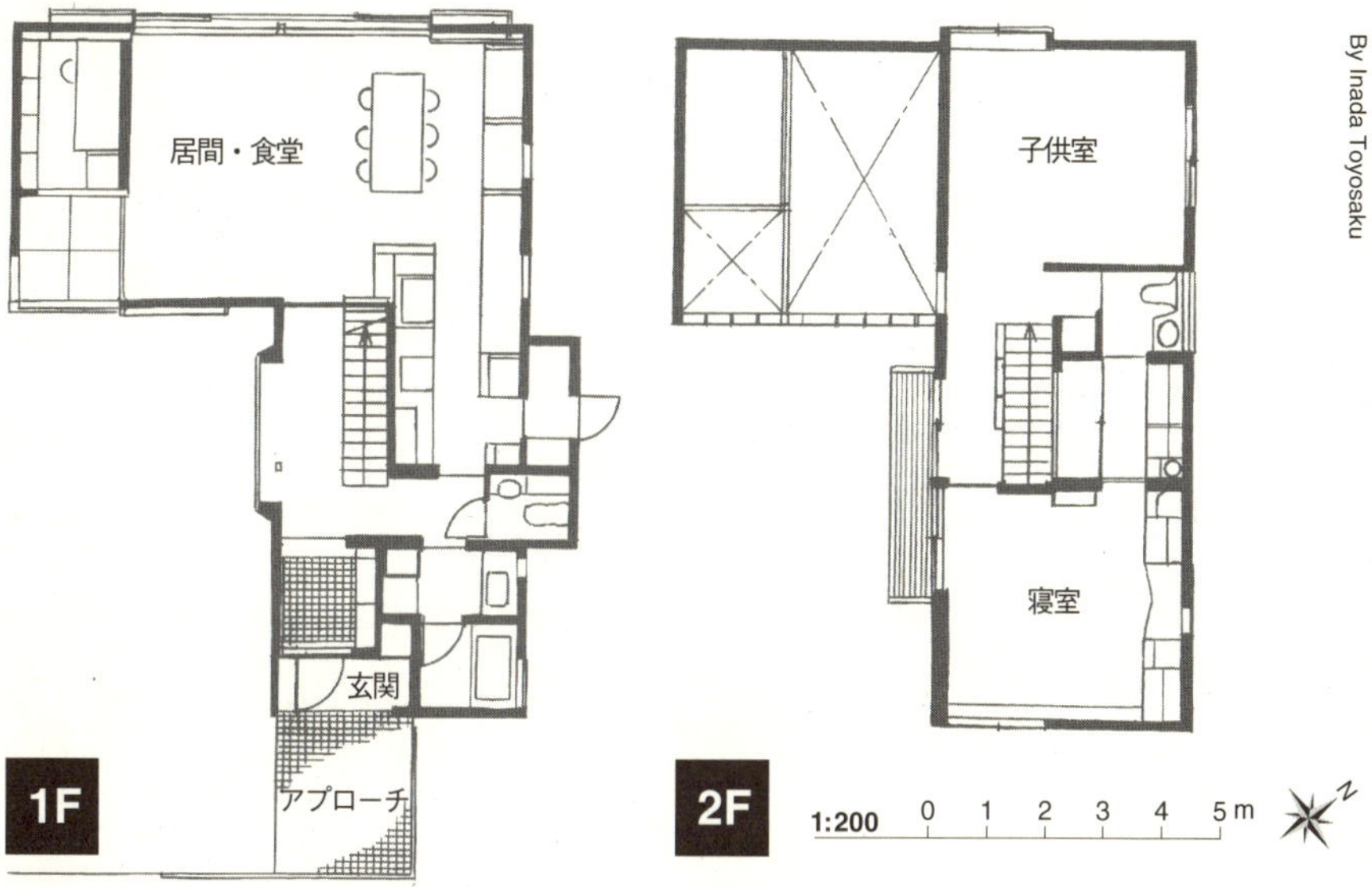

By Inada Toyosaku

自然と交感する仕掛け

北側境界に沿って屋敷林があり、西に斜面林と湧水がある。この自然環境を修景することから始まった計画は、単純な平面計画の中に、自然と一体化された空間をつくり、親和性を高め、日常生活の中で自然を強く意識することを目的としている。西側に大きく開かれたフルオープンの開口部と東面の大きな高窓は、水と緑、そして光と交感するための仕掛けである。

Data

家族構成	夫婦＋子供1人
所在地	千葉県東葛飾郡沼南町
敷地面積	462.40㎡
延床面積	116.88㎡
	1階／69.20㎡　2階／47.68㎡
構造	木造2階建て

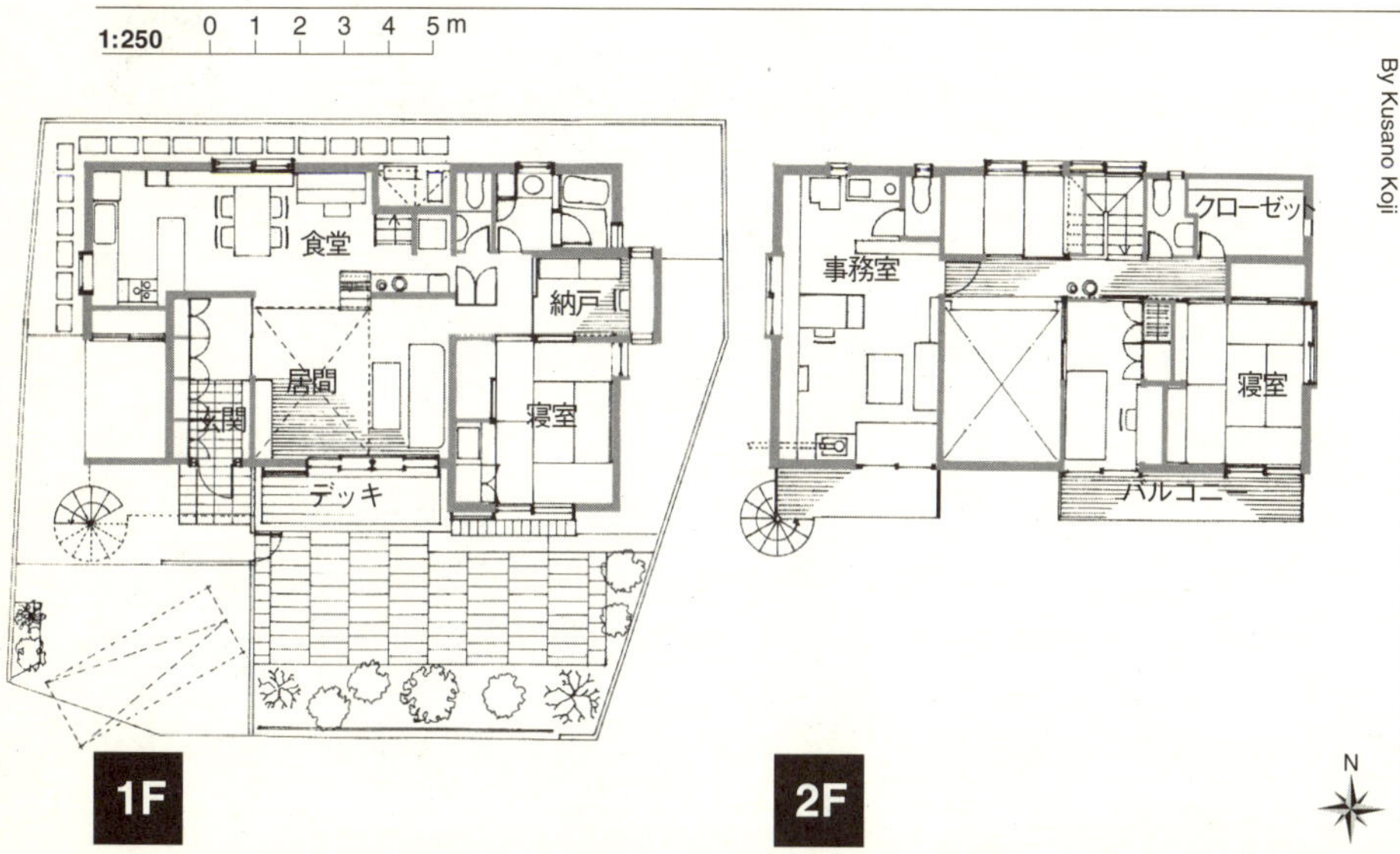

By Kusano Koji

長持ちする構造と仕上げに

この家は、木の柱や梁をできるだけ隠さずに表わした構造とし、外壁には漆喰を塗り、年月を経てもそれなりに美しく老いていく、長持ちする家を目指しました。屋根下地と2階の床下地に杉の足場板（35㎜厚）を鉋で仕上げて使い、これも表わしにして調湿効果を発揮しやすくしています。また木製サッシペアガラスの採用で開口部からの熱損失を低減させています。プランは1階の階段廊下は仕切らず、広く回遊性のあるものにしました。

Data

家族構成	祖母＋夫婦＋子供1人
所在地	千葉県市川市真間
敷地面積	231.63㎡
延床面積	145.73㎡
	1階／80.32㎡　2階／65.41㎡
構造	木造2階建て

1 省エネルギーのことを考えると、確かに気密性の高い住まいは有効です。しかし、換気量が減ると室内空気が汚れ、健康問題を引き起こします。たとえ多少節があっても無垢の木材、割れが入っても左官仕上げなどは、調湿性があり、有害な化学物質を出しません。できるだけ自然素材を使った家づくりをしたいと考えています。

2 冬季に、家中の最低気温が上ってくれるのはとても快適です。換気効果が高いのもうれしいこと。反面、空気を動かしているので無音ではありません。音に過敏な人はファンの騒音が発生するハンドリングボックスの位置について配慮が必要です。

半田雅俊

Handa Masatoshi

半田雅俊設計事務所
〒173-0004
東京都板橋区板橋1-48-8-405
TEL:03-3579-5571 FAX:03-3579-5838
E-mail:handa@mbd.nifty.com

略歴●1950年群馬県生まれ。工学院大学建築学科卒業。1981～83年Frank Lloyd Wright School of Architecture留学。1983年半田雅俊設計事務所設立。

これまでに手がけた住宅●木造64棟、RC造1棟、木造+RC造3棟、鉄骨造1棟。(OMソーラー導入31棟)

---

1 古い日本の家屋は自然のエネルギーをうまく利用した形をしていました。軒が深いことで夏の強い陽射しを遮り、冬には日足の長い陽の光を室内にたっぷりと採り入れていました。また植物、土などの自然素材で造られた家は解体時にも再利用や処分がしやすくなっていたのです。現在ではそうした良い点を忘れて、自然のエネルギーを機械的に制御することで快適さを求める方向にあるように思えます。住宅を設計するということは、太陽、風、雨などの自然の働きを活かしてそれをデザインしていくことと考え、自然を制御するのではなく調和しながら快適に過ごせる家をつくっていきたいと思います。

2 OMソーラーの家は太陽熱を利用した床暖房と、お湯とりができるという機能的なシステムを持っています。それによって冬には家全体が暖かく夏にはお湯がふんだんにとれるという快適さが得られるわけです。

しかし、OMソーラーの本当の価値は太陽や風、雨など自然のリズムを取り入れて住むことに喜びを感じるところにあると私は思います。その自然の恩恵を素直に感じ取れる方にこそおすすめしたい住宅です。

松原正明

Matsubara Masaaki

一級建築士事務所
松原正明建築設計室
〒175-0084
東京都板橋区四葉1-21-11
クローバ21-112号室
TEL:03-3939-3551 FAX:03-3939-3551
E-mail:mmatsu@mx2.harmonix.ne.jp
http://plaza.harmonix.ne.jp/~mmatsu/

略歴●1956年福島県生まれ。東京電機大学工学部建築学科卒業。設計事務所勤務の後、1986年一級建築士事務所 松原正明建築設計室設立。

これまでに手がけた住宅●木造約50棟、RC造2棟。(OMソーラー導入6棟)

---

1 住まいを考えるとき、その場所の環境条件を正しく読みとることが必要です。特に限られた自然条件しか得られない都市の中の住宅において、何らかの形で自然と接する方法を見つけていかなければなりません。環境に負荷を与えない住宅は、まず自然と仲良くなるところから始まると考えています。

2 OMソーラーのよいところは、システム全体に貫かれている優しさにあると思います。それは「ひなたぼっこ」「夕涼み」といった昔からの自然への接し方に近い。あるがままの自然をほんの少し操作する(空気の流れをつくる)ことで有効に利用しようとするものです。自然エネルギーの利用には、こんな力まない姿勢が大切だと思います。

元倉眞琴

Motokura Makoto

スタジオ建築計画
〒150-0033
東京都渋谷区猿楽町29-18
ヒルサイドテラスB-6
TEL:03-3464-3472 FAX:03-3464-3659
E-mail:skk@blue.ocn.ne.jp

略歴●1946年千葉県生まれ。東京芸術大学美術研究科建築専攻修士課程修了。槇総合計画事務所を経て、1980年スタジオ建築計画設立。1998年より東北芸術工科大学環境デザイン学科教授。

これまでに手がけた住宅●木造9棟、RC造5棟、鉄骨造3棟。(OMソーラー導入1棟)

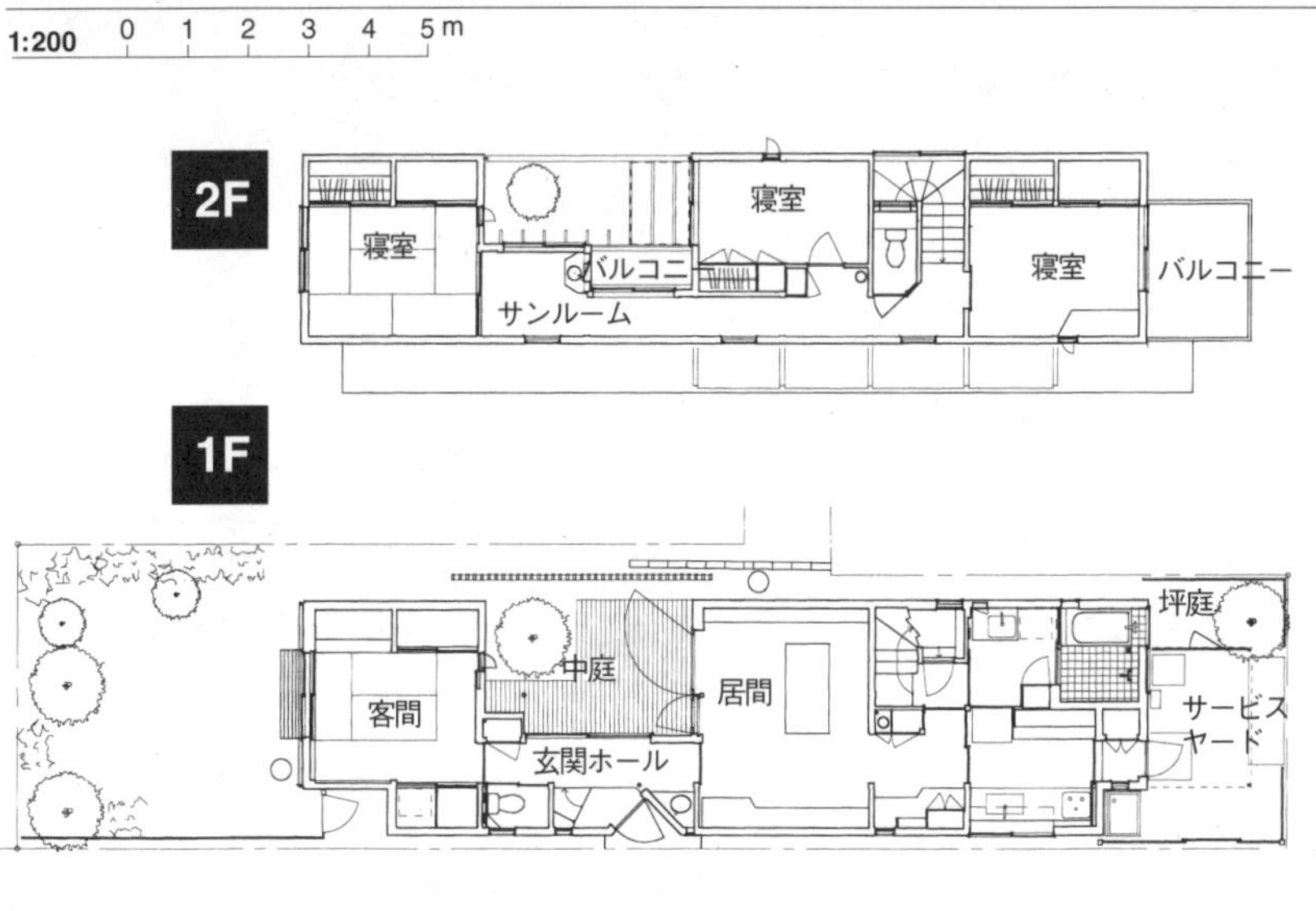

By Handa Masatoshi

敷地を活かし、落ち着く室内空間

東西方向は長いけれど、道路から南側の隣地まで5ｍほどしかない陽当たりの悪い横長の敷地です。ほとんど直射日光が射さない1階ですが、中庭とトップライトで採光して、ＯＭソーラーのおかげで冬も自然な暖かさが得られます。シャラの樹が植えられたウッドデッキの中庭は、戸外でありながらプライバシーが守られた落ち着いた場所。居間のガラス戸を全開すると戸外と室内が一体化します。

Data

家族構成	本人＋両親＋弟
所在地	東京都大田区
敷地面積	149.99㎡
延床面積	118.23㎡
	1階／64.99㎡　2階／53.24㎡
構造	木造２階建て

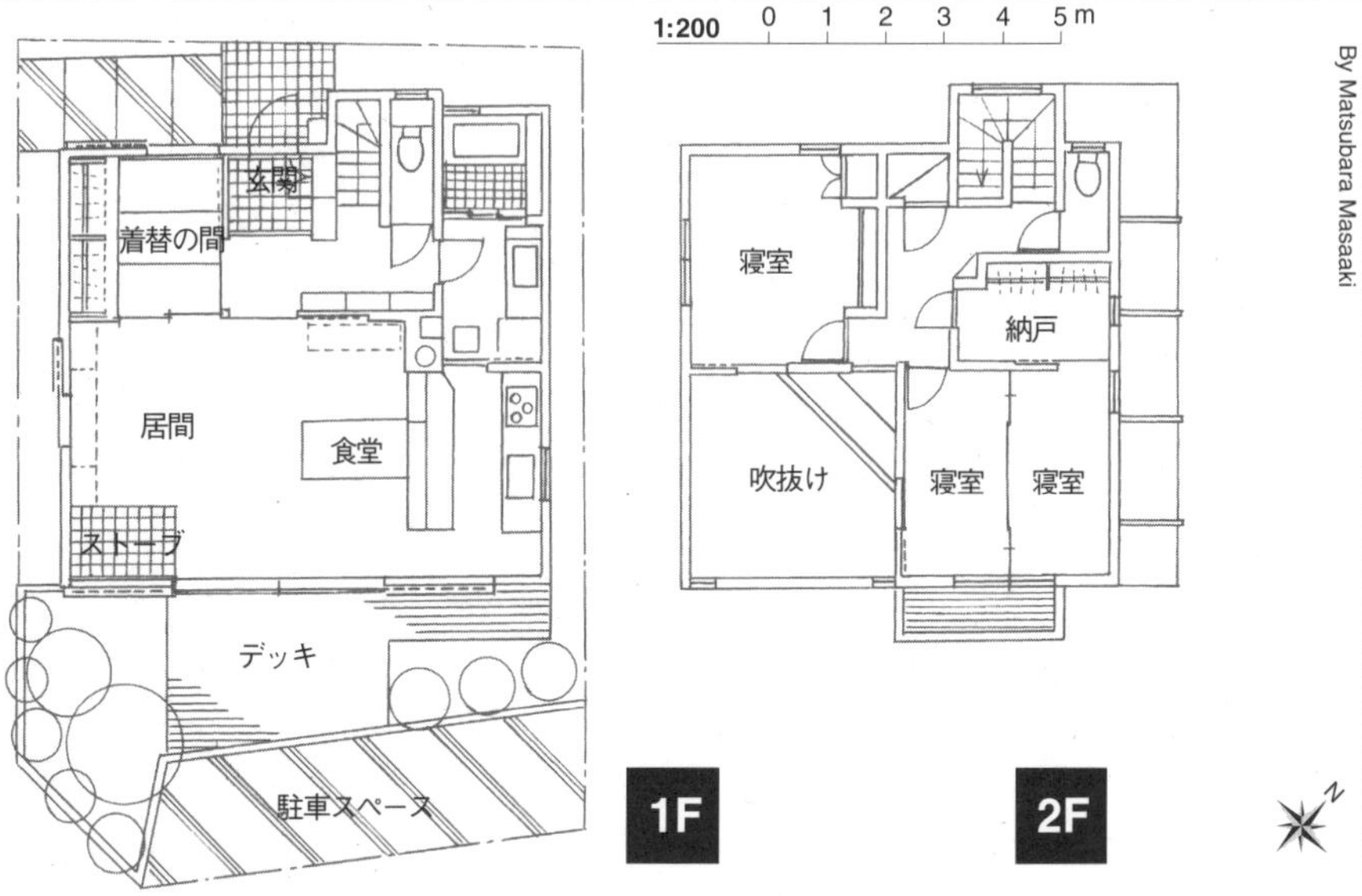

By Matsubara Masaaki

居間の吹抜けで広がる空間

居間と屋外とのつながりを濃くするために設けられた板張りの外デッキは駐車スペースとの間にある簀の子状の板塀により、住宅街にあっても道路側からの視線を気にせず気軽に外へ出られるようにしている。居間にある吹抜けを通してOMソーラーと薪ストーブで家全体を暖めることができ、夏には上昇する空気により自然な通風を得ることができる。かつ1、2階がお互いに見渡せることで家族の一体感も生まれる。

Data

家族構成	夫婦＋子供１人
所在地	東京都東久留米市
敷地面積	129.81㎡
延床面積	103.78㎡
	1階／62.38㎡　2階／ 41.40㎡
構造	木造2階建て

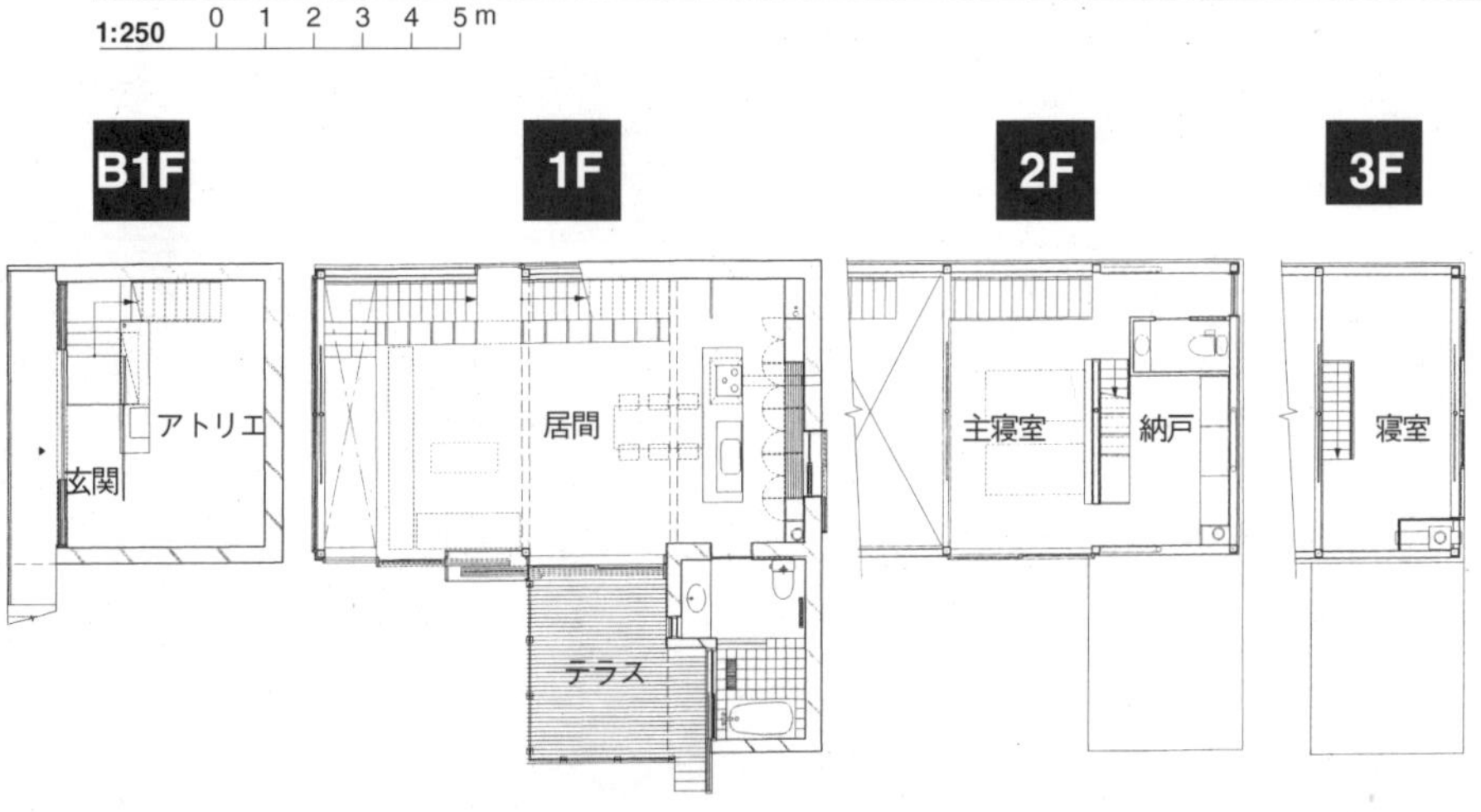

By Motokura Makoto

4つのフロアを持つ家

急な斜面の勾配に合わせるように、４つのフロアを持った住宅である。各フロアは一つの大きな空間にあるのだが、１階のメインフロアを中心に、それぞれの役割を持っている。南向きの片流れの屋根は、OMソーラーの集熱の効率を求めるものであるが、同時に風の強いこの場所での防御の姿勢でもある。

Data

家族構成	夫婦
所在地	静岡県下田市田牛
敷地面積	662.51㎡
延床面積	128.56㎡
	地階／23.10㎡ 1階／58.16㎡ 2階／31.90㎡ 3階／15.40㎡
構造 木造一部RC造・地下１階地上３階建て	

田中敏溥

Tanaka Toshihiro

田中敏溥建築設計事務所
〒151-0053
東京都渋谷区代々木3-33-14-204
TEL:03-3320-5813 FAX:03-3320-3803
E-mail:KGKO1426@nifty.com

略歴●1944年新潟県生まれ。東京芸術大学大学院修了。茂木計一郎の元で設計活動に従事。1977年田中敏溥建築設計事務所設立。

これまでに手がけた住宅●木造45棟、RC造11棟。(OMソーラー導入3棟)

1 冬暖かく、夏涼しい家になるよう心がけること、それで足りない部分を機械設備で補うというのが家づくり（設計）の基本であると思う。＊風の通る家になるように平面・断面計画を大切にする。＊屋根や庇をできるだけ深く架ける。＊屋根裏の換気を考える。＊断熱を考える。できるだけ外断熱を考え、ペアガラスを使用する。＊窓まわりのしつらいに気を配る。雨戸(ガラリ戸)、網戸、ガラス戸、障子(ふすま)を設け、天気や季節の変化への対応を考える。

柳 秀夫

Yanagi Hideo

柳設計事務所
〒157-0063
東京都世田谷区粕谷3-30-14
TEL:03-5384-1881 FAX:03-5384-1831
E-mail:info@yanagi-arc.co.jp

略歴●1950年東京都生まれ。東京電機大学工学部建築学科卒業。1982年柳設計事務所設立。

これまでに手がけた住宅●木造24棟、RC造2棟、鉄骨造2棟。(OMソーラー導入5棟)

1 私が最も重視する自然の恵みは「季節感」です。住空間で四季を感じるには住まい手の五感を適度に刺激する季節情報の伝達が必要です。窓からの陽射しの変化、心地よい通風の中に感じる春の匂いや夕立後の涼み、庭の樹木の色づきや小鳥の囀り等々。開口部を通して、適度な応答があって初めて感じることが出来るものばかりです。断熱や気密を軽視することはできませんが、高気密・高断熱への過度の傾注と盲信は、自然と人間との関係を希薄なものにしかねません。このようなことから、「OMソーラー」の可能性と「通風と眺望に配慮した窓のデザイン」を重視して設計に取り組んでいます。

2 OMソーラーは一応の定型パターンを持ったシステムですが、敷地の周辺環境・建物の構造・住まいの形式・住まい手の価値観や性格・予算などに応じて個々の建物ごとに工夫や配慮が必要となります。特に外気の取り入れ方・床下蓄熱の度合い・乾燥対策・周辺機器の選択には注意しましょう。一般的に冬の日照が充分あることを前提条件にしがちですが、一工夫すれば屋根融雪システムとしても活用できるので、積雪寒冷地での導入もお勧めします。

赤沼國勝

Akanuma Kunikatsu

SEA arch
〒154-0011
東京都世田谷区上馬4-39-5-103
TEL:03-3414-4109 FAX:03-3414-4104
E-mail:vj9k-aknm@asahi-net.or.jp
http://www.ne.jp/asahi/green/architecture/

略歴●1944年東京都生まれ。東京大学建築学科大学院。1970年 RIA建築総合研究所、1979年赤沼設計工房創立。1996年SEA archに名称変更。

これまでに手がけた住宅●木造26棟、RC造4棟、鉄骨造4棟、セラミックブロック造3棟。(OMソーラー導入12棟)

1 家は買うものではありません。多くの知識を学び、知恵を出し合って創意や工夫を重ねて美しいものを創ることです。自然の一部としての私たち人間は、知恵の広さ、深さでは自然そのものにはかないません。陽だまりのぬくぬくとした気持ちよさ、美しさにハッとさせられる木陰や木漏れ陽、肌にやさしいそよ風、しとしと雨のおだやかな音や波紋の美しさ、自然の微妙な変化に心を開き、そんな気配を感じられることが、人の心の深いところに豊かさと、そこにいる安心感を与えているのでしょう。

子供や大人、若者やお年寄り、犬や人、自然や人々、さまざまな価値が包含された工夫ある家。土地のエネルギーを利用し、嘘のない素材を使う美しい家は人にやさしい心を生みます。そんな家が続く町は優しさにあふれています。

自然から学ぶことは科学すること、昔からの知恵を活かし、同時にコンピュータを駆使した科学の応用も必要です。そして産直の木を育てた人、木を加工して組み建ててくれた人、土を壁にしてくれた人、多くの人の足跡が見える住まいが家と呼んでふさわしいのだと考えます。

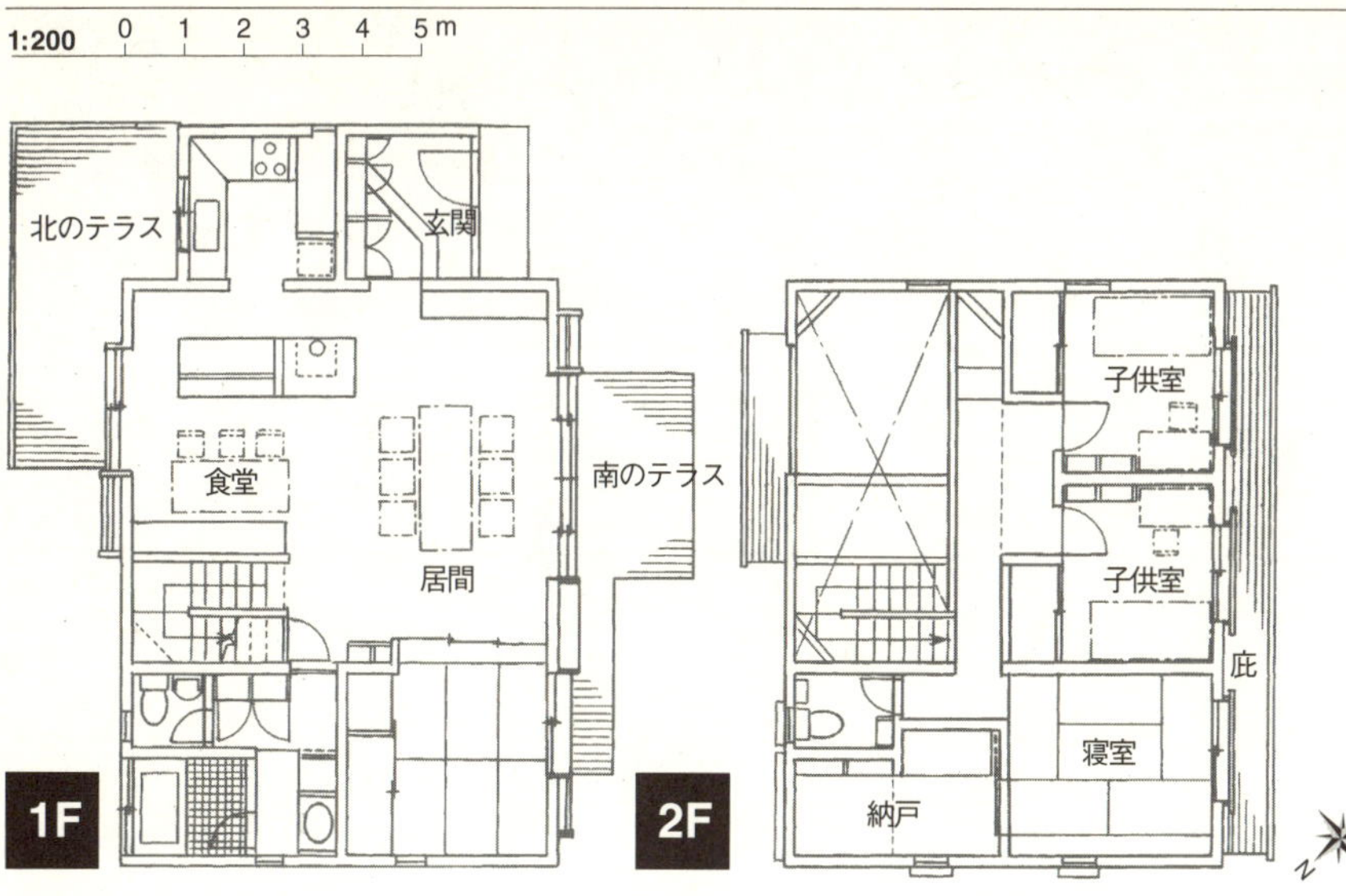

By Tanaka Toshihiro

周囲の自然を取り込む

千曲川を見下ろし、浅間山を遠望できる高台の敷地。その恵まれた自然条件を取り込んだおおらかな家族室をつくりだそうと考えた。東に張り出た台所の窓からも、食堂の北東に大きく開放された窓からも美しい雑木林と千曲川、浅間山が見える。家の表と裏には大きなテラスをつくり、生活の場が広がるように考えた。家のほぼ中央には、吹抜けと一体になった階段室をつくり、いつも家族がお互いの気配を感じられる家になるように考えた。

Data

家族構成	夫婦＋子供２人
所在地	長野県丸子町
敷地面積	310.93㎡
延床面積	142.89㎡
	1階／87.24㎡ 2階／55.65㎡
構造	木造２階建て

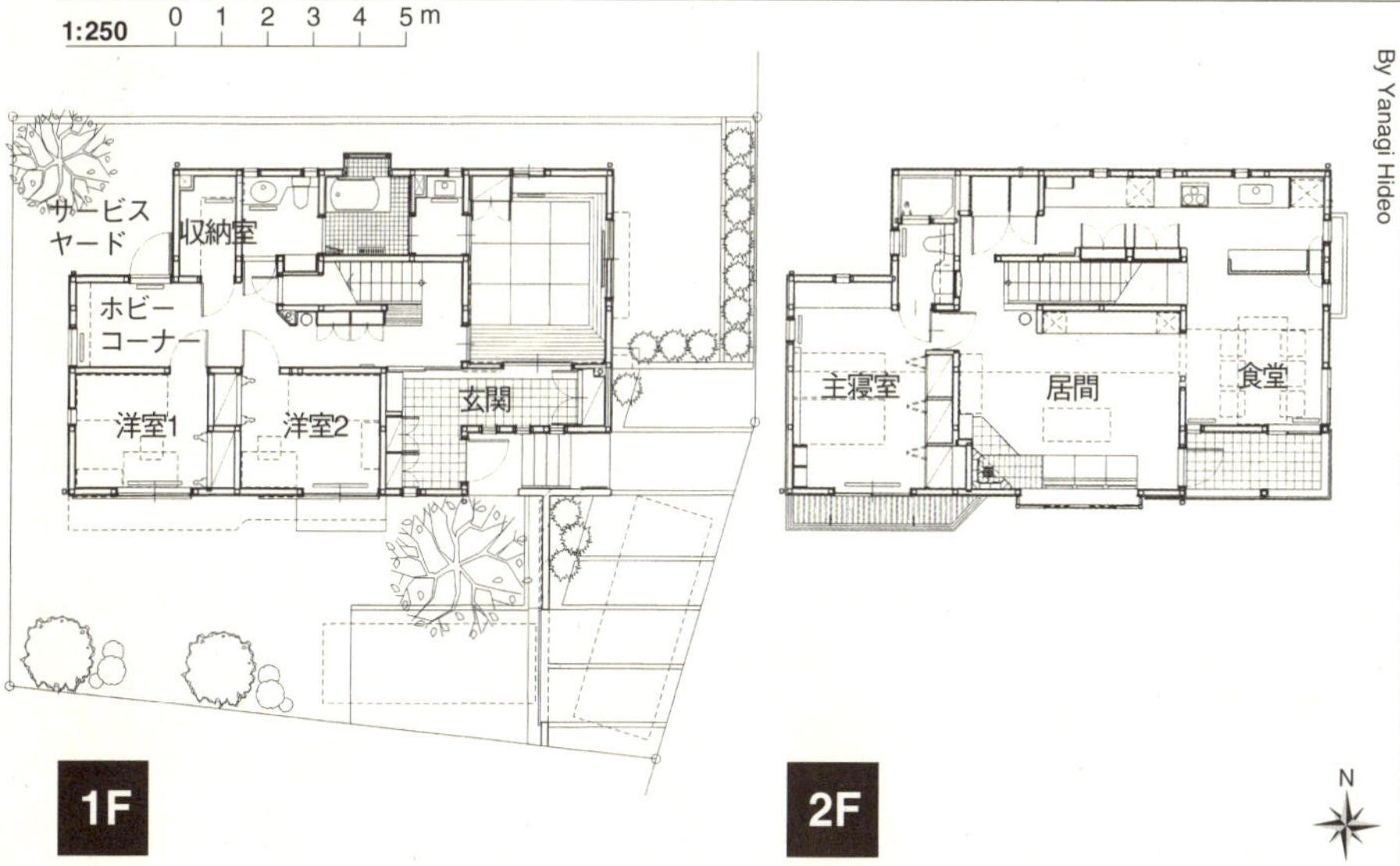

By Yanagi Hideo

眺めを楽しむ居間食堂

港北ニュータウンに建つ住宅。南東方向に広い公園があり、緑豊かな景観を楽しむために居間と食事室を2階に設けた。立ち下がりダクトの途中に風向切換ダンパーをつけて、2階床下にも暖かい空気を送り込めるようにしている。夜は軸流ファンをつけた2本の立ち上がりダクトを利用して、1階床下の蓄熱を2階に流す工夫もしている。大きな吹抜けはなくても家全体が暖かさに包まれ、建主の夢だった暖炉が居間のアクセントになっている。

Data

家族構成	夫婦＋子供2人
所在地	神奈川県横浜市
敷地面積	206.46㎡
延床面積	151.47㎡
	1階／75.91㎡ 2階／75.56㎡
構造	木造2階建て

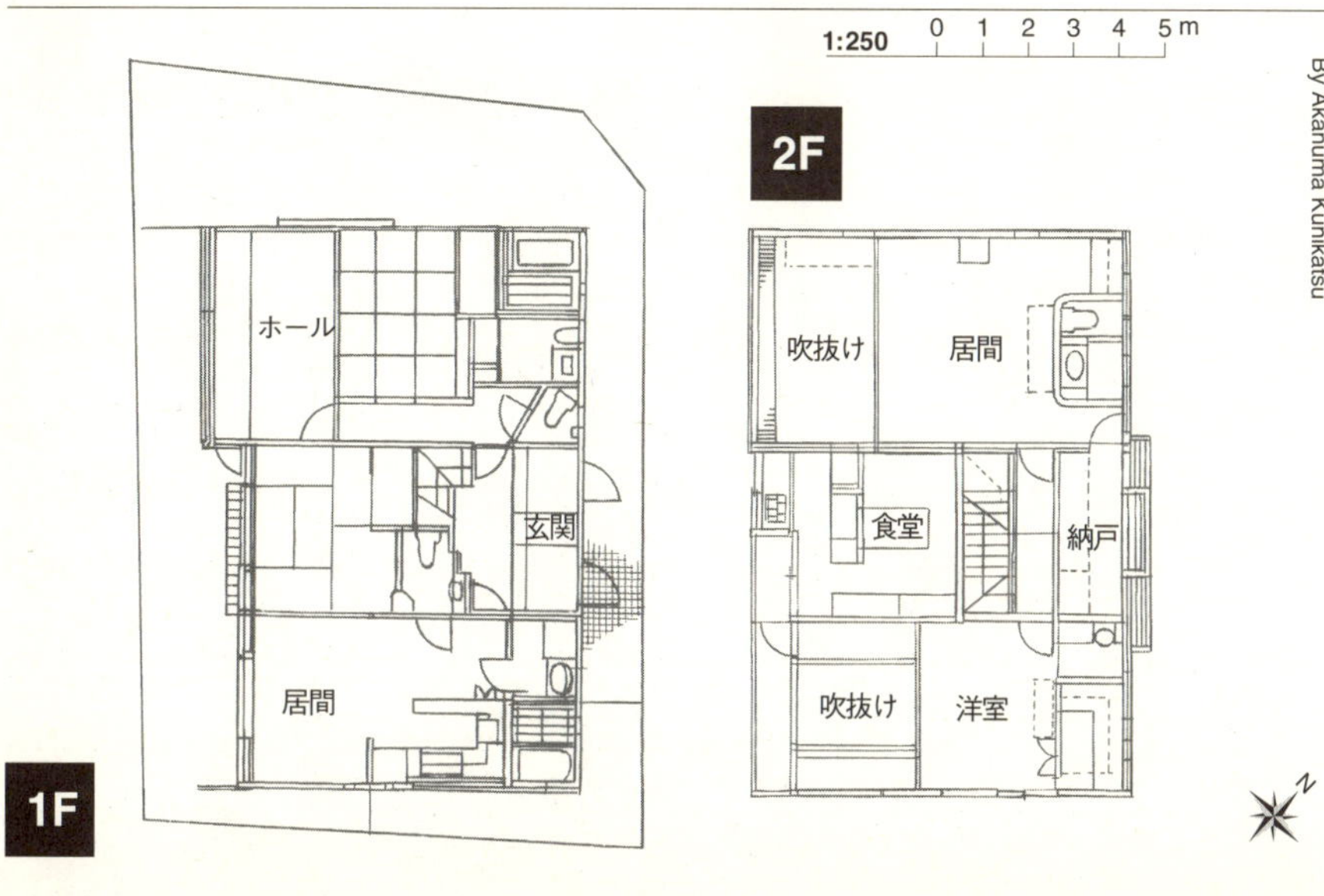

By Akanuma Kunikatsu

太陽と家族のぬくもりある家

雨の日も晴れの日も今日は良い天気で楽しい日といえるような家づくりを目指しました。そして2世帯が互いに気配を感じつつそれぞれの独立した生活ができる住宅です。ひとつ屋根の下で同じ太陽のぬくもりが家族のぬくもりとして感じあえる住まいにしたかったのです。建設の時は木の産地まで出向き木の育った山並みや製材所を見学し、それを育てた人に会って、これから生活を共にする木たちに挨拶に行きました。

Data

家族構成	夫婦＋子供1人＋祖母
所在地	東京都杉並区
敷地面積	190㎡
延床面積	214㎡
	1階／115㎡ 2階／99㎡
構造	木造2階建て

1 最近ますます気持ちを強くしていること、それは土・和紙・木などの環境と共にある自然素材がとても素敵で魅力的な存在であり、限り無い表現力を持っているということ。かえってデザインする側の器量が試されていると実感しています。実験的で伝統的な試みに絶えず取り組んでいます。太陽は陽射し、光、そしてソーラーシステムとして、風は涼しさと空気質の新鮮さ、雨水はノウハウとまでいえないのが残念。循環する素材が使っていて一番うれしい。アメリカでは、ワラ建築に真剣に取り組む建築家・技術者と交流してきました。土に漆喰を混ぜるなど同じことをしていました。

2 とにかく太陽熱はたくさん降り注いでくれますが、とても希薄であるところに特徴があります。その希薄さと付き合うエチケットがノウハウであると言えるでしょう。大事に集めて、簡単に洩らしたりしないことです。OMのシステムはそのためのものです。それから、今は大きな組織となっていますが、その出発点は現場施工の住宅にふさわしい壁や屋根や床や基礎の構造に組み込んだ無駄のないシステムを創ることだったのです。

丸谷博男

Maruya Hiroo

エーアンドエーセントラル
the arts and architecture
〒155-0033
東京都世田谷区代田3-48-5
梅ヶ丘アートセンター
TEL:03-3419-5247 FAX:03-3419-3194
E-mail:h.maruya@a-and-a.net
http://www.a-and-a.net

略歴●1948年山梨県生まれ。東京藝術大学美術学部建築科および大学院修了。奥村昭雄研究室助手・奥村設計所で約10年、環境共生住宅と家具製作に取り組み、1988年エーアンドエーセントラル設立。

これまでに手がけた住宅●木造65棟、鉄骨造4棟、RC造16棟。(OMソーラー導入47棟)

---

1 私たちが住まいを考えるとき、とかくその「内」に注意が集中することは当然のことといえます。しかし、私たちのつくる「内」が「外」に影響していることを考えた家づくりができると、外つまり町はもう少し内にとっても有難い存在になるのではないかと思います。隣との間はブロック塀よりも生垣に、それもできることならば花の咲く……。少しの余地があれば、日陰をつくる大きな樹を。地表は舗装コンクリートより、雨水が通り、虫が棲める芝や草で。駐車スペースも車の轍の部分だけを舗装する。太陽熱利用を積極的に。西や東の壁そして屋根など負荷の大きなところに庇や断熱材を設け、開口部を二重ガラスにする。こうした工夫を施した省エネルギー住宅――運転コストのかからない家は、結果として町にとっても負荷の小さな、町や自然と共生する家です。そうした住まいは、実は住み手にとっても快適で素敵な環境となるのです。そして、そんな住まいが少しずつ増え、それを日々体験する人々も増えています。私たちの生活そのものが「使い続けられる社会」と大きく関わっているのです。

野沢正光

Nozawa Masamitsu

野沢正光建築工房
〒156-0051
東京都世田谷区宮坂3-14-15
イーストウィング102
TEL:03-3428-5731 FAX:03-3428-3491
E-mail:info@noz-bw.com
http://www.noz-bw.com

略歴●1944年東京都生まれ。東京芸術大学美術学部建築学科卒業。大高建築設計事務所を経て、1974年野沢正光建築工房設立。

これまでに手がけた住宅●木造31棟、RC造10棟、鉄骨造7棟、混構造10棟。(当初からOMの研究メンバーとして活動を始めて以来、ほぼすべての住宅でOMソーラーシステムを試みている。)

---

1 自然エネルギー、特に太陽エネルギーの活用には、気密・断熱と共に「蓄熱」ということが、とても大切なことだと思います。蓄熱することで室温の変動も小さくなり、自然エネルギーもうまく活用できるようになります。という訳で、土間タイルや左官の壁といった熱を蓄えられる材料をなるべく多く使うようにしています。また自然素材を多用することで人にも住宅にも健康的な住まいになるよう心がけています。そして、手をかけながらなるべく長く住んでほしいと思っています。長く住むことが「環境にできるだけ負荷を与えない」ということにつながると思うからです。そのためには「家に愛着を感じられること」がとても大切なことです。だから、設計で心がけているのは「居心地がよく、愛着を感じて、長く住める家をつくること」です。

2 長所は、雨が降っているのか晴れているのかといった外の環境に敏感な暮らし方になること。問題点は、乾燥すること。快適を求めすぎ、補助暖房に頼りすぎると光熱費が高くなってしまいます。何事もほどほどに。

落合雄二

Ochiai Yuji

U設計室
〒154-0023
東京都世田谷区若林4-29-37
TEL:03-3421-5057 FAX:03-3421-4707
E-mail:u-och@mwd.biglobe.ne.jp

略歴●1955年東京都生まれ。明治大学工学部建築学科卒業。アーキブレーン建築研究所を経て、1990年U設計室設立。

これまでに手がけた住宅●木造28棟、RC造8棟、鉄骨造2棟。(OMソーラー導入11棟)

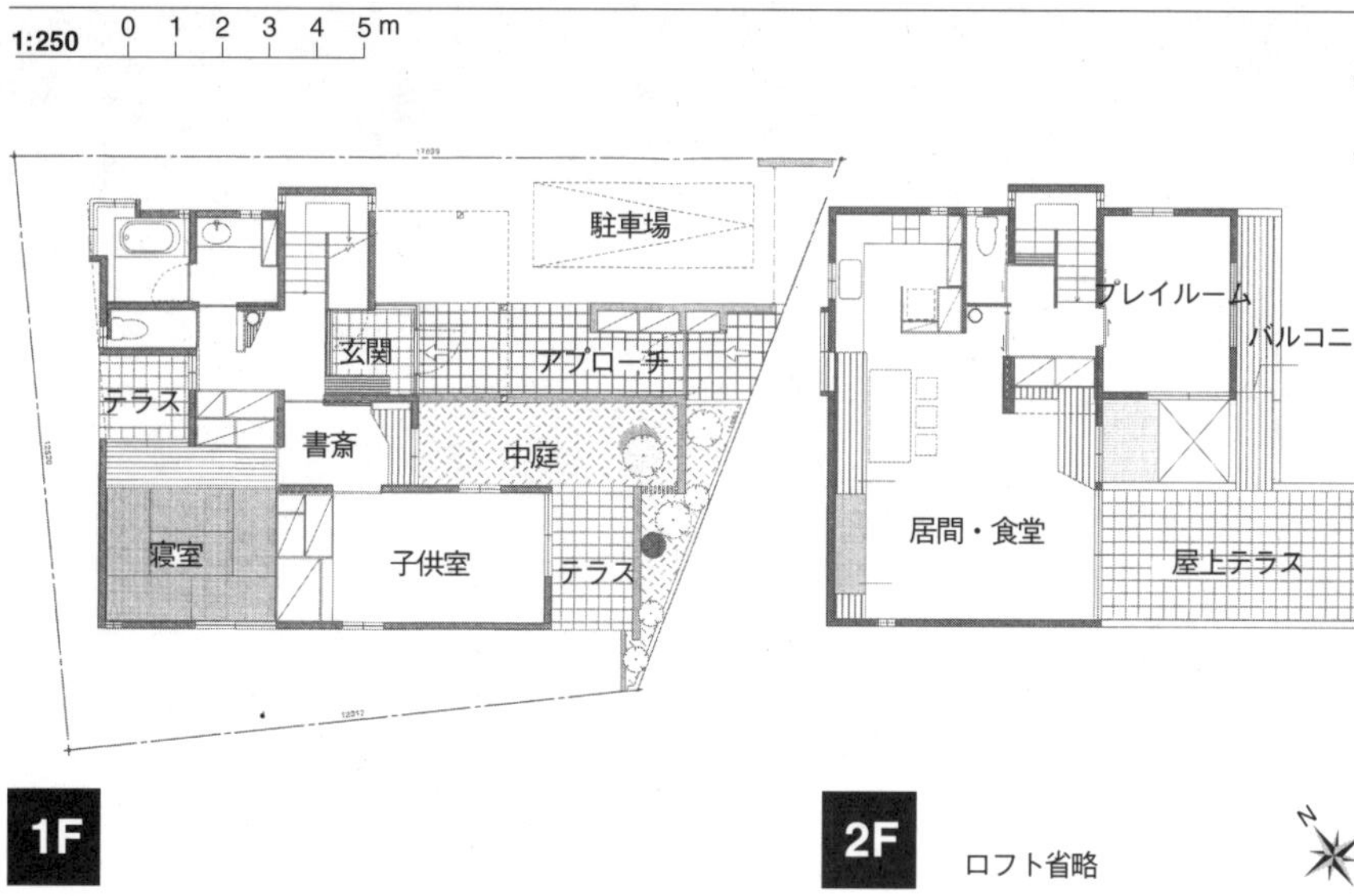
1:250
0 1 2 3 4 5m
駐車場
玄関
アプローチ
テラス
書斎
中庭
寝室
子供室
テラス
プレイルーム
バルコニー
居間・食堂
屋上テラス
1F
2F
ロフト省略
N

By Maruya Hiroo

狭小敷地を工夫して住まう

南に隣家が押し迫っているため1階の日照は期待できない敷地条件、そこに住まうためにはその敷地の中にひとつの生活という宇宙をつくらなければならない。そこに工夫が生まれていった。

- 2階リビングにしてあふれる太陽を得る。
- 中庭をつくりホッとした空間と通風を得る。
- 1、2階全ての部屋が独自の庭空間を持つ。
- 豊かな玄関アプローチが自転車を収納する。

Data

家族構成	夫婦＋子供2人
所在地	東京都葛飾区
敷地面積	176.61㎡
延床面積	123.50㎡
1階／61.75㎡ 2階／61.75㎡ ロフト／13.65㎡	
構造	木造2階建て

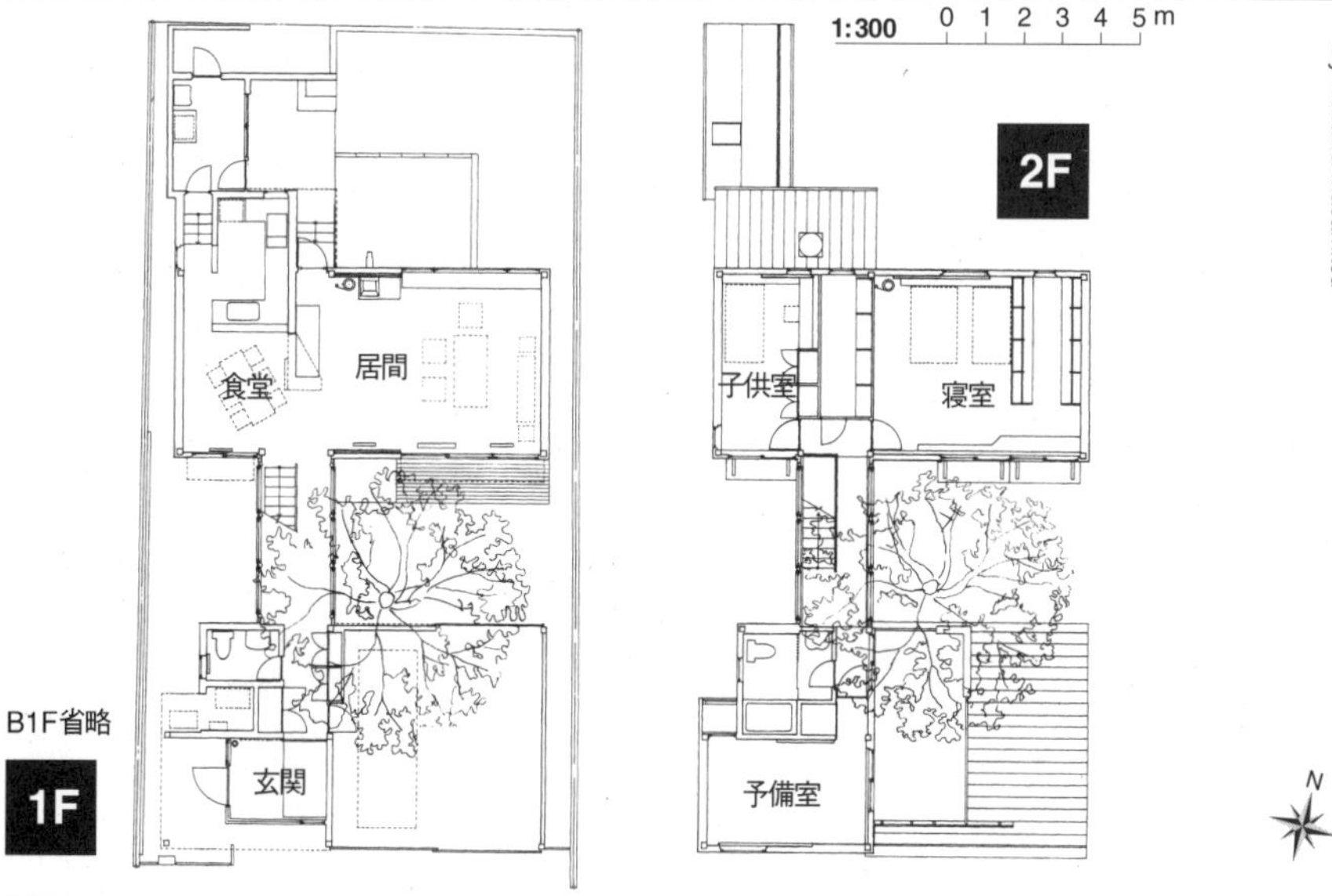
1:300
0 1 2 3 4 5m
食堂
居間
玄関
B1F省略
1F
2F
子供室
寝室
予備室
N

By Nozawa Masamitsu

再利用できる素材を使う

敷地の中ほどにあるセンダンの木を残して建物を配置すると、ごく自然に2棟による構成となった。結果、中庭を持つことになり、室内と連続したそのスペースが住宅内部の気分を開放的且つ守られたものにした。鉄骨を躯体とし、その外側で断熱している。また室温を安定したものとする蓄熱体としてのコンクリートブロックをはじめ、この家に使われている材料は、素材の転用・流用により再利用でき、環境負荷の低減を目指している。

Data

家族構成	夫婦＋子供1人
所在地	神奈川県相模原市
敷地面積	244.47㎡
延床面積	217.96㎡
地階／29.19㎡ 1階／115.77㎡ 2階／73.00㎡	
構造	鉄骨造2階建て

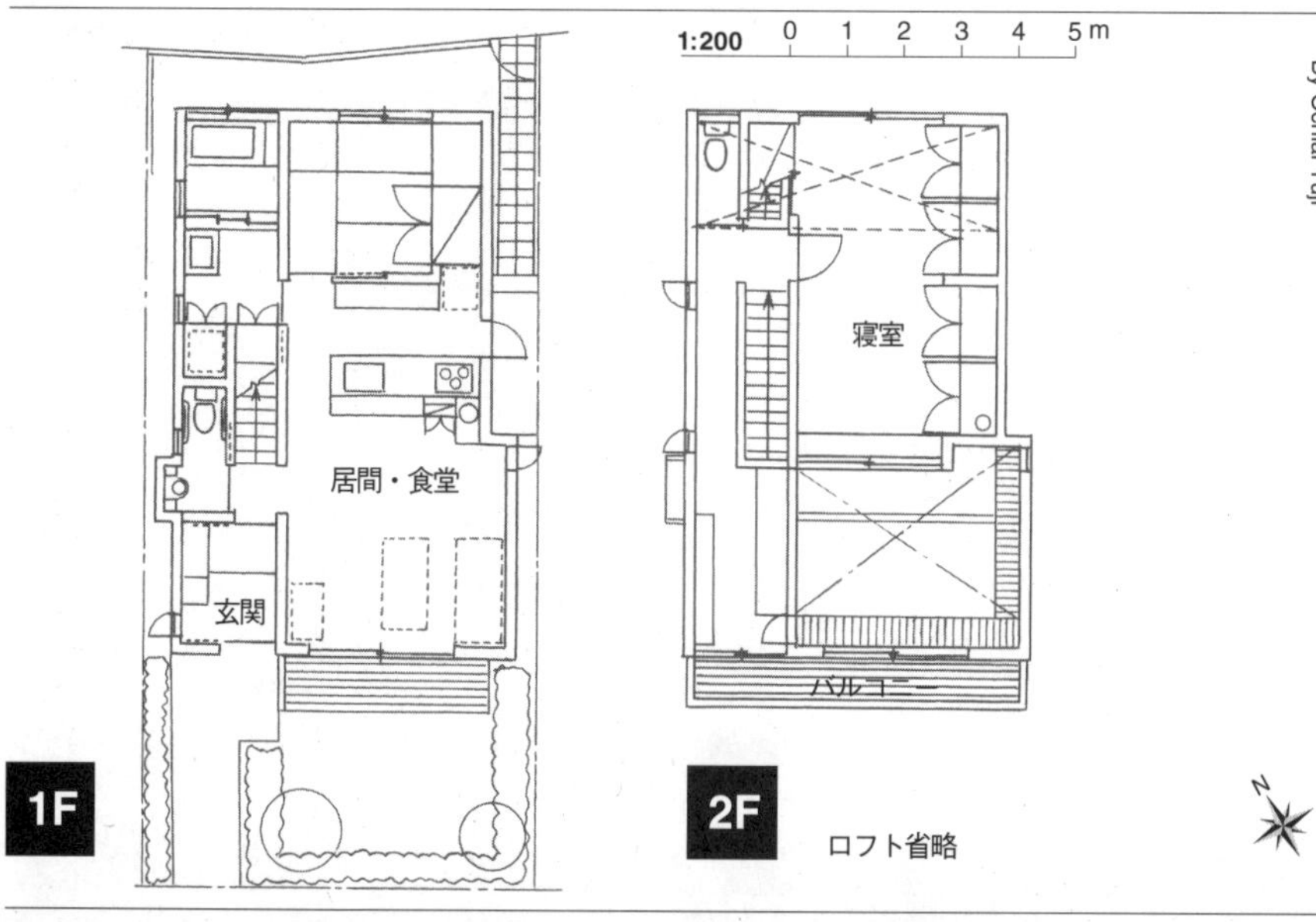
1:200
0 1 2 3 4 5m
居間・食堂
玄関
寝室
バルコニー
1F
2F
ロフト省略
N

By Ochiai Yuji

風通しのいい、のびやかな家

「どこにいても家族の気配がわかる家にしてほしい」というのが建主さんの要望でした。お子さんもまだ小さく、子供室の間仕切りもないので、1階からロフト階まで一つの大きなワンルーム状の家が出来上がりました。吹抜けには将来増築する時のために梁が渡してあります。また平面的にも断面的にも風が抜けるように考えてあります。昨夏はほとんどエアコンなしで過ごせたとのこと。「風ってとても気持ちがいい」とは、奥さんの弁。

Data

家族構成	夫婦＋子供2人
所在地	神奈川県川崎市
敷地面積	100.10㎡
延床面積	97.98㎡
1階／51.62㎡ 2階／36.43㎡ ロフト／9.93㎡	
構造	木造2階建て

松澤 穣

Matsuzawa Minoru

松澤穣十テシコビルネス
〒102-0085
東京都千代田区六番町3-11
TEL:03-3264-3250 FAX:03-5213-7066
E-mail:matsuzawa@tamabi.ac.jp

略歴●1963年東京都生まれ。東京芸術大学建築科大学院修了。ウィーン応用美術大学留学。東京芸術大学益子研究室助手を経て、1995年松澤穣十テシコビルネス設立。

これまでに手がけた住宅●木造3棟、RC造1棟。（OMソーラー導入2棟）

1 環境に対して当たり前、素材に対して当たり前であること、何かに逆らったり断ったりすることのない、素直な解決を探ることを心がけている。気候、地勢、風、陽射しなど、その土地に住まう上でずっと付き合うことになる諸条件、それらを漏らさず受けいれること。また、素材の性質、個々の素材が何を得意とし何を苦手としているのか、実際に自分が使ってみることによって知り、環境の与件を反映した素材選びをすること云々。よりよく満たす回答を重ね、当然さを求めていくことが、環境や素材に逆らわない、つまり負荷を与えない家づくりだと考えている。何かを仕掛けなくても、家全体が季節に応じて機能するような家。春夏秋冬どの季節にも、おおらかに対応しながら、環境に拮抗しないように心を配っている。北から南へと風の通り道をつくる。夏は深々とした軒が日射を遮り、大きな小屋裏が暑さを緩和する。冬は大きな窓が日だまりをつくり、昼間の蓄熱が夜の暖となる。梅雨時、呼吸する素材が、湿気を適度に保つ。等々、本当に当然な在り方に丁寧な解決をし、そして時には前例のない大胆さをもって、環境とのつきあい方をかたちにする。

佐々木正明

Photo/K.Tarumi

Sasaki Masaaki

佐々木正明建築都市研究所
〒171-0031
東京都豊島区目白2-27-23
TEL:03-3981-1994 FAX:03-3981-1994

略歴●1950年愛知県生まれ。武蔵野美術大学造形学部建築学科卒業。PLADESCO（シンガポール）、ラウム計画設計事務所等を経て、1979年佐々木正明建築都市研究所設立。

これまでに手がけた住宅●木造80棟、RC造4棟、鉄骨造2棟、混構造14棟。（OMソーラー導入16棟）

1 心頭を滅却すれば火もまた涼し——。とまでは言わないが、暑さ寒さも楽しむことのできる心構えがあって初めて気候の変化を味わうことができるのだろう。自然を敵と見なすのではなく、うまく仲良く付き合うという意味でも、例えば陽当たりや通風をできるだけ機械的にではなくコントロールすることが大切なことだと考えている。建築地の自然条件をどう読み、どう理解するのかが、設計初期の重要なファクターとなるのは言うまでもない。人力でできることは可能な限り人力で対応すること。窓の開け閉め、陽射しの制御もこまめにやってもらえるという条件から、設計をスタートする。

2 OMソーラーを採用する際に、住まい手には「決して暖房設備だとは考えないで下さい」とよく説明する。むしろ考え方の問題と把えた方がよい。OMソーラーを暖房設備の延長線上で考えるから問題が発生する。せっかくの陽射しを、もったいないから少し利用させてもらって「寒くないようにできればもうけもの」と考える。もともとそういうシステムだと考えているので、できるだけシンプルなOMソーラーを採用することをおすすめする。

武山 倫

Takeyama Hitoshi

木曾三岳奥村設計所
〒176-0023
東京都練馬区中村北3-16-19
TEL:03-3990-3934 FAX:03-3990-3770
E-mail:rin@quiet.co.jp
http://www.quiet.co.jp

略歴●1957年宮城県生まれ。東京芸術大学大学院卒業。大高建築設計事務所、東京芸術大学助手、オーエム研究所を経て、1994年木曾三岳奥村設計所入所。

これまでに手がけた住宅●木造12棟、RC造2棟。（OMソーラー導入12棟）

1 建築材料は、環境に負荷を与えないという意味で、製造過程から廃棄される段階までを考慮した上で「使い続けることのできる」ハードウエアの「部分」として選択・提案をしています。自然エネルギー活用については、その土地のポテンシャルを考慮し、プログラムにあわせてパッシブソーラーと次世代技術のベストミックスを提案しています。また、周辺環境の変化も含めて将来にわたって使い続けることのできるハードウエアを提案しています。

2 OMシステムの選択は、持続可能な未来に向けて、「長寿命・省エネ・エコマテリアル」といった、建築にできることについてのわかりやすい選択のひとつです。外気を導入して集熱する仕掛けは、高気密や断熱強化の結果、最大負荷となった「換気」を、無負荷、押し込み型で解決しています。しかし、このシステムはエアコンのように付け足す技術ではなく、インストールすべき考え方であると理解して欲しいと思います。OMシステムはシミュレーションプログラムをデザインツールとして解くサスティナブルデザインです。その長所を活かすのもころすのもデザイン次第だと言えます。

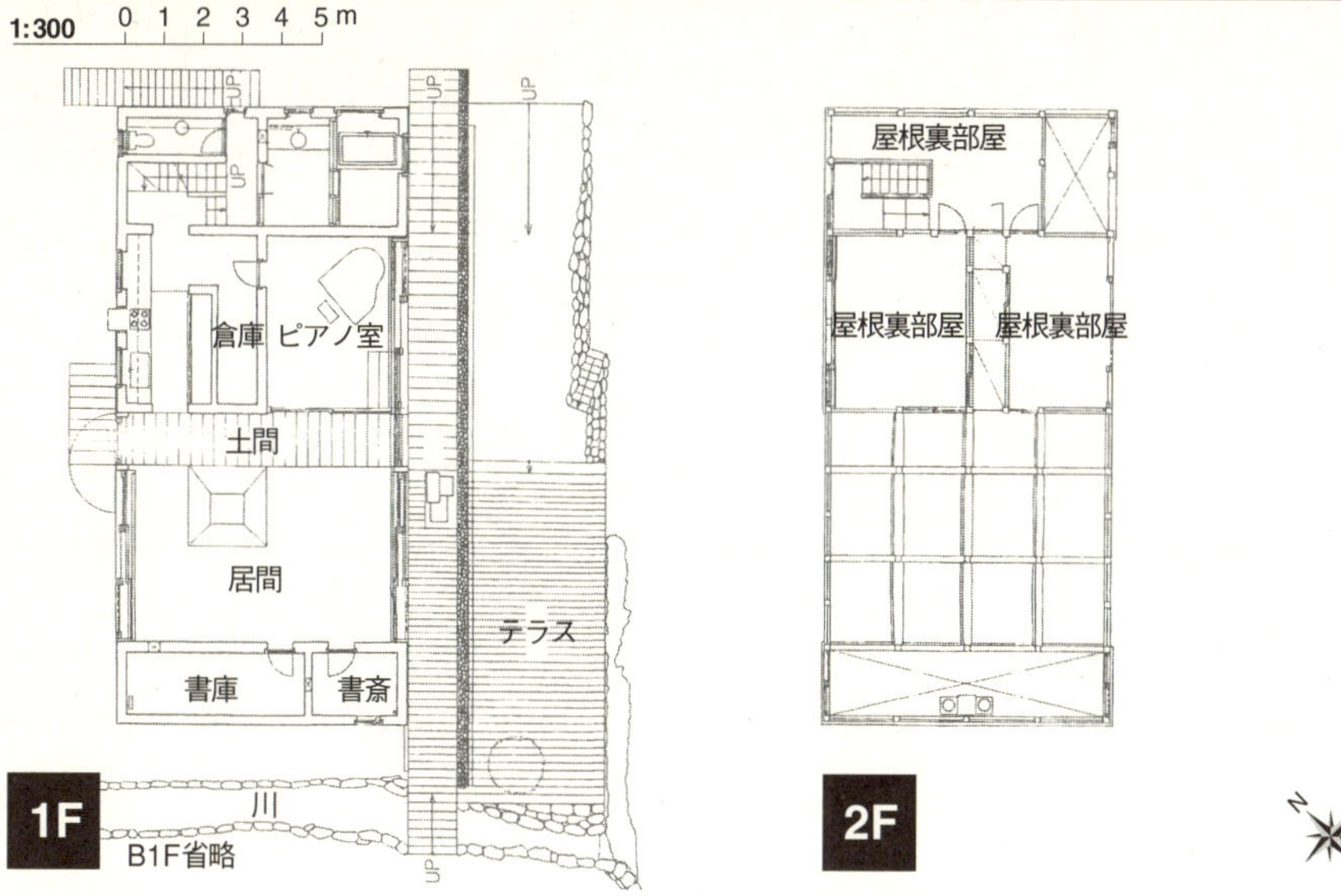

By Matsuzawa Minoru

石と木で組み上げた大空間

地場の大谷石で壁を造り、その上に古材を混じえた木材架構を載せ、厚い野地板の切妻屋根で覆っている。構造と表層が遊離することのない、明快な解決を目指したと同時に、OMソーラーを活かすための温熱的な効率にも配慮している。石は適度に吸湿し、熱容量の大きな蓄熱塊であると共に断熱材でもある。木も同様である。開口部が大きく、小屋組表わしの大空間ではあるが、太陽熱の恵みによって冬の生活も快適にしている。

Data

家族構成	夫婦
所在地	栃木県鹿沼市
敷地面積	998㎡
延床面積	171.72㎡
地階／12.96㎡　1階／110.16㎡　2階／48.6㎡	
構造	RC造＋積石造＋木造

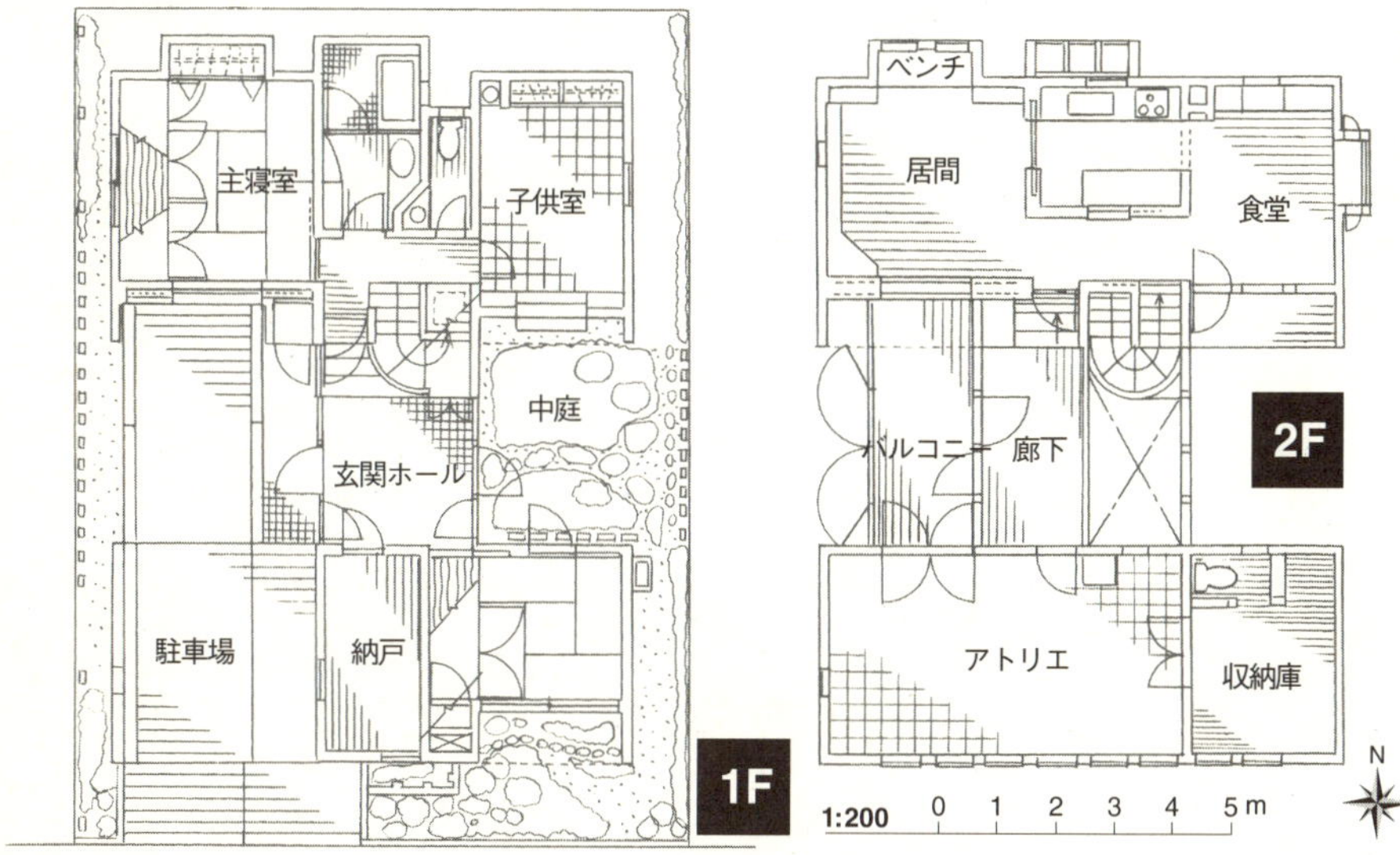

By Sasaki Masaaki

アトリエと住居をつないだ家

画家であるご主人は夜間の製作が多く、奥さまやお嬢さんの生活の時間帯と半日ずれていることもあり、仕事場棟と住居棟を分離し、玄関ホールでつなぐというプランを採用した。いつものように無垢材の床板、漆喰の壁など、昔からある材料を可能な限り、シンプルに使って仕上げている。OMソーラーは住居棟を中心に考え、かなりの効果があるようだ。

Data

家族構成	夫婦＋子供1人
所在地	埼玉県浦和市
敷地面積	153.97㎡
延床面積	145.52㎡
	1階／66.77㎡　2階／78.75㎡
構造	木造2階建て（一部RC造）

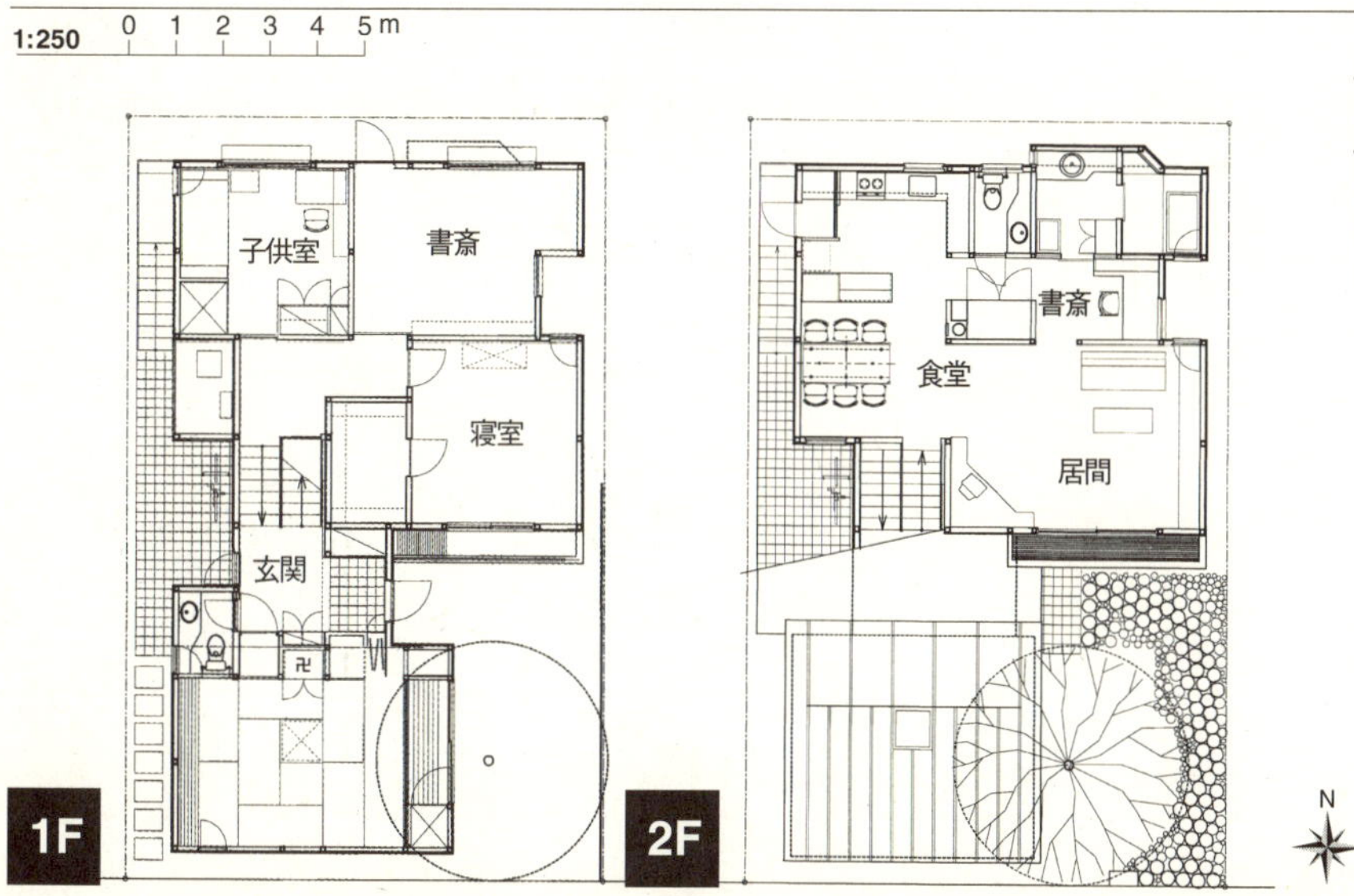

By Takeyama Hitoshi

地形を活かした室内構成

地形を変えず、斜面なりにスキップフロアで計画しました。玄関から半層下がった個室群と半層上がった居間、玄関と同じレベルの和室で構成されています。西北のバッファーゾーンで居室を守ると共に、隣地の条件が変わっても採光と通風が将来にわたって確保できるようなっています。2階には、装置として収納が置かれ、食堂・居間・書斎等それぞれに場所を与えています。切り替えによって集熱空気は2階の床上にも出せます。

Data

家族構成	夫婦＋子供1人
所在地	埼玉県所沢市
敷地面積	163.85㎡
延床面積	155.37㎡
	1階／96.39㎡　2階／58.98㎡
構造	木造2階建て

1 無理をせずにその人に合った範囲内でできる自然力の活用を提案しています。ちりも積もれば山ですから、一軒一軒が少しずつでも環境に気を配れば大きな成果ととらえています。大切なのは心も体も地球も気持ちよく生活できることですから、家全体が環境と共に深呼吸しているような活き活きとした空間づくりを提案しています。

2 OMソーラーの長所は家中の空気がより上手に循環しているので、床暖房の家といっても他のシステムとは暖かさの質が全然ちがうことです。これはシンプルな機構と設計者の設計力ががっちり手を組んだ結果生まれます。環境に負荷をかけずに大量の新鮮な空気を暖めることができるので空気がみずみずしいです。暖かい空気は上へ昇る、という単純なことを最大限活かし、循環ルートを綿密にシミュレーションしているので、吹抜けがあっても1階の床からロフトの天井まで、家中同じ温度に保てます。そのかわり空気を家中巡らせるので音もそれと一緒にやや伝わっていきます。消音もできますが、家族の気配が分かっていいと理解して頂くと生活面でプラスになります。

古暮和歌子

Photo/K.Suzuki

Kogure Wakako

壱岐坂アーキテクツ
〒113-0033
東京都文京区本郷2-12-9
グランディールお茶の水501
TEL:03-5805-7115 FAX:03-5805-7116
E-mail:ikiz@xb3.so-net.ne.jp

略歴●1964年東京都生まれ。東京芸術大学大学院修了。LoPSiA（仏）修了。1998年より花澤信太郎、村田かおり、佐々木早と共に壱岐坂アーキテクツを共同主宰。

これまでに手がけた住宅●木造5棟、鉄骨造1棟、RC造2棟。（OMソーラー導入2棟）

1 自然エネルギー利用は機器・設備よりもまず家の配置構成、庇、窓、吹抜け等の工夫で太陽光や風を取り入れ、或いは遮蔽する。床や壁に蓄熱性を持たせ室内の温度分布をよくしたり、調湿性の高い素材を用いる。その上でOMソーラー等の仕掛けを利用できればさらによい。樹木や隣家との隙間等外部環境を含めた微気候にも配慮したい。雨水、合併浄化槽の処理水を溜めれば小さな自己水源となる。井戸があればもっとよい。生ゴミもコンポストで土に還せる。水も生ゴミもその場所で大地に還せば、生態系を養える。地域材を使い地域の循環の中で家を造りたい。これらには住み手が自覚的に関わることが何よりも大切。このあたりの共通理解に基づき予算とも相談で設計する。

2 寒くない程度で満遍なく暖かい床蓄熱の快適さ、自然な換気がとてもよい。お湯もとれる。ある程度自然な気候に合わせて暮らそうという人にはもってこい。強い暖冷房を望む人には不向き、二重の設備投資になってもったいない。室内が乾燥することが欠点だが、洗濯物乾燥に利用すれば一石二鳥で湿度を上げられる。適度な蒸発を促すように水を備える方法もある。

長谷川 敬

Hasegawa Hiroshi

一級建築士事務所長谷川敬アトリエ
〒185-0034
東京都国分寺市光町2-1-25
TEL:042-576-7381 FAX:042-576-8521
E-mail:LEL01020@nifty.ne.jp

略歴●1937年東京都生まれ。京都大学建築学科修士課程修了。パオロソレリ・コンサンティファウンデーション、都市建築設計研究所を経て、1974年長谷川敬アトリエ設立。

これまでに手がけた住宅●木造91棟、RC造7棟。（OMソーラー導入43棟）

1 味覚においては、苦みや渋みも、甘さと同様に重要な要素です。自然も味覚のように、味わうものだと思います。ですから、住まいを設計するときにも、ただ自然を活用するだけを考えるのではなく、自然を味わうための様々な仕掛けを設けるように心がけています。

風を頬で感じ、春の香りに微笑む。光と影の戯れに遊び、雨の調べを楽しむ。空と土に親しみ、月をめでる。建物を通して、様々な「自然と対話する」時間が生まれれば素敵です。このような住まいが、本当の意味での「環境にやさしい住宅」だと思います。

気密性、断熱性を高めることばかりに気をとられないで、「自然を味わい、楽しむ住宅」を計画してほしいと思います。

郡 裕美
遠藤敏也

Kori Yumi・Endo Toshiya

スタジオ宙
〒180-0004
東京都武蔵野市吉祥寺本町1-27-3-701
TEL:0422-20-5071 FAX:0422-20-5072
E-mail:myu@studio-myu.com

略歴●郡裕美／1960年愛知県生まれ。京都府立大学卒業。コロンビア大学建築学科修士課程修了。●遠藤敏也／1961年静岡県生まれ。工学院大学工学部建築学科卒業。1991年スタジオ宙設立。

これまでに手がけた住宅●木造7棟、RC造1棟、鉄骨造1棟、RC十木造2棟（OMソーラー導入4棟）

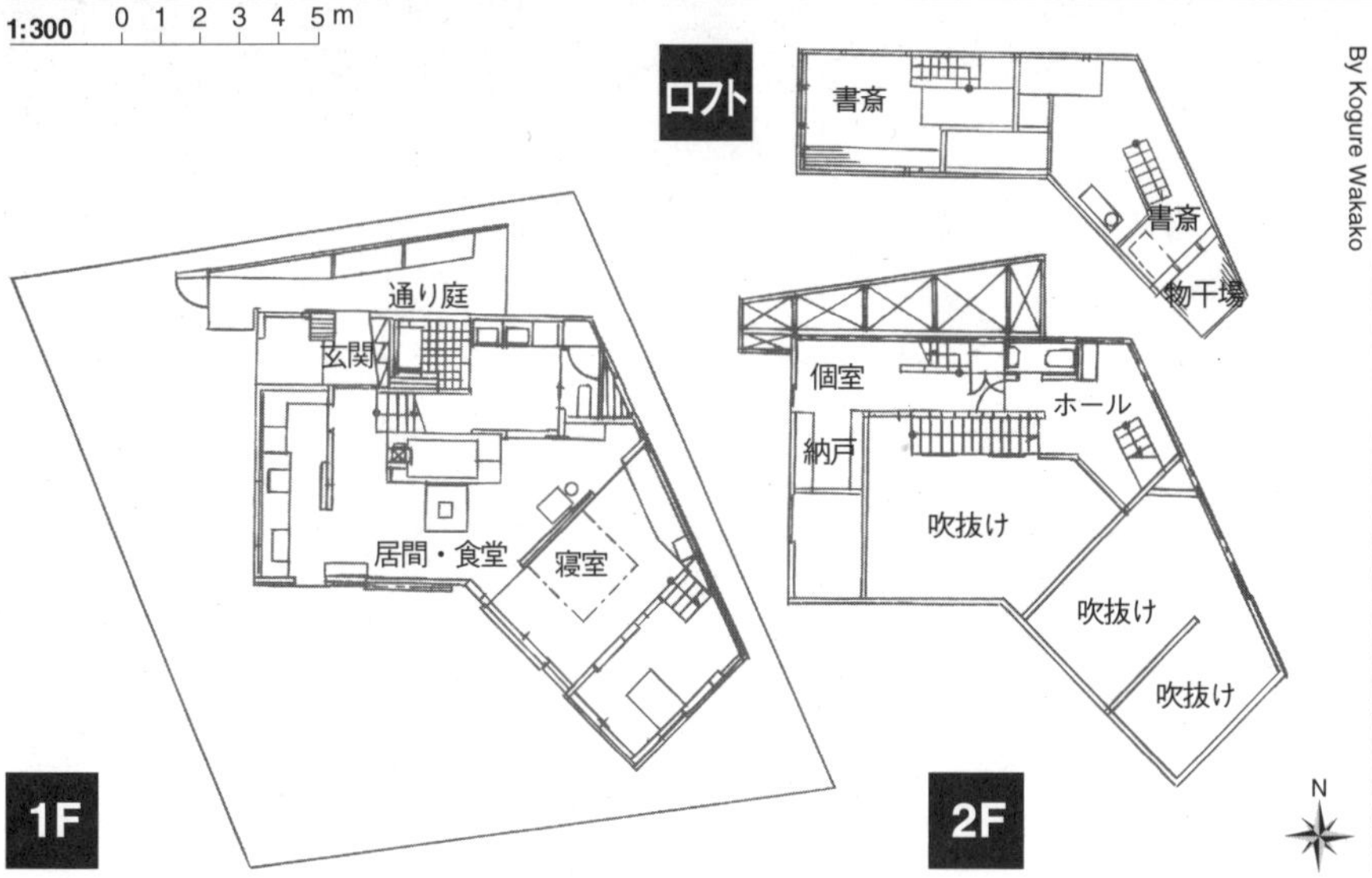

By Kogure Wakako

家の中にある家族それぞれの別荘

この家の奥様は足が悪く家の中にこもりがちでした。家中を均一に暖めることによって自然と動き回るようになり、家が大きな運動場になりました。大人ばかり4人の家ですから、気配は察しながらも適当に距離を置いた方がよいので、家の中にそれぞれの「別荘」があり各々ちがった角度から赤城山を望みます。家庭菜園の野菜を漬け物にしたり囲炉裏の炭を置いたりするので北側に半屋外の通り庭をつくりました。夏は犬が寝そべっています。

Data

家族構成	夫婦＋成人した子供2人
所在地	群馬県沼田市
敷地面積	232.90㎡
延床面積	138.12㎡
	1階／86.49㎡ 2階／51.63㎡
構造	木造2階建て（1階はバリアフリー）

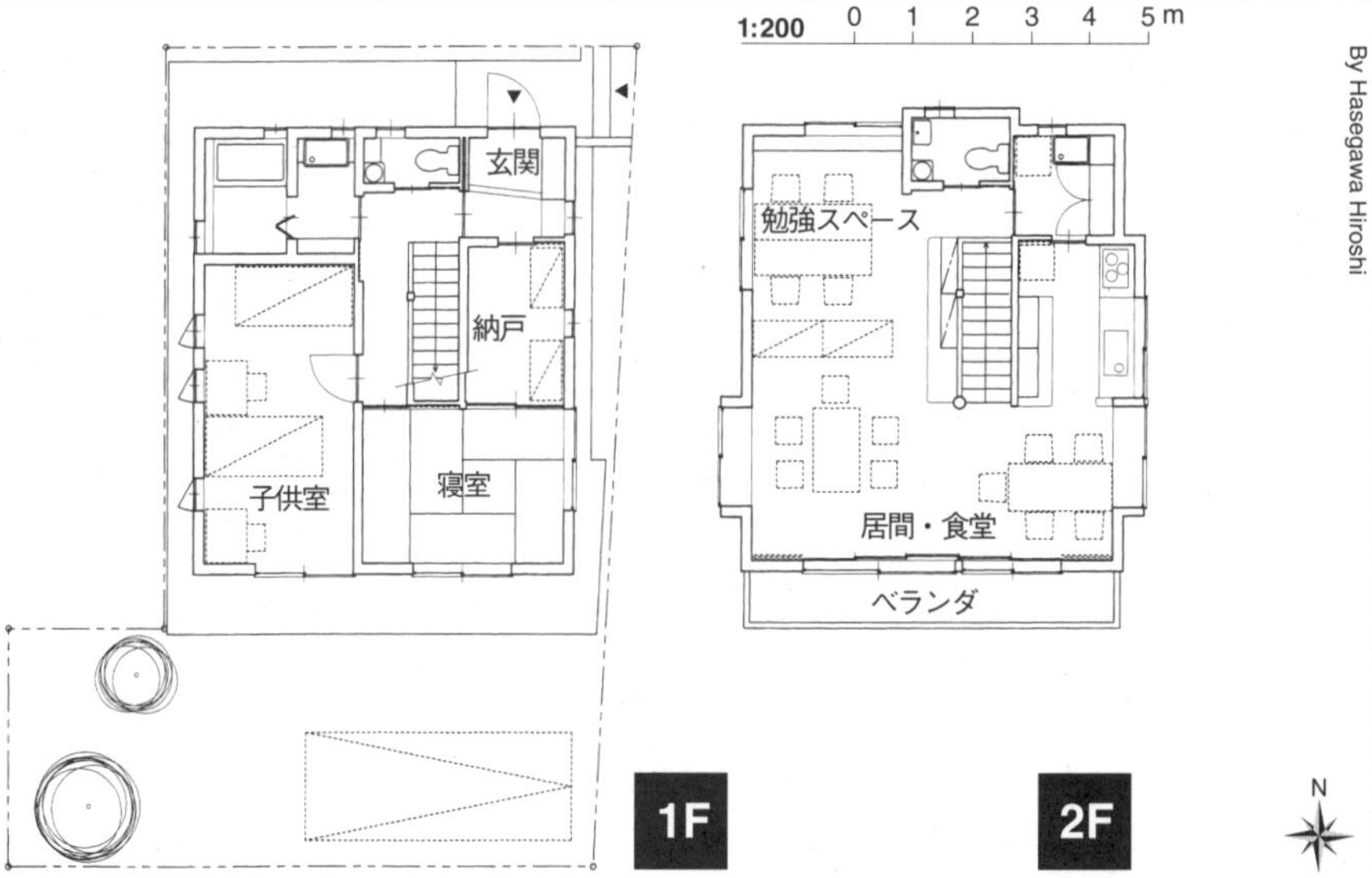

By Hasegawa Hiroshi

田の字型架構の家

小さな敷地に夫婦と子供3人が住み、仕事、勉強、遊びがのびのびでき、陽当たり、風通しのよい家という注文。最もシンプルな田の字型架構の空間で、この要望をすべて充たすようにした。2階に主な生活スペースを置き、屋根裏を含めた二つの大きな空間として利用。一部はロフトになっている。1階は寝室や個室。陽は当たらないがOMソーラーで暖かい。田の字型架構は下屋を付けたり、吹抜けを設けたりして多くの家に使っている。

Data

家族構成	夫婦＋子供3人
所在地	東京都
敷地面積	118.0㎡
延床面積	95.0㎡
	1階／46.4㎡ 2階／48.6㎡
構造	木造2階建て

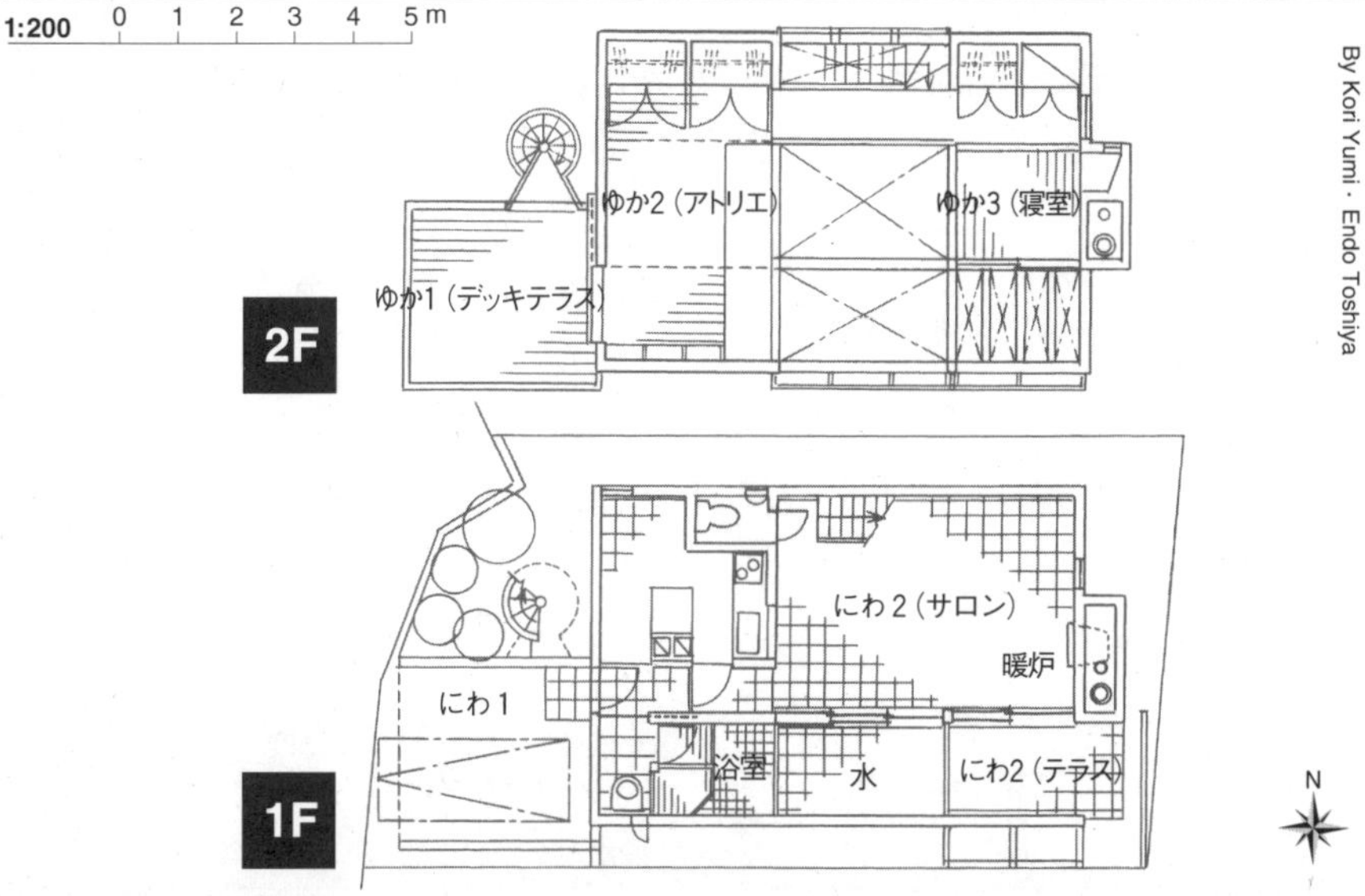

By Kori Yumi · Endo Toshiya

都市型住宅で自然を楽しむ

平瓦を敷き詰めたサロンと中庭は、時として深い影に包まれ、その燻し銀の無限色の中に一筋の光が美しい陰影を生み出し、水庭に反射した光がゆらゆら壁に文様を描きます。密集地で最大限に窓をとっても、入ってくる光は限られています。そのため、あえて南面を閉じることにより、光の粒子が感じられる、静かで落ち着いた家ができました。OMソーラーを使った暖房により、家中に太陽の香りがし、冬でも快適に過ごせます。

Data

家族構成	大人1人
所在地	東京都小金井市
敷地面積	93.47㎡
延床面積	67.82㎡
	1階／37.14㎡ 2階／30.68㎡
構造	木造2階建て

1 長持ちする家を建てることが、住宅において最も自然環境に負担をかけずに済む方法だと思っている。左頁の家も敷地の８割が計画道路の範囲に入っており、20年後位には移築しなければならない。そこで、将来移築が簡単にでき、構造材は組み直して使えるように仕口や金物を工夫して建てている。昔の民家がそうであったように、何世代も住み継いでいけるような家。シンプルで大きな空間を、ライフスタイルの変化に合わせて変えていける家づくりをしていくことが大切と思う。

2 長所／私が設計する家はほとんどが大きな空間を仕切らないで使う家なので、OMを使うことで家全体の空調計画がしやすくなる。特に、夏場クーラーを使いたくない施主にとっては、屋根の熱を強制排気してくれるこのシステムは、とても喜ばれる。自然の風を感じ、涼を求めることができる家になる。短所／当たり前のことだが、天気の悪い日はその恩恵を受けられないということ。特に天気の悪い冬場は寒いと感じる。晴れた日が暖かいだけにそのギャップは大きいようだ。

次山哲哉
Jiyama Tetsuya

ウッドフォルム
〒180-0013
東京都武蔵野市西久保3-2-1-308
TEL:0422-52-5398 FAX:0422-52-5830
E-mail:EZA02232@niftyserve.or.jp

略歴●1959年愛知県生まれ。愛知県立豊立高校卒業。カナダBC州ログハウススクール卒業後、カナダ法人C.L.Bを設立、現在に至る。1988年ウッドフォルム設立。

これまでに手がけた住宅●184棟。（OMソーラー導入２棟）

---

1 太陽熱を水へ熱交換してコンクリートへ蓄熱、太陽光は太陽電池で発電、風を導くために室内に風の通り道を確保、雨水は天水桶で溜めて中水に利用——というように、自然のエネルギーを積極的に建築や生活の中に活かしていくことによって、住まい手は季節の移り変わりや、太陽・雨・風のもたらす恵みへの関心が増していくでしょう。こうした意識が、石油等の資源が枯渇するようなエネルギー利用をなるべく少なくするために、電気・熱・上水を無駄に使わず、様々な環境問題を軽減していくと考えます。

2 長所は、自然を受け入れ、太陽の暖かさやゆったりとした空気の流れを感じることができ、暑すぎず寒すぎず適度に心地いい家であること。問題点はOMソーラーのシステムを取り入れる家は高い断熱性能が重要なため多少コストがかかること、空気が住宅内を循環しやすくするほど、音もにおいも流れやすくなること。しかし、住み手と一緒に快適な空間を思い描きながら、いろいろな工夫を考えていけば、住み手が家にもソーラーシステムにも愛着を抱き、楽しんで住み続けていく心地いい場をつくり出せるでしょう。

洞澤美帆
Horasawa Miho

ARC計画研究所
〒240-0002
神奈川県横浜市保土ヶ谷区宮田町2-178
TEL:045-332-5591 FAX:045-332-5594
E-mail:arcjapan@pluto.dti.ne.jp

略歴●1971年神奈川県生まれ。日本大学理工学部建築学科卒業。劇場工学研究所を経て、1998年よりARC計画研究所勤務。

これまでに手がけた住宅●木造３棟。（OMソーラー導入２棟）

---

1 現在はOMソーラーによる太陽熱利用をしている程度ですが、今後は太陽光発電も積極的に導入し、屋外灯等コンパクトな装置に取り入れようと考えています。風力発電もぜひ導入したいと思っています。また自然エネルギーの集積ともいえる自然素材、なかでも木（身近な国産材）をなるべく加工せずに素のままふんだんに使い、同時に断熱・気密・通風・換気等の基本的性能に配慮すれば、比較的安価で、素材感と手ごたえのある、しかも環境負荷の少ない、自然と共生する豊かな住宅になると考えています。

2 東京では温水床暖房の家に住んでいましたが、今は私自身OMの家の住人です。OMは単なる暖房装置ではありませんが、暖房性能だけ取り上げても、穏やかさ、経済性、故障の少なさ等の点で非常に優れていると思います。OMの導入により、太陽、気候、気温等の自然現象に関心を持つようになるのも長所ではないでしょうか。プランニング、屋根形状等にいくらか制約があるとしても、最初から設計条件として計画すればそれほど問題ではありません。成功する確率の非常に高い、気楽なシステムといえるでしょう。

坂本浩一
Sakamoto Kouichi

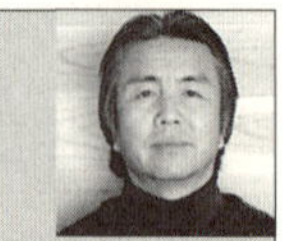

エン工房
〒407-0175
山梨県韮崎市穂坂町宮久保4021
TEL:0551-23-3955 FAX:0551-23-3958
E-mail:ennenn@mail.comlink.ne.jp

略歴●1943年広島県生まれ。武蔵野美術大学建築科卒業。1978年エン工房設立。

これまでに手がけた住宅●木造18棟、RC造7棟、鉄骨造2棟。（OMソーラー導入7棟）

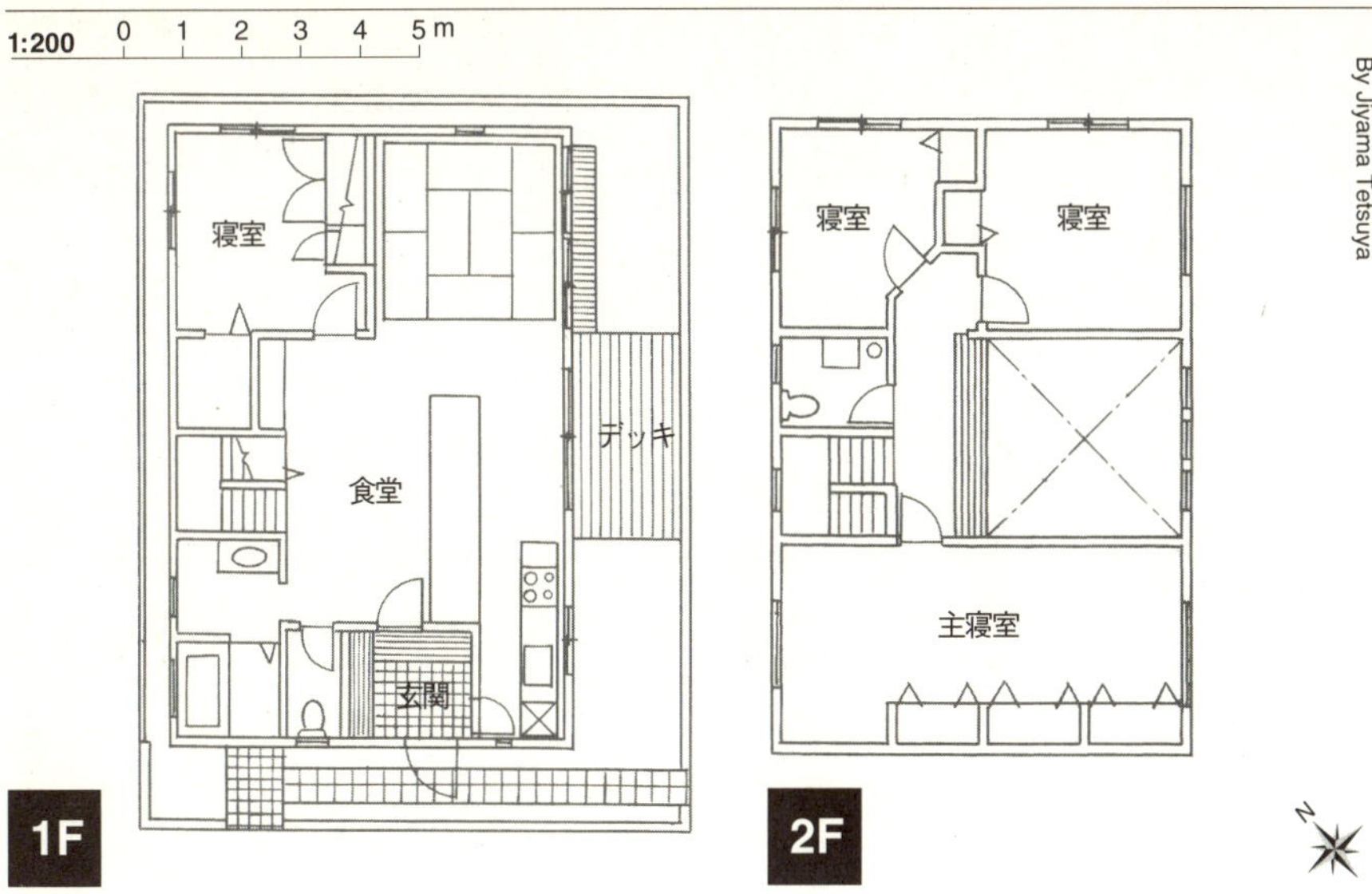

By Jiyama Tetsuya

森のような家

居心地のいい森のような家をつくりたい、というオーナーの希望を形にしたのが、この家。基本構造はカナダ産のレッドシダー。450㎜角の２本の大黒柱と250㎜角の通し柱に用いている。昔からカナダ西海岸の先住民族に「生命の木」と呼ばれている木だ。これを構造材だけでなく、外壁・天井・浴室などにも用い、月桃紙の壁とうまく調和させ、シンプルで大きな空間をつくった。自然素材にこだわったこの家はシックハウスとは無縁だ。

Data

家族構成	母＋夫婦＋子供２人
所在地	愛知県豊橋市向草間町
敷地面積	125.62㎡
延床面積	137.85㎡
	１階／75.19㎡ ２階／62.66㎡
構造	木造２階建て（ティンバーフレーム）

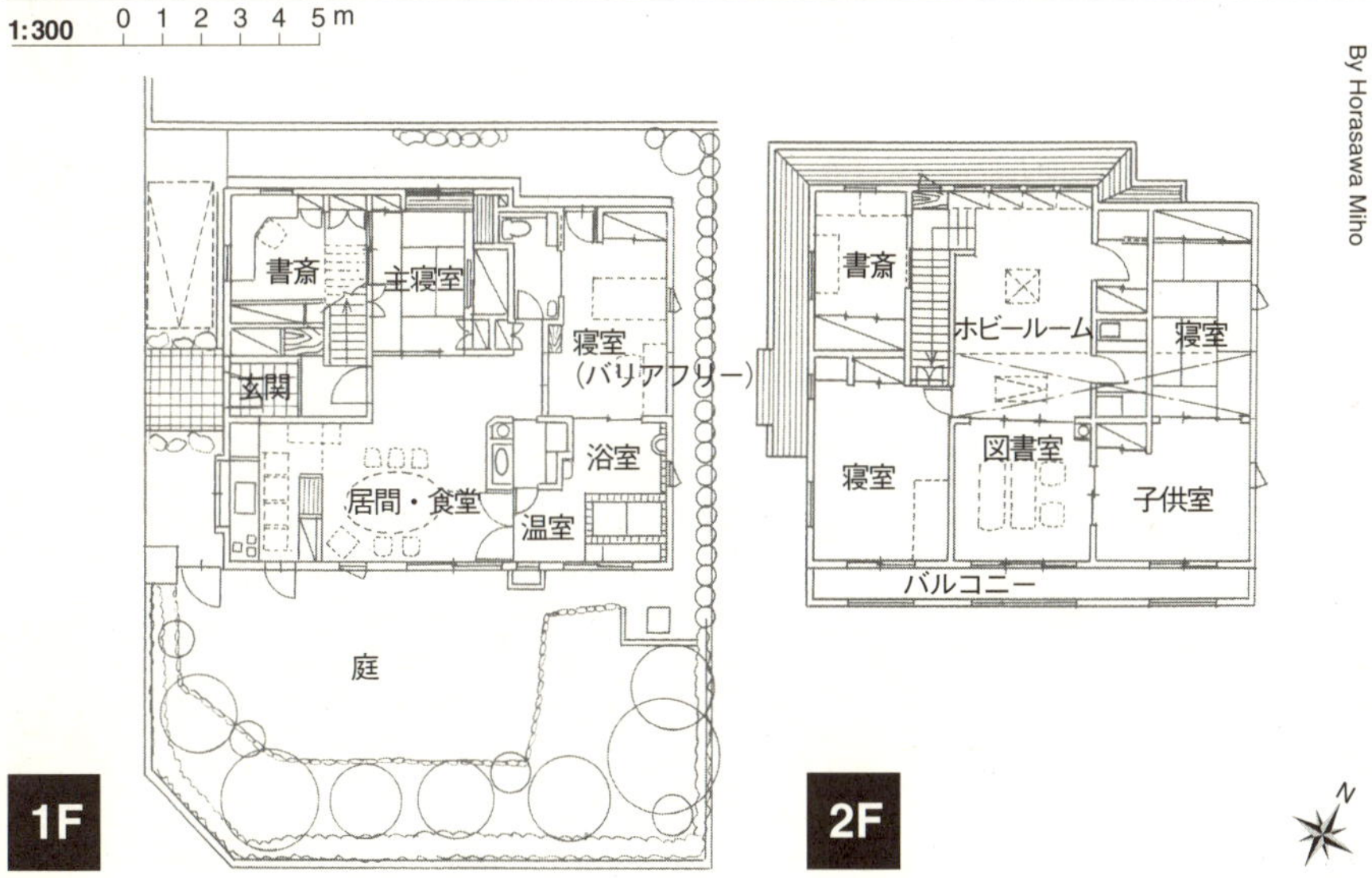

By Horasawa Miho

車椅子にも対応する三世代住宅

在宅で自立を目指す娘さんに運動障害があるため、車椅子の生活ができるように配慮しました。また膝での歩行を考慮して、温度分布が最適な、太陽熱を利用した床暖房を採用しました。そして入浴を楽しめるように、浴室は介護スペースを含めて10畳の広さをとり、ここからは南側の庭が望めるようになっています。入浴していない時は、浴室は泉をイメージしたパティオのよう。太陽と風と緑の恵みが、住まい手を心地よく包み込む家です。

Data

家族構成	親夫婦＋子供２人＋若夫婦＋子供２人
所在地	神奈川県鎌倉市二階堂
敷地面積	270㎡
延床面積	210㎡
	１階／105㎡ ２階／105㎡
構造	木造２階建て

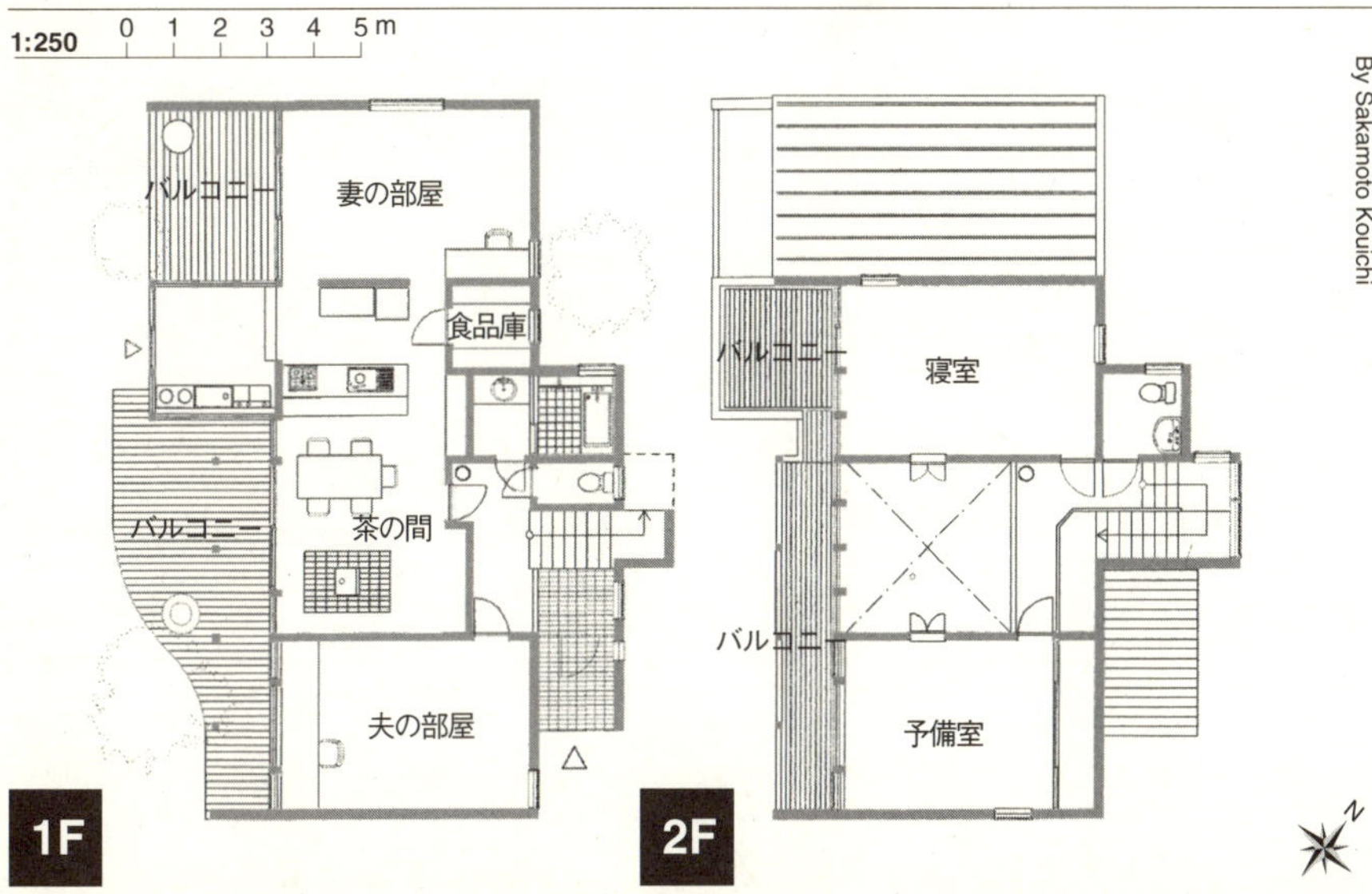

By Sakamoto Kouichi

ライフスタイルをかたちに

太陽、立地条件、住み手のライフスタイルを充分に活かす住まい。両翼に夫婦の仕事部屋。南面はほぼ全面が開口部。東西端の袖壁が突き出て眼前の雄大な南アルプスを建物全体で抱え込むかたち。OMソーラーの働きをより有効にする吹抜けは同時にインテリアを動的で変化に富んだものにしている。素材感、手ごたえのある素材をむき出しで使用。内装は未完成で住み手が徐々に完成していくデザインだ。補助暖房は薪ストーブだけですむ。

Data

家族構成	夫婦
所在地	山梨県韮崎市
敷地面積	633.00㎡
延床面積	147.53㎡
	１階／98.10㎡ ２階／49.43㎡
構造	木造２階建て

1 表面的な「意匠」のデザインではなく、住まいが建設される場所の日照、通風、景観などを最大限読み取り、活かすことが、その場所にしか存在しえない特殊解としての住まいを創造する建築家の役割と思っています。内部においても最大限に日照や通風、眺望などの外部の環境を取り込む工夫を考えています。また、珪藻土や無垢材といった自然素材での家づくりは当然として、独立以来取り組んできた地域の木材「根羽杉」が長野県根羽村森林組合との協力で現実的な単価で使用できるようになり、現在では100％根羽杉での家づくりを進めています。近くの山にお金を返す家づくりは経済の循環という意味で、快適な室内環境を低ランニングコストで実現するOMソーラーと共に環境に負荷を与えない家づくりの両輪と思っています。

2 OMソーラーは世界的に見ても唯一無二の安心できるシステムですが、ただの装置と思っては本筋ではありません。OMで実現する室内環境は小さな家でも開放的な楽しいプランを可能とし家族全体を暖かく包み込みます。まさしくOMでしか出来ない空間を考えていくことが一番大切と思っています。

新井 優

Arai Masaru

新井建築工房+設計同人NEXT
〒395-0812
長野県飯田市松尾代田1324-2
TEL:0265-24-2131 FAX:0265-24-2131
E-mail:next2131@coral.ocn.ne.jp
http://www3.ocn.ne.jp/~arainext/

略歴●1958年長野県生まれ。約20年の設計事務所勤務を経て、1995年新井建築工房設立。

これまでに手がけた住宅●木造（一部RC混構造）20棟（独立後）。（OMソーラー導入10棟）

1 ここ、長野県の東、八ケ岳や浅間山の周辺の地域は、国内で最も日照時間の多い地域のひとつです。また、標高が500ｍを越え、内陸でもあることから、気温の日較差、年較差が大変大きく、年平均気温が10℃程と冷涼な気候でもあります。豊かな自然に恵まれ、四季のダイナミックな変化が素晴らしく、冬の厳しい寒さを凌げば、とても暮らしやすい土地なのです。そこで、この地域の住まいづくりには、太陽熱利用と蓄熱、高気密高断熱を考えたOMソーラーがとても有効です。住まいの基本性能である構造や仕組み（陽当たり、風通し）はしっかり考え、家族のライフサイクルの変化に合わせて、柔軟に対応できるように開放的なプランを心がけ、必要に応じて後からでも間仕切りができ、増改築を許容できるものとします。住まいは住み始めてから家族と共に変化するものと心得、ぎちぎちに詰め込まず、後世に夢を託す部分も残すことが肝要。50年、100年と世代を超えて永く住み続けることのできる長生きする住まいは、ハード的なスペックも然ることながら、家族の絆や誇りを育む暮らしの拠り所となるようなプランが必要です。

佐藤 重

Sato Shigeru

佐藤デザインルーム
〒384-0028
長野県小諸市田町1-9-17
TEL:0267-22-3948 FAX:0267-26-1477
E-mail:info@design-sato.com
http://www.design-sato.com

略歴●1960年茨城県生まれ。東京造形大学デザイン科卒業。1985年佐藤デザインルーム設立。

これまでに手がけた住宅●木造17棟、鉄骨造5棟、RC造8棟、他。（OMソーラー導入13棟）

1 〔シンプルなデザインの家〕流行を追わないシンプルな間取り、色や形のみのデザインではなく、生活を反映させたシンプルなデザイン、それにより長く使える住まいになると思う。〔有限なエネルギーをできるだけ使わない家〕太陽熱を利用したパッシブシステムや、南北に開口部をとり、なるべく引き戸にして風の通り道をつくる。軒や庇で直射日光の入り方を調節する。開口部に面した庭には芝生等を植え、照り返しを防ぐ。〔自然材料による装い〕内外共に板張り、漆喰塗り等、生産持続材料、調湿材料で仕上げる。〔庭づくり〕建設時に出た土を使って造園をする。

2 OMソーラーは真壁構造を基本とする家にぴったりである。問題点は、雪国の町家での雪の処理が困難なこと（屋根面で溶かしてしまえばよいのだが）。室内空気の乾燥を防ぐには、つい加湿し過ぎてしまいがちな加湿器よりも、洗濯物や植物を置いたり、水を入れたお気に入りの壺などを飾ってみるなど、わが家流に工夫すると面白い。

大橋秀三

Ohashi Shuzo

大橋建築設計工房
〒943-0807
新潟県上越市春日山町2-10-2
TEL:0255-22-1389 FAX:0255-22-1389

略歴●1948年新潟県生まれ。新潟県立高田工業高校建築科卒業。小田急百貨店、いくつかの設計事務所を経て、1978年大橋建築設計工房設立。

これまでに手がけた住宅●木造46棟、木造+RC造3棟。（OMソーラー導入　4棟）

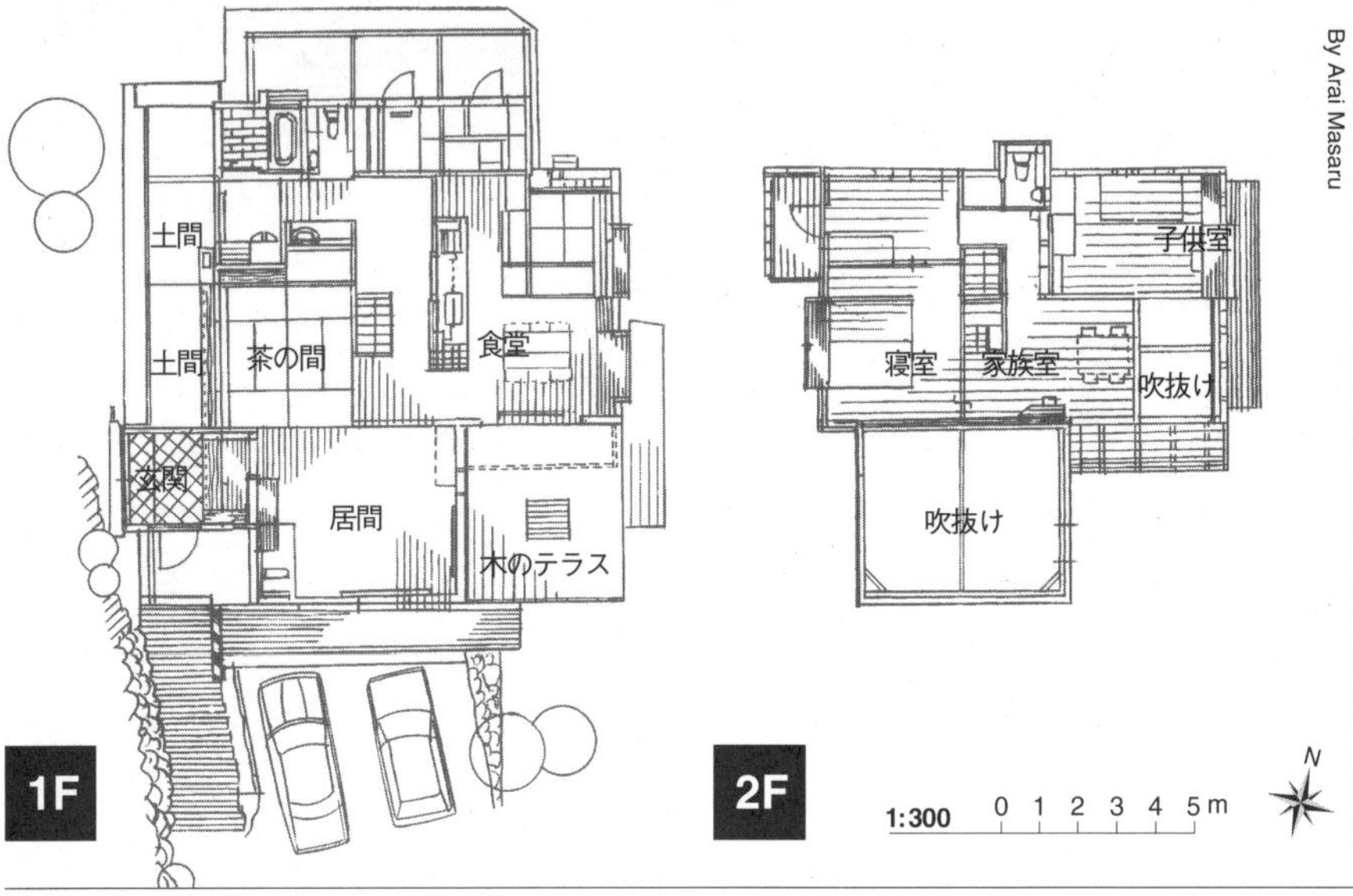

By Arai Masaru

人が集う、外に開けた居間空間

ご主人は勤務医という仕事柄ホームパーティの機会も多く、友人が気軽に集える開放的な楽しいプランを提案した。居間と食堂に囲まれた木のテラスはポーチからも土足でアプローチでき、バーベキューなどに活躍する。居間の中心には磨き丸太の大黒柱が吹抜け越しに2階まですっくと建ち、おやじの威厳を表現している。小屋裏のロフトは子供の歓声が響く忍者部屋と収納部分がある。室内は真壁構法で梁も表わし、根羽杉で組み上げている。

Data

家族構成	夫婦＋子供１人
所在地	長野県飯田市上郷
敷地面積	449.84㎡
延床面積	174.2㎡
	1階／115.01㎡ 2階／59.19㎡
構造	木造2階建て

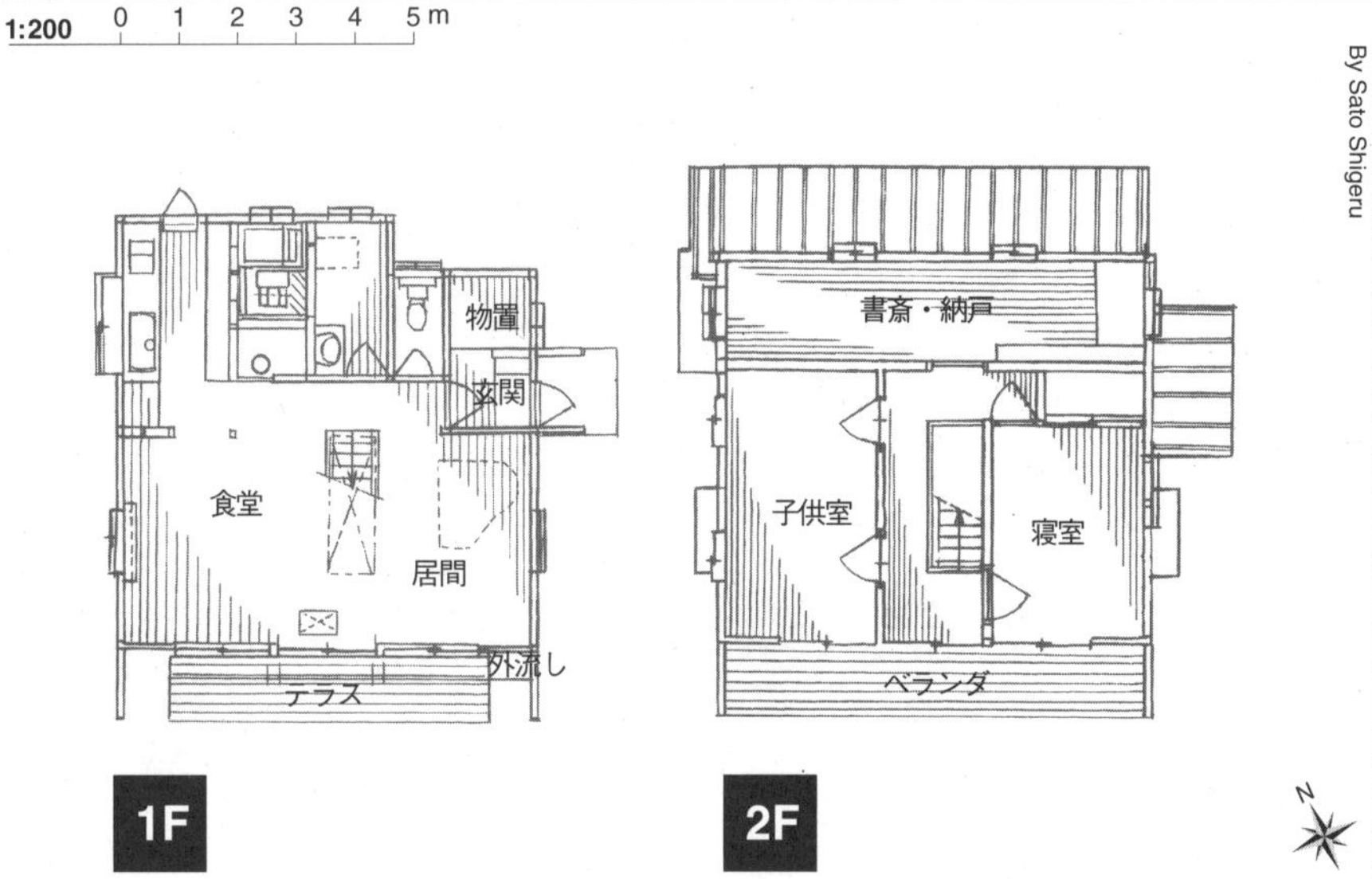

By Sato Shigeru

南北に山を眺める家

１階の居間と食事室は、階段を中央にして緩やかに仕切られますが、とても開放的です。南側の窓からは、テラスに行き来でき、外に向かってさらにオープンです。中央の階段も、南側に向いて明るく、吹抜けが風の通り道にもなります。2階は、階段室を中心に子供部屋と寝室が南側のベランダに面しています。ベランダからは、八ケ岳が、北側の書斎からは、浅間山が眺められます。建物の配置は、東と西に増築できる空間を残しました。

Data

家族構成	夫婦＋子供2人
所在地	長野県小諸市
敷地面積	240.88㎡
延床面積	97.04㎡
	1階／50.67㎡ 2階／46.37㎡
構造	木造２階建て

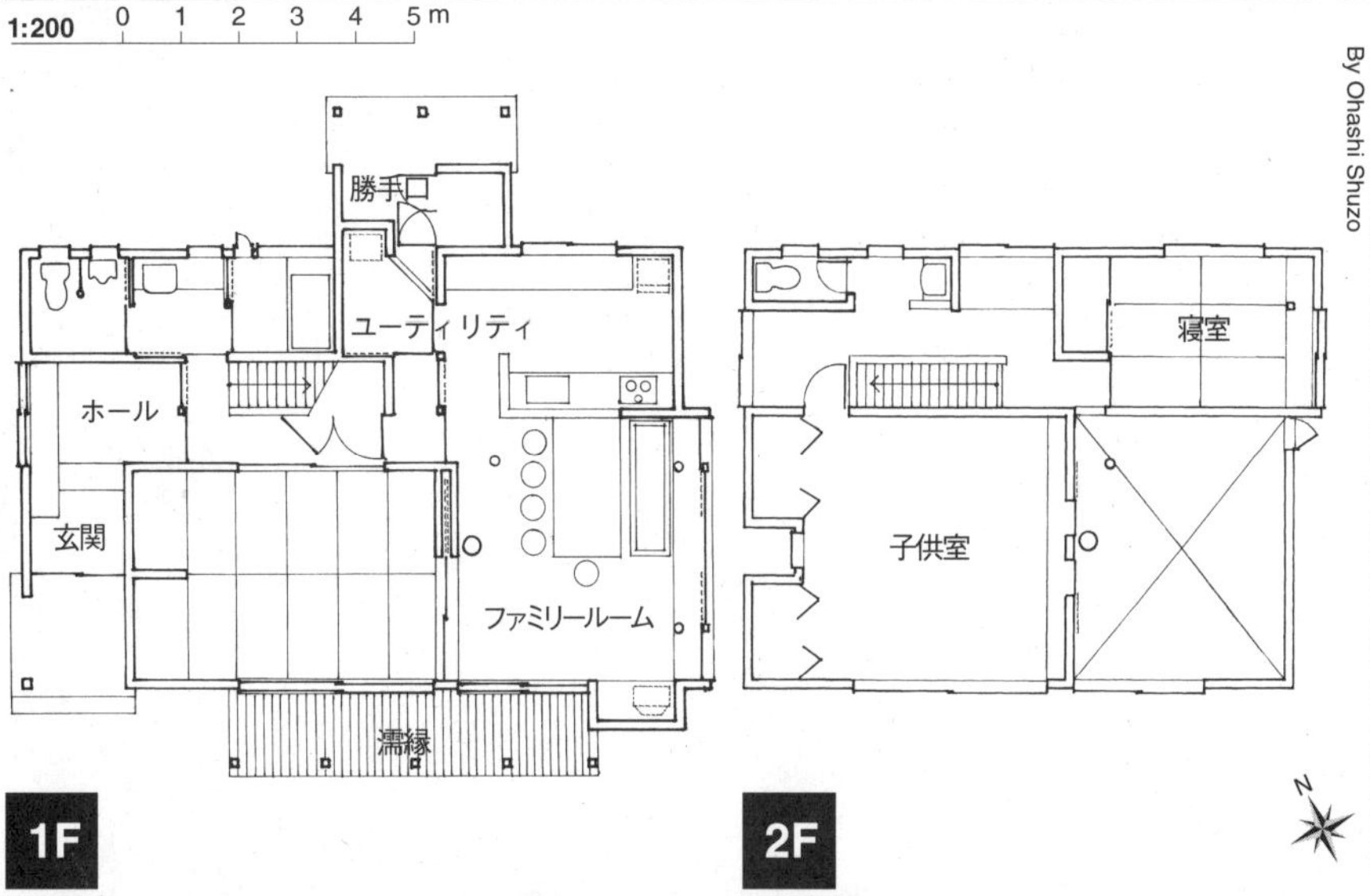

By Ohashi Shuzo

食を楽しむ場を中心に

積雪１ｍほどになる地。ほぼ総2階にして、ワンルームに近い平面を大きな屋根で覆い、下屋と出っ張り部分で外観に変化をつけている。引き戸を多用し、吹抜けをつくり、平面的・断面的に風通しのいい家を目指した。大きなテーブルの周りに、ごろ寝もできる畳ベンチやカウンター、収納などをしつらえた洋風茶の間としてのファミリールームがこの家の中心である。あえて居間はつくらず、食事も団らんもここでするようにした。

Data

家族構成	夫婦＋子供2人
所在地	新潟県西頸城郡能生町
敷地面積	695.20㎡
延床面積	138.20㎡
	1階／86.78㎡ 2階／51.42㎡
構造	木造２階建て

高木信治

Takagi Shinji

高木信治建築研究所
〒928-0001
石川県輪島市河井町４部14-1
TEL:0768-22-6665 FAX:0768-22-6092
E-mail:s.t99@wajima.nsk.ne.jp

略歴●1942年石川県生まれ。中央工学校卒業。1975年高木信治建築研究所設立。
これまでに手がけた住宅●木造134棟、RC造２棟。（OMソーラー導入１ 棟）

1 太陽・風・雨水等の自然エネルギーによって育まれるのはまず木であろう。その木を大事に使うこと、地元材による在来構法の家づくりは多くの点で意味をもつ。山が荒れるのを防ぎ、地元の雇用を伸ばし、産廃の有害ガスの抑制等である。さらに私は、拭漆等を施すことで建物の質的向上を図り、何代にもわたって住み続けることのできる新しい民家を造ることを目指したい。もちろん世代によって増改築もあるだろう。人間社会をも含めた環境にできるだけ負荷を与えない住宅は地域の大工さんによって造られる。

2 能登の日照率は、表日本に比べるとずっと低いが、加賀よりは高く、OMソーラーはもっと検討されるべきと思う。北陸の雪は重く、集熱面の効率を上げるには屋根勾配を充分とり、棟部に雪割り等をつけるなどして速やかな落雪を図る。わずかな晴れ間も逃さず集熱面の効率を上げるため高温集熱部のガラスカバーはペアガラスも考えられる。しかしコストが割高になり、補助暖房に頼る時間も表日本よりは長くなる等メリットは少ないかもしれない。しかし居住空間の質を考える時、北陸型OMソーラーはもっと進化可能と思う。

野倉宗平

Nokura Sohei

建築設計 宗アトリエ
〒500-8224
岐阜市高田5-27-9
TEL:058-248-3423 FAX:058-248-3425
E-mail:sou-atelier@nifty.com

略歴●1951年岐阜県生まれ。名城大学理工学部建築学科卒業。1986年宗アトリエ設立。
これまでに手がけた住宅●木造13棟、鉄骨造5棟。（OMソーラー導入7棟）

2 OMソーラーとの暮らしが、この春で４年になります。住まいを計画するにあたり、家族の暮らしを考えた時、室内は広く大きな空間が必要でした。その場合、問題は冬の寒さ対策です。そこでパッシブソーラーのOMを利用することになりました。各季節を４回過ごしましたが、冬は家中の温度差が小さく、檜の床は朝も素足で冷たくありませんし、春から秋は太陽の機嫌のよい時はお湯がとれ、夏は家族４人がお湯を使ってもまだ余ります。大空間にしたことにより、音の問題が少しありますが、自然の風が外部窓から家全体に流れたり、吹抜けの高窓から見える白い雲や夜の月など、視覚的にも満足しています。太陽熱利用なので、天気次第ですが、冬の補助暖房もどれだけ使うかがポイントです。そして、４年間の記録（棟温、室温、床温、貯湯量、補助暖房の状況や灯油の消費量等）を見ていると、OMの頑張りがよくわかり、自然の恩恵を実感と数値の両方で楽しんでいます。

OMはどことなく人間的で、面白い面を持っています。今日も、記録「OMメモ」を付けています。太陽に感謝！

坂田卓也

Sakata Takuya

一級建築士事務所 アトリエ樫
〒432-8052
静岡県浜松市東若林町1508
TEL:053-443-0285 FAX:053-443-0285
E-mail:a-kashi@viola.ocn.ne.jp

略歴●1963年静岡県生まれ。筑波大学芸術専門学群建築デザインコース卒業。1987年から1996年まで、増沢建築設計事務所勤務。1997年一級建築士事務所アトリエ樫を開設。
これまでに手がけた住宅●木造9棟。（OMソーラー導入2棟）

1 設計のフィールドが、温暖な静岡であることもあり、外部環境と住まい手が対峙するのではなく、土庇や濡縁といった空間領域を介して、住まい手と外部環境が呼応できるよう、可能な限り努めています。自然エネルギーの活用を単に設計者が唱えるのではなく、日々の生活の中で住まい手自身が置かれた環境を自ら体感し、創意工夫を凝らしていくことが非常に大切です。自然を対象物として捉えるのではなく、自然の中に自分自身が置かれていることを認識すること。また、そうした状況に置かれた時に受ける心地よさを設計の中で大切にしたいと思っています。

2 OMソーラーは、住まいというハード、そしてそこでの暮らしを開放系に向かわせる仕組みであると考えています。しかし、その仕組みに頼り過ぎてしまうと、自己完結的で閉鎖的な仕組みになる危険性を逆に秘めています。単なる設備機器の一つとして、OMソーラーを捉えることは誤りです。住まい手自身の暮らしに対する想いや問いかけなくして、住宅が住まいになることはあり得ません。

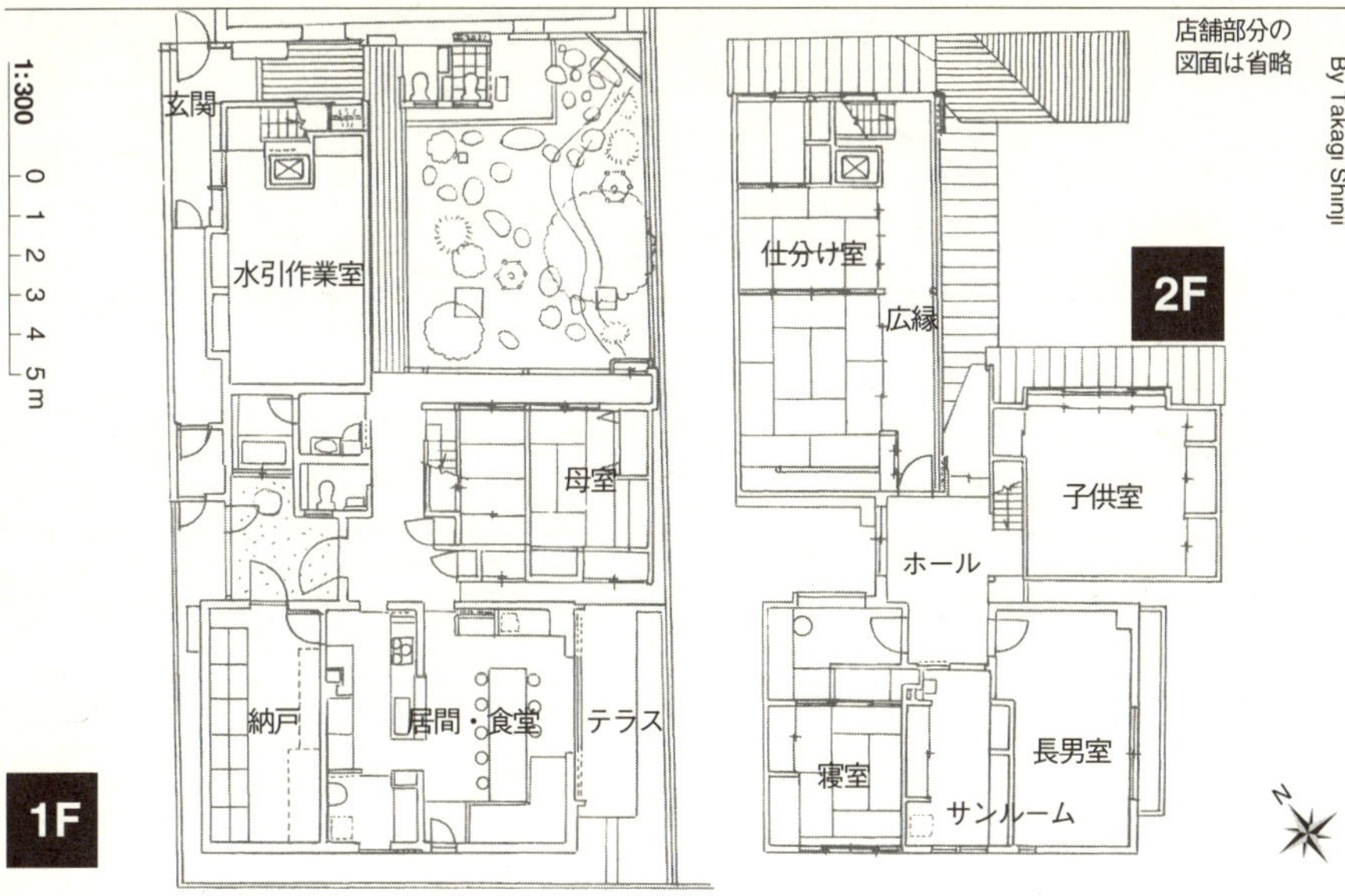

By Takagi Shinji

外断熱で蓄熱効果を高める

和ロウソクを商う老舗の奥に建てられた住居部分は家人の憩いの場であり、奥さんにとっては家事の場でもある。１階部分はRC造で内部は打放し仕上げ、外断熱で蓄熱効果を高め、２階は地元材による在来構法、拭漆仕上げとした。サンルームはダイレクトゲインの物干場、立下がりダクトより分岐した暖気により押入れは布団乾燥庫となっている。物置の天井は珪藻土仕上げである。隣地間に落ちた雪は地下水による融雪装置で処理される。

Data

家族構成	夫婦＋子供2人
所在地	石川県七尾市
敷地面積	401.34㎡
延床面積	118.58㎡
	1階／59.04㎡　2階／59.54㎡
構造	１階RC造２階木造

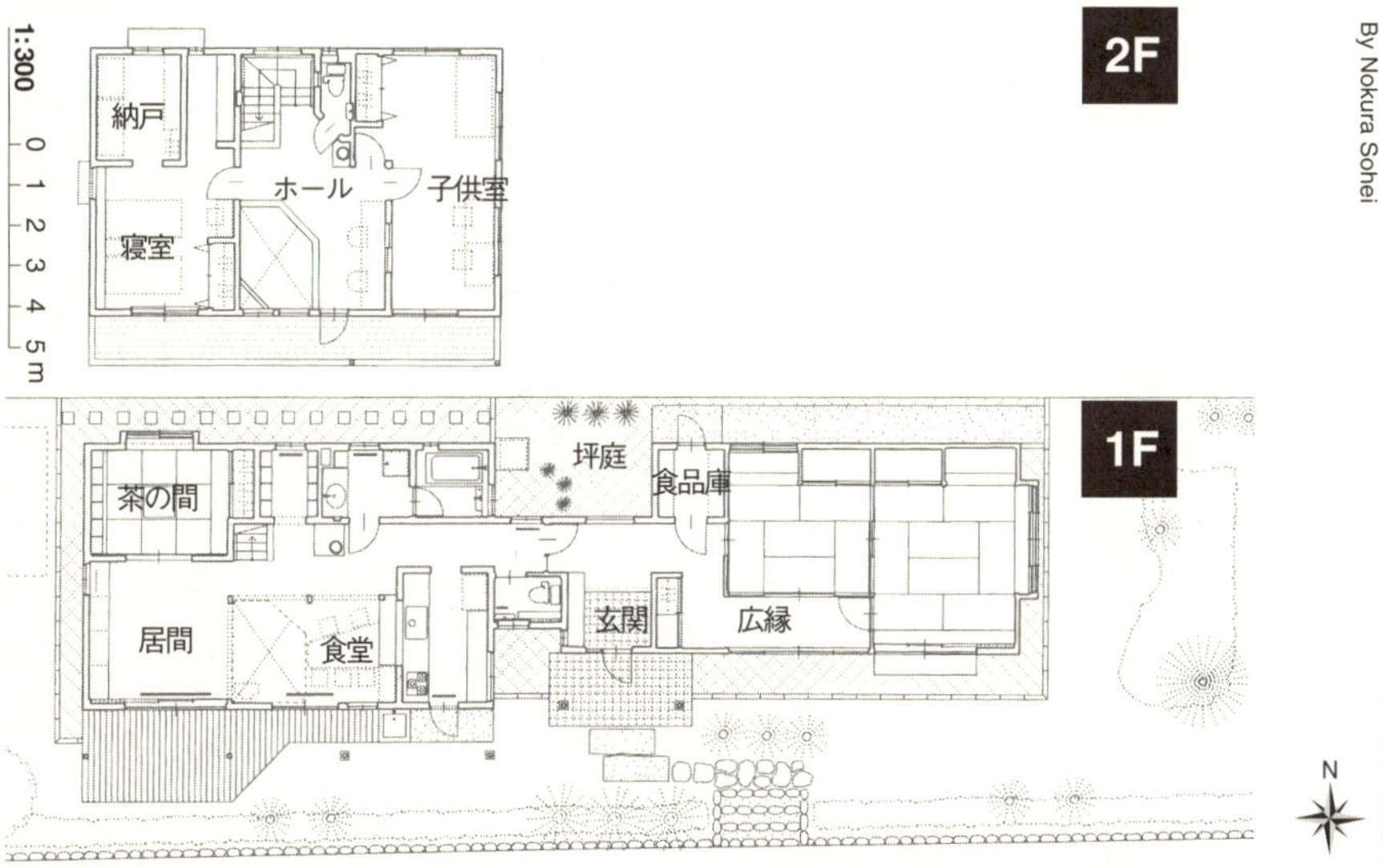

By Nokura Sohei

平屋と2階建てを組合わす

敷地が東西に長いので、建物の中央に玄関を配し、東側に落ち着いた離れ感覚の平屋を、西側に２階建ての日常の住居を配置しました。住居部分は、居間・食堂を中心に２階ホールまで吹抜けでつながり、家族がお互いの気配を感じられます。その大空間の冬の寒さ対策とお湯とりを考慮し、床暖房と給湯ができる、太陽熱活用のOMソーラーを導入しました。また四季の移り変わりや自然の爽やかな風を感じられる窓を適所に設けました。

Data

家族構成	夫婦＋子供２人
所在地	岐阜県益田郡萩原町
敷地面積	509.60㎡
延床面積	183.79㎡
	1階／123.74㎡　2階／60.05㎡
構造	木造２階建て

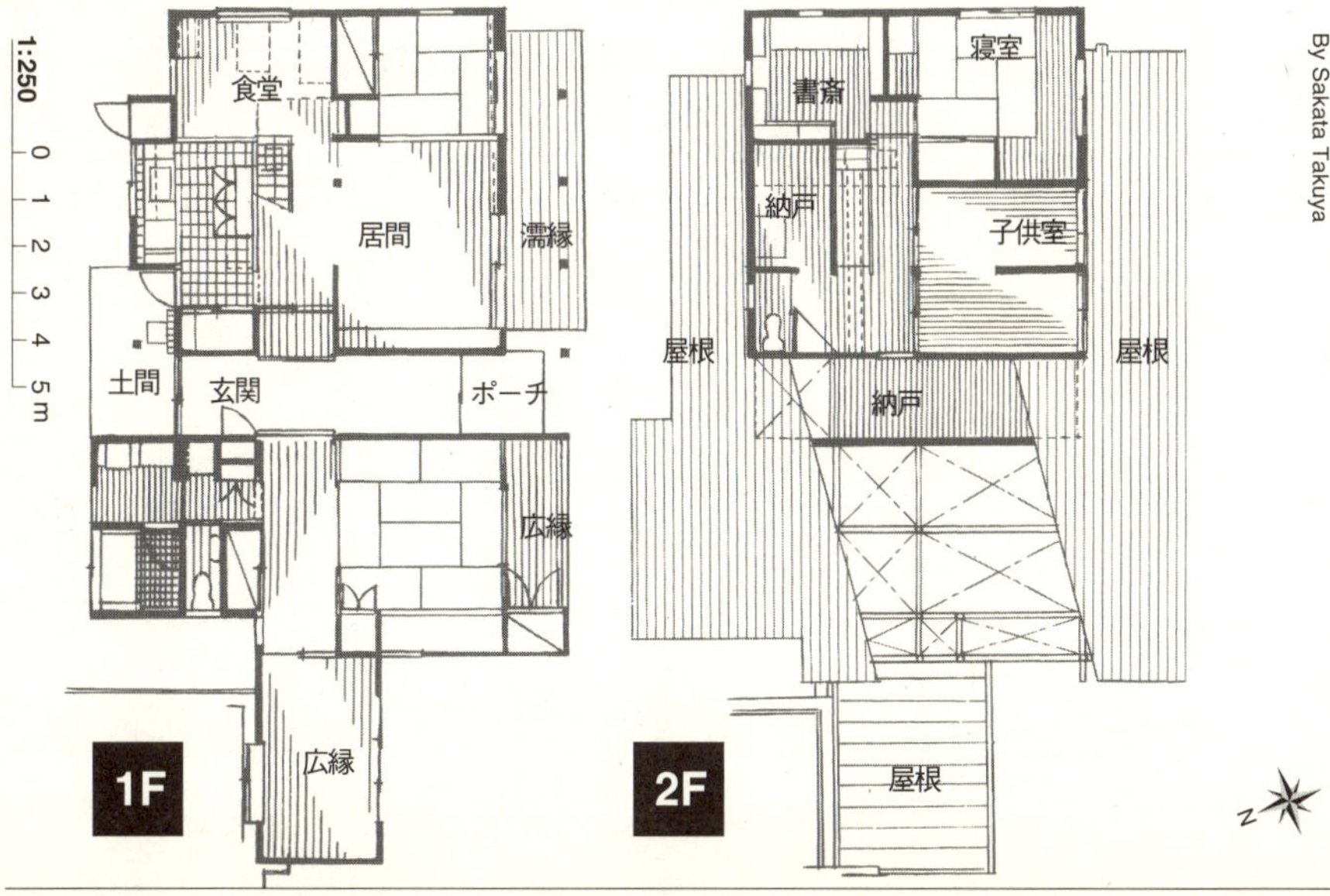

By Sakata Takuya

増改築してできた、風を呼ぶ家

地元で永く教職に就かれ、現在も地域の活動に積極的に参加されている、おじいちゃん夫婦と、若夫婦家族が共に暮らす住まい。住まい手からの要望もあり、既存RC造2階建ての住宅に増築する形で住まいを計画しました。敷地が広く、奥行きが深いこともあり、建物の中央に通り抜けの土間を配し、西側に祭儀にも使われる共用空間である座敷や水廻り、東側に若夫婦の生活空間を設けています。心地よい風が土間を通り抜けて行きます。

Data

家族構成	夫婦＋子供2人（既存部分に両親）
所在地	愛知県名古屋市
敷地面積	803.15㎡
延床面積	187.44㎡（既存部分は含まず）
	1階／124.51㎡　2階／62.93㎡
構造	木造2階建て

寺島靖夫

Terashima Yasuo

アトリエプランニング一級建築士事務所
〒464-0850
愛知県名古屋市千種区今池2-21-10
TEL:052-733-2421 FAX:052-733-2420
E-mail:yasuo.terashima@nifty.ne.jp

略歴●1941年長野県生まれ。名古屋工業大学工教建築学科卒業。1975年アトリエプランニング一級建築士事務所設立。

これまでに手がけた住宅●木造150棟、RC造15棟、鉄骨造30棟。(OMソーラー導入20棟)

1 環境に負荷を与えない究極の住宅は「人為的加工をしない自然素材で組立て、必要エネルギーは自然エネルギーをそのまま使う」住宅です。自然素材、自然エネルギーといっても、それをいろいろな形に変えたり、熱交換したりすれば、トータル的には環境に負担増加をもたらします。人為的加工をしないということは、デリケートな取り扱いが必要です。今のような、無限に肥大する欲望を充たさなければ気がすまない人々には、まずその価値観を改めるよう話をします。ここが変わらない限り、前述の住宅は生まれません。

2 太陽は気ままな存在。時には曇ったり雨が降ったりします。OMソーラーの原点はこの気ままな太陽からのお恵みです。つまり変動するエネルギーなのですから、常に同じような室内環境をつくり出すのには向いていません。OMソーラーが他の冷暖房設備と違う点は、そこなのです。より快適性を望むあまり、いろいろなバックアップ装置を付け始めた時、OMソーラー住宅は死を迎えます。

田中英彦

Tanaka Hidehiko

連空間都市設計事務所
〒462-0823
愛知県名古屋市北区東大曽根町上5-1093
長江ビル3F
TEL:052-913-8168 FAX:052-913-4775
E-mail:hidehiko.tanaka@nifty.ne.jp

略歴●1952年高知県生まれ。名城大学理工学部建築学科卒業。1987年連空間都市設計事務所設立。

これまでに手がけた住宅●木造45棟、RC造7棟（コーポラティブハウス含む)、鉄骨造6棟。(OMソーラー導入 20棟)

1 アメダスの気象データにより、名古屋地区の風向きは年間を通じて7割が西北西と分かりました。それを、窓の位置と開閉方法に活かし、クーラー不要の家をつくるように心がけています。太陽という枯渇の心配のない自然のエネルギーを活用したOMソーラーは空気を汚さず暖房できる点が気に入り、積極的に取り組んでいます。内装も「自然」をキーワードに、節だらけでも無垢の木を構造材表わしで使い、植物油で仕上げをしたり、壁は湿度調整に適した塗り壁材や植物繊維の紙材を提案しています。

2 蓄熱した暖かい空気を隅々まで回すために開放的なプランにするので、広々とした空間になりますが、音やプライバシーが気になることもあるので、その点については家族で話し合っておくべきです。

太陽が頼りの省エネシステムですから、年間を通しての省エネコストに過大な期待を持たずに、環境に寄与しているという心の価値観をプラスして考えることも大切です。無垢の床材を通して感じる心地よさは、太陽が恵んでくれた贈り物と思うと、心まで温かくなるのではないでしょうか。

丹羽明人

Niwa Akihito

丹羽明人アトリエ
〒485-0037
愛知県小牧市小針中宮100-1
TEL:0568-77-0638 FAX:0568-77-7024
E-mail:a-niwa@c-d-k.ne.jp
http://www.c-d-k.ne.jp/~a-niwa

略歴●1962年愛知県生まれ。神奈川大学工学部建築学科卒業。長谷川敬アトリエを経て、1994年丹羽明人アトリエ設立。

これまでに手がけた住宅●木造14棟、鉄骨造1棟、増改築2棟。(OMソーラー導入5棟)

1 自然エネルギーの活用で大切なことは、それが住まい手にとって馴染みやすいものであること。扱いが難しかったり、メンテナンスに費用がかかり過ぎることなく、気軽に付き合うことができ、且つ、常に自然の恵みを生活の中で実感できるものであることが大切だと思います。そもそも、家は愛着を持って長く住み継いでいけるものであるべきだと考えています。それが環境負荷を抑えた家造りの基本なのではないでしょうか。日本の木にこだわり、土や漆喰などの飽きのこない本物の自然素材の良さを活かし、確かな職人技術で丁寧に造ること。日頃からメンテナンスのしやすい、わかりやすい造りにしておくことが、結果的に建物を長持ちさせることにつながるのではないでしょうか。そしてまた、遠い将来、役目を終えて解体される時にも、大きな環境負荷にならないような造り方をしておきたいものです。

2 OMソーラーの家に住んでみて、家全体が床下からほどよく暖められる気持ちよさを実感しています。陽当たりが充分に望めなかったり、湿気がこもりがちな敷地に建てる場合などには、特に有効な技術だと思います。

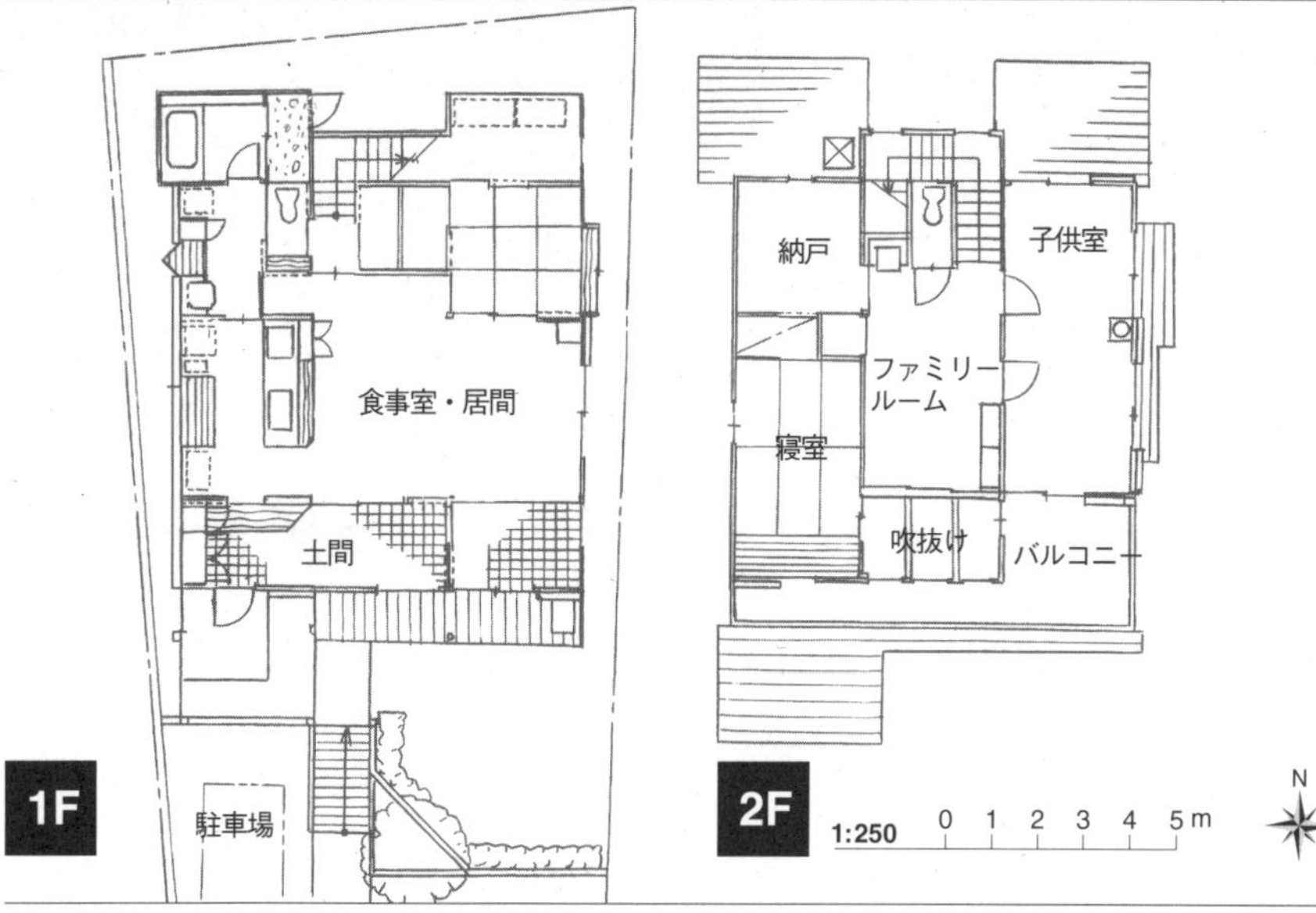

By Terashima Yasuo

多様に使える土間

南側に広々ととった土間がこの住宅の特徴である。この土間は太陽の熱を直接取り込むだけでなく、食事室・居間のちょっと雰囲気を変えた延長スペースとして、あるいはまた子供の遊び場や親しい友達との出会いの場など、多様に使うことができる。ほどほどのプライバシーを保ちつつ、吹抜けをはさんで家族の「気配」を感じさせ、2階のファミリールームは家族全員の第3の空間として、バリエーション豊かな使い方が期待できる。

Data

家族構成	夫婦十子供1人
所在地	愛知県日進市
敷地面積	200.00㎡
延床面積	147.58㎡
	1階／82.13㎡　2階／65.45㎡
構造	木造2階建て

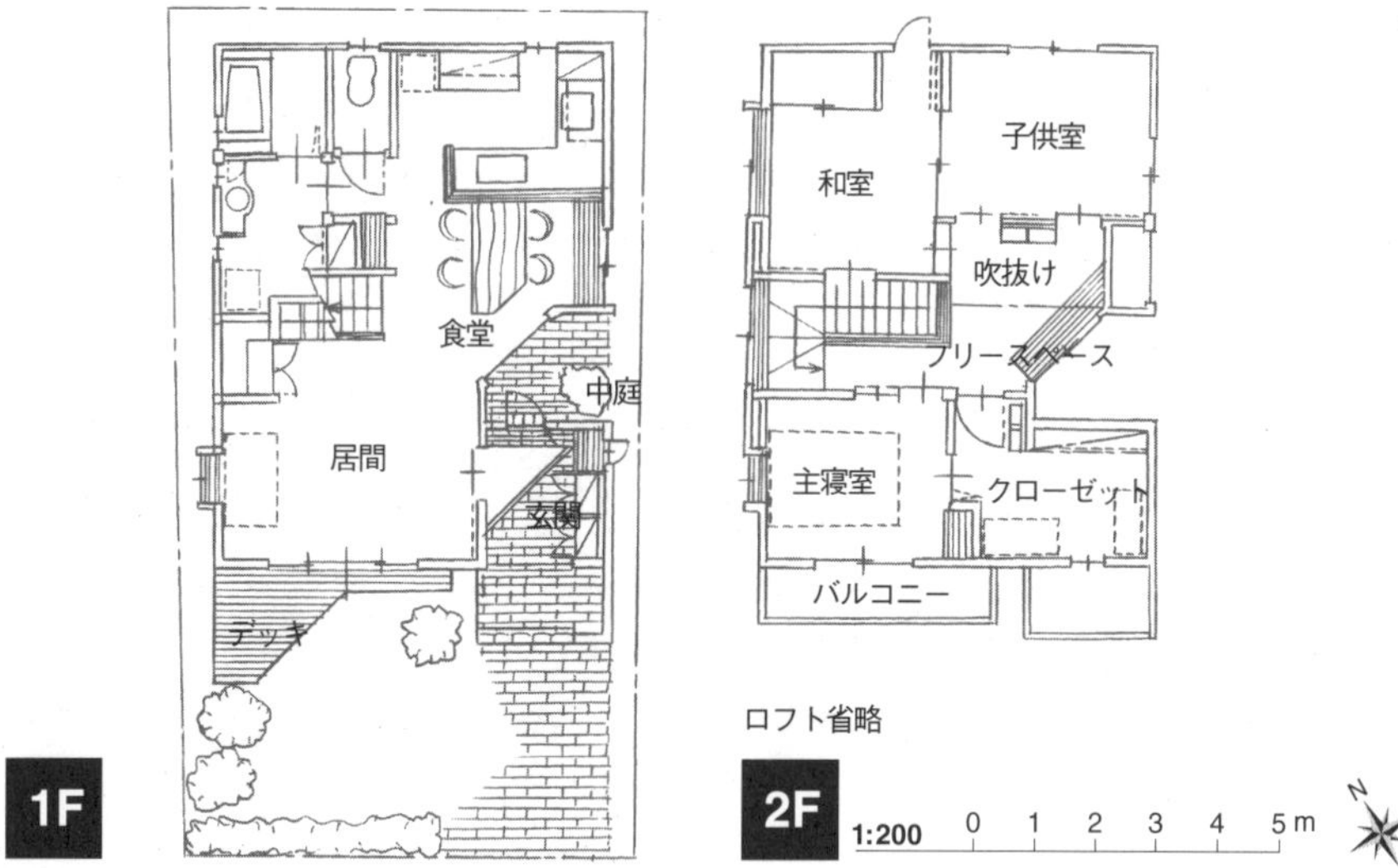

By Tanaka Hidehiko

小さな中庭を有効に

コンパクトな敷地において、空間を広く見せ、通風採光にも有効な中庭のあるプランを提案。OMの暖気を室内の隅々まで回すため、食堂に小さな吹抜けを設け、階段と2方向から2階へ循環させている。

2階の階段ホールを広めにして、家族のフリースペースに。杉は産地から直接購入した。2階の床板は32㎜あり、むきだしの梁に直張り、1階の天井も兼ねている。壁は植物繊維製の紙をでんぷん糊で貼って仕上げた。

Data

家族構成	夫婦十子供1人
所在地	愛知県名古屋市
敷地面積	104.53㎡
延床面積	101.68㎡
	1階／50.71㎡　2階／50.97㎡
構造	木造2階建て

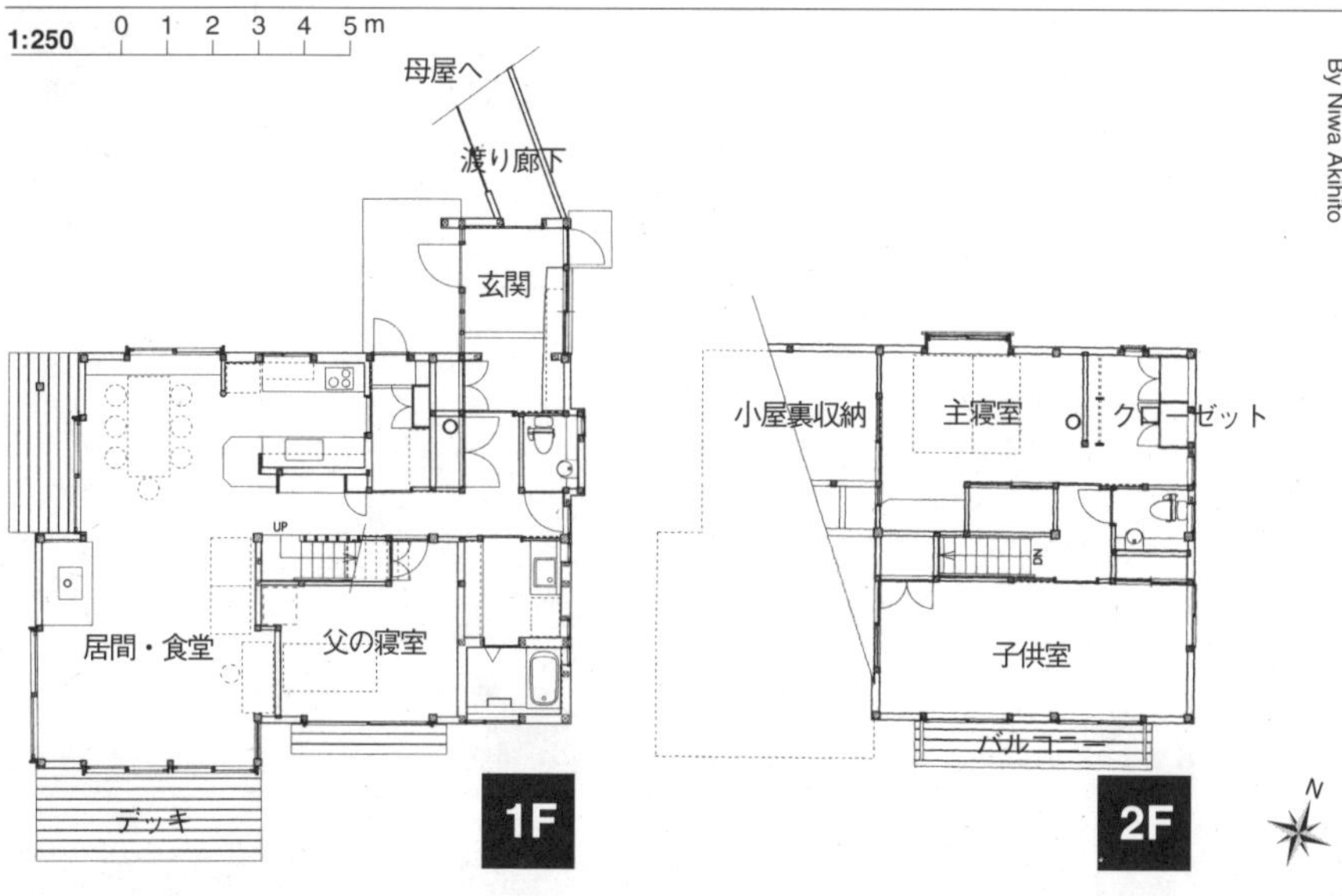

By Niwa Akihito

山間に建つ伝統構法の家

国産の杉や檜と土・漆喰などの自然素材でつくる伝統構法の木組みの家です。山間の土地柄ゆえ、特に冬の朝夕が冷え込むことに加え、東側の裏山の立ち木の陰で午前の陽当たりが充分に見込めません。そこで、家で一番高い屋根面に受ける太陽の温もりを、家の中に導くために、OMソーラーを導入することにしました。裏山でとれる薪をストーブの燃料に使い、近隣共同で引いた山水をトイレや風呂に利用することにしています。

Data

家族構成	父十夫婦十子供2人
所在地	岐阜県多治見市廿原町
敷地面積	1214.02㎡
延床面積	141.87㎡
	1階／92.39㎡　2階／49.48㎡
構造	木造2階建て

1 「環境にできるだけ負荷を与えない」＝「住み続けられる」ということです。そのためには①頑丈な構造体。②ライフステージの変化を包み込めるプランニング。それと同じ比重で、③愛着の感じられる住まい。ということが大切です。設計や工事を進める中で、建て主が自分自身も一緒にやったと実感できた時に「愛着」を感じることができます。竣工時の完成はひとつの過程で住みこなしてより完成させていくのは住まい手です。それを可能にするために「そこでどう住みたいか、何を求めるか」を一緒に時間をかけて考えるということに設計の重点を置いています。

2 OMソーラーの良さは単なる設備ではなく、住み手が自分で手をかけられるものです。床吹き出し量のバランスを変えたり、床下のダクトの向きを変えたり、つまり完成に近づけるのは住まい手です。システムに手を加えるだけでなく庭木のこと、日除けのこと、風の流れなどなど、そこから派生するいろいろなことに目を向けることになります。まわりの自然を考えながら、魔法の箱（エアコン）に頼らない能動的な楽しみ方ができると思います。

山本晶三

Yamamoto Shozo

ＫＳ（ケイズ）設計室
〒615-8018
京都府京都市西京区桂徳大寺町2-1
TEL:075-392-6278 FAX:075-392-6278
E-mail:kskyoto@mbox.kyoto-inet.or.jp

略歴●1954年三重県生まれ。京都工芸繊維大学建築工芸学科卒業。1978年伸和建設入社、社寺建築の修復などに携わる。1987年ＫＳ（ケイズ）設計室設立。

これまでに手がけた住宅●木造22棟、RC造2棟、鉄骨造2棟。（OMソーラー導入12棟）

1 温熱環境を思考しています。関西は温暖地ゆえ夏を旨とする考え方に賛成しますが、すきま風が家の中を通ることが自然換気だとは思いません。「開ける・閉める」がパーフェクトにできる住まいをつくります。風通しのよい住まいを心がけているので、中廊下のある住まいは設計しません。リサイクル・リユースできる建築材料を選びます。

2 室内空間が大きい時、OMの機能を発揮してくれます。化石燃料を焚いて熱エネルギーとする暖房で身体にストレスを感じる方はぜひ、このゆるやかな、ほどよく暖かいOM設備をお勧めします。しかし、かといって設置してしまえば万全というわけではありません。お天気次第で、例えば曇天の日は補助暖房で室内を暖めます。ところで、住まいについて知っておくべき大切なことは、OM以外にもいろいろあります。耐震、耐久、素材、施工精度（品質）、美しさ、使い勝手、コスト等をすべてバランスよく計画できてこそ、納得のゆく住まいができるのです。

三澤康彦

Misawa Yasuhiko

Ms建築設計事務所
〒565-0874
大阪府吹田市古江台3-18-10
TEL:06-6831-5917 FAX:06-6831-2654
E-mail:ms-archi@mvb.biglobe.ne.jp

略歴●1953年大阪府生まれ。大阪美建設計、東京一色建築設計を経て、1985年Ms建築設計事務所設立
これまでに手がけた住宅●216棟。（OMソーラー導入 12棟）

1 まず大切なことは、その住まいが建つ敷地状況をその土地の気候風土も含めて、よく見ることだと考えています。特に、私が住む関西でパッシブデザインを考える場合、冬場の暖房への利用は比較的簡単なわけですが、問題になってくるのは夏場のクーリング対策です。クーリングの基本はやはり通風で、そのためには敷地条件を見極め、そこに吹く風の流れを読み取って、住まいの中に効果的に風を導き入れるプランづくりが大切になってきます。

住まい手のライフスタイルに見合った自然エネルギーの利用方法を提案していくことも、大切なことのひとつです。自然エネルギーの効果的な利用には、やはり住まい手自らのメンテナンスが欠かせないものとなってくるわけですが、住まい手のライフスタイルは様々です。共働きのご夫妻で残業が多い方もおられれば、余暇の時間がたっぷり取れる職業の方もおられます。また、利用方法や効果に対するこだわりも人様々です。お仕着せではなく、住まい手一人ひとりが掛けられる時間と興味の方向に見合ったパッシブデザインを提案することが、持続可能な自然エネルギーの利用につながっていくと考えています。

正井 徹

Masai Toru

正井建築舎
〒563-0024
大阪府池田市鉢塚1-10-3
ドーン秋山2F
TEL:0727-60-3808 FAX:0727-60-3809
E-mail:masai@kenchikusha.com
http://www.kenchikusha.com/

略歴●1961年淡路島生まれ。近畿大学理工学部建築学科卒業。1988年正井徹建築設計事務所開業後、ケイ・ジェイ・ワークスを経て、2000年正井建築舎設立。

これまでに手がけた住宅●木造30棟、RC造及び併用2棟、鉄骨造1棟。（OMソーラー導入29棟）

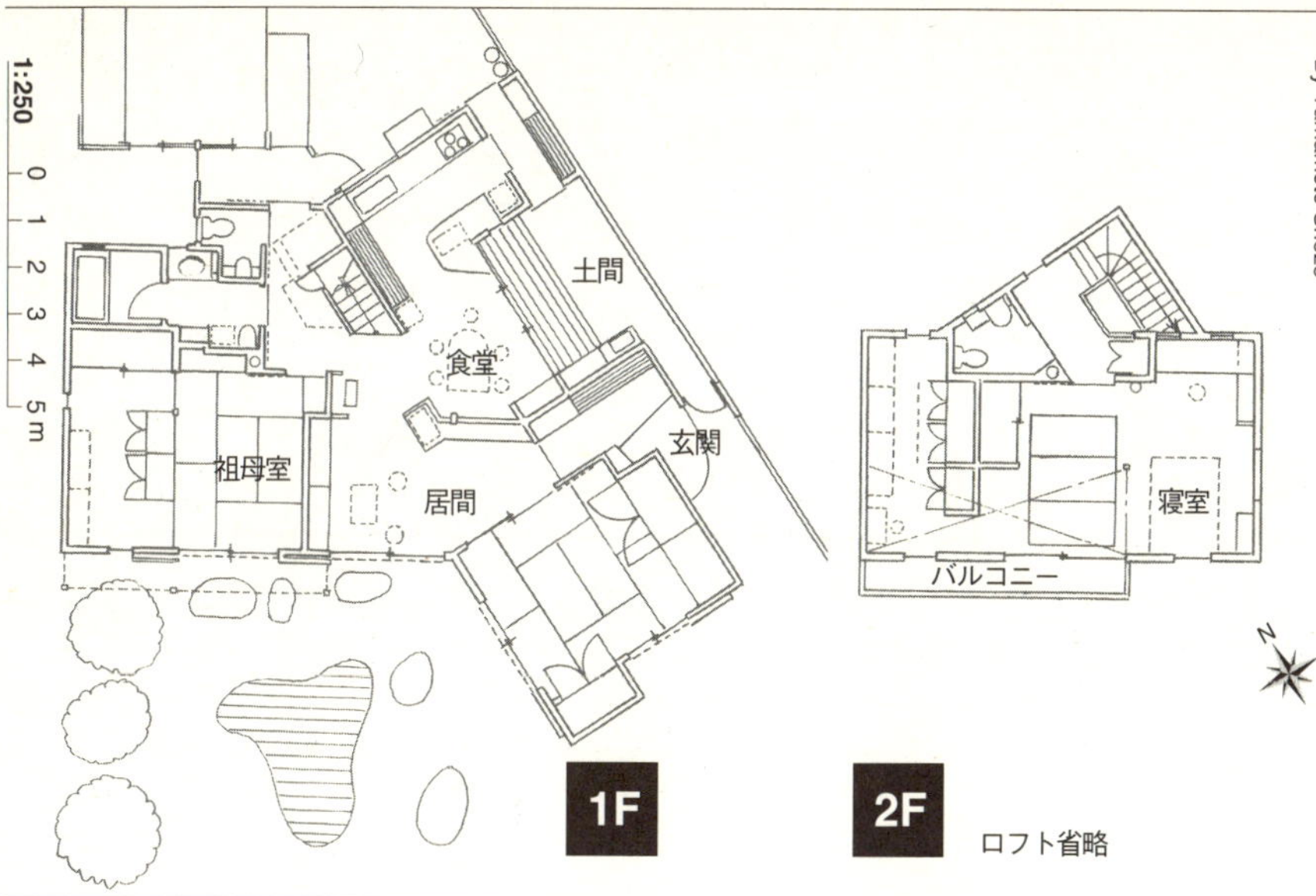

By Yamamoto Shozo

土間から広がる、生活空間

三角敷地、南北既存建築間での建て替え計画。池を取り囲むように曲がった平面は、居間や各部屋に静かな雰囲気をつくり出し、道路に接する東側は大開口がとれないが、半戸外土間の採光により明るい食堂ができた。この土間は農作業時の通行を可能にし、畑の野菜を洗い、日常の出入り口にもなっている。また蜂害のため除去した旧建物の基礎石、松梁は床石、カウンターに、井戸の石流しも再利用した。OMソーラーと太陽光発電を設けた。

Data

家族構成	夫婦十母
所在地	兵庫県姫路市
敷地面積	542.24㎡
延床面積	154.13㎡
	1階／105.64㎡　2階／48.49㎡
構造	木造2階建て

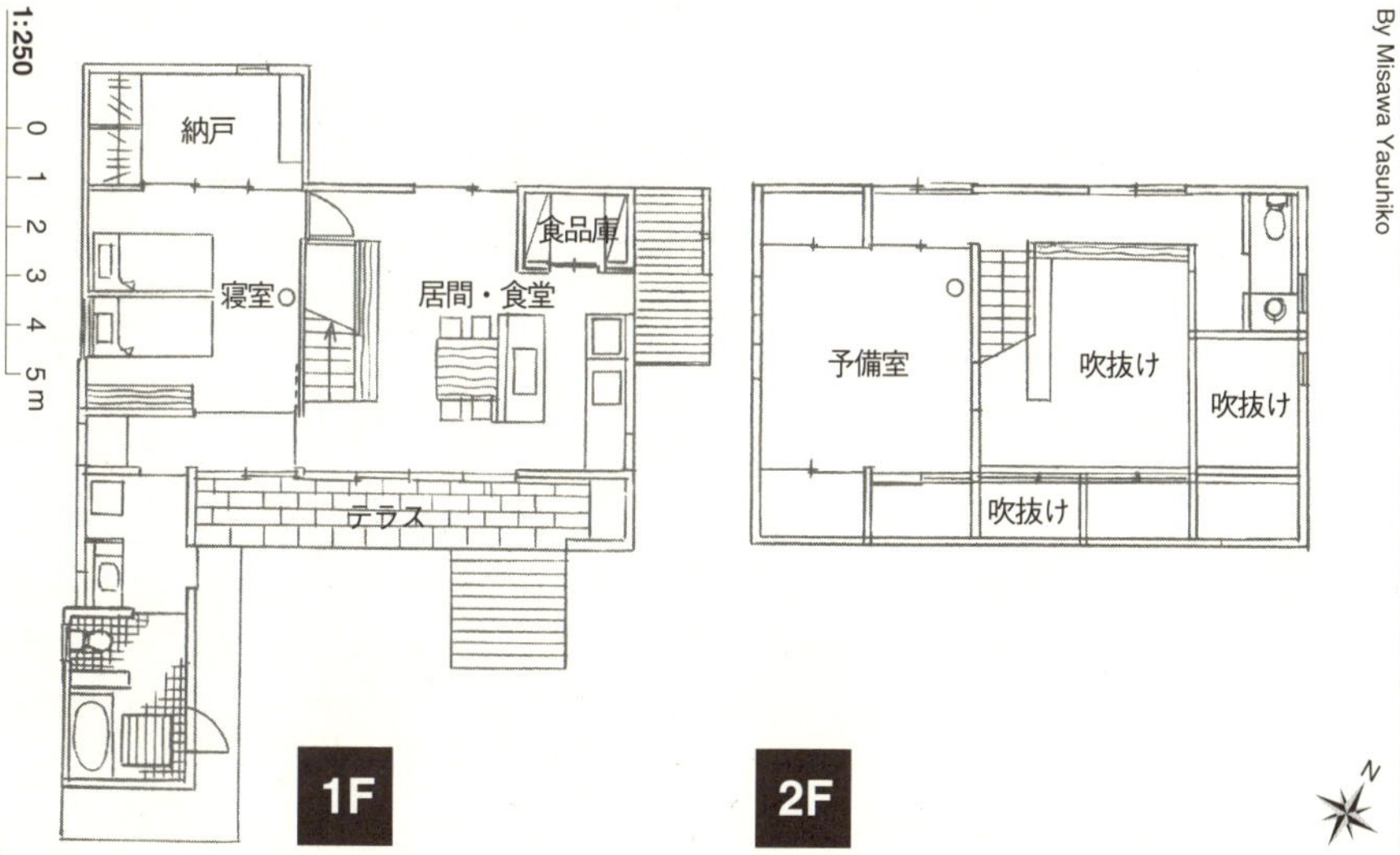

By Misawa Yasuhiko

玄関のない家

南面に大きく開いた、現代農家型住宅。淡路島の温暖な気候の中にあって前庭で野菜をつくり、それを観賞もしながら日常生活するというものです。玄関をあえてつくらずに、南側のテラスから出入りできるプランは、千客万来 。土いじりで身体が汚れた時は直接お風呂に入れます。瀬戸内海地方では水が不足することもあるので、1000 ℓの雨水が溜められる雨水槽を前庭に設けてあります。

Data

家族構成	夫婦
所在地	兵庫県津名郡一宮町
敷地面積	251.58㎡
延床面積	101.61㎡
	1階／68.62㎡　2階／32.99㎡
構造	木造 2 階建て

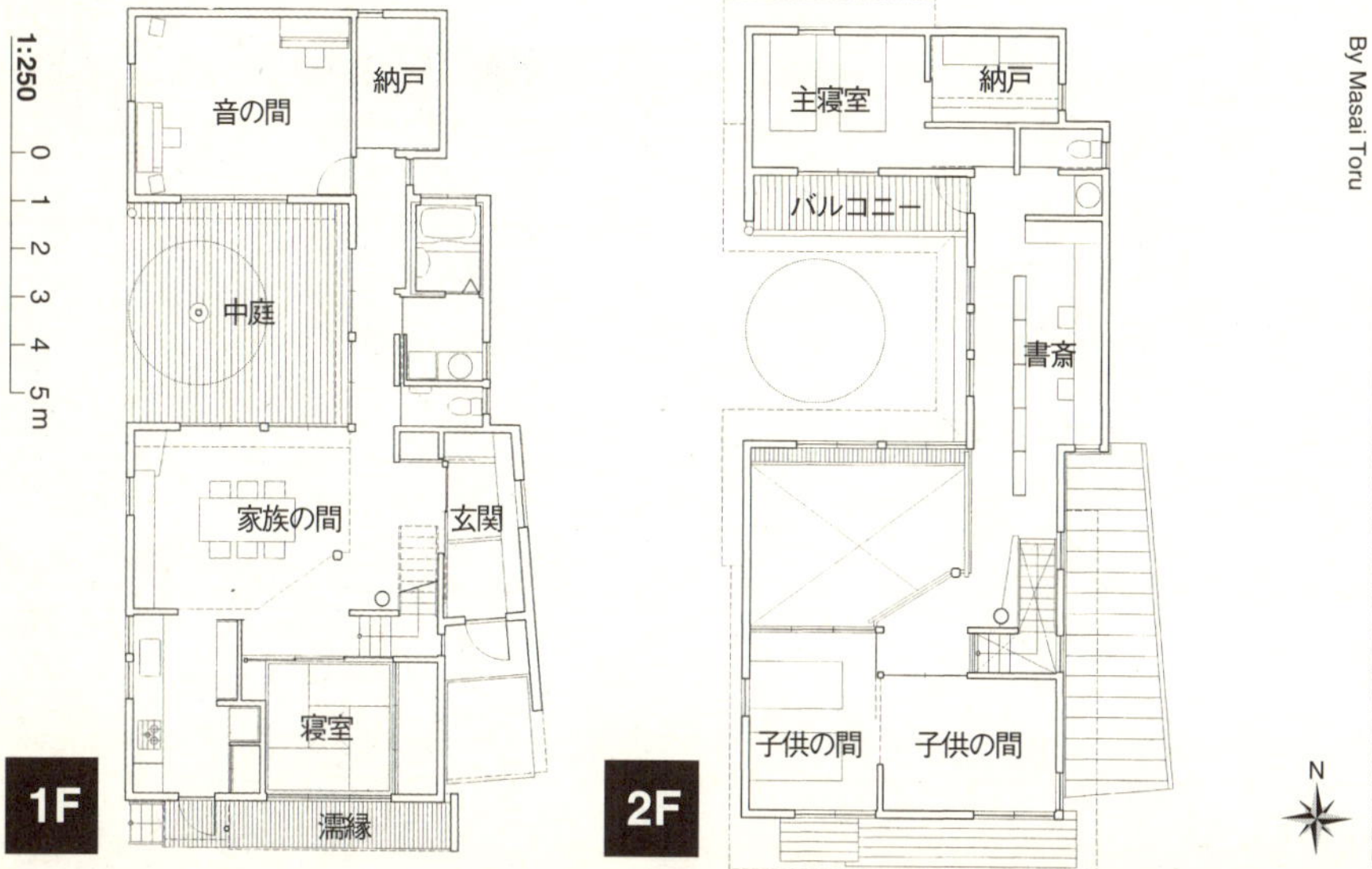

By Masai Toru

自然を残した中庭のある家

敷地は市街地の中に残る森のような場所でしたが、周囲の集合住宅からの覗き込みを避けるため、周辺の木々を残して、中庭のある住まいを提案しました。住まい手の趣味は、ご夫婦共に音楽演奏。そのための「音の間」と「家族の間」が、中庭を挟んで向かい合う、内と外にわたって集い憩える大きな空間。どこに誰がいてもお互いの気配がわかる、緩やかに連なるこの空間を、風が理想的に通り抜ける窓配置とOMソーラーが支えています。

Data

家族構成	夫婦十子供2人
所在地	大阪府堺市
敷地面積	291.00㎡
延床面積	170.09㎡
	1階／99.15㎡　2階／70.94㎡
構造	木造2階建て

1 私たちの設計はまず、敷地の「風」を感じとることから始めます。「風」は季節の感触や匂い、囁きや音色を知らせてくれます。風が通りぬけ、タテヨコ隅々まで感じ取れる空間を心がけたいと思います。その空間では、光が互いに浸透し合い、微妙な陰翳を生み出しながら素材にいのちを与えます。自然のもつ活力に包まれた空間が豊かな感動を生みだし、計算では予定されない調和が何より心地よいリズムとなることを、依頼主と施工者との共同作業を通して実現したいと考えています。工事では、日本の風土の中で工夫を積み重ねられてきた材料と技術で、住宅や家具・庭が完成していく過程を楽しみつつ、メンテナンス方法を学んでいけるような関係を目指しています。

2 OMソーラーは自然のリズムに共鳴するシステムと思います。ただし、木造で開放的な「間取り」にも、将来の生活シーンに応じた「間仕切り」を想定し準備しておくことが必要ですし、追加や改良を加えていく柔軟性を持ち、手入れや補修を継続する気持ちも大切です。

糟谷真子
糟谷浩史

Kasutani Shinko・Kasutani Hiroshi

建築設計工房 かすたねっと
〒662-0811
兵庫県西宮市仁川町6-6-25
TEL:0798-54-2454 FAX:0798-54-2454
E-mail:kasta-net@nifty.com

略歴●糟谷真子／1961年広島県生まれ。武蔵野美術大学卒業。●糟谷浩史／1959年大阪府生まれ。京都工芸繊維大学大学院修了。1999年建築設計工房かすたねっと設立。

これまでに手がけた住宅●RC造3棟、木造3棟、事務所ビル多数。(OMソーラー導入1棟)

---

1 私が住まいの設計について常に心がけている点は二つあります。一つ目は構造のしっかりした家であること。これまで手がけた住まいは木造がほとんどですが、国内産の木材を構造材に使用し、百年の寿命を持つ住まいを目指しています。このことは木の育つサイクルを配慮している訳ですが、さらに一世代ごとに住まいをつくっていくことはかなりの経済的な負担であり、環境への負荷でもあると考えています。三世代から四世代にわたって住み続けられる住まいづくりこそ、いま最も重要ではないかと考えています。二つ目は、自然の恵みを感じとることのできる住まいづくり。まず、太陽熱、地熱、雨水、風等の利用です。使用する素材については、それらが生産されてくる間にあまりエネルギーがかかっていないこと、住まい手の健康を害さないこと、また廃棄処分される時に自然に負荷を与えないことを基準に、選定することを心がけています。日常生活の中で、ともすれば見失いがちな自然の営みに目を向けていくきっかけとなるようなものを住まいの中に散りばめていく、そういうことが住まいを設計していく作業にほかならないと考えています。

中北 幸

Nakakita Koh

中北幸環境・建築研究所
〒662-0036
兵庫県西宮市大井手町7-4
TEL:0798-73-3447 FAX:0798-73-3485
E-mail:nakakita@hcc1.bai.ne.jp

略歴●1952年大阪府生まれ。大阪大学大学院修士課程(環境工学専攻)修了。安藤忠雄建築研究所を経て、1995年中北幸環境・建築研究所設立
これまでに手がけた住宅●木造15棟、RC造1棟。(OMソーラー導入8棟、暖房のみの簡易ソーラー導入7棟━将来余裕ができたらOMソーラーのハンドリングボックスに取り替える)

---

1 九州大分の気候風土にあった家づくりは、先人たちが残した民家にそのヒントがある。民家の不便なところ、困ること、ニーズに合わない点を改善してできる限り自然に近い状態に家づくりをすること。これが家づくりで環境に負荷を与えない住宅となると考える。できれば自然エネルギーを使って敷地内でのエネルギー循環ができれば最高と考えている。太陽光発電、太陽熱利用、雨水利用、生活排水の再利用、通風、生ごみの利用、外部からゴミの素材(人工加工品)を持ち込まないなどに心がけた家づくりをしている。

2 OMソーラーは、いうまでもないが空調機ではない。あくまでも室内空気環境を自然界に近づけながら人間の生活環境に少しでもバリアを無くそうという気持ちで取り付け、人に優しい室内環境をつくり出すことにある。OMソーラーだからという訳ではないが、在来木造の高気密・高断熱にした住宅では大分のような高温・多湿地域では断熱材の施工に大変気をつかう。特に窓まわりや入隅、出隅、2階床と胴差しなどの取り合いで断熱材を切り込んで詰める場所の隙間や結露対策に十分注意する必要がある。

芳山憲祐

Yoshiyama Kensuke

大分住宅研究室
〒870-0024
大分県大分市錦町3-8-1
TEL:097-532-1885 FAX:097-532-1884
E-mail:kichyomu@fat.coara.or.jp

略歴●1947年大分県生まれ。県立大分工業高校建築科卒業。1973年大分住宅研究室設立。

これまでに手がけた住宅●木造100棟、RC造10棟、鉄骨造5棟。(OMソーラー導入10棟)

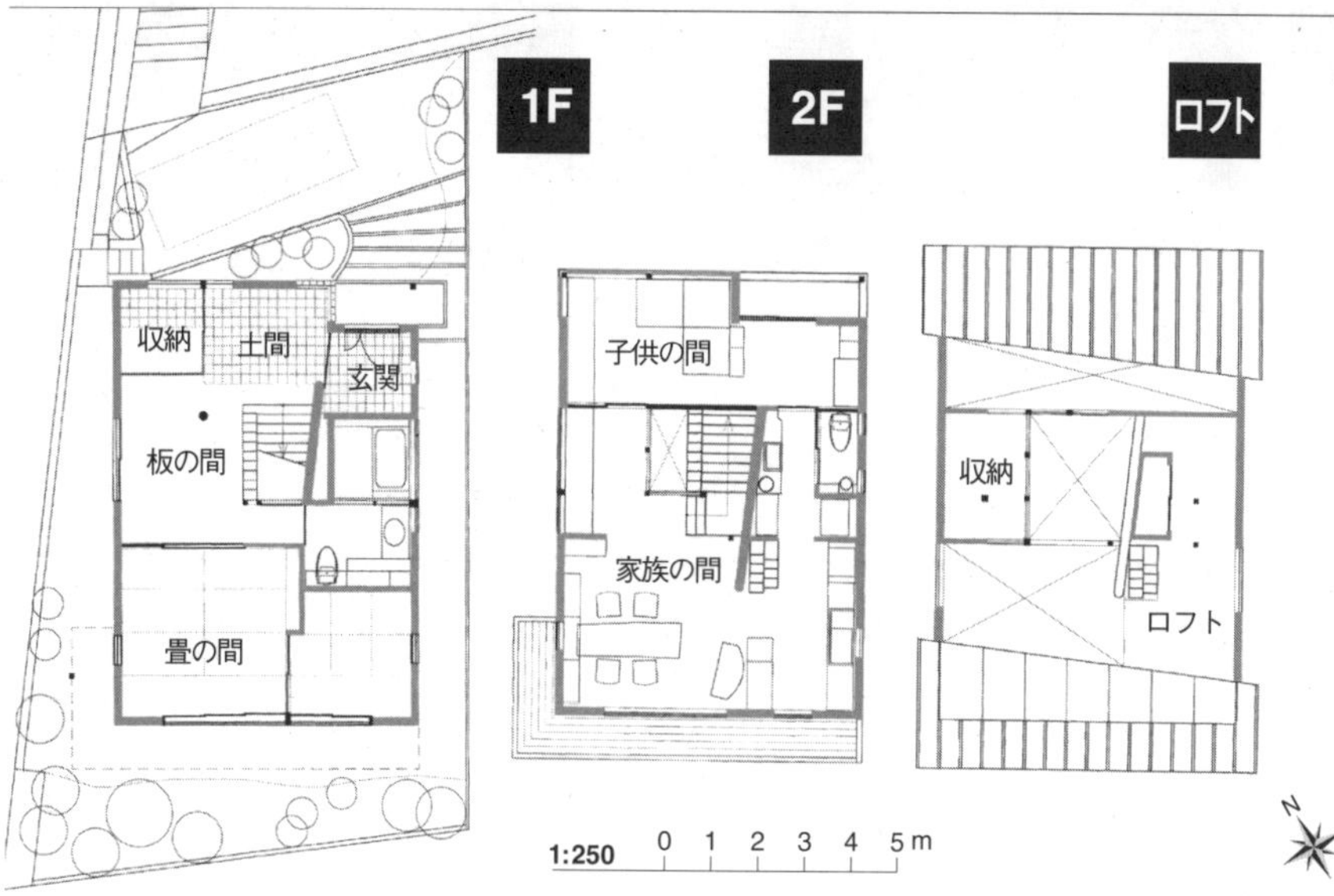

By Kasutani Shinko・Kasutani Hiroshi

タテヨコの広がりの中の居場所

玄関土間から連続した吹抜けを中心に配置し、土壁を軸として「タテヨコの間取り」を考えました。土壁と階段は平面で途切れることなくタテ方向へ伸びて行き、空間は吹抜けを巡ってヨコ方向へ広がって行きます。風の流れや光の振舞い・陰影の在りか・視線の方向などに配慮して、開放的な間取りでありながら、生活のリズムが生まれる、心地いい居場所や隠れ場所を創りだすことで「気配」と「間合い」を大切にしました。

Data

家族構成	夫婦＋子供2人
所在地	兵庫県西宮市
敷地面積	145.87㎡
延床面積	115.94㎡
	1階／57.97㎡ 2階／57.97㎡
構造	木造２階建て

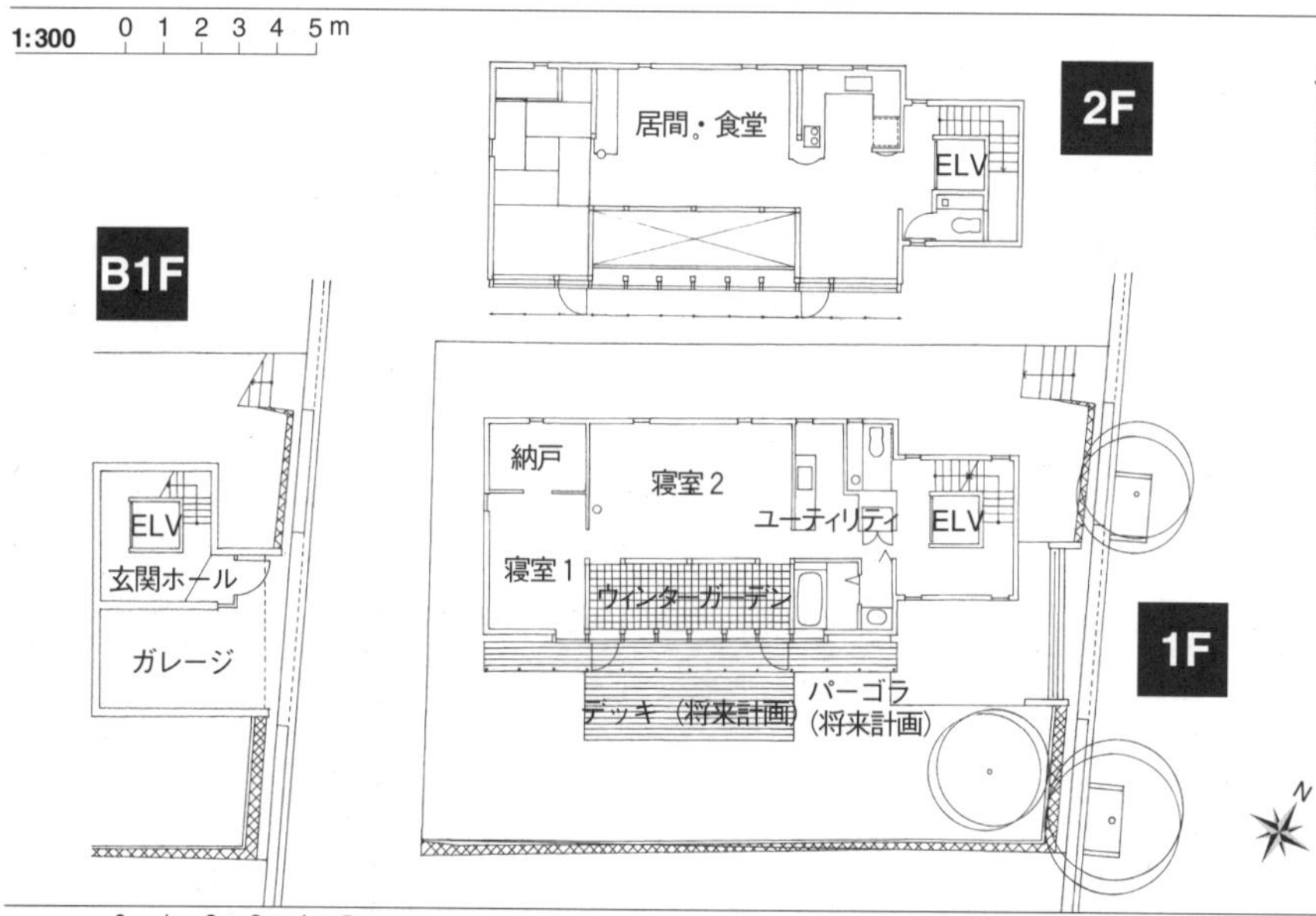

By Nakakita Koh

自然の恵みを活かす工夫

国内産の杉、檜を構造材に使用し、伝統構法の貫と在来構法の筋交いを合体した耐力壁を採用。構造材や構造用金物は可能な限り表わしとし、後年のメンテナンスに配慮している。ソーラーチューブ（太陽熱利用の床暖房）及びダイレクトゲインによって暖房を得るウィンターガーデンを南側にレイアウトしている。その下には、雨水槽を導入し、トイレの洗浄水や散水に利用。クールチューブ（地熱を利用した冷房）などの様々な工夫もある。

Data

家族構成	女性２人
所在地	兵庫県神戸市灘区
敷地面積	227.29㎡
延床面積	160.56㎡
地階／25.38㎡ 1階／71.19㎡ 2階／63.99㎡	
構造	木造２階建て（地階のみRC造）

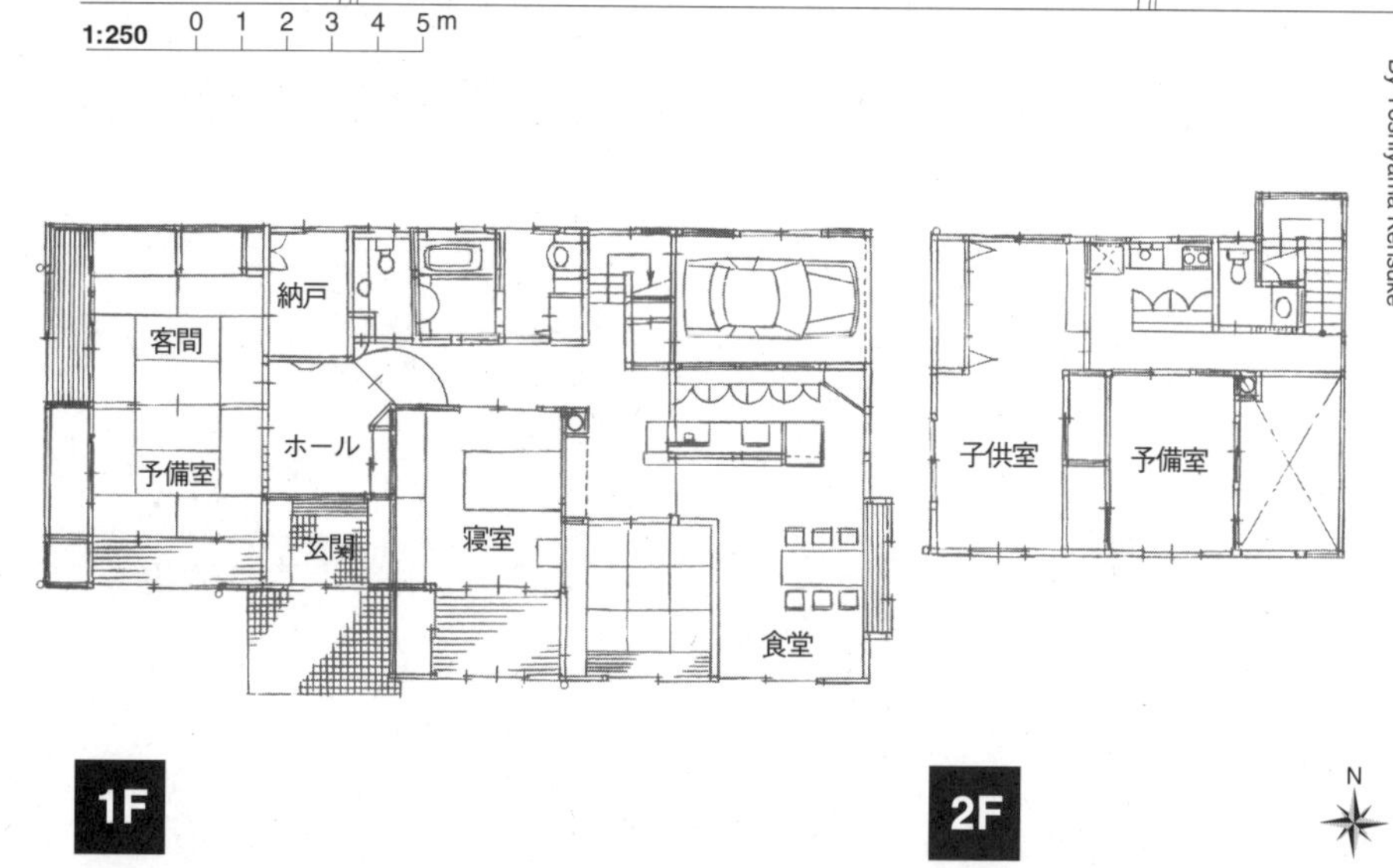

By Yoshiyama Kensuke

大勢の客が集まる、高齢者の家

おばあちゃんが住まう住宅で、兄弟、親戚が集まり、おばあちゃんを囲み語り合うことが多く、2間続きが必要。冬は玄関から廊下へのドアを閉めて一体にし、OMソーラーで室内環境を整える。普段は居間と寝室で主に生活している。近くに住む娘夫婦が勝手口から出入りし、おばあちゃんの話相手である同居のお孫さんは駐車場から出入りし、階段を通って2階の自室へ行く。吹抜け空間はお孫さんとおばあちゃんの声かけ空間となっている。

Data

家族構成	大人(70歳)＋孫1人
所在地	大分県大分市
敷地面積	528.70㎡
延床面積	210.05㎡
	1階／157.03㎡ 2階／53.02㎡
構造	木造2階建て

OMソーラーの家を建てたい人のための全国工務店一覧

＊2001年5月1日現在

北海道

北海道

㈱天内工務店	〒090-0036　北見市幸町7-3-4	TEL0157-24-6221
佐々木建設㈱	〒080-0811　帯広市東11条南8-1-5	TEL0155-22-6622
㈱丸豊伊藤建業	〒066-0008　千歳市清流4-6-7	TEL0123-23-2277
小松建設㈱	〒052-0026　伊達市錦町105	TEL0142-23-2043
㈲伊丸岡建設	〒041-0852　函館市鍛治1-48-27	TEL0138-51-6278
塩川建設㈱	〒093-0014　網走市南4条西3-14	TEL0152-43-4151
岡田建設㈱	〒080-0011　帯広市西1条南29-1	TEL0155-25-4111
㈱竹田ハウジング	〒062-0034　札幌市豊平区西岡４条3-7-50	TEL011-851-6902
㈲陽建築工房	〒002-8023　札幌市北区篠路三条6-5-1-501	TEL011-831-3702

東北

青森県

上北建設㈱	〒034-0037　十和田市穂並町2-62	TEL0176-23-3511
青森・㈱菅文	〒028-6195　二戸市堀野字長地75-4	TEL0195-23-5110

岩手県

㈱菅文	〒028-6195　二戸市堀野字長地75-4	TEL0195-23-5110
OMソーラーかんぷん盛岡店	〒020-0891　紫波郡矢巾町流通センター南3-8-3	TEL019-638-5811
㈱太田建設	〒023-0021　水沢市字欠の下61-3	TEL0197-24-2451
一関・㈱太田建設	〒023-0021　水沢市字欠の下61-3	TEL0197-24-2451
㈲村工	〒029-0603　東磐井郡大東町沖田字八日町2-2	TEL0191-74-2724

宮城県

㈱伊藤材木店	〒984-0031　仙台市若林区六丁目字柳堀34	TEL022-288-2751
国友建設㈱	〒980-0003　仙台市青葉区小田原7-4-40	TEL022-222-0685
㈱伊藤工務店	〒985-0016　塩竈市港町2-15-38	TEL022-364-1720
中村工業㈱	〒986-0853　石巻市門脇字築山114-3	TEL0225-22-3333
㈱ハウスプラン	〒989-6162　古川市駅前大通6-3-5	TEL0229-24-1222

秋田県

㈲小坂工務店	〒018-3302　北秋田郡鷹巣町栄字前綱106-7	TEL0186-62-4167

山形県

山交ホーム㈱	〒990-2492　山形市鉄砲町2-17-48	TEL023-622-1212
相田建設㈱	〒992-0017　米沢市桜木町2-48	TEL0238-23-6510

福島県

樽川技建㈱	〒963-8852　郡山市台新2-31-10	TEL024-922-9701
福島・樽川技建㈱	〒960-8111　福島市五老内町8-5メゾン・ミヌール2F	TEL024-531-6705
いわき建設センター事業協同組合	〒970-8026　いわき市平字作町1-2-6	TEL0246-21-1237
㈱近藤工務店	〒961-0106　西白河郡中島村大字二子塚字宿浦28-1	TEL0248-52-2254
東洋建設工業㈱	〒965-0875　会津若松市米代2-3-29	TEL0242-27-4510
田中建設工業㈱	〒979-1521　双葉郡浪江町大字権現堂字町頭15	TEL0240-34-6125
寺島建設㈲	〒960-0906　伊達郡月舘町御代田字向照内50-8	TEL024-573-3155

北関東

茨城県

㈱つくばホーム	〒305-0051　つくば市二の宮1-3-4	TEL0298-52-1001
㈱柴木材店	〒304-0031　下妻市高道祖4316	TEL0296-43-5595
セイコー建設㈱	〒302-0128　北相馬郡守谷町けやき台3-12-6	TEL0297-48-0211
ミツキホーム㈱	〒316-0024　日立市水木町2-5-18	TEL0294-54-0016
日高見建設工業㈱	〒300-0513　稲敷郡江戸崎町大字桑山403	TEL0298-92-0707
新建工舎	〒310-0914　水戸市小吹町2053-117	TEL029-244-1548
㈱エム建築工房	〒315-0052　新治郡千代田町下稲吉1993-73	TEL0299-37-7622
㈱シマホ	〒315-0073　ひたちなか市中根870-14	TEL0299-24-1245

栃木県

深谷建設㈱	〒325-0054　黒磯市朝日町3-21	TEL0287-63-6666
宇都宮・㈱栃木オーエム	〒325-0054　黒磯市朝日町3-21	TEL0287-63-6666
㈱吉田工務店	〒320-0012　宇都宮市山本1-1-12	TEL028-624-8321
今市・㈱吉田工務店	〒320-0012　宇都宮市山本1-1-12	TEL028-622-0600
㈱牧田工務店	〒328-0074　栃木市薗部町2-6-6	TEL0282-22-3316
㈱第一住宅	〒328-0012　栃木市平柳町3-54-17	TEL0282-29-1000
㈲笠井建築事務所	〒324-0605　那須郡馬頭町大字大内3372	TEL0287-92-1151
㈲熊倉建築工業	〒329-0214　小山市乙女3-27-17	TEL0285-41-1757
㈲大島工務店	〒322-0056　鹿沼市下材木町1364	TEL0289-62-4504
来都建築工房㈲	〒326-0822　足利市田中町605　第三晃伸ビル3F-D室	TEL0284-70-3123

群馬県

大橋工業㈱	〒379-2108　前橋市鶴が谷町34-15	TEL027-268-4561

㈱秀建	〒277-0005　柏市柏3-11-17	TEL0471-64-6163
㈲越川建設	〒289-1124　八街市山田台153	TEL043-445-4094

東京都

㈱広・佐藤工務店	〒151-0053　渋谷区代々木3-31-12-403	TEL03-3375-8891
円建設㈱	〒166-0004　杉並区阿佐谷南3-11-3-208	TEL03-3393-1431
㈱滝新	〒168-0062　杉並区方南1-46-7	TEL03-3323-3321
㈱都喜和建設	〒177-0035　練馬区南田中2-18-26	TEL03-3904-6309
㈱清富士工務所	〒203-0014　東久留米市東本町5-25	TEL0424-75-1255
㈱東建ハウジング	〒201-0004　狛江市岩戸北1-7-9	TEL03-3488-1001
㈱共友建設	〒190-1221　西多摩郡瑞穂町箱根ヶ崎武蔵野862	TEL042-557-4391
㈱鈴木工務店	〒195-0053　町田市能ヶ谷町740	TEL042-735-5771
相羽建設㈱	〒189-0002　東村山市青葉町1-25-14	TEL042-395-4181
㈲高島工務店	〒185-0022　国分寺市東元町1-40-11	TEL042-321-1173
㈱サン工務店	〒183-0033　府中市分梅町2-21-12	TEL042-364-7555
岡庭建設㈱	〒202-0014　西東京市富士町1-13-11	TEL0424-68-1166
㈱日科建築	〒160-0008　新宿区三栄町9-9	TEL03-3353-9455
ムサシノ住宅産業㈱	〒183-0027　府中市本町2-9-9	TEL042-362-6361
㊎阿部建築	〒110-0001　台東区谷中3-10-5	TEL03-3823-2444
㈱福安工務店	〒193-0832　八王子市散田町5-6-14	TEL0426-64-5931
㈱ソーケン・アンド パートナーズ	〒198-0044　青梅市西分町13-118	TEL0426-31-5651
㈱リピック建設	〒123-0842　足立区栗原3-9-12	TEL03-3852-2341
㈱田中工務店	〒133-0057　江戸川区西小岩3-15-1	TEL03-3657-3176
大新興業㈱	〒168-0073　杉並区下高井戸3-25-8	TEL03-3304-8888
東京・㈱中島工務店	〒136-0082　江東区新木場3-4-10	TEL03-3521-7773

神奈川県

川崎・㈱鈴木工務店	〒195-0053　町田市能ヶ谷町740	TEL042-735-5771
㈱高千穂	〒220-0011　横浜市西区高島2-3-22　横浜OTビル4F	TEL045-453-0541
川崎・㈱高千穂	〒220-0011　横浜市西区高島2-5-4	TEL045-453-0541
富士相互住宅㈱	〒227-0054　横浜市青葉区しらとり台2-66	TEL045-988-1231
川崎・富士相互住宅㈱	〒227-0054　横浜市青葉区しらとり台2-66	TEL045-988-1231
㈱輝高住研	〒222-0011　横浜市港北区菊名6-17-13	TEL045-402-2511
㈱堀井工務店	〒241-0001　横浜市旭区上白根町1106-19	TEL045-954-0366
㈱東海建物	〒221-0825　横浜市神奈川区反町1-11-1	TEL045-322-2301
㈲柴工務店	〒244-0802　横浜市戸塚区平戸4-35-21	TEL045-823-4888

田村建設㈱	〒371-0844　前橋市古市町1-16-6	TEL027-251-5770
サンウッドホーム	〒371-0044　前橋市荒牧町794-2	TEL027-233-9119
㈲丹羽建設	〒376-0011　桐生市相生町2-142	TEL0277-52-5658
㈱黒沢建設	〒370-2215　甘楽郡甘楽町大字造石145	TEL0274-74-3058
㈱イノウエ建設工業	〒370-1401　多野郡鬼石町大字鬼石573-3	TEL0274-52-2352
高崎・㈱小林建設	〒370-0827　高崎市鞘町63-1-202	TEL027-327-8163

南関東

埼玉県

共生建設㈱	〒343-0023　越谷市東越谷1-1-1	TEL0489-66-3431
㈱森工務店	〒355-0073　東松山市上野本1813-1	TEL0493-24-1311
㈱小林建設	〒367-0212　児玉郡児玉町児玉209	TEL0495-72-0327
青戸工務店	〒330-0038　さいたま市宮原町2-61-10	TEL048-664-0297
羽生・東洋建設工業㈱	〒348-0046　羽生市大字中岩瀬字中岩瀬725-1	TEL0485-62-3540
㈱榊住建	〒338-0804　さいたま市上木崎6-13-1	TEL048-833-3151
斎藤工業㈱	〒336-0002　さいたま市北浦和3-6-5	TEL048-833-1776
マツモト建設㈱	〒354-0021　富士見市大字鶴馬3501	TEL0492-53-7141
㈱三協建設	〒359-1131　所沢市久米1567-13	TEL042-922-1100
㈱伊藤木材建設	〒350-1242　日高市北平沢646	TEL0429-89-0179
山岸工業㈱	〒349-0123　蓮田市本町8-11	TEL048-769-0111
㈱守屋組	〒368-0044　秩父市本町7-4	TEL0494-22-4845
㈱小林建設	〒346-0022　久喜市下早見814	TEL0480-21-1044
上尾興業㈱	〒362-0037　上尾市上町1-9-12	TEL048-771-2855

千葉県

㈱中野工務店	〒272-0033　市川市市川南4-8-14	TEL047-324-3301
㈱新昭和	〒299-1162　君津市南子安5-27-1	TEL0439-54-7718
㈲タケワキ住宅建設	〒270-2213　松戸市五香3-9-5	TEL047-387-8840
㈱小山建築工務	〒299-5106　夷隅郡御宿町須賀478-2	TEL0470-68-2627
㈱みくに建築	〒274-0816　船橋市芝山1-36-6	TEL047-465-7131
㈱佐久間工務店	〒263-0014　千葉市稲毛区作草部町1349-1	TEL043-254-4511
㈱松村工務店	〒266-0005　千葉市緑区誉田町2-29	TEL043-291-0586
㈱スズセイホーム	〒287-0036　佐原市観音10-8	TEL0478-58-1457
㈲青木建設	〒294-0045　館山市北条275　住宅公園内	TEL0470-24-1001
㈱金正	〒284-0001　四街道市大日299-9	TEL043-422-3038
㈱竹屋	〒270-1175　我孫子市青山台4-21-10	TEL0471-83-1050
朝日建設㈱	〒274-0805　船橋市二和東6-42-5	TEL047-448-3801

石川県

㈱シィー・プランニング	〒920-0831 石川県金沢市東山3-4-31	TEL076-252-9555

福井県

福井ソーラーハウス㈱	〒918-8237 福井市和田東1-2323	TEL0776-23-5153

東海

岐阜県

藤建設㈱	〒509-5141 土岐市泉岩畑町4-12	TEL0572-54-5117
伊藤建設㈱	〒500-8005 岐阜市上材木町423	TEL058-265-0666
㈲コムハウス	〒503-0865 大垣市寺内町3-52-11	TEL0584-75-5511
高木建設㈱	〒503-2114 不破郡垂井町府中2323	TEL0584-23-3870
㈱サンホーム	〒503-2124 不破郡垂井町宮代1583	TEL0584-22-3777
ざいまん建設㈱	〒501-0431 本巣郡北方町北方1787	TEL058-324-0141
大幸住宅㈱	〒504-0834 各務原市那加昭南町88-3	TEL0120-61-7116
大幸住宅可児工房	〒509-0203 可児市下恵土宇野林2989-1	TEL0574-60-1161
㈲エコハウス	〒501-0619 揖斐郡揖斐川町三輪2577-2	TEL0585-22-5178
㈲和田建築	〒506-0102 大野郡清見村三日町1105	TEL0577-68-2729
㈱大和工務店	〒501-3944 関市山田881-4	TEL0575-28-2361
㈱中島工務店	〒508-0401 恵那郡加子母村1005	TEL0573-79-3131

静岡県

㈱サン共生舎	〒419-0112 田方郡函南町柏谷836-1	TEL0559-79-3100
㈱石井建設	〒412-0043 御殿場市新橋1627	TEL0550-83-9759
㈲昭和ホーム	〒410-1102 裾野市深良1327-1	TEL0559-97-4001
㈱コトヨ	〒417-0002 富士市依田橋266-1	TEL0545-53-5104
富士宮・㈱コトヨ	〒417-0002 富士市依田橋266-1	TEL0545-53-5104
駿河工房㈱	〒421-0114 静岡市桃園町12-27	TEL054-257-3385
島田・駿河工房㈱	〒427-0042 島田市中央町11-18	TEL0547-37-9285
㈱ハイホームス	〒426-0067 藤枝市前島2-23-14	TEL054-636-6611
㈱サン工房	〒432-8068 浜松市大平台3-7-30	TEL053-484-0556
㈲番匠	〒431-1208 浜松市庄内町21-1	TEL053-487-0154
㈱マルモ中村住宅	〒432-8054 浜松市田尻町97-3	TEL053-444-0012
掛川・㈱マルモ中村住宅	〒436-0043 掛川市大池2707-1	TEL0537-24-7328
㈱高澤工務店	〒421-0522 榛原郡相良町相良30	TEL0548-52-0516
㈱鈴木創建	〒437-1302 小笠郡大須賀町大渕浜4765	TEL0537-48-4073
㈲鳥沢工務店	〒413-0511 賀茂郡河津町峰719	TEL0558-32-0389

ＫＲＫホーム㈱	〒220-0024 横浜市西区西平沼町6-1 TVKハウジングプラザ横浜	TEL045-316-1188
㈱ワイエム建設	〒228-0828 相模原市麻溝台8-18-93	TEL042-747-2729
石和建設㈱	〒253-0072 茅ヶ崎市今宿552	TEL0467-86-7670
㈱山上工務店	〒253-0105 高座郡寒川町岡田950-1 山上ビル	TEL0467-75-0204
成幸建設㈱	〒252-0804 藤沢市湘南台5-5-9 S5湘南台ビル2F	TEL0466-44-2100
㈱コジマ企画	〒259-0124 中郡二宮町山西969	TEL0463-73-0088
㈱加賀妻工務店	〒253-0085 茅ヶ崎市矢畑1395	TEL0467-87-1711
望月建業㈱	〒257-0003 秦野市南矢名1-3-7	TEL0463-77-7733
㈱ソーラーハウス湘南	〒250-0862 小田原市成田532-1	TEL0465-38-0780
㈱安池建設工業	〒256-0816 小田原市酒匂5-5-17	TEL0465-47-5722
㈱ライズ	〒242-0029 大和市上草柳1538-2	TEL046-260-0777
㈱光正工務店	〒214-0023 川崎市多摩区長尾5-21-5	TEL044-934-3736

甲信

山梨県

㈱小澤建築工房	〒400-0061 甲府市荒川2-6-37	TEL055-251-1117
㈲エスエーホーム	〒407-0014 韮崎市富士見1-7-5	TEL0551-23-1704
㈱丸格建築	〒401-0502 南都留郡山中湖村平野3215	TEL0555-62-1636

長野県

成和建設㈱	〒384-0051 小諸市大字八満609-10	TEL0267-22-3018
成和建設㈱OM上田支店	〒384-0051 小諸市大字八満609-10	TEL0267-22-3018
徳武建設㈱	〒381-0084 長野市若槻東条560-1	TEL026-295-6166
㈱美登利屋工務店	〒381-2205 長野市青木島町大塚1498-1	TEL026-285-7484
林建工㈱	〒399-0011 松本市寿北8-20-21	TEL0263-58-4120
㈲北沢建築	〒399-4601 上伊那郡箕輪町大字中箕輪307	TEL0265-79-3522
大蔵建設㈱	〒395-0077 飯田市丸山町2-6732-13	TEL0265-24-6464
㈲立石工務店	〒392-0015 諏訪市中洲1356-2	TEL0266-58-0724

東日本海

新潟県

㈱高田建築事務所	〒940-1105 長岡市摂田屋5-6-22	TEL0258-36-1230
㈱久保田建築	〒949-3103 中頸城郡大潟町大字潟町169	TEL0255-34-2720
前田建設	〒952-2213 佐渡郡相川町大字北田野浦1510	TEL0259-78-2640

富山県

高建設㈱	〒933-0111 高岡市伏木東一宮12-11	TEL0766-44-1057
㈱頼成工務店	〒939-2734 婦負郡婦中町新屋507	TEL076-465-1001
鷹栖建工㈱	〒939-1335 礪波市鷹栖536	TEL0763-33-2612
米井建設㈱	〒930-0357 中新川郡上市町正印323	TEL0764-72-4466

㈲須佐見工務店	〒600-8265　京都市下京区黒門通木津屋橋上ル徹宝町401	TEL075-371-9558
㈱ツキデ工務店	〒611-0025　宇治市神明宮東59-3	TEL0774-21-2611
㈱ドレメ	〒624-0906　舞鶴市字倉谷909-6	TEL0773-75-1826
㈱舟越工務店	〒620-0802　福知山市興木梨8-2　OMソーラー展示場内	TEL0773-27-8739

大阪府

㈱山本博工務店	〒533-0013　大阪市東淀川区豊里7-26-7	TEL06-6327-0066
富士建築工務㈱	〒530-0047　大阪市北区西天満5-11-4	TEL06-6312-3551
㈱ケイ・ジェイ・ワークス	〒564-0072　吹田市出口町16-22	TEL06-6389-3389
新和建設㈱	〒538-0043　大阪市鶴見区今津南1-5-19	TEL06-6961-0331
㈱コアー建築工房	〒599-8272　堺市深井中町1136-2	TEL0722-77-7060
進和建設工業㈱	〒591-8032　堺市百舌鳥梅町1-30-1	TEL0722-52-1049
輝建設㈱	〒553-0006　大阪市福島区吉野3-27-14	TEL06-6467-5035
光洋建設㈱	〒586-0003　河内長野市楠町東1751-1	TEL0721-53-1911

兵庫県

神戸・㈱中島工務店	〒651-1101　神戸市北区山田町小部字惣六畑山2-1	TEL078-595-1838
㈱パル建設	〒655-0044　神戸市垂水区舞子坂4-1-7	TEL078-783-8638
米田建築㈱	〒666-0105　川西市見野3-8-20	TEL0727-94-0963
昭和住宅㈱	〒675-0101　加古川市平岡町新在家117	TEL0794-23-0050
㈱プレスト	〒670-0804　姫路市保城112	TEL0792-81-6335
東加古川・㈱プレスト	〒675-0104　加古川市平岡町土山514-2	TEL078-949-3536
ソーラーハウス㈱	〒670-0084　姫路市東辻井2-9-15 リブレ新在家	TEL0792-94-8032
㈱山弘	〒671-2572　宍粟郡山崎町庄能414-1	TEL0790-62-3651
㈱行司工務店	〒656-1521　津名郡一宮町多賀982	TEL0799-85-0154
アイ建築工房㈱	〒675-1378　小野市王子町22-1 ニーズハイツ王子内	TEL0794-63-5959
三幸建設㈱	〒657-0043　神戸市灘区大石東町5-3-18 グリーンコーポ大石1F	TEL078-861-4360
㈱浅田工務店	〒668-0374　出石郡但東町後366-1	TEL0796-55-0228

奈良県

㈱川上工務店	〒639-0251　香芝市逢坂3-411-1	TEL0745-78-4830
㈱出口工務店　奈良支店	〒630-8362　奈良市東寺林町29	TEL0742-27-7252
㈱大和住研	〒633-2115　宇陀郡大宇陀町西山731-1	TEL0745-83-2200

和歌山県

㈱西峰工務店	〒649-2211　西牟婁郡白浜町1296-1	TEL0739-42-3002

中国四国

鳥取県

㈲荒濱建築工務店	〒683-0853　米子市両三柳4345	TEL0859-29-3831

島根県

㈱藤原木材産業	〒693-0006　出雲市白枝町790-3	TEL0853-23-9381

愛知県

大黒屋建設㈱	〒444-3622　額田郡額田町大字樫山字池田36-4	TEL0564-82-3041
㈱イトコー	〒442-0069　豊川市諏訪西町2-248	TEL0533-86-8887
豊橋・㈱イトコー	〒440-0056　豊橋市南旭町88	TEL0532-55-0005
白竹木材㈱	〒447-0863　碧南市新川町6-8	TEL0566-42-3266
㈱ワークス	〒446-0015　安城市高木町半崎25-1	TEL0566-76-7036
㈱ザイソウハウス	〒454-0011　名古屋市中川区山王2-6-1	TEL052-322-3188
㈱栄建設	〒451-0051　名古屋市西区則武新町2-7-7	TEL052-551-9252
コスモホーム㈱	〒458-0801　名古屋市緑区鳴海町字母呂後75	TEL052-623-5371
阿部建設㈱	〒462-0841　名古屋市北区黒川本通4-25	TEL052-911-6311
日工総合建設㈱	〒496-0912　海部郡佐屋町東保字西河原26-5	TEL0567-28-2155
㈱しらかばハウジング	〒448-0804　刈谷市半城土町南大湫5-1	TEL0566-21-8171
㈾ハースアンドホーム	〒475-0821　半田市船入町13-1	TEL0569-24-8285
ソーラーホーム㈱	〒471-0808　豊田市渋谷町3-37-5	TEL0565-88-0711
㈱永賢組	〒486-0829　春日井市堀ノ内町332	TEL0568-81-6179
中野建設㈱	〒491-0912　一宮市新生3-14-1	TEL0586-45-4351
あすか建設㈱	〒468-0015　名古屋市天白区原1-1501-1	TEL052-804-2121
光伸建設㈱	〒471-0036　豊田市広久手町3-11	TEL0565-33-6371
㈱小松組	〒444-2341　東加茂郡足助町大字追分字和合24	TEL0565-62-2589
中部住建㈱	〒455-0813　名古屋市港区善進本町550	TEL052-382-1717

三重県

船谷建設㈱	〒515-0507　伊勢市村松町1364-8	TEL0596-37-5111
㈲中昭建設	〒515-0011　松阪市高町277-5　中昭ビル4F	TEL0598-51-8728
津・㈲中昭建設	〒515-0011　松阪市高町277-5　中昭ビル4F	TEL0598-51-8728
三鈴建設㈱	〒513-0809　鈴鹿市西条6-100	TEL0593-82-1656
㈱松田建設	〒511-0861　桑名市蠣塚新田1081	TEL0594-22-5878
中村建設㈱	〒510-0958　四日市市小古曽1-1-7	TEL0593-45-1101

関西

滋賀県

豊住研㈱	〒526-0803　長浜市西上坂町1025-1	TEL0749-65-2334
㈲加藤工務店	〒522-0201　彦根市高宮町980-3	TEL0749-23-8706
㈲平野住建	〒528-0005　甲賀郡水口町水口563	TEL0748-63-1043
三都ホーム㈱	〒525-0041　草津市青地町658-59	TEL077-567-2981
㈲梓工務店	〒520-0363　大津市伊香立下竜華町491-2	TEL077-598-8005

京都府

㈱デザオ建設	〒607-8357　京都市山科区西野櫃川町50-1	TEL075-594-0666

㈱三和店装　OM住宅事業部　〒783-0049　南国市岡豊町中島98-1
TEL088-866-1231

九州

福岡県

㈱今村工務店　〒805-0059　北九州市八幡東区尾倉3-6-13
TEL093-671-6383

㈱サン建築工房　〒803-0814　北九州市小倉北区大手町3-1
TEL093-592-2668

清興建設㈱　〒811-1355　福岡市南区檜原7-40-5
TEL092-512-0161

㈱藤匠住宅　〒819-0015　福岡市西区愛宕2-12-10
TEL092-882-5519

福岡中小建設業協同組合　〒812-0068　福岡市東区社領1-2-9
TEL092-621-7035

㈱百田工務店　〒811-2304　糟屋郡粕屋町大字仲原四軒屋2836
TEL092-611-3538

㈲吉田住建　〒836-0026　大牟田市浜田町26-14
TEL0944-51-3639

北九州・㈱安成工務店　〒800-0226　北九州市小倉南区田原新町2-4-1
TEL093-475-2323

ソーラーホームズ㈱　〒830-0021　久留米市篠山町1-12-3
TEL0942-38-5903

立花建設工業㈱　〒812-0064　福岡市東区松田1-1-15
TEL092-629-7531

佐賀県

㈲ハウジング企画　〒847-0084　唐津市和多田西山6-55
TEL0955-74-0331

長崎県

㈱田口ホーム　〒854-0001　諌早市福田町38-53
TEL0957-24-2786

キセイホーム　〒850-0001　長崎市西山2-6-2
TEL095-821-8117

㈱浜松建設　〒854-0055　諌早市栗面町824-1
TEL0957-21-2476

熊本県

㈱サンライフ　〒862-0918　熊本熊本市花立6-9-83
TEL096-368-0347

㈱井本工務店　〒866-0081　八代市植柳上町683-5
TEL0965-35-8430

㈱ユーホーム　〒862-0951　熊本市上水前寺2-12-24
TEL096-384-9800

新産住拓㈱　〒861-4101　熊本市近見8-9-85
TEL096-356-1500

大分県

㈱千原工務店　〒877-0076　日田市亀川町354-6
TEL0973-22-6281

吉野工業㈱　〒874-0022　別府市亀川東町6-8
TEL0977-67-5287

髙本建設㈱　〒870-0921　大分市萩原2-13-38
TEL097-552-1585

平倉建設㈱　〒870-0049　大分市中島中央3-1-11
TEL097-534-4480

宮崎県

㈱井福建設　〒885-1204　北諸県郡高城町桜木324-3
TEL0986-58-2288

宮崎住宅建設工業㈱　〒880-0923　宮崎市希望ヶ丘1-37-24
TEL0985-56-8510

延岡・宮崎住宅建設工業㈱　〒882-0874　延岡市伊達町1-3-6
TEL0982-33-6104

㈱センダハウス　〒880-2112　宮崎市大字小松1173-22
TEL0985-47-4321

鹿児島県

㈱シンケン　〒890-0056　鹿児島市下荒田4-49-22
TEL099-286-0088

川内・㈱シンケン　〒890-0056　鹿児島市下荒田4-49-22
TEL099-286-0088

㈲柿木林建　〒699-5301　鹿足郡柿木村柿木625-3
TEL08567-9-2535

㈱明和建設　〒690-0046　松江市乃木福富町405-1
TEL0852-25-0553

岡山県

潮建設工業㈱　〒703-8255　岡山市東川原246-6
TEL086-273-1313

㈲福井建設　〒712-8011　倉敷市連島町連島1891-1
TEL086-465-0272

㈱ハウジング塚本　〒711-0906　倉敷市児島下の町2-2-39
TEL086-243-1561

クニサダ㈱　〒714-0005　笠岡市新賀3415-1
TEL0865-65-2005

大和建設㈱　〒712-8031　倉敷市福田町浦田2378-251
TEL086-456-4688

㈲クラフトハウス　〒708-1123　津山市下高倉西1147-2
TEL0868-29-4551

広島県

㈱大須加建設　〒731-0103　広島市安佐南区緑井1-10-7
TEL082-879-7000

伸興ハウジング㈱　〒721-0974　福山市東深津町4-9-18
TEL0849-31-7755

前田ハウジング㈱　〒729-0114　福山市柳津町2-3-30
TEL0849-33-3711

㈱沖田　〒730-0053　広島市中区東千田町2-3-17
TEL082-243-1101

㈲エヌテック住建　〒733-0007　広島市西区大宮2-13-10
TEL082-509-5771

広島・ヨハネハウス　〒740-0031　岩国市門前町3-7-14
TEL0827-34-0480

㈲フカガワ　〒729-1401　賀茂郡大和町大字蔵宗1335-13
TEL08473-3-0668

山口県

㈱安成工務店　〒751-0865　下関市綾羅木新町3-7-1
TEL0832-52-2419

山口・㈱安成工務店　〒754-0021　吉敷郡小郡町黄金町13-33
TEL083-974-5700

宇部・㈱安成工務店　〒755-0034　宇部市東琴芝2-1-31
TEL0836-35-8678

周南・㈱安成工務店　〒744-0022　下松市美里町3-7ハウジングメッセ周南内
TEL0833-44-5020

長沢建設㈱　〒756-0057　小野田市大字西高泊1339-6
TEL0836-81-1200

ヨハネハウス　〒740-0031　岩国市門前町3-7-14
TEL0827-34-0480

徳島県

㈱セイコーハウジング　〒770-0006　徳島市北矢三町3-1-79
TEL088-631-8236

㈱集建設　〒770-0047　徳島市名東町3-560-9
TEL088-633-1011

香川県

㈱佐伯工務店　〒761-4151　小豆郡土庄町肥土山甲2093-3
TEL0879-62-0774

㈱菅組　〒768-0012　観音寺市植田町817
TEL0875-56-1437

愛媛県

大協ニューハウジング　〒799-0113　川之江市妻鳥町620
TEL0896-58-2075

日吉産業㈱　〒794-0801　今治市東鳥生町5-57
TEL0898-34-0212

松山・日吉産業㈱　〒790-0967　松山市拓川町2-21
TEL089-935-6770

㈲小椋建設　〒791-1126　松山市大橋町41-1
TEL089-963-2112

高知県

㈲勇工務店　〒780-8085　高知市大谷公園町20-15
TEL088-844-0041

家を建てるとき知っておきたいこと。

新たに土地を買って新築する、あるいは旧宅を建て替える。
家づくりにはさまざまな場面があり、
そのときどきで判断していく事柄がたくさんあります。
ここでは家づくりの手順を追いながら、
注意点や規制などについて基本的な事柄を解説します。

解説・半田雅俊（建築家）

家づくりの手順

1 家づくりの前に、どんな家が欲しいのか家族でよく考えてみよう。

昔の住まいは地域ごとの伝統的な家の形があり、図面がなくても大工さんが柱の位置を板に描いただけでできてしまいました。現在は工法も様々あり、住宅設備は格段に便利なものが増えました。木造住宅での工事費の割合は、木材費の数倍も設備工事費に充てられています。住宅を新築する場合、仕上げや設備に目が行きがちですが、本当はどんな家が自分たちに合っているのかよく話し合うことが大切です。家はこれからずっと住み続けるのですから、現在の家族状況だけでなく、将来のことも考えてつくりたいものです。

新しく敷地を購入した場合、気候条件や交通量など地域の環境を充分把握する必要があります。もともと住んでいた土地でも、窓がなかった方向や裏側は、意外と見落としていることもあります。もう一度周辺を観察して、敷地の良いところを見つけましょう。

住宅の建設は一生のうちで、最もお金がかかる一大事業の一つです。工事契約金額の他にも費用は意外にかかるもの。工事費以外の費用も考慮に入れて、全体予算を考えましょう。家づくりに関する費用を左欄に列挙しておきます。詳しくは家づくりをお願いする専門家のアドバイスを受けて下さい。

家づくりにかかる費用

＊既存建物解体工事費／建て替えの場合どうしてもかかる費用です。解体の手間賃だけでなく、廃棄物の処理費用も必要です。
＊地盤調査費／建物の耐久性で最も肝心なのが家が建っている地盤。3階建てやコンクリート造など重い建物の場合は必ず必要になります。木造の場合でも軟弱地盤が予想されるときは調査しましょう。
＊建築工事費／本体工事費です。基礎工事、柱や梁などの構造と下地、トイレや台所の設備費など。
＊内装工事費／カーテン、ブラインドなど。
＊別途設備費／照明器具、エアコン等建築工事費にどこまで含まれているか確認してください。
＊外構工事費／門や塀、造園工事など。植樹などの費用は後回しになりがちですが、たとえ1本の樹でも窓先にあると気持ちが変わります。造園の費用は計上しておきましょう。
＊設計監理料／設計事務所に依頼する場合は、工事費の1割前後の費用がかかりますが、施主の立場で工事費をチェックしてもらえるメリットがあります。
＊仮住まい家賃／建て替えの場合は工事の間、仮住まいをします。旧宅から仮住まいへ、仮住まいから新居へ、引っ越しの費用もかかります。
＊税金／消費税、登録免許税、不動産取得税、固定資産税、都市計画税、印紙代などがあります。このうち消費税が最も高額です。住宅取得に伴う特別控除がある場合がありますので税務署で確認しましょう。
＊雑費／近隣挨拶、地鎮祭、上棟式等の費用。新たに購入するベッドや食卓などの可動家具、冷蔵庫や洗濯機など家電製品。

File #1>>

家づくりの手順

2 家づくりのスタートは、パートナー選び。

　家をつくることは一生の大仕事。費用も高額になるので専門家の協力が必要です。家づくりには、きめ細やかな配慮がとても大切なので、住宅に情熱をもって手がけている人（会社）を探すことがポイントです。建て主の価値観を解ってくれるパートナーに巡り会えれば、想像以上の楽しい住まいをつくることができるでしょう。実際に建てた住まいを見せてもらうなどして、自分に合ったパートナーを見つけることが、納得のいく我が家を手に入れる最大のポイントになります。

設計事務所

　住宅は建築物のなかでは規模が比較的小さいので、建築士であれば誰でもできそうに思えますが、お医者さんに外科や内科などの専門分野があるように、建築の設計を生業としている建築士にもさまざまな専門分野があります。ビルや工場のような大型建築と住宅では要点がかなり異なりますし、住宅を手がけていても、確認申請の出願を主な仕事にしている設計事務所（代願事務所）では、工夫を凝らした設計は期待できません。住宅を得意としている設計者を探すことが大切です。

　事務所を訪ねて住まいに対する考え方を聞いたり、実例を見せてもらうと良いでしょう。

　工事は、設計とは別に工務店に頼むことになります。工事費の1割前後の設計監理料がかかりますが、工事費の見積もりや工事の内容などを施主側の立場でチェックしてくれますので、納得した家づくりができます。その分、時間がかかることになります。こだわり派、変形敷地など敷地条件の厳しい場合向き。

工務店

　住人と地域とが密接な関係にあった頃は、家の建設は近所の大工さんに頼めば済んでしまったのですが、信頼できる顔なじみの大工さんがいる場合が少なくなりました。新しい建材や設備が次々と売り出され、素人にはどれを選んで良いのか、わからなくなってしまいます。住宅の建設には、さまざまな職種が必要になります。工事には信頼できる工務店が不可欠です。安心して頼める工務店の条件として、次のような点を考慮して判断しましょう。

1. その地域である程度、長期間の実績があるかどうか、近所の評判はどうか。
2. 社員や職人の態度や感じはどうか、その工務店の事務所や現場を見せてもらう。
3. 難しい仕事や面倒なことも、いやがらずに対応してくれるかどうか。
4. 竣工後のメンテナンスの体制ができているかどうか。

　設計と施工を一貫して依頼する場合は、設計士を抱えていたり設計事務所と提携しているかどうかもチェックポイントです。お任せ派、そこそこのこだわり派向き。

ハウスメーカー

　モデルハウスを公開していたり、パンフレットなどの資料もたくさんあります。専門の営業マンがいるので対応が早いのも特徴です。少額の費用で敷地調査をしてくれたり、積極的な対応をしてくれることが多いようです。供給戸数が多く、物件ごとの当たりはずれが少ないことや、会社の経営規模が大きく安心感があることがメリットです。工場生産部品の使用率が高いので工事期間が短くて済む利点もあります。反面、細かな工夫や敷地に合わせた設計などは難しくなります。お任せ派、簡単に済ませたい人、こだわりの少ない人向き。

＊

　良いパートナーとは単に施主の要望をまとめるだけでなく、生活にあった住まいを提案してくれる人です。

3 設計内容は、よく説明してもらうこと。

依頼先が設計事務所か工務店かハウスメーカーかによって、進め方はかなり違います。設計担当者にどんな住まい方をしたいか、矛盾する内容でも希望をすべて伝えて、予算と敷地条件に合わせた提案をしてもらいましょう。自分勝手な計画はトラブルの元。近隣に対する配慮も大切にしたいところです。

設計にかかる時間は、ハウスメーカーや工務店は短く、描く図面の枚数も平面図と立面図、透視図程度のことが多いようです。設計事務所の場合は、かなり細かな点まで打ち合わせをした上で、その内容を工事業者に伝えるための図面を作成することになります。時間がかかり、図面の枚数も多くなります。

どの場合でも、設計内容をよく説明してもらうことが大切です。充分理解しないまま全面的なお任せは、工事が始まってからの設計変更や追加工事が出やすく、予算オーバーなど不満足な結果になりがちです。

4 見積もりは、しっかり把握して工事契約。

設計が決まると、次は工事金額の見積もりが依頼先から出てくることになります。ここで大切なことは、金額もさることながら見積もりの中身です。注文住宅は、完成品を確認してから契約するという訳にはいきません。各々の内訳、どんなグレードの仕様なのか、どんな項目が含まれているか、よく説明を受けましょう。とくに、「何が含まれていないか」の確認が大切です。

工事が始まってからの変更や追加工事は割高になりがちです。照明器具や冷暖房機器、カーテン、塀など生活を始めるのに必要な項目であっても、工事費に含まれていないこと（別途工事）があるので、見積もり以外にかかる費用を把握した上で、工事金額が予算以内であるかを判断しましょう。建て替え工事であれば、既存家屋の解体費、仮住まいの家賃などもかなりの金額になります。

5 工事現場はときどき訪ねる。

工事契約が済むと、いよいよ着工です。工事中は近隣に迷惑を掛けることになりがちですから、工事が始まる前に必ずご近所に挨拶回りをしましょう。

地鎮祭や上棟式などの儀式については、地域の習慣や請負業者の意向によってさまざまです。工事中の職人さんへの「お茶出し」の習慣はほとんどなくなりましたが、工事中の現場をときどき訪ねてみましょう。追加や変更希望は、工事責任者か設計監理者に伝えるようにします。現場で職人さんに直接の口頭指示は、伝達ミスが起こりやすくトラブルの原因となることがあります。

工事監理は工事のミスや手抜き工事を防ぐだけではなく、設計図書だけでは表現しにくいことを指示したり、より良いものをつくるために工事の進行状況に応じた総合判断を必要とする重要な役割があります。住宅金融公庫の中間検査や役所の竣工検査では、代用になりません。

6 竣工後は、メンテナンスをして長く住む。

工事が完成すると、竣工検査を経て引き渡しとなります。住宅は、現場での一品生産品です。工場で精密な製品管理をされて大量に生産される工業製品のようにはいきません。無垢材など、長く使い込むことによって良さが出る自然素材を使えばなおさらです。「完全無欠な家はない」と思った方が良いのです。竣工検査で表面的な傷などを問題にするより、その前の工事中の監理に重点を置きましょう。また、竣工後の定期点検やメンテナンスについても工務店に確認します。

工事の完成は、住まいの完成ではありません。荷物が入り生活が始まることによって、住まいになるのです。掃除やメンテナンスをし、手を加えながら長く使い続けることによって本当の自分の家になるのです。

法律による規制

地域によって異なる建築の規制。

家づくりは、敷地条件によりさまざまな規制を受けます。都市計画法・建築基準法・建築安全条例・建築協定など。

住宅を建てることが可能な地域は、都市計画法によって住居系の区域や商業地域など地域地区に区分けされていて、地域ごとに建蔽率《けんぺいりつ》、容積率が決められています。「市街化調整地域」では原則として新規の住宅を建てることができません。防火に関する地域指定では外壁の仕上げが規制されたり、木造の建物が規制されている場所もあります。そのほか建物の高さ、敷地境界線から離さなければならない距離等、さまざまな制限があります。

建設予定地がどんな制約を受けているかは、市役所、区役所の建築課や都市計画課で簡単に調べることができます。詳しくは依頼した専門家に調べてもらいましょう。

Ⓐ 建蔽率

建物の水平投影面積の敷地面積に対する割合。水平投影面積とは、建物の真上から光をあてて、影ができる範囲のこと。最上階のデッキなど張り出している部分、庇などの出っ張りが1mを超える部分は建築面積に算入されます。

Ⓑ 容積率

建物の延床面積の敷地面積に対する割合。延床面積とは、各階の床面積の合計です。地下室や車庫は緩和措置があります。たとえば地下室は延床面積の1／3まで容積率に算入されません。

敷地に面した道路幅で条件が変わる。

住宅を建てる場合、幅4m以上の道路に長さ2m以上接していることが必要です。幅が4mに満たない道路であれば、敷地を後退させて道路幅を確保しなければなりません。どれくらい下げるかは市役所などで調べられます。

Ⓒ 道路斜線制限

道路側からの採光を確保するための、建物の高さ制限です。道路の反対側から指定された勾配斜線より突出して建物をつくることはできません。自分の建物を道路から後退した分だけ反対側に道路が広がったと見なされ、その分だけ建物を高くできるという緩和措置があります。

Ⓓ 隣地斜線制限

隣地の採光を確保するための建物の高さ制限です。20m以上のビルが建ち並ぶ地域での制限です。「第1種・第2種中高層住居専用地域」「第1種・第2種住居地域」「準住居地域」では、20m＋1・25／1の範囲内で建てるよう制限されます。「第1種低層住居専用地域」「第2種低層住居専用地域」では、建物の高さは10mあるいは12m以下に規制されます。

2階建・3階建住居の高さは、せいぜい7m〜10mです。そのような低層住居専用の地域区分であれば、とくに問題はありません。

Ⓔ 北側斜線制限

北側の隣地の採光を確保するための建物の高さ制限です。建物から隣地境界線までの真北方向の距離に1・25を乗じ（つまり1・25／1）、地域により5mあるいは10mを足した数値以下に建物の高さを抑える必要があります。いちばん厳しい東京都の場合、5m＋0・6／1です。住宅地では、より良い環境を確保するため、より規制の厳しい高度規制が指定されている場合もあります。

OMソーラーへの補助金。

OMソーラーを導入する場合、「住宅・建築物高効率エネルギー導入促進事業（補助金）制度」が利用できます。省エネルギー性能の高い住宅を建築するときに、そのシステムに掛かる費用を助成するものです。このような補助金制度は毎年基準や内容が変わることがあります。建築家や工務店に相談するといいでしょう。

またOMソーラーの家は、省エネルギー住宅として住宅金融公庫の割増融資が受けられます。割増融資の条件に該当する項目は、環境共生住宅「省エネルギー住宅工事（パッシブ型）」です。太陽エネルギーの利用率が30%以上であることが確認されたパッシブソーラーシステムを設置する工事に対して認められるものです。パッシブソーラーシステムとは、太陽エネルギーをはじめ風力など自然エネルギーを建築のなかに活かす技術のこと。融資額は150万円です。

B

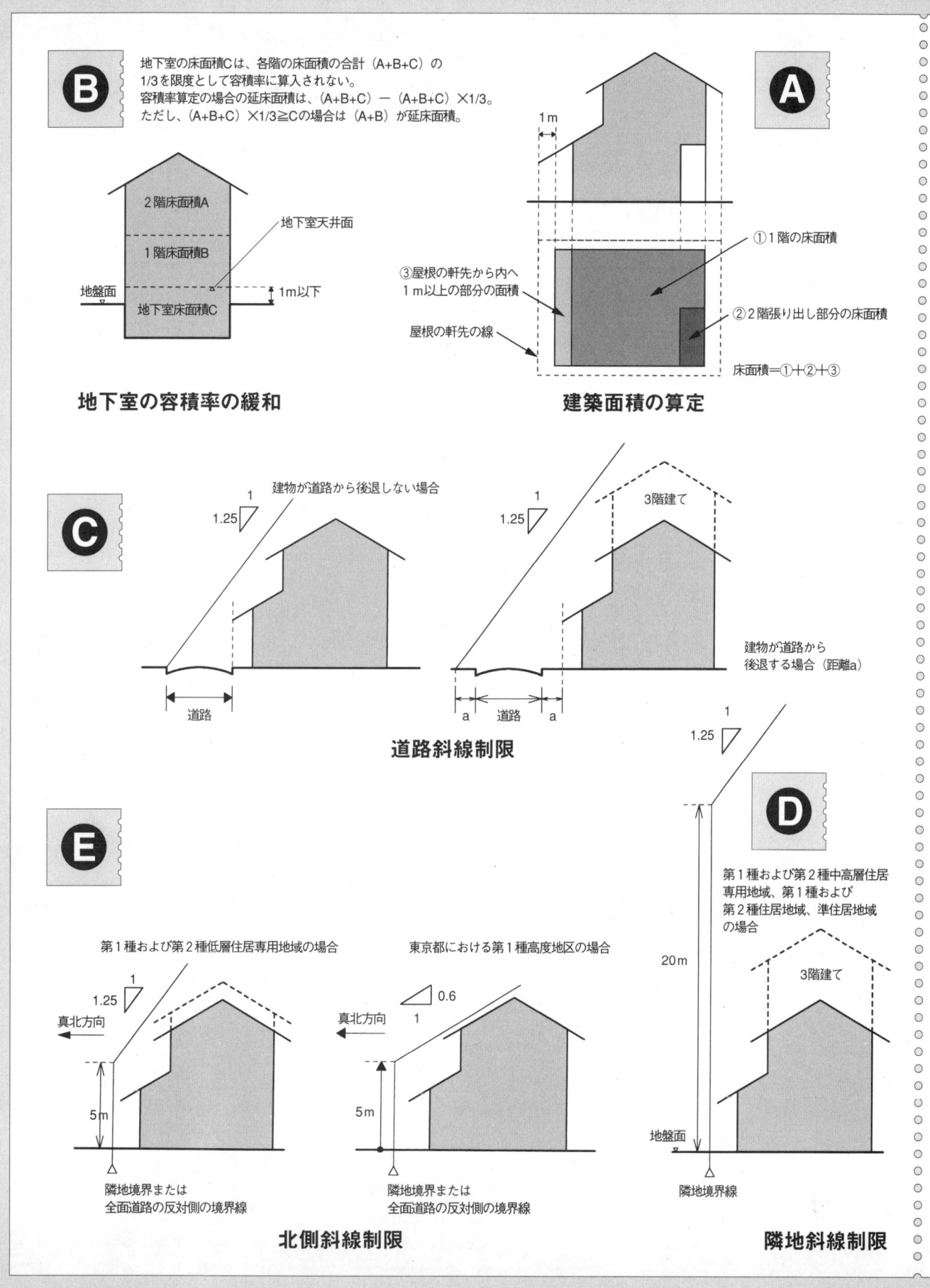

地下室の床面積Cは、各階の床面積の合計（A+B+C）の1/3を限度として容積率に算入されない。
容積率算定の場合の延床面積は、（A+B+C）－（A+B+C）×1/3。
ただし、（A+B+C）×1/3≧Cの場合は（A+B）が延床面積。

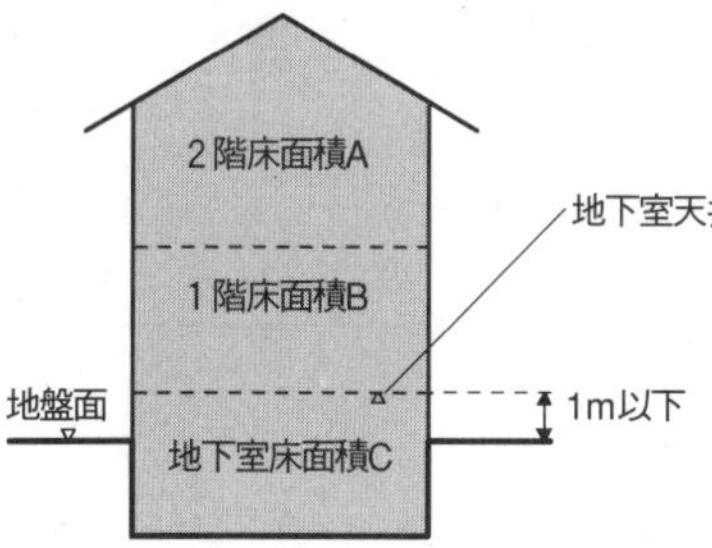

2階床面積A
1階床面積B
地下室天井面
地盤面
1m以下
地下室床面積C

地下室の容積率の緩和

A

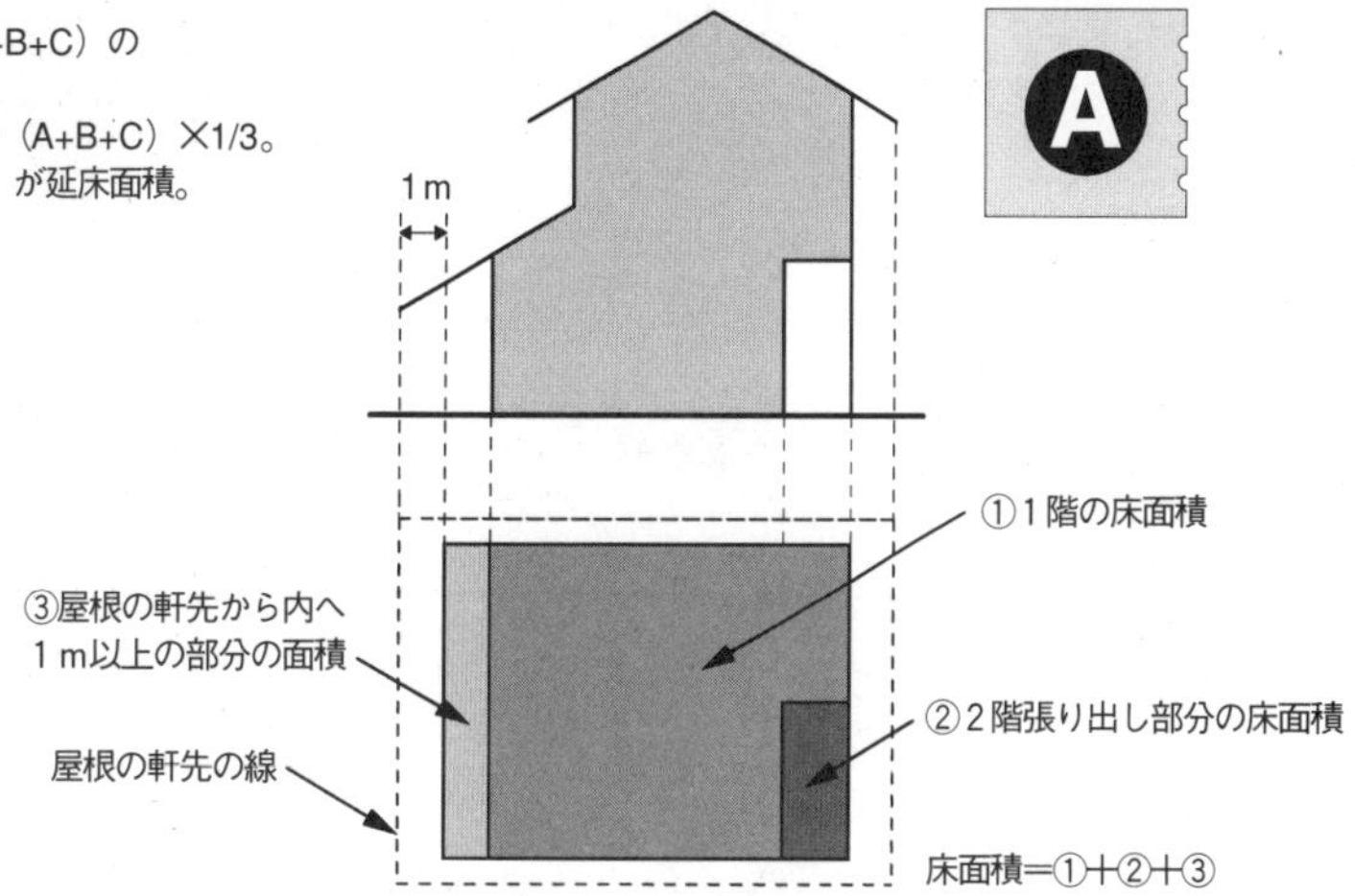

1m
①1階の床面積
③屋根の軒先から内へ
1m以上の部分の面積
②2階張り出し部分の床面積
屋根の軒先の線
床面積=①+②+③

建築面積の算定

C

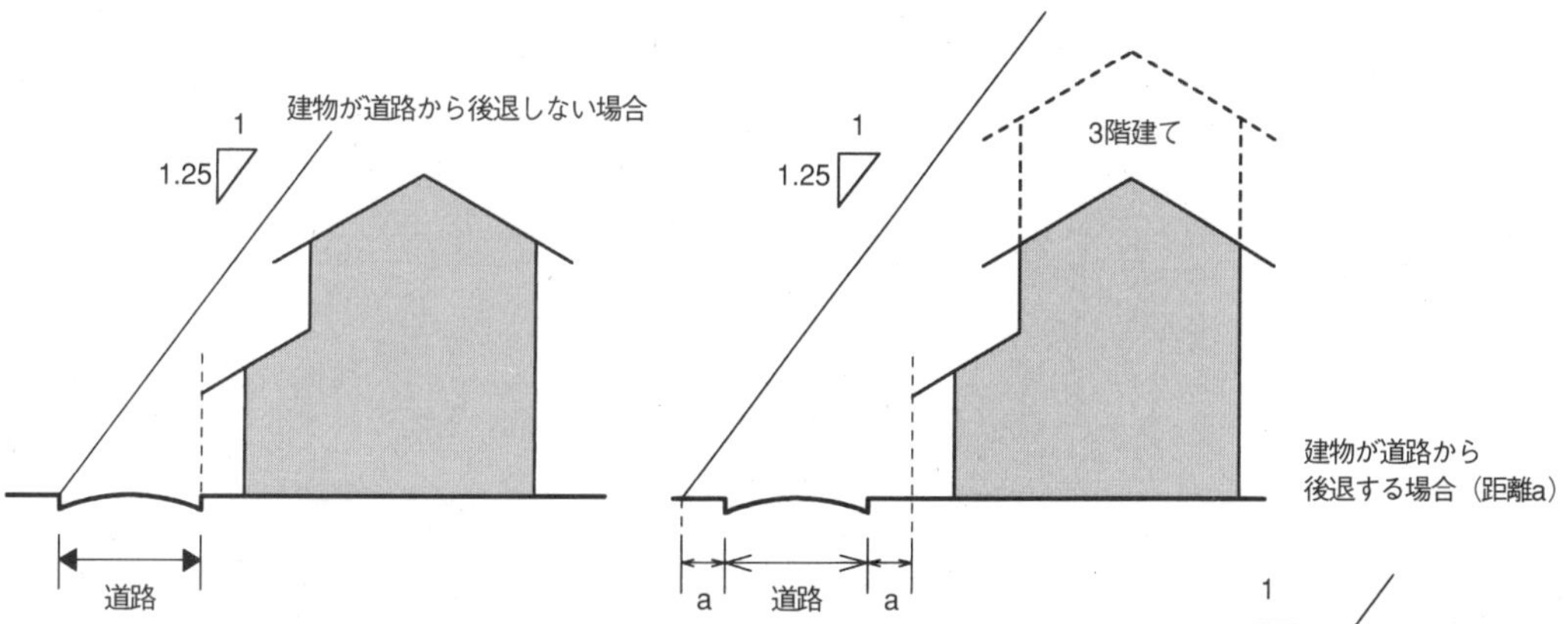

建物が道路から後退しない場合
1
1.25
道路
1
1.25
3階建て
建物が道路から
後退する場合（距離a）
a
道路
a

道路斜線制限

E

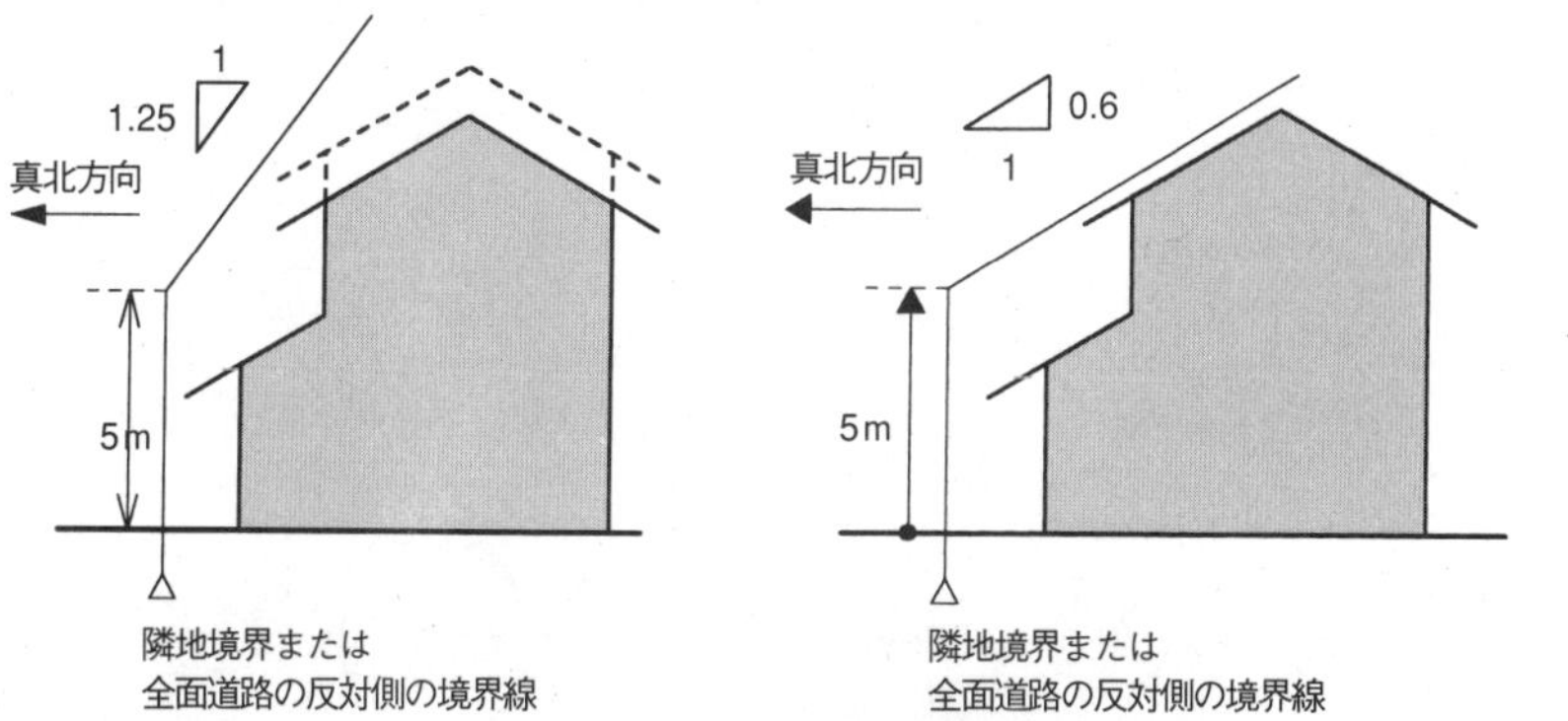

第1種および第2種低層住居専用地域の場合
1
1.25
真北方向
5m
隣地境界または
全面道路の反対側の境界線
東京都における第1種高度地区の場合
0.6
1
真北方向
5m
隣地境界または
全面道路の反対側の境界線

北側斜線制限

D

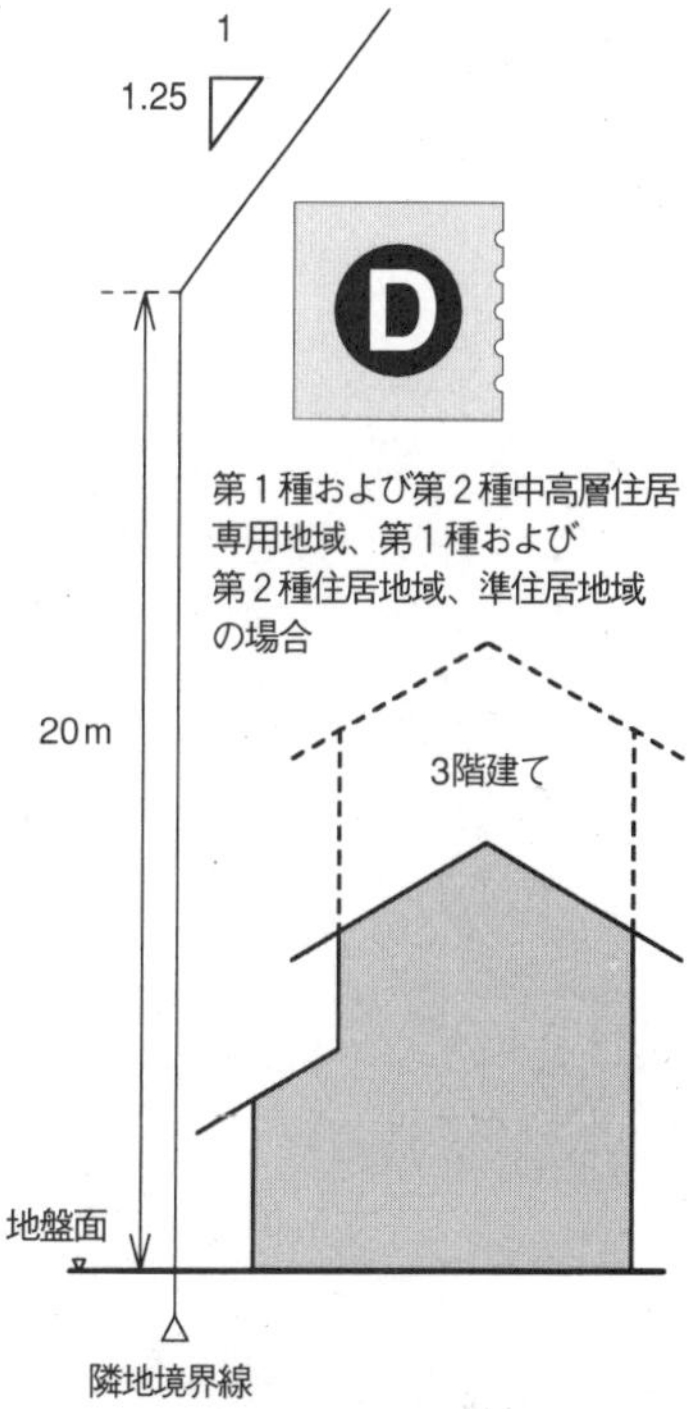

1
1.25
第1種および第2種中高層住居
専用地域、第1種および
第2種住居地域、準住居地域
の場合
3階建て
20m
地盤面
隣地境界線

隣地斜線制限

ムリなく住めるエコ住宅

自然力を上手に活かす

with sun,rain,winds,plants

2001年 6 月10日　第 1 刷発行

編・著●ＯＭソーラー協会
〒435-0031　静岡県浜松市長鶴町158-1
TEL053-460-5111㈹　FAX053-460-5102
0120-32-0086
http://www.omsolar.co.jp/
編集所●有限会社 編集座（山田きみえ、西本和美、松戸真紀子）
〒108-0014　東京都港区芝5-26-20　建築会館4階
TEL03-5419-3622
発行所●株式会社 泰文館
〒162-0805　東京都新宿区矢来町112
TEL03-5225-6325
発売所●社団法人 農山漁村文化協会
〒107-8668　東京都港区赤坂7-6-1
TEL03-3585-1141　FAX03-3589-1387
振替 00120-3-144478
http://www.ruralnet.or.jp/
印刷・製本所●株式会社 東京印書館

定価●1,800円（本体価格1,714円）

ISBN4-540-01111-1

カバー・絵●大橋歩
編集協力●竹内典子、福田優子
写真●上田明（P26-40、P62-72、P74-88）、
喜多章（P42-47）、木田勝久（P48-53、P58-61）、
北田英治（P90-97）、半村隆嗣（P54-57）

この本の本文ページは、
古紙100%の再生紙、大豆インキを使用しています。